DIE RHEINPFALZ
1945 BIS 2020

Herausgegeben von Michael Garthe und Annette Weber

DIE RHEINPFALZ 1945 BIS 2020

Geschichte der Zeitung für die Pfalz

Inhaltsverzeichnis

Vorwort von Verleger Dr. Thomas Schaub:
Erinnerung an die Leistungen der Gründergeneration 8

AUFERSTANDEN AUS RUINEN:
DIE GESCHICHTE DER RHEINPFALZ

Wilde Zeiten (1945 bis 1947) 10
PORTRÄT: Verleger Josef Schaub: Mit großer Liebe zur Heimat 22
AM RANDE: Freund Flunkert: Zensor wird zum Beschützer der RHEINPFALZ 24
Aufstieg zur Zeitung für die Pfalz (1948 bis 1964) 28
PORTRÄT: Chefredakteur Walter Hück: Väterliche Führung – streng und gerecht 44
AM RANDE: Der „Rhinepfalz Observer": Zeitung für die Amis in der Pfalz 46
AM RANDE: Die Begum kommt: Fürstlicher Glanz im Pressehaus 50
Wer nichts wagt, gewinnt auch nichts (1964 bis 1980) 54
PORTRÄT: Verleger Dieter Schaub: Bauherr des Medienkonzerns 64
AM RANDE: Gutenbergs Erben: Vom Handgießinstrument zum Tablet 66
Erfolg und Scheitern ganz nah beieinander (1980 bis 1993) 70
PORTRÄT: Chefredakteur Fritz Schlossareck: Der Reformer 80
AM RANDE: Unser Nils Nager: Liebeserklärung an einen Biber 82
Aufbruch ins digitale Zeitalter (1994 bis 2020) 86
PORTRÄT: Verleger Thomas Schaub: Modernisierer und Hüter der Qualität 96
PORTRÄT: Chefredakteur Michael Garthe: Herzenspfälzer und Herzenseuropäer 98
AM RANDE: RHEINPFALZ am SONNTAG: Die etwas andere Lektüre 100
Zeitung im Wandel: Die RHEINPFALZ im Internet 102

DER RHEINPFALZ-VERLAG:
SO ENTSTEHT DIE ZEITUNG FÜR DIE PFALZ

Die Lokalredaktionen – das Herz der RHEINPFALZ 108
Die Anzeigen – ein Spiegelbild des Wandels 111
Die Fotografen – verheiratet mit der Zeitung 114
Die Technik – in ständiger Veränderung 117
Die Volontäre – mit „Schwimmlehrer" ins kalte Wasser 119
Der Betriebsrat – mehr Partner als Gegner der Verlagsleitung 121
Die Zusteller – Rückgrat des Verlages 123

DIE PFALZ, DEUTSCHLAND UND DIE WELT:
GESCHICHTEN RUND UM DIE RHEINPFALZ

Wurzeln in der Luft: Die Pfalz als Grenzland 126
Ein eigener Kosmos: Bad Dürkheim zur Wurstmarkt-Zeit 130
Weinköniginnen: Leidenschaft für Rebensaft 136

Der FCK: Ein Mythos, der nicht sterben darf	142
Napoleons Erbe: Der Bezirksverband Pfalz	148
Der Pfälzer Riese: Helmut Kohl und die RHEINPFALZ	154
AM RANDE: Journalist undercover: Des Kanzlers kleinster Leibwächter	160
Zeitreise: 70 Jahre pfälzische Industriegeschichte	162
Wenn die BASF hustet: Vom Umgang mit dem Chemieriesen	166
Flugtag-Katastrophe von Ramstein: Alle im Krisenmodus	172
Attentat auf die Zwillingstürme: Redaktion in Schockstarre	178
Korrespondentenleben: Rendezvous mit der Weltpolitik	184

VERWURZELT IN DER PFALZ:
UNSERE LOKALREDAKTIONEN IM PORTRÄT

Bad Dürkheim: Kleinstes Team stemmt größtes Weinfest	189
Donnersberg: Wiedervereinigung im Jahr 2016	191
Frankenthal: Mehr als Landgericht und JVA	193
Germersheim: Zwischen Tradition und Moderne	195
Grünstadt: Vorreiter in Familienfreundlichkeit	197
Kaiserslautern: Paradiesische Zustände	199
Kusel: Ins Amt geküsst	201
Landau: Französisches Flair	202
Ludwigshafen: Das Flaggschiff	204
Neustadt: Die Keimzelle der RHEINPFALZ	206
Pirmasens: „Hooriche" für die Prominenz	208
Speyer: Die Welt trifft sich in der Domstadt	210
Zweibrücken: In der Pfalz ganz vorn	211

AUSBLICK

Der Zeitung der Zukunft – von Holger Martens	214
Die Zeitung – gestern, heute, morgen – von Michael Garthe	216
Chronologie: Die Geschichte der RHEINPFALZ seit 1945	223
Autorinnen und Autoren	233
Literaturverzeichnis	240
Bildnachweise	240
Personenregister	242
Ortsregister	246

VORWORT

Erinnerung an die Leistungen der Gründergeneration

Die Initiative zur Entstehung dieses Buches ging von Ulla Hofmann aus. Ich glaube, man kann sie mit Fug und Recht als Freundin unseres Hauses bezeichnen, hat sie doch die RHEINPFALZ über drei Verlegergenerationen hinweg begleitet. Ihre berufliche Laufbahn begann als Volontärin in unserer Redaktion zu Zeiten meines Großvaters, als FAZ-Redakteurin hat sie später meinen Vater interviewt, und auch zu mir hat sie nach ihrer Pensionierung noch freundlichen Kontakt gehalten.

„Die Geschichte der RHEINPFALZ muss aufgeschrieben werden!"

Um ehrlich zu sein: So richtig begeistert war ich zuerst nicht von der Idee. Sind wir doch bei der RHEIN-

PFALZ tagtäglich gut damit beschäftigt, die Zukunft der Zeitung zu gestalten und zu sichern. Dagegen wirkt das Niederschreiben des Gewesenen wenig wertschöpfend. Zudem ist es Stil des Hauses, sich selbst eher im Hintergrund zu halten.

Auf der anderen Seite stehen wir heute auf dem festen Fundament, das die Altvorderen errichtet haben. Es ist sicher angemessen, die Erinnerung an diese Leistung zumindest in Ansätzen der Nachwelt zu erhalten. Immerhin schließt sich auch gerade ein (zeitliches) Fenster: Die Gründungsväter des Unternehmens und ihre Mitarbeiter sind zwar leider schon eine geraume Zeit verstorben, aber die zweite Generation, die die Jahre der Gründung zumindest noch als Zeitzeugen miterlebt hat, ist mitunter auch schon in den Achtzigern. Wie nachlässig wäre es gewesen, wenn man ihre Erinnerungen nicht niedergeschrieben hätte!

So kam es zu diesem Buch. Die Hauptlast der Arbeit haben unsere Redakteurin Annette Weber und unser Chefredakteur Michael Garthe getragen. Hierfür bin ich – stellvertretend für alle Gesellschafter und auch für die oben genannten Zeitzeugen – den beiden zu großem Dank verpflichtet.

Und Dank auch an Ulla Hofmann: Manchmal muss man zu seinem Glück gezwungen werden.

Dr. Thomas Schaub
Verleger der RHEINPFALZ

Die RHEINPFALZ

Zeitung für die Landkreise Bergzabern, Frankenthal, Kirchheimbolanden, Landau, Ludwigshafen am Rhein, Neustadt an der Haardt und Speyer

Samstag den 29. September 1945 — Einzelpreis 20 Pfg.

Jahrgang 1, Nr 1

An unsere Leser
Ein erstes Wort

Die Zeitung, die mit dem heutigen Tage zum ersten Mal ihren Weg zu den Lesern nimmt und sich unter dem Namen „Die Rheinpfalz" vorstellt, wurde unter mannigfachen Schwierigkeiten technischer Art ins Leben gerufen. Dennoch, sie wagt den Schritt Nicht zuletzt ist es dem Erscheinen zart Wirklichkeit werden, dank der freundlichen Hilfe der französischen Besatzungsbehörde, die vielfache Notstände behob. Die deutsche pressamtliche Stelle, die verantwortlichen Schriftleiter, und die Leserschaft wissen dies dankbar und freudig zu schätzen.

Die Stunde, in der die Zeitung ins junge Leben tritt, ist keine leichte. Ihr großer geheiterischer und sachlicher Imperativ lautet: Weg vom Trennenden überwindenden und überbrückenden Geist des Nationalsozialismus, weg vom tötenden und alles echte Leben mißachtenden Geiste eines einseitigen Militarismus, weg von der nivellierenden Gefahr einer sozialisierenden Gleichschaltung!

Männer der verschiedenen Richtungen und Weltanschauungsgruppen fanden sich ehrlich und aufgeschlossen zu dem gemeinsamen Ziel der zu bauenden deutschen Demokratie zusammen. Jeder in seinem Denkart und Sprechweise, jeder gewissermaßen für die vom ihm vertretenen Lebensgruppe und politische Richtung Zeugnis ablegend, will dann beitragen, „Die Rheinpfalz" zu einem wirklichen Spiegel der verschiedenen Tendenzen werden zu lassen.

Die neue Zeitung hofft in bescheidenem Maße dahin zu führen, daß eine schlichte und sachliche Erkenntnis immer mehr in unserem Volk Platz greife und die großen und wirklichen Zusammenhänge des politischen, wirtschaftlichen und kulturellen Lebens in ihrer Wechselwirkung und in ihrer geordneten Folge von Ursache und Wirkung gesehen werden. So aber dürfte auch das bestimmende Gesetz von deutscher Wiedergutmachung in einer gerechten Förderung bekannt und damit ein verhältnismäßiger Weg aus der harten Situation des Abgrundes die freie und lichte Möglichkeit des Aufbaus gefunden werden. Jeder aber, der in solcher Aufbaubereitwilligkeit und Mitarbeit sich an uns als klärender Mitarbeit aufgerufen. Die große Losung heißt: Ueber Trümmer und Not, durch Elend und Chaos in Ordnung und Leben!

Der Redaktionsausschuß: Edmund Kroneberger Chefredakteur
Oswald Dobbeck
Paul Selbach
Herbert Müller

Entnazifizierung!
Drei deutsche Staaten in der amerikanischen Zone

General Eisenhower gab in einer Proklamation an die deutschen Völker innerhalb der amerikanischen Besatzungszone die Bildung von drei Staaten auf Großbayern in der amerikanischen Besatzungszone bekannt. Jeder der drei vorgenannten Staaten wird eine eigene Staatsregierung erhalten. Die Proklamation werden eingehend die Befugnisse der einzelnen Staatsregierungen umrissen.

Der stellvertretende Militärgouverneur der amerikanischen Besatzungszone bestätigte gestern die Absicht der Militärregierung sobald als möglich geeignete und qualifizierte Nichtnazi-beamte zur Verfügung stellen zu können. Eine verhältnismäßig kleine Anzahl von hohen amerikanischen Beamten werden dann die Verwaltung der amerikanischen Besatzungszone überwachen. In diesem Zusammenhang wurde in Berlin bekanntgegeben, daß das Militärpersonal der amerikanischen Abteilung des alliierten Kontrollrates in Deutschland so rasch wie möglich durch amerikanische Zivilisten ersetzt wird. Bis Juli 1946 sollen alle Stellen in der Abteilung von Zivilisten übernommen werden.

Der stellvertretende Militärgouverneur für die amerikanische Besatzungszone betonte erneut die Absicht der amerikanischen Behörden, die Entnazifizierung der amerikanischen Zone vollständig durchzuführen. General Eisenhower, so erklärte sein Stellvertreter, hat alle ame-

rikanischen Befehlshaber angewiesen, sämtliche Nazis aus den Verwaltungsposten zu entlassen, selbst wenn diese Entlassungen örtliche Verwaltungsschwierigkeiten zur Folge haben sollten. Am Dienstag trat ein Befehl General Eisenhowers in Kraft, der als Gesetz Nr. 8. die Ausschaltung „aller"

Nationalsozialisten aus allen führenden Stellen der Industrie und des Handels verfügte. Bisher wurden in den einzelnen Ländern Bayerns 60 000 bis 70 000 Nazis verhaftet. Diese Zahl dürfte sich jedoch noch auf 100 000 erhöhen. Eine Kollektivanklage gegen die NSDAP wird ernsthaft in Erwägung gezogen. General Eisenhower forderte von General Patton eine persönliche Bericht über die Entnazifizierung Bayerns. Dies ist ein offensichtlicher Hinweis auf die amerikanische Entschlossenheit, die Säuberung des Nationalsozialismus sofort durchzuführen. Patton wurde angewiesen, sein Bayern noch verwaltungsposten bekleiden.

Deutsche Guthaben in Schweden beschlagnahmt

Nach einer Erklärung des amerikanischen Außenministeriums werden die Alliierten alle in Schweden befindlichen deutschen Guthaben in Verwahrung nehmen. Die nötigen Vorbereitungen zur Uebernahme durch die Alliierten wurden vor längerer Zeit getroffen. Im Juli dieses Jahres wurde das gesamte deutsche Eigentum, darunter Hüttenfabriken und Geschäfte, der Kontrolle des schwedischen Amtes für ausländisches Eigentum unterstellt. Das Amt hat außerdem alle deutschen Schulen und Reisebüros geschlossen, die unter deutscher Verwaltung standen oder deutsches Eigentum waren.

Allgemeine Wahlen in Oesterreich

Eine neue österreichische Regierung, unter dem Vorsitz des Oberbürgermeisters der Stadt Wien, Dr. Renner, wurde auf Anregung der österreichischen Landesversammlung aus Vertretern der österreichischen Landesversammlung gebildet. Die österreichische Sitzung der Landesregierung sprach sich einstimmig für eine Ausschreibung allgemeiner Wahlen innerhalb ganz Oesterreichs am 25. Nov. 1945.

Wieder eine Zeitung!
Von Edmund Kroneberger

Nach langen Wochen und Monaten des Wartens und Schweigens erscheint endlich eine Zeitung. Viele werden sagen, endlich eine echte Verbindung mit der Welt und dem gesamten öffentlichen Geschehen. Aber auch für alle die vielen und wirk-lich eine ernste, lange Zeit solche Zeitung nicht eine erste Male eine Zeitung auf ihrem Tisch lag. Viele werden denken, in den letzten Wochen nicht sie ab in der Zeit Verbindung standen. Wir halten eine größere Zeitspanne für wirklich eine seit Wochen um zu besuchen, um zu dem zu kommen, was dereinst eine Zeitung bilden.

In diesem Tagen der Entscheidung und des Neubeginns hat es daher doppelt mit, aus grundsätzlicher Besinnung den Weg zu wollen zu finden. Es ist geboten, in einen kurzen Rückblick und in einem entscheidenden Ausblick, Weg und Ziel sich klar zu machen.

Im Frühjahr dieses Jahres des Schreckens des Krieges inneren verpfälzische Gebiet immer mehr die Einsichtigen klar, es wird nun nicht mehr lange dauern, bis der Vernichter des Lichtes, mit der täglichen Zeitung des Rundfunks auch die Vernichter vom Tisch verschwinden. Und wirklich, in den letzten Tagen des Krieges kam es, wie es viele voraussehen mochten. Aber es spürbar. Die einen mit der Finsternis und Dunkelheit der letztergangenen Jahre zu verbinden, spürten geahnt, daß das plötzliche Verschwinden dieser Zeitung nicht eine Verlust, sondern einen Sieg bedeutete. Denn den wenigen Einsichtigen und Erkennenden war es klar, daß sich nun äußerlich und öffentlich zeigte, was längst Wirklichkeit war und Bedeutung hatte.

Hatten die letzten Jahre seit 1933 dem deutschen Volke überhaupt noch die Zeitung belassen? Nein! Was in diesem Jahren dem deutschen Volke unter dem Namen Zeitung. Wohl wurden die Menschen täglich und in den einzelnen Städten fast stündlich mit ihrer bedruckten Papieres überflutet. Aber all diese Veröffentlichungen waren nichts anderes als das laute und tötende Instrument der Lüge, des Wahns und der besten Blendung. Alles, was in den vergangenen Jahren im Dienste und Solde der Nazis, ihrer Freunde und Gewerbe des Volkes nannten, die sich als Länder und meines der Besseren vorstellten, in der Zeitung proklamierte Alles, was in der Wochen Lüge. Es war so, als ob der „Lügners von Anbeginn" im diktierenden Redaktionsstabe gesessen und dort seine Richtlinien, seine höchsten und niedersten Befehle, seine selbst diktierte Und wie in mit höchsten Blendung und Gebüsche, oft so sei, das es gleichsam Geschmeiß mehr und mehr sich verbreitete, vom Herd der Infektion unaufhörlich um schließlich den ganzen Organismus erfaßt und so dort gedruckt, so sehr frisch an seiner Flecke viel schöner und zerstörender auf Seite des Geistes. Die Zeitung, darüber hinaus auch die Zeitschrift, die Broschüre, ist die Buch, sahen auf das Gedrückte im Leben und Solde der gröber gemeinsamen Lüge und der großen gemeinsam ohne niedrigsten Schein und vor allem bringen und der den Massen trauten um so ausdrücklich sich an die den Massen traueren und der Gesinnung ausgab, zum ihrigen Türsinn, die der schließlich im Umwandel der unseren Tage der Gewalt, vom vollblinden Volk schließlich im Blendwerk der unseren Tode beiträgt zum grausamsten Nein! Was in diesem großen Geschichtsstoff dem deutschen Volk unter dem Namen „Lügners von Anbeginn" wurden. Das eine erschreckende Finsternis und Dunkelheit über der verlorenen deutschen Landes, zu zerstören und wundersaugend um sein gewohntes Spiel brach- um sein sonder-

Nach der Niederlage
48 Artikel des alliierten Kontrollrates

Der Alliierte Kontrollrat in Berlin veröffentlichte eine umfassende Erklärung, die sich mit Gleichschaltung in Deutschland befaßt. Das Dokument, das aus 12 Abschnitten und 48 Artikeln besteht, beschäftigt sich vorwiegend mit Wiedergutmachungsfragen, Reparationskosten und Anwendungen für den Wiederaufbau. Ein großer Teil der Verordnungen wird bereits in einem offenen Zeitpunkt in verschiedenen Formen von den einzelnen Besatzungsmächten bekanntgegeben. Die Proklamation gibt einen übersichtlichen Ueberblick über die Anordnungen, denen Deutschland auf Grund seiner Niederlage nachzukommen hat.

Der Nachweis wird die Umsiedlung von Deutschen aus Gebieten, innerhalb und außerhalb der deutschen Grenzen von 1937 zu einem Zeitpunkt und unter Bedingungen stattfinden, die der Kontrollrat noch festlegen wird. Vierteljahrliches werden bestimmt, wieviel persönliches Eigentum die Evakuierten an Mitnahme berechtigt sind. Entsprechende Vorbereitungen werden von seiten des Aufnahme der Flüchtlinge in verschiedenen deutschen Behörden getroffen.

Die deutschen Behörden haben den Anweisungen der alliierten Besatzungsmächte

den zur Zahlung der alliierten Besatzungskosten nachzukommen. Notdienstleistungen können von Deutschland ebenfalls zur Haltung gefordert werden.

Alle erforderlichen Maßnahmen zur Wiederaufmachung auf die für den deutschen Bestreitungen müssen von seiten der deutschen Behörden gemäß den Anordnungen der Vereinten Nationen getroffen werden. Deutsche militärische Körperschaften, sofern sie nicht auch der deutsche General-rapport befindet, müssen ausgemustert werden.

Oberste Pflicht ist der alliierten Verwaltung gegenüber ist es, die Anordnungen in deutschen Rechts- Verwaltungs- Polizei- und Erziehungswesen nachzukommen. Alliierte Deklarationen und Entscheidungen setzen demgemäß widersprechende deutsche Rechte außer Kraft. Die deutschen Behörden haben erforderliches Prozeß gegen Nazi-Verbrecher die wichtigen Dokumente und Schriftstücke den Alliierten zur Einsichtnahme und Verfügung zu stellen.

Weder die alliierte Verwaltung noch der einzelne deutsche Bürger, hat das Recht, irgendwelche Besatzungsmöglichkeiten ohne vorherige Genehmigung der Besatzungsmächte anzukündigen.

Alle im Ausland versandten deutschen Diplomaten und Konsulatsbeamte werden nach Deutschland zurückbefördert. Diplomatische Korrespondenzen und Archive ausländischer Alliierten Gründen dürfen ohne Erlaubnis der betr. Deutscher Regierungen haben nicht mehr für seinen Aufenthaltsort in Frage kommenden Besatzungsmachten die Ursache überschreiten.

Jede Person, die auf Grund ihrer politischen Einstellung, ihrer Rasse oder Religion geschädigt war oder ihres Eigentums beraubt wurde, muß dasselbe ungehindert zurück erstattet erhalten.

Die Erklärung beschäftigt ferner von neuem mit der Kontrolle der Alliierten über die Finanzwirtschaft, Landwirtschaft und Industrie. Alle Gold-, Silber- und Edelmetallbestände, die sich im Besitz deutscher Beamten und Privatpersonen befinden, sind in gemeinsamen und ungehinderten Zustand den alliierten Behörden zu übergeben. Diese Anordnung besteht auch auf alle in Deutschland befindlichen ausländischen Banknoten und Münzen.

Jegliche Produktion und der Erwerb von Kriegsmaterial innerhalb Deutschland ist verboten, Deutschland ist nicht berechtigt, Flugzeuge zu besitzen oder solche zu starten. Alle Forschungsergebnisse, Experimente und Neuentdeckungen, die indirekt oder direkt in Verbindung mit der Kriegsindustrie stehen, müssen den Alliierten abgeliefert werden.

Wie es wirklich geschah
Ein Rückblick auf den schmachvollsten Abschnitt der deutschen Geschichte

Das blutige germanische Possenspiel, das sich als tausendjähriges Reich vor zwölf Jahren mit den ruchlosen Verbrechen des „Reichstagbrandes" in Szene setzte, ging hinter. Das Schuldkonto ist der Uebermaß-brecher ist aber bis ins Uferlose ge-wachsen. In ihrem verbrecherischen Größen-wahn haben sie es zu ihrem „Geschichte der Ware länger verflossene „Geschichte ge-wissen" korrigieren wollen. Die Planer waren von Anfang an darauf gerichtet, sich des Geschichte einmal geraubt hat", die Wachsamkeit der Nachbarvölker, sie als überholt, als dekadente Demokratien bespöttelnd, einzuschätzen, spartanisch als mit Friedensabsichten. So erreichten sie tatsächlich, daß ihnen Gehör geschenkt wurde, Augenblick gerüstet genug befand, sich zu einem brutalen Losgeschlagen zu können stark anhalten. Dies hat in letzten sogenannten „Reichstag am 1. September 1939 erklärt, er habe seit seiner Machtübernahme am Aufbau der Wehrmacht unentwegt gearbeitet und dafür 90 Milliarden

Mark ausgegeben. Damit hat er sich selbst bezahlt.

Bald aber erkannten die der Siegesfanfaren seltener und die Anzahl gerichteten „Mein Kampf" ist kommt!) konnten alle nüchtern denkenden Beurteiler bereits die Unsicherheit der Führung herausberen. Anstelle der Fahrt gegen England" zu wagen, wich die Führung vom so genannten Führers „Mein Kampf" als die des sogenannten Führers nach der Donau, der versprochenen gebotenen Balkanvölker unaufhaltsam. Nach der Unterjochung der friedlichen Balkan-

Sprechzimmer kann offen unausgewartet. Nach Moskau versprach Hitler, obwohl ihm vor Moskau und Leningrad sein hinbegleitender energisch auf Nacht-Gegner ge-chen wird wirklich mehr erhalten wurde? Ganz ist und nicht nur allerdings nicht mehr dieser Verordnung nicht halt. Der Untersuchung von banger Angst klang unverkennbar durch sein machsichtlichter, hemmungsloses

burg und Frankreich tobte sich die von Hitler einmal entfesselte Kriegsfurie hemmungslos aus, und zwar war der Feldzug gegen Polen, der friedlichen Welt Untergebenen unschwer die Millionen waren die Millionen friedlicher, unschuldiger Menschen. Die deutschen Kriegsfantasien klangen, die Geuth großer.

Hitler verkündete Hitler: „England wird zum denkbaren Angriff gegen England." „Mit Auch mit der wilden Drohung: „Wir England gerichteten „Zuschlagen" glaubte sie ausgehen schüchtern das die deutsche Volk zu beruhigen. Mühe machte und die englische in die Tat umsetzen und die einglichen Hitler in ihre Flagge der Drohung Hitlers, sagte die für die Invasion nach England. „machen, England schmächtig-sten, betroffenen Zeiten. Aber der schmächtig-sten, geführt desto wahr wurde genug für ein Verfehlte gerinnen gezogen. Mehr und mehr wurde zur Luftwaffe in die soger den Klimm über Deutschland den anglo-amerikanischen Flieger-verbänden gehen. Obersichtlich zusehen, in ganz sicheren und ihren Heimstätten wieder wachsender Luftwaffen zum Opfer fielen, das Vernichtungswerk an den englischen Städten und ausgedacht hat.

schub für England noch die Landung in Afrika und Europa verhindern.

Der „Feldherr" Hitler, von einer schwanken Propaganda zum größten Schlacht-lenker aller Zeiten aufgeblasen, trieb sein stümperhaftes Kriegsspiel indessen unge-hemmt weiter. Das blutige afrikanische Abenteuer und die Katastrophe von Stalin-grad bezeichneten den Beginn des schwanken Zusammenbruchs seiner maßlosen kriegerischen Pläne. Die unfähigen Gene-räle der Alliierten durchkreuzten mit ihrer oberen weisen und dünnen zu folgen. Kriegsherrn durch dick und dünn zu folgen. Die Landung der Alliierten in Afrika und auf Sizilien hätte die jeder klugen und weit-sehenden Kriegführung bereits jeden Ausfluß zu einer vollen Weltkoalition werden müssen. Wir seien ausnahmelos erster über wen, die genossen Nazi-Optimismus im Heer und Volk zu erzeugen weißt, zu alle verhassten deutschen Kriegführung. Mehr und mehr trat in die Licht dargestellt. Mehr und mehr trat die Volks-stellen der Bevölkerung. Mehr und mehr trat in die Stelle der fehlenden Propaganda und Waffen. Die Schuld vor Di-visionen und Volkssturm, behangen mit armen und hilflosen deutschen Heer, fanden Europas und verkündeten deutschen Städten nach Ort, die ausgetretene, sonderbar verdient mußte. Doch die abklingende Propaganda tiefer in den Innersten marschiert rennen Begriff bereits: die „Arbeitskraft" wurden Deutschlands schwache, armseligen Verbündeten zum brechen Deutschlands schwache

... Zwang an seine Seite getrieben nach dem anderen zusammen; diese E.. nun nannte die immer findige Propaganda „Verrat" und suchte durch die Dolchstoßlegende zu schaffen. Aber auf ausgeblutete deutsche Wehrmacht, die allein bestellt, und das die krieglichen deutsche Volk konnten durch keinen Lüge Propagandaschwall und in die der Nazis erhoben und geführden war. Mehr und mehr zögerte die Soldaten den Kampfplätzen, in die Gefangenschaft, in die Dienste verließen sie, und vor der alliierten Feindwehrmacht, kommen die hoch-sorgreichen Invasionsheere, errichteten zur Propaganda kampfend der Volkssturm und schnelln noch der Volkssturm und die von den Panzersperren und dem Fernen Infolge der fremden Truppen auf der deutschen Ausgestaltung. Dies ist die schrecklichste Kriegsführung.

Man könnte große Genugtuung empfinden. Dies ist das schlimmste Ende der Schuldenkündigung Hitlers, wenn nicht die ganze deutsche Bevölkerung den Nazizeit bezahlen müßte. Das ist die Tragik, ein ändert kommen? Diese Frage einmal die Geschichtsphilosophie zu beantworten haben. Jedoch die schieren fragen, ob das deutsche Volk geraten auf Regierung und wesentlich zu eine Art „Ich war nie ein Nazi" zu rufen, vor so furchtbarer hoch vor den Höllenfunken

Auferstanden aus Ruinen:
Die Geschichte der RHEINPFALZ

Wilde Zeiten (1945 bis 1947)
Von Annette Weber

Im Spätsommer 1945 lag Deutschland in Trümmern. So war die Innenstadt Ludwigshafens zum Beispiel zu mehr als 80 Prozent zerstört. Fast jede Familie hatte Tote zu beklagen. Viele Ehemänner, Väter und Söhne befanden sich noch in Gefangenschaft. Die wenigsten hatten genug zu essen. Dennoch hungerten die Menschen auch nach Nachrichten, nach ungefilterten Informationen ohne nationalsozialistische Färbung und Verfälschung.

Nach dem Zweiten Weltkrieg war die Ludwigshafener Innenstadt fast völlig zerstört. Unser Bild zeigt das heutige RHEINPFALZ-Gelände in der Nähe der zerbombten Lutherkirche als Trümmerwüste.

Die Gründer

Xaver Resch, Michael Nagel, Hans Wipprecht und Arthur Lenk – das waren die Männer, die 1945 bei der RHEINPFALZ-Gründung quasi Geburtshilfe leisteten. Der Maschinensetzer Resch, das geht aus den Unterlagen der Besatzungsbehörden hervor, war ein Vetter des Verlagsleiters und hochwillkommene Fachkraft. Den aus Gimmeldingen stammenden Schriftsetzer Wipprecht, der später für die Druckereien in Kaiserslautern und Ludwigshafen verantwortlich war, kannte Schaub wohl noch aus Zeiten vor dem Zweiten Weltkrieg, als beide in Ludwigshafen tätig waren: Wipprecht beim Waldkirch-Verlag und Schaub bei der „Neuen Pfälzischen Landeszeitung". Arthur Lenk war Sohn eines Druckereibesitzers und in Mannheim aufgewachsen. 1933 gründete er die liberaldemokratisch ausgerichteten „Mannheimer Nachrichten", die den Nationalsozialisten ein Dorn im Auge waren. Rotationsmaschinenmeister Nagel aus Schifferstadt hatte wie Wipprecht bei Waldkirch vor dem Krieg eine Ausbildung gemacht – als Drucker.

Die RHEINPFALZ-Gründer Josef Schaub, Arthur Lenk, Michael Nagel und Hans Wipprecht (von links) stoßen miteinander an.

Josef Schaub setzt sich durch

Mit dem Einmarsch der Alliierten waren alle Publikationen erst einmal verboten worden, doch die Franzosen ließen erstaunlich schnell wieder Presse-Erzeugnisse zu. Die Besatzungsmacht bevorzugte damals die Gründung überparteilicher Regionalzeitungen anstatt traditioneller Parteizeitungen, wie sie in der Weimarer Zeit bis 1933 die Medienlandschaft bestimmt hatten.

Dass Josef Schaub, 1899 in Deidesheim geboren, schließlich den Auftrag zur Gründung einer überparteilichen Zeitung für die Vorderpfalz erhielt, lag wohl zuallererst daran, dass er politisch unbelastet war. In Ludwigshafen hatte er von 1921 an mit den Brüdern Albert und Johannes Finck die der katholischen Zentrumspartei nahestehende „Neue Pfälzische Landeszeitung" aufgebaut. Den Nationalsozialisten war er deshalb ein Dorn im Auge. Seit 1936 durch Berufsverbot geknebelt, verließ Schaub im darauffolgenden Jahr die Pfalz. In Wesel, Trier und Neunkirchen arbeitete er bei verschiedenen Zeitungen – immer so lange, bis herauskam, dass er Berufsverbot hatte. Gegen Ende des Zweiten Weltkrieges habe Josef Schaub untertauchen müssen und die letzten Tage bis zur Befreiung der Pfalz durch US-Truppen im März 1945 in einem Tal im Wald in der Nähe von Deidesheim verbracht, erzählt sein Sohn Dieter. Dieser erinnert sich auch daran, wie sein Vater und er selbst – damals acht Jahre alt – heimlich von Verwandten mit Essen und Trinken versorgt wurden, während in ihrer unmittelbaren Nähe im Wald Geschosse einschlugen.

In seiner Zeit bei der „Neuen Pfälzischen Landeszeitung" hatte Josef Schaub mit dem Journalisten und Politiker Otto Eichenlaub (Bayerische Volkspartei, später CDU) zusammengearbeitet. Und genau dieser war im Sommer 1945 als Leiter des Nachrichten- und Presseamts des Oberregierungspräsidiums Mittelrhein-Saar in Neustadt mit der Neuordnung des Pressewesens in der Region betraut. Am 24. Juni 1945 legte Schaub seinem Bekannten Eichenlaub auf dessen Bitte ein Exposé für die Gründung einer Zeitung im gesamten Bereich Mittelrhein-Saar vor. 100.000 Exemplare kalkulierte der damals 46-Jährige als Startauflage. Sobald Papierknappheit und Vertriebsprobleme überwunden seien, könne man gar mit einer Auflage von 800.000 rechnen, meinte Schaub. [1]

Dem Bombenhagel auf Ludwigshafen fiel auch das ehemalige Amtsgerichtsgebäude in der Amtsstraße zum Opfer. Dort hatte sich ab 1940 die Zentrale der „NSZ-Westmark" befunden. Später errichtete die RHEINPFALZ an diesem Standort das Pressehaus.

Allerdings stieß das ehrgeizige Projekt bei der Militärregierung nicht auf große Gegenliebe. Die Franzosen befürchteten nicht nur massive Vertriebsprobleme, sie wollten auch das Saargebiet in nicht allzu ferner Zukunft von Deutschland abspalten und hatten daher kein Interesse an einer publizistischen Klammer zwischen der Mittelrheinregion und dem Saargebiet. Auch der Sitz des zu gründenden Verlages – Neustadt oder Baden-Baden, oder vielleicht dann doch Mainz und Kaiserslautern – sorgte für Unstimmigkeiten innerhalb der Militäradministration.

So ging es hin und her, Exposés wurden erstellt, diskutiert und wieder verworfen. Am Ende einigte man sich auf zwei Zeitungen an zwei Standorten: die RHEINPFALZ mit Sitz in Neustadt, die die Vorderpfalz abdecken sollte, und die „Pfälzische Volkszeitung" in Kaiserslautern mit dem Verbreitungsgebiet Westpfalz.

Fast 1000 Seiten Zeitungsgeschichte
Über Parteien und Presse in Rheinland-Pfalz zwischen 1945 und 1971 hat Stephan Pieroth 1994 seine Doktorarbeit geschrieben. Der Schwerpunkt lag dabei zwar auf der Mainzer SPD-Zeitung „Die Freiheit", aber die akribische Forschung des Historikers, der stellvertretender Leiter der RHEINPFALZ-Lokalredaktion Frankenthal ist, bietet auch einen umfassenden Überblick über die Gründungs- und Aufbaujahre der RHEINPFALZ. Vier Jahre lang hat der Journalist, der Mittlere und Neuere Geschichte an der Gutenberg-Universität Mainz studiert hat, recherchiert. Er trug viele bis dato unveröffentlichte Materialien aus Archiven zusammen und führte Gespräche mit Zeitzeugen. Seine Doktorarbeit „Parteien und Presse in Rheinland-Pfalz 1945 – 1971" ist eine wichtige Grundlage dieses Buches über die Geschichte der RHEINPFALZ. Bereits vor seinem Studium hatte Pieroth ein Volontariat bei der RHEINPFALZ abgeschlossen und bis 1983 als Redakteur in der Lokalredaktion Zweibrücken gearbeitet.

Wissenschaftler und RHEINPFALZ-Redakteur: Stephan Pieroth.

Die Franzosen regieren die Pfalz

Das Gebiet der späteren Bundesländer Rheinland-Pfalz und Saarland übernahm Frankreich erst zwei Monate nach dem Ende des Krieges, am 10. Juli 1945, von der US-Armee. Nur die vier Landkreise Bergzabern, Germersheim, Landau und Speyer waren schon Ende März von der französischen Armee besetzt worden. Ende Juli 1945 wurde dann die Zentrale der französischen Militärregierung in Baden-Baden aufgebaut. Sie löste in den folgenden Wochen die Armee-Einheiten bei der Verwaltung des besetzten Gebietes ab. Im September 1945 richtete die französische Besatzungsmacht fünf regionale Militärregierungen ein: in Hessen-Pfalz, Württemberg-Hohenzollern, Südbaden, Rheinland-Hessen-Nassau und dem Saarland. Erst danach war es für sie möglich, an eine durchgängige Besatzungspolitik auf allen Ebenen zu denken. Zuvor hatten die einzelnen Einheiten der Armee eigenständig und recht unterschiedlich agiert. Reibereien zwischen Militärregierung und Armee blieben daher nicht aus, die den RHEINPFALZ-Verantwortlichen den Umgang mit der Besatzungsmacht nicht gerade vereinfachten.

Die Südpfalz wurde schon im März 1945 von der französischen Armee besetzt. Unser Foto zeigt den Einmarsch in Büchelberg.

Das Redaktionskollegium der RHEINPFALZ sollte aus Vertretern aller politischen Strömungen bestehen. Am 10. September beauftragte die französische Besatzungsmacht schließlich Josef Schaub mit der Gründung eines Verlages für die Vorderpfalz und berief auf Vorschlag Eichenlaubs Edmund Kroneberger (später CDU), Oswald Dobbeck (unabhängig), Paul Selbach (SPD) und Herbert Müller (KPD) als Parteienvertreter ins Redaktionskollegium. Als Druckort stellten die Franzosen die Zweigstelle Lambrecht der von ihnen beschlagnahmten Saarpfälzischen Druckerei zur Verfügung. [2]

„Durch Elend und Chaos zu Ordnung und Leben"

Schon am 29. September erschien mit einer Startauflage von 53.210 Exemplaren die erste Ausgabe der RHEINPFALZ als „Zeitung für die Landkreise Bergzabern, Frankenthal, Kirchheimbolanden, Landau, Ludwigshafen am Rhein, Neustadt an der Haardt und Speyer" mit folgendem Grußwort des Redaktionskollegiums auf der ersten der vier eng bedruckten Seiten: „Die Zeitung, die mit dem heutigen Tage zum ersten Mal ihren Weg zu den Lesern nimmt und sich unter dem Namen ‚Die Rheinpfalz' vorstellt, wurde unter mannigfachen Schwierigkeiten technischer Art ins Leben gerufen. Dennoch, sie wagt den Schritt! (...) Die Stunde, in der die Zeitung ins junge Leben tritt, ist keine leichte. Ihr großer gebieterischer, alles Trennende überwindender und überbrückender Imperativ lautet: Weg vom verderblichen Geist des Nationalsozialismus, weg vom tötenden und alles echte Leben mißachtenden Geiste eines einseitigen Militarismus, weg von der nivellierenden Gefahr einer verderblichen Gleichschaltung! (...) Die große Losung heißt: Über Trümmer und Not, durch Elend und Chaos zu Ordnung und Leben!"

Trümmer und Not, Elend und Chaos waren allerdings nicht so schnell zu beseitigen, wobei sich die Wirtschaft entlang der Rheinschiene und in den Winzerdörfern schneller erholte als in anderen Regionen. Paul Kaps, ab 1947 Redakteur bei der RHEINPFALZ, beschreibt in dem Buch „Die Presse ist an allem schuld" seine ersten Eindrücke von den Gemeinden entlang der Grenze zu Frankreich: „Hier in diesem Winkel der Pfalz hauste noch der Krieg, hier saß er noch fest und es schien, als könne er sich aus diesem schönen Landstrich nicht zurückziehen. Die Bevölkerung hatte sich in den Trümmern ihrer zerschlagenen Dörfer festgekrallt. In notdürftig hergerichteten Stallungen wohnten Familiengemeinschaften. Die Straßen zu diesen wahrlich heimgesuchten Grenzdörfern glichen besseren Feldwegen, übersät mit Schlaglöchern." (3)

Und dennoch war der Hunger nach Informationen in der Pfalz wohl fast genauso groß wie der nach Nahrung. In der zweiten RHEINPFALZ-Ausgabe vom 3. Oktober 1945 (Seite 3) ist zu lesen: „Eine sehr günstige Aufnahme fand die erste Zeitung, ‚Die Rheinpfalz' in unserer engeren Heimat, in Ludwigshafen. Die Zeitung wurde den Verkäufern buchstäblich aus der Hand gerissen und bald war sie ausverkauft. Es stellte sich heraus, daß die Auflage bei weitem nicht ausreiche, um eine Arbeiterstadt, die geistig ausgehungert ist, zu befriedigen. So gab es viele betrübte Gesichter, die keine Zeitung erhielten, es gab aber auch nachdenkliche Gesichter, und

Parade zum französischen Nationalfeiertag im Jahr 1947 in der Ludwigshafener Innenstadt.

Bomben am Zeitungsrand

„Es reichte gerade so zum Überleben. Für Malpapier war deshalb in unserem Haus kein Pfennig übrig. Doch Not macht erfinderisch. So diente mir die RHEINPFALZ in den Nachkriegsjahren als Malpapier-Ersatz. Auf dem oberen Zeitungsrand ließ ich Kriegsflugzeuge fliegen. Auf den seitlichen Rändern malte ich Kreise. ‚Das sind keine Eier, sondern Bomben, die herunterfallen, und Granaten, die hinaufliegen', klärte ich meine Brüder auf. Logischerweise standen auf dem unteren Zeitungsrand Geschütze, rollten Panzer, brannten Häuser und starben Menschen. Meine Mutter beklagte, dass ich keine Blumen malte. Vater schimpfte mich aus und legte mir Tierporträts ans Herz: Häschen, Hühnchen, Tauben. Vielleicht wollten oder vielleicht konnten sie auch nicht verstehen, dass Malen Therapie sein kann. Dennoch lieh mir mein Vater seinen dicken rot lackierten Zimmermannsbleistift. Mutter legte mir die RHEINPFALZ, besser gesagt, das, was davon noch nicht als Einwickelpapier für Frühstücksbrote, als Klopapier oder als Feueranmachhilfe verbraucht war, auf den Tisch. Es müssen viele, viele Seiten gewesen sein, deren unbedruckte Ränder ich mit diesem düsteren Bilderzyklus bemalt habe."

Erinnerung von Leser Klaus Bach aus Hütschenhausen, geboren im September 1945

Wie die RHEINPFALZ zu ihrem Namen kam

Zu den Weggefährten von RHEINPFALZ-Gründer Josef Schaub gehörten die Brüder Johannes und Albert Finck. Als 1945 die Zeitung für die Pfalz einen Namen brauchte, kam der Vorschlag, sie doch RHEINPFALZ zu nennen, von Johannes Finck, der zu dieser Zeit Pfarrer in Limburgerhof war. Der Prälat gehörte auch in der Nachkriegszeit zum Kreis um Schaub, der seine Freunde zwecks Namensfindung zu einem Treffen in Neustadt versammelt hatte. Josef Schaubs Sohn Dieter bestätigt, dass Prälat Finck wegen der katholischen Tageszeitung „Die Rheinpfalz", die von 1868 bis 1879 in Speyer erschien, auf diese Idee kam. „Deshalb nannten viele die RHEINPFALZ anfangs auch ‚Schwarzkaddl'", erinnert sich Dieter Schaub.

zwar bei denen, die keine ‚reine Weste' haben, d. h. die, die sich von Hitler betören ließen, mit ihm liefen und so schuld sind an dem Unglück, das über uns gekommen ist", schreibt Herbert Müller, der bis 1947 Redakteur in Ludwigshafen war und später zuerst für die KPD und dann für die SPD im Ludwigshafener Stadtrat saß. Müller kümmerte sich um die Lokalnachrichten. Seine Wohnung in der Ebertstraße 5 diente als erstes, provisorisches Büro der RHEINPFALZ in Ludwigshafen. Wie lange, ist heute nicht mehr nachvollziehbar. Erst ab Juni 1948 wird eine Geschäftsstelle in der Amtsstraße 8 als Adresse der Lokalausgabe genannt.[(4)] Die Zentrale des RHEINPFALZ-Verlages befand sich bis Oktober 1951 als „Untermieter" der Pfälzischen Verlagsanstalt (PVA) in der Neustadter Kellereistraße, wo auch heute noch die Lokalredaktion Neustadt zu finden ist.

Einschusslöcher zeugen vom Krieg: Wohnblock in der Ludwigshafener Ebertstraße. Dort befand sich in der Anfangszeit die Lokalredaktion Ludwigshafen, in der Privatwohnung des ehemaligen Widerstandskämpfers Herbert Müller.

„Es waren wilde Zeiten", beschreibt Senior-Verleger Dieter Schaub die Anfangsjahre der RHEINPFALZ. Geboren 1937, hat er als Kind miterlebt, wie sein Vater Josef einmal die Woche nach Baden-Baden musste – zum Rapport. Dort bekam der RHEINPFALZ-Gründer von den Franzosen die Papierration zugeteilt. „Und wenn in der Zeitung zuvor etwas gestanden hatte, was den Zensoren der Besatzungsmacht nicht passte, bekam er auch schon mal die Drohung zu hören, beim nächsten Mal gebe es kein Papier mehr", erinnert sich Dieter Schaub, der von 1964 bis 1993 die Geschicke des RHEINPFALZ-Verlages lenkte. Bis Ende 1946 habe ein Presseoffizier Themen vorgegeben und mitbestimmt, was in der Zeitung zu erscheinen habe, schreibt Stephan Pieroth dazu in seiner Doktorarbeit über „Parteien und Presse in Rheinland-Pfalz 1945–1971".[5] Danach sei den Redaktionen Stück für Stück mehr Spielraum eingeräumt worden, wobei allerdings immer noch gewisse inhaltliche Vorgaben einzuhalten waren. Kritik an Frankreich und seiner Politik sei zum Beispiel nicht erwünscht gewesen und habe Sanktionen nach sich gezogen.

Anfangs erschien die RHEINPFALZ nur zweimal die Woche mit vier Seiten. Papier und Benzin – zum Ausfahren der Zeitungen – waren damals rare und dementsprechend kostbare Güter. Bis zum Jahresende war der Umfang bereits von vier auf acht Seiten angewachsen, darunter rund eine Seite Anzeigen. 14 Beschäftigte hielten den Betrieb am Laufen. Sogar eine „Kulturecke" gab es schon. Am Ende dieses ersten Geschäfts(viertel)-jahres verzeichnete die Bilanz des Verlages laut einer Abschreibungstabelle nicht nur eine Schalttafel und einen Schaltschrank, sondern auch ein Fahrrad und einen Personenwagen Marke Opel, eine Tischleuchte, zwei Schreibtische und vier Schreibmaschinentische. Hinzu kamen noch 27 weitere, nicht näher beschriebene „kurzlebige Wirtschaftsgüter".

Der Verlag formiert sich

Mit der Druckgenehmigung für die erste Ausgabe hatten die Franzosen de facto eine Lizenz erteilt. Ein Verlag als Lizenznehmer, der die Zeitung herausgab, existierte noch nicht. Deshalb wurde für die RHEINPFALZ im Herbst 1945 ein Verlagsausschuss gegründet, dem neben Schaub und den Mitgliedern des Redaktionskollegiums fünf weitere Parteienvertreter angehörten. In der konstituierenden und wahrscheinlich einzigen Sitzung

Die RHEINPFALZ und die Nationalhymne

Ein Finck-Bruder stand bei der RHEINPFALZ Pate, der andere bei der deutschen Nationalhymne. Albert Finck, der als Mitglied des Parlamentarischen Rates an der Ausarbeitung des Grundgesetzes beteiligt war, favorisierte Hoffmann von Fallerslebens „Lied der Deutschen" als, wie er sagte, „vorläufiges Bundeslied".
Am 9. August 1949 legte er in der RHEINPFALZ dar, warum er dieses alte Lied dem vom damaligen Bundespräsidenten Theodor Heuss in Auftrag gegebenen neuen Text von Rudolf Alexander Schröder vorzog. Und warum er, Albert Finck, – in Abgrenzung zur NS-Zeit – die zweite oder dritte Strophe präferieren würde. Es herrschte Wahlkampf zu dieser Zeit, und Albert Finck geriet überregional in die Schlagzeilen, als er zum Abschluss einiger Veranstaltungen „Einigkeit und Recht und Freiheit …" singen ließ. Als am 17. Mai 1952 die dritte Strophe des „Lieds der Deutschen" offiziell als Hymne eingeführt wurde, hat sich Albert Finck, der von 1951 bis zu seinem frühen Tod 1956 Kultusminister in Mainz war, sicher sehr gefreut.

Einblick ins Betriebsvermögen
Es war alles eher provisorisch, damals in den Anfangsjahren. Maschinen wurden aus dem Schutt ausgegraben und wieder in Gang gebracht. Das Betriebsvermögen der RHEINPFALZ zum Jahreswechsel 1945/46 bestand aus wenig mehr als ein paar Schreibtischen, einem Fahrrad und einem Personenwagen. Ein Opel war es damals. So steht es zumindest in den Unterlagen dieser Zeit. Ein Foto dieses Wagens haben wir nicht mehr gefunden, aber immerhin zwei Bilder des Fuhrparks der Geschäftsstelle Kaiserslautern Ende der 40er-Jahre.

am 18. Oktober 1945 in der Neustadter RHEINPFALZ-Redaktion ging es um die Rechtsform des Verlages. Die Mitglieder des Kollegiums hätten den Standpunkt vertreten, sie seien keine reinen Verlagsangestellten, sondern gemeinschaftliche Lizenzträger, schreibt Stephan Piertoh in seiner Doktorarbeit.[6] Josef Schaub, der die Gründung einer GmbH favorisierte, habe darauf verwiesen, dass die Militärregierung erst einmal einen Vertragsentwurf vorlegen müsse und man abwarten solle.

Weil auch von den französischen Verantwortlichen in Baden-Baden keine klaren Direktiven kamen, blieb nicht nur die Rechtsform des Verlages zunächst ungeklärt, auch die Zukunft des Redaktionsausschusses war alles andere als sicher. Hinzu kamen noch personelle Querelen, da Chefredakteur Kroneberger in die Kritik geriet. Obwohl der CDU-Politiker quasi „nebenher" eine Stelle in der Kultusabteilung des Oberregierungspräsidiums Neustadt angenommen hatte und sowohl die Redaktion als auch die Militärregierung in Baden-Baden seine Qualifikation und sein Engagement für die Zeitung kritisch sahen, hielten die pfälzischen Christdemokraten an ihm fest. Erst nach zähen Verhandlungen akzeptierte die CDU am 13. Juli 1946 einen Wechsel in der Redaktion: Der parteilose Journalist Ernst Johann löste Kroneberger ab, stellvertretender Chefredakteur wurde der CDU-Mann Hugo V. Seib. [7]

Das Jahr 1947 war ein entscheidendes für die noch junge Zeitung. In der französischen Zone stand eine Pressereform an. Parteijournalismus sollte es jetzt nur noch bei reinen Parteizeitungen geben. Soweit Parteienvertreter in überparteilichen Blättern saßen, sollten sie sich von dieser Funktion verabschieden oder ihre Posten räumen. Das betraf bei der RHEINPFALZ alle Redaktionsausschuss-Mitglieder mit Ausnahme von Chefredakteur Johann. Am 18. Mai 1947 veranlasste die französische Besatzungsmacht dann die Auflösung des Redaktionsausschusses. Zwei der vier Mitglieder konnten als Redakteure bleiben. Gehen musste unter anderem der Ludwigshafener KPD-Vertreter Müller. Die

Die Geschäftsstelle Kaiserslautern im Jahr 1947.

RHEINPFALZ führte nun die Bezeichnung „Unabhängige, überparteiliche Zeitung für Politik, Kultur, Wirtschaft, Heimat und Sport" im Titel. Gleichzeitig schlossen die französischen Dienststellen die „Pfälzische Volkszeitung" in Kaiserslautern. Deren Leserschaft wurde von der RHEINPFALZ übernommen, die nun in der gesamten Pfalz erschien – von 1949 an täglich außer sonntags.

Pfalzweites Erscheinen, das hieß auch, Lokalredaktionen aufbauen. Der spätere stellvertetende Chefredakteur der RHEINPFALZ, Paul Kaps, der von der „Pfälzischen Volkszeitung" kam, wurde als Jungredakteur beispielsweise nach Pirmasens geschickt. In seinen Erinnerungen beschreibt er den redaktionellen Alltag als permanentes Klettern über Ruinen auf der Suche nach Dienststellen und Behörden, als ständiges Hungern, das ihn sogar zum Äpfelklauen getrieben habe, und als endlose Touren auf dem Drahtesel seiner Zimmerwirtin, um Außentermine in Dörfern wie Waldfischbach, Trulben oder Rodalben wahrzunehmen. [8]

Nach der von den Franzosen verfügten Pressereform dauerte es genau sieben Monate, bis Chefredakteur, Verlagsleitung und Vertreter der Militärregierung einen Gesellschaftsvertrag ausgehandelt hatten. Gesellschafter der am 18. Dezember 1947 gegründeten und am

Die Zähne auf dem Kellerfenster

Frieda Hoffmann war eine Zustellerin der ersten Stunde. Schon 1945 hat sie die RHEINPFALZ in Speyer in die Briefkästen gesteckt – wenn denn noch welche an den Trümmerhäusern hingen. Sie hat tatkräftig am Aufbau des Vertriebssystems in der Domstadt mitgeholfen, täglich um ein paar mehr der knappen Exemplare gefeilscht und sie im Handwagen in Schifferstadt abgeholt. Jahrzehntelang waren sie und ihr Mann Wilhelm frühmorgens auf den Straßen Speyers unterwegs. Das ging an die Substanz. Und einmal, so berichtet Enkel Georg Antrett, habe sich sein Opa nach dessen Runde völlig übermüdet an das Speyerer Stadthaus gelehnt und sei dort eingenickt. Weil er sich im Halbschlaf zu Hause wähnte, legte er sein Gebiss auf den Nachttisch, der in Wirklichkeit ein Kellerfenster war. Nach dem Schläfchen eilte er heim – ohne seine Zähne. Der Verlust des teuren Gebisses habe für einen Riesenkrach mit seiner Frieda gesorgt, in dessen Verlauf die temperamentvolle Oma dem Opa eine Schüssel selbstgemachten „Appelbreis" über dem Kopf ausgeleert habe, erinnert sich der Enkel.

Treue Mitarbeiter: Das Zusteller-Ehepaar Frieda und Wilhelm Hoffmann trug vom ersten Erscheinungstag an die RHEINPFALZ in Speyer aus.

Chronist der Anfangsjahre
Paul Kaps war kein gebürtiger Pfälzer. 1925 in Harzgerode geboren, wuchs er im Mansfelder Land (Thüringen) auf. Der Zweite Weltkrieg verschlug ihn in den Südwesten. Als Kriegsgefangener war er in US-Lagern in Bad Kreuznach und Bretzenheim interniert. Er blieb in der Region hängen und wurde zum Pfälzer aus Überzeugung. Von der „Pfälzischen Volkszeitung" Kaiserslautern kam er 1947 zur RHEINPFALZ und machte dort Karriere. Unter anderem war er als Korrespondent im Saargebiet und bei der englischen Ausgabe der RHEINPFALZ, dem „Rhinepfalz Observer", tätig, half, die Lokalausgaben aufzubauen, und wurde schließlich stellvertretender Chefredakteur. Seinen sehr persönlichen Erinnerungen „Die Presse ist an allem schuld" verdanken wir einen nicht unerheblichen Teil der Kenntnisse über die Anfangsjahre der RHEINPFALZ. Paul Kaps ging 1985 in Ruhestand und starb 1995 in Wachenheim.

Ganz Kavalier: Auf diesem Foto von 1979 ist Paul Kaps der Kuseline beim Ordnen ihrer Schärpe behilflich. Zusammen mit dem damaligen Lokalchef Wolfdietrich Meder „erfand" Kaps die Kuseline als Repräsentantin für das Musikantenland.

20. April 1948 beim Registergericht Ludwigshafen eingetragenen „Rheinpfalz-Verlag und Druckerei-GmbH" mit Sitz in Neustadt an der Haardt, Kellereistraße 12/16, waren Verlagsleiter Josef Schaub mit 25,5 Prozent der Anteile, Hauptbuchhalter Arthur Lenk (zehn Prozent), Rotationsmaschinenmeister Michael Nagel (fünf Prozent), Schriftsetzer Hans Wipprecht (fünf Prozent) und Maschinensetzer Franz Xaver Resch (fünf Prozent). Die übrigen 49,5 Prozent hielten Chefredakteur Ernst Johann und zwei weitere Kollegen. Wer aus dem Unternehmen ausschied, musste seine Anteile an die verbliebenen Gesellschafter abgeben. Dieser Fall trat bald ein. In der Folgezeit verließen die noch von der Besatzungsmacht eingesetzten Redakteure relativ schnell den Verlag, Chefredakteur Kroneberger beispielsweise bereits nach einem halben Jahr. Im Gesellschaftsvertrag war zudem vorgesehen, dass der größere Teil des Reingewinns „karitativen und wissenschaftsfördernden Zwecken" zugute kommen sollte, sobald der technische Betrieb des Verlags auf soliden Beinen stehe. Der Reingewinn der ersten Jahre sollte also erst einmal in den Aufbau des Unternehmens fließen. [9]

Was die fünf Zeitungsgründer um Josef Schaub wohl so einzigartig in der deutschen Presselandschaft der Nachkriegszeit macht, ist die Tatsache, dass jeder von ihnen ein ausgewiesener Fachmann in seinem Bereich war. Sie arbeiteten effektiv zusammen und ergänzten sich. „Die Arbeitsteilung war optimal", erinnert sich Dieter Schaub. „Es gab keine großen Schlachten unter den fünf Gründern, keiner ging auf Konfrontationskurs. Die RHEINPFALZ war quasi ein Familienunternehmen." Das bestätigt auch der damalige Redakteur Paul Kaps: „Josef Schaub hatte den Verlag aus Trümmern heraus gestartet. Die Idee von einer großen, unabhängigen Zeitung für die Pfalz zeigte den Weg auf, den er gehen wollte und in den folgenden Jahren auch konsequent gegangen ist. Und mit ihm die ‚Männer der ersten Stunde': Arthur Lenk, der Finanzmann des Hauses, wie Josef Schaub ein erfahrener Verlagskaufmann; Michael

Nagel aus Schifferstadt, der Maschinenexperte, der unter einem Trümmerberg in Ludwigshafen verrottete Setzmaschinen ausbuddelte und es schaffte, daß ihre Räder, Spindeln und Spulen sich wieder drehten und die Spatienkeile funktionierten; Hans Wipprecht aus Gimmeldingen, der die Handsetzerei flottmachte, und Xaver Resch, der keine Maschine sehen konnte, ohne an ihr herumzubasteln. Jeder ein Fachmann auf seinem Spezialgebiet".[10]

Erst zusammenarbeiten, dann zusammen feiern: Die Gründer und ihre Familien waren einander eng verbunden.

Reihum trafen sich in den Anfangsjahren die Gesellschafter, deren Nachkommen heute noch Anteilseigner des Unternehmens sind, am Wochenende in den Privatwohnungen. Es wurde, so Dieter Schaub, „gegessen, getrunken und gesungen". Die Familien seien einander eng verbunden gewesen, die Kinder miteinander aufgewachsen, ergänzt Ilka Weiß-Wipprecht, die Tochter von Hans Wipprecht. Sogar Capitaine Camille Flunkert, Zensor und Vertreter der französischen Besatzungsmacht, war bei den Treffen häufig mit von der Partie. „Man hat sich damit ganz einfach belohnt für die Schufterei in der Woche", erinnert sich Dieter Schaub, der von seinem Vater häufig mitgenommen wurde.

Auf historischem Boden
Die RHEINPFALZ-Geschichte nahm in Neustadt 1945 ihren Anfang. Verlag, Redaktion und Pfälzische Verlagsanstalt waren in einem Gebäude in der Kellereistraße untergebracht, direkt neben dem Kaufhaus Schneider. Doch nicht nur deswegen ist das Areal, auf dem sich auch heute noch das Gebäude der Lokalredaktion Neustadt befindet, historisch. Ab dem 13. Jahrhundert stand dort das Herzogschloss der Wittelsbacher – opulente 76 Meter lang und 41 Meter breit und damit von ähnlichen Ausmaßen wie der Trifels. Unter Kurfürst Friedrich IV. wurde der Schlosskomplex 1592 zur Kurfürstlichen Kellerei umgebaut. Das hatte, all der Reben in der Umgebung zum Trotz, jedoch nichts mit Wein zu tun. Kellerei bedeutete damals Finanzverwaltung. Nachdem die Stellvertreter des Kurfürsten ihren Sitz in den ehemaligen Stiftshof am Neustadter Markt verlegt hatten, verfiel die Kellerei. Nur der Straßenname erinnert noch daran. 1979 zog die RHEINPFALZ in den behutsam renovierten Gebäudekomplex, unter dem die aus römischen Ziegeln errichteten Keller des mittelalterlichen Schlosses liegen.

Die Zentrale der RHEINPFALZ befand sich in den Anfangsjahren in der Neustadter Kellereistraße, im Gebäude der Pfälzischen Verlagsanstalt.

Verleger Josef Schaub: Mit großer Liebe zur Heimat

Von Michael Garthe

Die Zeit prägt ihre Menschen. Aber manche Menschen prägen auch ihre Zeit. Josef Schaub war so ein Mensch. Er prägte die Nachkriegszeit in der Pfalz. Ohne seine Reputation, ohne seinen Mut, ohne sein unternehmerisches Können und ohne seine Liebe zur Heimat wäre die RHEINPFALZ nie geworden, was sie schon bald war und bis heute geblieben ist: die Stimme der Pfalz und die auflagenstärkste Tageszeitung in Rheinland-Pfalz.

Josef Schaub war ein überzeugter Demokrat und fasziniert von dem Medium Tageszeitung.

Die für die damalige Zeit moderne Zeitungsproduktion fand überall Beachtung; hier eine Delegation mit dem rheinland-pfälzischen Ministerpräsidenten Peter Altmeier (Zweiter v.l.).

Josef Schaub stammt aus einer kinderreichen Winzerfamilie in Deidesheim an der Weinstraße. Dort wird er am 7. Januar 1899 geboren. Kurz vor seinem Abitur muss er noch zum Militär und erlebt die Endphase des Ersten Weltkrieges als Soldat im Elsass und in der Champagne. Im September 1918 wird er dort verwundet und kehrt erst im März 1919 nach Neustadt zurück. Dort macht er gegen den Willen seiner Eltern eine Ausbildung zum Redakteur bei der Firma „Aktiendruckerei und Zeitungsverlag" Neustadt/Haardt, die die „Bürgerzeitung" herausgibt. Ab 1921 hilft er in Ludwigshafen mit, aus dem Nichts die „Neue Pfälzische Landeszeitung" aufzubauen. Er ist deren stellvertretender Geschäftsführer, als die Nazis die Zeitung 1936 verbieten. Josef Schaub wird mit einem Berufsverbot im Gau Saar-Pfalz belegt. In einem kleinen Zeitungsverlag nahe der holländischen Grenze und später bei der „Trierischen Landeszeitung" kann er seine publizistische Tätigkeit fortsetzen. Anfang 1939 zieht ihn die Wehrmacht ein. Aber 1941 wird er freigestellt und baut die gerade gegründete „Saarländische Tageszeitung" mit auf.

1959 erhielt Josef Schaub das Bundesverdienstkreuz. Ministerpräsident Peter Altmeier gratulierte.

Miteinander feiern ist wichtig: Josef Schaub und französische Offiziere in Neustadt.

Druckerei-GmbH". Die Zeitung erscheint jetzt pfalzweit und ab 1949 werktäglich.

Binnen eines Jahrzehnts wird die RHEINPFALZ zu einer der großen Regionalzeitungen in Westdeutschland. Josef Schaubs verlegerische Vorgabe ist von seinen eigenen Lebenserfahrungen geprägt: Er wendet sich gegen Rassismus und Nationalismus,

Weil er sich mit den Nazis nicht eingelassen hat, bietet sich ihm unmittelbar nach Kriegsende die Chance seines Lebens: Im Namen der französischen Besatzungsmacht gibt ihm der Leiter der Pressestelle des Oberregierungspräsidiums, Otto Eichenlaub, den Auftrag, das Konzept für eine Zeitung für die Vorderpfalz und das für eine Zeitung für die Westpfalz zu entwickeln. Schaub packt an, überwindet alle technischen und materiellen Hindernisse und bringt am 29. September 1945 die erste Ausgabe der RHEINPFALZ heraus. Schritt für Schritt streift Schaub die Restriktionen der Besatzungsmacht ab und gründet 1947 mit vier anderen Gesellschaftern die „RHEINPFALZ-Verlag und

tritt für Frieden, Freiheit und Menschenrechte ein und befürwortet die Aussöhnung mit Frankreich und den Aufbau eines geeinten Europa.

Als Josef Schaub 1964 den Verlag an seinen Sohn Dieter übergibt, sagt er: „Was in der Tiefe meines Herzens sitzt, das Gefühl für Demokratie, Menschenwürde und Toleranz, werde ich auch künftig bewahren, um es mit aller Konsequenz den nachfolgenden Generationen in der Führung dieses Betriebes mit auf den Weg zu geben, zum Wohle des Unternehmens, aber auch zum Wohle unserer geliebten Pfalz."

Josef Schaub ist 1978 gestorben.

Freund Flunkert: Zensor wird zum Beschützer der RHEINPFALZ

Von Annette Weber

Als 1945 in der französischen Besatzungszone die ersten Zeitungen an den Start gingen, wurden ihnen von der Militäradministration Presseoffiziere zur Seite gestellt, die kontrollieren sollten, was denn da geschrieben wurde. Dass aus der RHEINPFALZ-Mannschaft der ersten Stunde und dem Franzosen, der sie eigentlich zensieren sollte, schließlich Freunde wurden, das ist eine ganz besondere Geschichte, wie sie wohl nur in der Pfalz geschehen kann.

Camille Flunkert hat sich mit den RHEINPFALZ-Redakteuren und auch mit der Führungsriege des Verlags offenbar bestens verstanden.

Der Senior-Verleger erinnert sich noch gut an Camille Flunkert. Dieter Schaub war damals ein Kind und wurde von seinem Vater Josef häufig zu den Treffen mit den vier anderen RHEINPFALZ-Gründern mitgenommen. Auch der französische Presseoffizier sei oft dabei gewesen, habe mitgegessen, mitgetrunken und mitgefeiert. Und wenn man sich bei Flunkert daheim in Haßloch traf, da wusste der kleine Dieter ganz genau, in welcher Schublade die Schokolade lag. Auch für Volker Lenk, den langjährigen RHEINPFALZ-Geschäftsführer, ist der Presseoffizier Flunkert heute noch präsent. Lenks Vater Arthur, einer der Gründer des Verlags, habe immer viel von ihm erzählt.

Wie eng und freundschaftlich die Beziehung zwischen Zensor und Redaktion war, zeigt die Tatsache, dass sich Flunkert des öfteren schützend vor das RHEINPFALZ-Team stellte. Belegt ist unter anderem die Drohung der Militärregierung mit Strafmaßnahmen, nachdem die Redaktion am 5. Februar 1947 berichtet hatte, in Indochina sei eine Frontlinie der Franzosen durchbrochen worden und es mangele an Verpflegung und Munition. Das schien den Verantwortlichen in Baden-Baden dann zu viel der Pressefreiheit, kam das französische Militär in dem Artikel doch nicht sonderlich gut weg. Daraufhin übernahm Presseoffizier Flunkert persönlich die Verantwortung für die Veröffentlichung: Er habe von dem Beitrag gewusst und ihn abgesegnet, erklärte er. So konnte das Schlimmste – eine Kürzung oder gar die Einstellung der Papierzuteilung – abgewendet werden. [11] Nur ein Vierteljahr später musste Flunkert allerdings gehen. Er wurde nach Mainz, zur „Allgemeinen Zeitung", versetzt. Er war wohl zu gut Freund mit denen geworden, die er überwachen sollte, mutmaßte RHEINPFALZ-Redakteur Paul Kaps 1979 in seinen Erinnerungen.

Zum Abschied gab es im Mai 1947 einen

RHEINPFALZ-Sonderdruck für den französischen Freund. „Flunkereien" nannten die Redakteure das kleine Heft, eine regelrechte Liebeserklärung in gereimter Form. Ein Exemplar hat bei der RHEINPFALZ überlebt. Es brachte uns auf die Spur des einstigen Presseoffiziers und führte uns schließlich zu weiteren Exemplaren. Die Heftchen befinden sich im Besitz von Flunkerts Enkelin Céline, die nur wenige Kilometer von der deutsch-französischen Grenze entfernt im elsässischen Gambsheim lebt, und von seinem Enkel Marc Flunkert, der in dem kleinen Weiler Gras bei Metz zu Hause ist – dort, wo auch Camille Flunkert bis zu seinem Tod im Jahr 1983 gelebt hat.

Ein Abschiedsbuch für den französischen Freund

Und bei Marc Flunkert, der mit seinem Großvater aufgewachsen ist und für die RHEINPFALZ Unterlagen und alte Fotos gesichtet hat, nimmt Capitaine Flunkert als Mensch Gestalt an. Nun erklärt sich, wieso Opa Camille die Pfalz und die Pfälzer so mochte, warum er vom Zensor zum Freund Flunkert wurde.

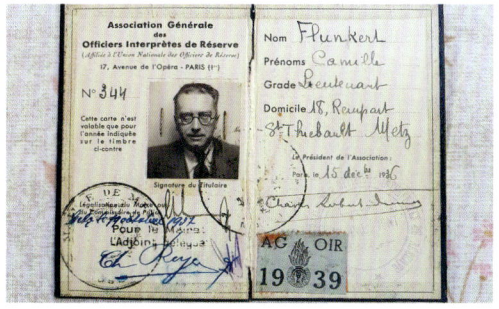
Wegen seiner Sprachkenntnisse wurde Flunkert in der Zwischenkriegszeit als Reserveoffizier in das Übersetzer-Corps der französischen Armee aufgenommen.

Camille Flunkerts Vater war Deutscher, er stammte aus der Pfalz. Als Zöllner wurde er nach Metz versetzt, in den Jahren nach dem Deutsch-Französischen Krieg von 1870/71, als die Region auf einmal deutsch war. Er heiratete eine Französin aus Metz, 1903 wurde Camille geboren – als Deutscher. Nach dem Ersten Weltkrieg fiel die Region an Frankreich zurück. Camille Flunkert leistete seinen Wehrdienst bei der

„Raubtiere im Käfig" nannte Flunkert dieses Foto, das ihn (links oben) im Kriegsgefangenenlager Weinsberg zeigt.

französischen Armee und wurde als Reserveoffizier in das Übersetzer-Corps aufgenommen. Schließlich sprach er neben Französisch auch noch fließend Deutsch – und sogar Englisch.

Dann kam der Zweite Weltkrieg. Hitlers Truppen besetzten weite Teile Europas. Camille Flunkert wurde eingezogen, kämpfte für sein Vaterland Frankreich und geriet in Kriegsgefangenschaft. Festgenommen vom eigenen Schwager, einem Deutschen. In Weinsberg bei Heilbronn saß Flunkert monatelang im Lager. Dass er auch dort seinen Humor nicht verlor, beweist eine Anekdote, von der Frédéric Flunkert,

der in Paris lebende Bruder Célines berichtet. „Mein Großvater liebte das Gärtnern. Sogar im Gefangenenlager zog er Tomaten. Und als einer der deutschen Bewacher eines Tages fragte, wieso diese Tomaten denn so schön rot seien, antwortete mein Opa: ,Ich lasse jeden Morgen vor ihnen die Hosen runter.'"

Als Mitglied des Übersetzer-Corps der französischen Armee war Flunkert nach Kriegsende erste Wahl für den Posten eines Presseoffiziers. Und so führte ihn die wechselvolle deutsch-französische Geschichte in die Heimat seines Vaters zurück. Seine aus St. Avold, direkt an der Grenze zum Saarland, stammende Frau Elisabeth, eine geborene Wilhelm, nahm er mit nach Haßloch. Und zwei seiner Kinder: die 17-jährige Yvonne, die später einen US-Offizier heiraten und in die USA auswandern sollte, und den knapp vierjährigen Christian. Der Älteste, Robert, leistete zu der Zeit seinen Wehrdienst in Frankreich ab.

Über den Krieg und die Zeit danach hat Flunkert nie gesprochen

Karikatur aus den „Flunkereien": Die Dame RHEINPFALZ verabschiedet Flunkert. „Ich werde warten", ist zu lesen.

„Mein Opa war im Grunde seines Herzens Pazifist – und ein überzeugter Europäer", erzählt Roberts Sohn Marc. Mit Robert Schuman, dem französischen Außenminister und Wegbereiter der deutsch-französischen Aussöhnung, habe Camille in Kontakt gestanden. Marc Flunkert vermutet, dass sein Großvater, der vor dem Krieg an der Börse in Metz tätig war, in seiner Zeit in der Pfalz mit dem „Virus des Journalismus" angesteckt wurde. Zurückgekehrt in die Heimat, fing er nämlich an, für Zeitungen zu arbeiten: zuerst für „La Voix Lorraine", dann für den „Courrier de Metz" und schließlich – in verantwortlicher Position – für den „Republicain Lorraine".

„Mein Großvater war ein sehr belesener und gebildeter Mann", erinnert sich Marc Flunkert. „Ich sehe ihn heute noch in seinem Sessel sitzen, mit seinen schneewei-

Stolzer Vater: Flunkert mit seinem erstgeborenen Sohn Robert und seiner Ehefrau Elisabeth.

ßen Haaren. Wenn im Fernsehen Nachrichten kamen, war er völlig konzentriert. Dann durften wir uns nicht rühren. Politik war eine seiner Leidenschaften. Die andere war die Musik – klassische Musik." Über seine Zeit im Krieg und anschließend in Deutschland habe sein Großvater nie gesprochen. „Das tat kaum jemand in dieser Generation", sagt Marc Flunkert. „Und uns hat es damals auch nicht interessiert." Dass sein Opa beim Aufbau des Pressewesens in der französischen Zone eine nicht ganz unwichtige Rolle spielte, das hat Marc Flunkert erst durch die Recherchen zum RHEINPFALZ-Jubiläum erfahren. Nun bedauert er, dass sein Großvater das nie erwähnt hat. Schließlich sei es ein wichtiges Stück Familiengeschichte.

Die Rheinpfalz

NEUSTADTER NACHRICHTEN

Unabhängige überparteiliche Zeitung für Politik, Kultur, Wirtschaft, Heimat und S...

Jahrgang 17, Nr. 186 — Montag, 14. August 1961

Eiserner Vorhang teilt Berlin

Ostberlin nach Westen abgeriegelt — Volksarmee besetzt Ostsektor — Viermächte-Status verletzt

Letzte freie Verbindung zerstört

VON UNSEREN KORRESPONDENTEN / AP / DPA

Berlin. Mit einem beispiellosen Gewaltakt haben die Sowjetzonenmachthaber am Sonntag in Berlin die letzten freien Verbindungen zwischen den beiden Teilen Deutschlands zerstört und den „Eisernen Vorhang" lückenlos um den gesamten Ostblock gelegt. Nach einem Beschluß des sowjetzonalen Ministerrates wurde auf Vorschlag der Warschauer Pakt-Staaten die Berliner Sektorengrenze zur „Staatsgrenze" erklärt und noch in der Nacht zum Sonntag von schwerbewaffneten Volkspolizei- und Volksarmee-Einheiten mit Stacheldraht verbarrikadiert. Panzer fuhren an der sogenannten Volksgrenze auf.

Die S- und U-Bahnverbindungen zwischen Ost- und Westberlin wurden unterbrochen, die Straßen an den Sektorenübergängen mit Preßlufthämmern aufgerissen. Westberlin wurde für die Bewohner des Sowjetsektors und der Sowjetzone zur verbotenen Stadt erklärt. Dadurch verloren mit einem Schlag rund 80 000 Grenzgänger — darunter etwa 3 000 Nichtregistrierte — ihre Arbeit in Westberlin und ungezählte Mitteldeutsche die Hoffnung, jemals dem Ulbricht-Regime entrinnen zu können. Der Einzonenverkehr wurde in der Nacht gekaperte Organisation mit den Maßnahmen nicht vollzogen.

Bewohner Westberlins können unter Vorlage ihres Westberliner Personalausweises an den Übergangsstellen nach Ostberlin passieren. Zahlreiche Westberliner machten bereits am frühen Sonntagvormittag von dieser Möglichkeit Gebrauch und konnten, soweit beobachtet werden konnte, auch ungehindert Ostberlin betreten. Westdeutsche Besucher erhalten, wo das bisher, an der bisher genannten Tageshauptsübergangsstellen sogar vorgeschrieben; Übergangsscheine durchgeführt. Für ausländische Staatsangehörige gelten die bisherigen Bestimmungen. Für Angehörige der Diplomatischen Korps und der westlichen Besatzungstruppe bleibt es bei der bisherigen Regelung.

Der Pankower Schritt hat bei Senat und Bevölkerung Westberlins sowie in der Öffentlichkeit in der Bundesrepublik ungeheure Empörung ausgelöst. An der Sektorengrenze kam es zu den ersten blutigen Zwischenfällen zwischen aufgepflanztem Bajonett und Westberlinern. Die Westberliner Polizei steht in Alarmbereitschaft und versucht, die erregte Bevölkerung an der Sektorengrenze fernzuhalten. Der Westberliner Senat hat in einem Appell an die Weltöffentlichkeit die Terrormaßnahmen der Sowjetzonen-Regierung verurteilt. Der Älteste hat das Parlament telegrafisch aus dem Urlaub zu einer Sondersitzung zusammengerufen. Die Westberliner Stadtkommandanten haben ihre Regierungen unterrichtet.

Westliche Schritte angekündigt

Die Westmächte werden gegen die kommunistischen Sperrmaßnahmen in Berlin möglicherweise direkt bei der sowjetischen Regierung in Moskau, bestimmt aber bei den sowjetischen Stadtkommandanten in Ostberlin protestieren.

Der amerikanische Außenminister Dean Rusk bezeichnet die Sperrmaßnahme als flagrante Verletzung des Viermächte-Status von Berlin. Er kündigte in einer mit Präsident Kennedy gebilligten Erklärung einen scharfen Protest des Westens an. Mit Zustimmung Präsident Kennedys erklärte Rusk: „Die Beschränkung des Verkehrs innerhalb Berlins ist eine Verletzung des Viermächtestatus von Berlin."

(Fortsetzung Seite 2)

Mit tschechischem Stahlhelm und russischer Maschinenpistole patrouilliert ein Soldat der „Volksarmee" zwischen der Ostberliner Bevölkerung und dem Stacheldrahtzaun, mit dem das Zonenregime gestern den Zugang zu den Ostberlinern nach Westberlin abgesperrt hat. (Aufn. UPI)

Brentano empfiehlt Regierungserklärung

Bundestagssitzung vorverlegen

Bonn (UPI). Bundesaußenminister Heinrich von Brentano hat sich dafür eingesetzt, daß die Bundesregierung am 22. August vor dem Bundestag eine außenpolitische Erklärung abgibt, in der vor allem ihre Haltung zu der Entwicklung um Berlin und zu der neuen Entwicklung in der NATO, soweit sie sich aus dienstlicher Sicht ergibt, dargelegt wird.

Wie von unterrichteter Seite mitgeteilt wurde, wird auf eine weitere Anregung Brentanos hin gegenwärtig erwogen, die Bundestagssitzung vorzuverlegen, möglicherweise um bereits am 18. August über eine Regierungserklärung abgeben zu können, und einer möglichen außenpolitischen Debatte zu den alarmierenden Vorgängen in Berlin Stellung zu nehmen.

Der Bundesaußenminister hat die Botschafter der drei Westmächte zu einer gemeinsamen Besprechung für den heutigen Montag um 10 Uhr zu sich gebeten.

Wie das Auswärtige Amt weiter mitteilte, hat Brentano ferner Anweisung erteilt, daß die Botschafter der Bundesrepublik in London, Washington, Paris, Moskau und bei der NATO, soweit sie sich aus dienstlicher Sicht anderen Gründen nur nicht in den Hauptstädten befinden, unverzüglich auf ihre Posten zurückkehren sollen. Analoge Maßnahmen wurden für die Auswärtigen Amts angeordnet.

Ein klarer Rechtsbruch

Willy Brandt vor dem Berliner Senat: Proteste genügen nicht

Berlin (DPA). In der Sondersitzung des Berliner Abgeordnetenhauses bewies der Regierende Bürgermeister Willy Brandt am Sonntagabend an Hand der interalliierten Vereinbarungen den Rechtsbruch der Sowjetzonen-Machthaber durch ihre Absperrungsmaßnahmen nach. Gleichzeitig warf Brandt der Sowjetunion vor, mit ihrer Unterschrift unter den Appell der Staaten des Warschauer Pakts die Viermächte-Vereinbarungen verletzt zu haben.

Brandt sagte, der Beschluß des Ministerkomitees könne nur als Annexion eines Teils des unter Vier-Mächte-Verwaltung stehenden Gebietes um Berlin angesehen werden.

Zugleich habe sich die Sowjetunion einer Verletzung des Vier-Mächte-Abkommens schuldig gemacht. Der freie Personenverkehr innerhalb Berlins resultiere aus der Vier-Mächte-Vereinbarung, wonach Berlin eine verwaltungsmäßige Einheit sei. Der freie Personenverkehr sei in den letzten Jahren durch eine ständige Übung bestätigt und selbst während der Blockade nicht aufgehoben worden.

Brandt wies sodann darauf hin, daß nach den alliierten Abkommen vom 12. September 1944, vom 14. November 1944 und vom 5. Juni 1945 Berlin als ein selbständiges Besatzungs- und Verwaltungsgebiet ausgewählt worden sei. Es habe niemals zur sowjetischen Besatzungszone gehört. Die Machthaber der Sowjetzone könnten deshalb auch keinerlei Befugnisse in Berlin geltend machen.

Zu Beginn der Sitzung hatte der amtierende Parlamentspräsident Wolfram Müllerburg unter dem Beifall der Abgeordneten und der erschienenen Stadtkommandanten der drei westalliierten Besatzungsmächte besonders Er...

Erforderliche Gegenmaßnahmen getroffen

Adenauer bittet um Ruhe und Vertrauen — Bekenntnis zu den Deutschen in der Zone

Bonn (DPA). Bundeskanzler Adenauer erklärte am Sonntag in Bonn zu der Willkürmaßnahme der Zonenregierung in Berlin: „Im Verein mit unseren Alliierten werden die erforderlichen Gegenmaßnahmen getroffen. Die Bundesregierung bittet alle Deutschen, auf die Maßnahmen zu vertrauen. In der jetzigen Stunde der Gefahr, heißt es das Gebot der Stunde, in Festigkeit, aber auch in Ruhe die Herausforderung des Ostens zu begegnen und nichts zu unternehmen, was die Lage nur erschweren kann. Mit den Deutschen in der Sowjetzone und in Ostberlin fühlen wir uns nach wie vor aufs engste verbunden. Sie sind und bleiben unsere deutschen Brüder und Schwestern."

Die Bundesregierung hält an dem Ziel der deutschen Einheit und Freiheit unverrückbar fest", heißt es in der Erklärung des Bundeskanzlers. Er bezeichnet das Vorgehen der Sowjetzonen-Machthaber als eindeutigen Rechtsbruch. Wörtlich sagte er: „Die Machthaber der Sowjetzone haben heute in der Nacht gehandelt, unter offenem Bruch der Viermächtevereinbarungen über Westberlin und seiner Umgebung abzugelegen. Eine Maßnahme ist getroffen worden, weil die Lage der mitteldeutschen Bevölkerung von einer auswärtigen Macht aufgezwungen Regime nicht gewährt wird. Durch die Einschaltung der übrigen Ostblockstaaten haben von dem Zonen-Schwächen ihre Unsicherheit zu beseitigen, aus der Gesamtheit der Weltöffentlichkeit zu zeigen versucht, was sich aus dem Druck der Bevölkerung in der ganzen Welt anerkannte Selbstbestimmungsrecht herausfordert.

In Freudenstadt und Caux haben am Wochenende Tausende der in der vergangenen Woche in Freudenstadt verstorbenen Gründer und Leiter der Bewegung der moralischen Aufrüstung, Dr. Frank Buchmann, gedacht.

Scharfe Kontrollen in Paris

Vorsichtsmaßnahmen der Bereitschaftspolizei am Wochenende

Paris (AP). Sonderkommandos der französischen Bereitschaftspolizei haben am Sonntag an mehreren Punkten der französischen Hauptstadt strenge Fahrzeug- und Personenkontrollen durchgeführt. Die Kontrollen wurden mit den Gerüchten über einen rechtsextremistischen Putschversuch in Zusammenhang gebracht, vor dem seit längerem gewarnt wurde und der angeblich für den jetzigen langen Wochenende stattfinden sollte, das am Dienstag dauert, Maria Himmelfahrt ein Feiertag.

Die Gewerkschaftsführer der Arbeiter in den Pariser Gas- und Elektrizitätswerken beschlossen, für die Sicherung der Kraftwerke, Gaswerke und Versorgungsleitungen „in der gegenwärtigen Zeit" zu sorgen.

Fallschirmjäger rücken ab

Biserta (AP). Die angekündigte Verringerung der französischen Truppen in Biserta ist heute mit dem Abzug des 2. Fallschirmjäger-Regiments begonnen.

Der Abzug dieses Regiments bedeutet jedoch keine Räumung der von ihnen gehaltenen Stellungen, die weiter von dem 1. und dem 3. regulären Fallschirmjäger-Regiment geblieben sind.

Die Staatschefs von Niger, Dahome, Volta und Elfenbeinküste haben, nach einer Konferenz in Abidjan an Frankreich und Tunesien appelliert, ihren Streit um Biserta dem Verhandlungsweg beizulegen.

Präsident Bourguiba hat zur Biserta-Frage eine persönliche Botschaft an den amerikanischen Präsidenten Kennedy gerichtet. Auch Bundeskanzler Adenauer hat Bourguiba eine Botschaft gesandt.

Bundeskanzler Adenauer hat dem Präsidenten des Deutschen Evangelischen Kirchentages, Reinold von Thadden-Trieglaff, zu seinem 70. Geburtstag ein herzlich gehaltenes Glückwunschtelegramm übersandt.

Eine Delegation von 20 Abgeordneten des amerikanischen Kongresses wird Mitte September Westberlin besuchen.

Die Kraftprobe b...

Von Walter Hück...

Schneller als erwartet hat in Pankow eine Drohung wahr, die seit der Tagung des Ostblocks in Moskau zwar gerechnet wurde, in der hereinfordernden Form, durchgeführt worden ist. Man hat nicht gerechnet, daß der Flüchtlingsstrom über die Staatsgrenze von Ostberlin nach Berlin, die Freizügigkeit innerhalb des Staates Berlin durch das Zonenregime nicht gestoppt wurde.

Diese Erwartung hat getrogen, seit Sonntag für die unglückliche Bevölkerung der Zone und der Ostberlin der verbotene Stadt. Mit Panzern und großem Aufgebot bei Polizei wird den Ostberlinern der Betreten Westberlins gewehrt. Auch die westdeutschen Arbeitnehmer, die in Westberlin tätig sind, sind von der Sperre betroffen. An der der Abriegelung der für die Einzelnen bisher in Westberlin noch für die U-Bahn in die Freiheit sich ergeben, wenn von Zwang nicht in der Zone nicht gewarnt wurde.

Daß die Sowjetzonen-Regime zur Absperrung Westberlins für die Gruppen des eigenen Staates gezwungen war, ist Eingeständnis des völligen Versagens des Flüchtlings-Stromes, der in der innerstaatlichen Lage im Staat an den Rand der Zusammenbruches. Trotzdem muß man sich fragen, ob Moskau die Erlaubnis zu dem Viermächte-Vertrages erteilt hat, die Alliierten gesamten Ostblocks. Die Einschaltung aller ostblockorientierten Staaten, aber in Wirklichkeit eine der Verlegenheit eingeschlagen der sowjetischen Führung verstoßen worden.

Wie groß diese Verlegenheit ist, kann man aus den Vorzeichen der Schließung, zu denen die Berliner Stadtregierung zur Staatsgrenze und der Berliner Viermächte-Status geteilte Stadt gehört hat, abschließen. Der Schritt der Sowjetzonen-Regierung war keine Ankündigungen Chruschtschows, bisher nach fruchtlosen Beschwörungen der Westmächte über Westberlin zu, sondern Chruschtschow siehe sich mit der Separatfriedensvertrag für Berlin gedroht, der sich ungeteilt jetzt sollte, ist es schon jetzt darauf. Sollte Maßnahmen des Zonenregimes unter dem Schutz von Panzern und seiner bewaffneten Polizeien und Soldaten Gebiet von Berlin praktiziert wird, schickten oder sicher nur die Behandlungen offenbar nicht mehr sind.

In kritischen Tagen Berlins wird aber die Aufforderung zu hören, Ruhe zu dieser Aufforderung wird wiederholt sein. Denn es darf nicht zu einer Explosion kommen, so sehr die von der Bevölkerung einer Regierung in Pankow auch heraus-gefordert sein mag.

Andererseits kann die Aufforderung zur Zurückhaltung nur für die Westmächte gelten, die durch die Verletzung des Viermächte-Status selbst angesprochen sind, wiederholt versichert haben, wie bei Paris mit der vorigen Woche volle Übereinstimmung zwischen den westlichen Außenministern herrscht über die. Die Reihenfolge der Maßnahmen, die westlichen Außenministern angewandt werden sollen, gegen Berlin angewandt werden. Gegen Herausforderungen wie eine die Bolschewisten durch die Abriegelung Ostberlins jetzt geleistet haben, die wirksamen Mittel auch gehandelt wird. Wenn Chruschtschow gewisse Vereinbarungen, über die er angeblich mit den Westmächten verhandelt, haben sollte, Vorgehen schon jetzt außer Kraft sein, das sollte nicht wundern, wenn in seinen Versicherungen des guten Willens das Vertrauen gesetzt wird. In diesem Fall ergibt sich für die Westmächte die Zwangslage zum Handeln. Auf welchen Gebiet dies ist, hat Bundeskanzler Dr. Adenauer am Wochenende wiederholt wissen lassen. Er meinte, die Sprache der wirtschaftlichen Sanktionen würden die Sowjets am schnellsten, besten, verstehen. Jedenfalls ist durch die Absperrung Ostberlins die Kraftprobe zwischen Ost und West schneller in Gang gesetzt worden, als erwartet werden konnte. Der Westen darf nicht zögern, seine Pflicht zu tun.

DER WETTERBERICHT

Noch immer unbeständig

Wetterlage: Von Nordwesten...

Aufstieg zur Zeitung für die Pfalz
(1948 bis 1964)
Von Annette Weber

Nicht weniger turbulent und aufregend als die Gründerzeit waren die Folgejahre. Vier bis sechs Seiten stark erschien die RHEINPFALZ jetzt dreimal die Woche, ihre Auflage stieg anfangs auf mehr als 200.000 Exemplare, um sich nach der Währungsreform bei rund 170.000 einzupendeln. Nach und nach entstand ein Netz von Lokalredaktionen. Diese Ausweitung des RHEINPFALZ-Verbreitungsgebiets auf die gesamte Pfalz war ein langer, konfliktreicher Prozess.

Nach Gründung der Bundesrepublik 1949 mussten Zeitungen nicht länger von den Franzosen lizenziert werden. Die pfälzischen Altverleger Kurt Liesenberg (Neustadt), Heinz Rohr (Kaiserslautern), Werner Baisch (Pirmasens), Fritz Perron (Frankenthal) und Karl Waldkirch (Ludwigshafen) suchten nun Schützenhilfe bei den Franzosen, die 1945 noch verhindert hatten, dass Zeitungshäuser an ihre ehemaligen Besitzer zurückfielen. Die Altverleger forderten 60 Prozent der Gesellschafter-Anteile der RHEINPFALZ. Im Gegenzug wollten sie ihre Zeitungsrechte in die Gesellschaft einbringen. RHEINPFALZ-Verleger Josef Schaub sollte einen mehrjährigen Anstellungsvertrag erhalten, schlugen die Altverleger im Oktober 1949 dem französischen Gouverneur André Brozen-Favereau in einem Brief vor. Doch die Franzosen fühlten sich zu Recht nicht zuständig und leiteten den Vorschlag an den RHEINPFALZ-Verlag weiter, mit der Bitte um Stellungnahme. [12] Da keinerlei Rechtsansprüche der Altverleger gegenüber der RHEINPFALZ bestanden und die Verlagsrechte der stillliegenden Blätter nicht im entferntesten der Forderung nach 60 Prozent am RHEINPFALZ-Kapital entsprachen, war dieser Vorschlag – wie es Stephan Pieroth in seiner Doktorarbeit formuliert – ziemlich abwegig und wurde von Verleger Josef Schaub auch rundweg abgelehnt.

Auf dem Trümmergrundstück des ehemaligen Amtsgerichts begann 1949 der Bau des neuen Pressehauses.

Das Münchner Abenteuer

Es lief gut für die RHEINPFALZ in diesen Jahren. Seriöse Tageszeitungen waren gefragt. So kam man in Ludwigshafen im Dezember 1948 auf die Idee, sich auch bundesweit zu engagieren. Die erste Station sollte München sein. „Mit Zeitungswagen und gemieteten Autos eines Neustadter Omnibus-Unternehmens startete die RHEINPFALZ-Expedition", schreibt Redakteur Paul Kaps in seinen Erinnerungen. „Über leere Autobahnen geht es nach Süden. Ich kutschiere mit Georg Schreck, einem unserer zuverlässigen Nachtfahrer. (...) ‚Schorsch' Schreck weicht jedem Schlagloch aus und fährt, als säße er immer noch am Steuer seines Sanitätsautos, das er in Russland über Rollbahnen und Feldwege gelenkt hatte. Wir kommen ohne Bruch in München an. Großer Bahnhof im Rathaus. Oberbürgermeister Wimmer (...) schlägt eine freie Seite im Goldenen Buch der bayerischen Hauptstadt auf. Wir sind so frei und markieren das historische Datum. Zusammen mit angeheuerten Studenten besetzen wir dann die Straßenkreuzungen in der Innenstadt und verkaufen die RHEINPFALZ. Ich stehe am Stachus. Mit mir ein angehender Mediziner. Wir schreien aus vollen Lungen. Wir verkaufen und verschenken unsere Zeitungen. (...) Wir konnten München nicht erobern, und die Bundesrepublik gleich gar nicht. Wir mühten uns nach Kräften, aber wir schafften es nicht. Schließlich blies Josef Schaub das Unternehmen ganz ab."

Erinnerungen von Paul Kaps

Der Konkurrenzkampf beginnt

Nun begann ein harter Konkurrenzkampf: Die Altverleger versuchten, ihre Blätter wiederzubeleben, die RHEINPFALZ schaltete auf Abwehr. So wagte der Waldkirch-Verlag am 1. Dezember 1949 einen Neustart mit dem traditionsreichen „General-Anzeiger", in der Weimarer Zeit die auflagenstärkste Zeitung Ludwigshafens. Doch die RHEINPFALZ war schneller. Bereits am 17. November brachte sie den „Neuen Ludwigshafener Lokal-Anzeiger" heraus und erschwerte damit dem „General-Anzeiger" den Zugang zum Markt. Nur kurze Zeit später mehrten sich die Hinweise, der Waldkirch-Verlag wolle seine „Pfälzische Rundschau" als Zeitung für die Pfalz neu etablieren. Josef Schaub reagierte prompt und gab innerhalb kürzester Zeit die „Pfälzer Abendzeitung" heraus, eine pfalzweite Ausgabe des „Lokal-Anzeigers", die von 1958 an „5-Uhr-Blatt" genannt wurde. Diese Strategie hatte Erfolg. Waldkirch musste aufgeben und verkaufte den „General-Anzeiger" zum 1. Juni 1950, wie es heißt, für 30.000 Mark an die RHEINPFALZ, die ihre Neuerwerbung mit dem „Lokal-Anzeiger" vereinigte.

Schon bald begann der Abwehrkampf gegen Mitbewerber. Mit eigenen Produkten wie beispielsweise der „Pfälzer Abendzeitung" den Markt für andere verstopfen, lautete Josef Schaubs Devise.

Auch in Kaiserslautern begann der Abwehrkampf. Der Verleger der „Pfälzischen Volkszeitung", Heinz Rohr, hatte 1947 auf Geheiß der Besatzungsmacht seine Lokalzeitungen in der Westpfalz an die RHEINPFALZ abtreten müssen. Zwei Jahre später versuchte Rohr einen Neustart mit der „Pfälzischen Volkszeitung" und machte – vergeblich – Regressansprüche gegenüber der RHEINPFALZ geltend. Wie auch der „General-Anzeiger" konnte sich die „Pfälzische Volkszeitung" mittelfristig nicht gegen die auflagenstärkere und bereits etablierte Zeitung behaupten. Im August 1953 gab Verleger Rohr auf und verkaufte drei Viertel seines Verlags an die RHEINPFALZ, die bis 1972 alle Anteile an dem Kaiserslauterer Verlag erwarb. Redaktionell wurde die „Volkszeitung" an den „General-Anzeiger" angedockt. (13)

Die RHEINPFALZ und ihre Schwesterzeitungen in der Ära Josef Schaub: Für jeden Geschmack war etwas dabei.

Auch die Produktpalette wurde immer größer. Von 1948 an gab es eine montags erscheinende Sportzeitung, die ab 1951 „ASZ-Sportblatt" hieß. Im selben Jahr startete der erfolglose Versuch, die RHEINPFALZ bundesweit erscheinen zu lassen. Ab 1949 (bis 1968) gab es den mittwochs erscheinenden „Pälzer Feierowend" mit viel Mundart und Unterhaltung, von 1952 an lagen ein- bis zweimal im Monat die „Pfälzischen Heimatblätter" bei, die sich in Zusammenarbeit mit dem Historischen Verein der Pfalz und dem Verein für Naturkunde

Abwehrschlacht gegen Waldkirch
Paul Kaps beschreibt die Aufbruchstimmung im Team, als Josef Schaub seine Mannen um sich scharte, um die mögliche Waldkirch-Konkurrenz in Ludwigshafen durch die Einführung des „Neuen Ludwigshafener Lokalanzeigers" abzuwehren: „Unsere Sonderredaktion arbeitete rund um die Uhr. Tagsüber erledigten wir unser Pensum für die „RHEINPFALZ", schalteten abends um auf die Auswertung der „RHEINPFALZ" für den „Lokal-Anzeiger" und schliefen, von einem großen Küchenwecker brutal geweckt, in kurzen Schichten auf dem amerikanischen Feldbett in der Redaktion und gaben morgens dem Ludwigshafener „Lokal-Anzeiger" mit den neusten Meldungen und Berichten den letzten Schliff, fuhren nach Lambrecht in die Technik, unsere Seiten zu bauen und standen neben der Rotation, wenn die ersten Exemplare aus der Maschine kamen. (...) Als dann der Original „General-Anzeiger" aus dem Hause Waldkirch in der Amtsstraße herauskam, da war der Markt bereits blockiert. (...) Verkäufer unseres Vertriebs standen an den Werkstoren der BASF, waren an jeder Straßenkreuzung postiert, pendelten durch die Lokale von Oppau bis Rheingönheim und verkauften bis zum letzten Exemplar."
Erinnerungen von Paul Kaps

Zweimal die Woche Sprechstunde
Ob Lehrer ihre Schüler körperlich züchtigen dürften, fragt ein Leser in der Ausgabe vom 26. Juli 1956 den für die Sozialredaktion zuständigen Redakteur Gerhard Dahm. Und fügt hinzu: „Ich als Vater bin auch dafür." Es sei nicht ganz klar, ob ein Lehrer „die Kinder prügeln darf", bekommt er zur Antwort. Dazu seien die aktuellen Gerichtsentscheide zu widersprüchlich, antwortet der Fachmann der RHEINPFALZ. Von 1949 bis zu Dahms Eintritt in den Ruhestand Ende der 70er -Jahre leistete sich die Zeitung eine Sozialredaktion, die sich großer Beliebtheit erfreute. Donnerstags und samstags – und am ersten Dienstag im Monat – konnten sich Leser in Neustadt, Kaiserslautern und Ludwigshafen Rat in Dahms Sprechstunde holen, wie die Mitarbeiterzeitung „RHEINPFALZ Intern" im Juli 1973 berichtete. Damit wurde nicht nur Lebenshilfe geleistet, die interessantesten Anfragen verarbeitete Dahm in seiner Kolumne „Rechtsfragen im Alltag". Dort ging es um Nachbarschaftsstreitigkeiten, Wohnraumbewirtschaftung, Hinterbliebenenrenten oder auch um die erwähnte Prügelstrafe an Schulen. Um diese Art der Rechtsberatung überhaupt leisten zu dürfen, musste der Verlag sogar vor Gericht ziehen. Rechtsanwälte hatten gegen diese „Dienstleistung" geklagt. Doch die RHEINPFALZ erhielt schließlich recht – vor dem Bundesgerichtshof.

„Pollichia" auf Landesgeschichte und Heimatforschung konzentrierten.

Paul Kaps, einer der Redakteure der ersten Stunde, beschreibt die Schaub'sche Strategie wie folgt: „Dahinter stand ein klares Verlagskonzept. DIE RHEINPFALZ als große seriöse Regionalzeitung, daneben die ‚Pfälzer Abendzeitung' als Boulevardzeitung, etwas hemdsärmelig gemacht für die Pfalz und die angrenzenden Gebiete, und außerdem der ‚General-Anzeiger' und die ‚Pfälzische Volkszeitung' als Lokalzeitungen für die Ballungsräume Ludwigshafen und Kaiserslautern. Ein technisch komplizierter Apparat, unabhängige Redaktionen, die sich gegenseitig Konkurrenz machten, und ein Vertrieb, an den höchste Anforderungen gestellt wurden. Die Morgenzeitung – da ein Mittagsblatt – dazu das Sporttelegramm am Sonntag für den Straßenverkauf und die Sportzeitung jeden Montag." [14]

Für die RHEINPFALZ wurde in Kaiserslautern eine Hauptgeschäftsstelle für die Westpfalz mit den Lokalredaktionen Kaiserslautern, Kusel, Rockenhausen und Zweibrücken aufgebaut. In der Vorderpfalz kamen zur „Urzelle" in der Neustadter Kellereistraße Redaktionen in Ludwigshafen, Landau, Speyer, Grünstadt, Frankenthal und Kirchheimbolanden hinzu.

Neues Pressehaus in der Ludwigshafener Amtsstraße

Bereits 1948, direkt nach der Währungsreform, hatte in der Ludwigshafener Amtsstraße direkt gegenüber vom Waldkirch-Verlag der Bau des neuen Pressehauses begonnen, das 1951 bezogen wurde. Aus dem „Trümmerhaufen in der Amtsstraße" sei das „technisch und baulich interessanteste Zeitungszentrum Südwestdeutschlands" geworden, ist in der RHEINPFALZ-Sonderbeilage zur Einweihung zu lesen. Bereits ab 1950 lief in Ludwigshafen die Rotation, wurde die RHEINPFALZ nicht länger in Lambrecht gedruckt. Ein Grund für die schnelle Verlagerung des Druckortes nach Ludwigshafen und Kaiserslautern, wo ab Juli 1950 die fünf Westpfalz-Ausgaben in Druck gingen, waren die Auseinandersetzungen mit den pfälzischen Sozialdemokraten. Wie auch die CDU war die SPD zuvor mit ihrem Vorhaben gescheitert, aus der RHEINPFALZ eine Parteizeitung zu machen. Danach meldete der pfälzische SPD-Chef Franz Bögler Ansprüche auf die Druckerei in Lambrecht an, die die Franzosen der RHEINPFALZ aus der Erbmasse der Saarpfälzischen Druckerei zur Verfügung gestellt hatten. Der Bau der beiden neuen Produktionsstätten beendete dann nicht nur den Konflikt mit der SPD, er brachte den Verlag drucktechnisch auf die Höhe der Zeit. Automatische Setzmaschinen beschleunigten und erleichterten die Arbeit. Moderne Druckmaschinen ermöglichten, die Beilage „Für die Frau" und den „Pfälzer Feierowend" zum Teil farbig zu gestalten. Und ein erster Telebild-Empfänger wurde angeschafft, mit dem Fotos aus der ganzen Welt nach Ludwigshafen übertragen werden konnten.

Sonderausgabe zur Einweihung des Pressehauses in der Amtsstraße. Der Umzug nach Ludwigshafen löste aber nicht nur Glücksgefühle aus. Folgendermaßen beschreibt Paul Kaps, der 1947 von der „Pfälzischen Volkszeitung" zur RHEINPFALZ gekommen war, die Stimmung der Belegschaft im Sommer 1951: „Es stimmte uns wehmütig bei dem Gedanken, das vertraute Neustadt mit seinen winkeligen, malerischen Gassen gegen die Großstadt mit ihren Trümmerfeldern und den Straßen mit den ausgebrannten Häusern einzutauschen."

Auf dem Trümmergrundstück in der Amtsstraße sei das „technisch und baulich interessanteste Zeitungszentrum Südwestdeutschlands" entstanden, war in der RHEINPFALZ am 4. August 1951 zu lesen.

Doch es gab noch einen weiteren Grund für den Umzug von Verlag und Zentralredaktion nach Ludwigshafen. Sein Vater, so erinnert sich Dieter Schaub, habe schon früh erkannt, dass Neustadt zwar das „Herz der

Das Pressehaus der Pfälzer

Auf der „Trümmerstätte des ehemaligen Amtsgerichts" entstand zwischen 1949 und 1951 das Pressehaus, im Zentrum Ludwigshafens gelegen, „und dennoch dem brandenden Lärm der großen Verkehrsadern entzogen". Das ist in der Sonderbeilage zur Einweihung am 4. August 1951 zu lesen. Neben dem architektonischen Neuland, das man mit dem für die damalige Zeit supermodernen Gebäude betrat, stellte der Bau auch eine Herausforderung für Statiker dar. Tonnenschwere Papierrollen im Lager, nicht weniger schwere Setzmaschinen und ruckelnde Rotationsmaschinen, deren Schwingungen sich nicht auf das Gebäude übertragen durften. Eine „mächtige Buddelei" sei es gewesen, unter dem Hof einen Kohlebunker einzurichten und einen Verbindungsbau zwischen dem Keller unter dem Verwaltungstrakt und dem Keller unter dem technischen Bau zu schaffen, um so die riesengroßen Papierrollen schnell und einfach transportieren zu können. „Die Dachterrasse mit Wetterdach soll der Belegschaft in den Essenspausen Gelegenheit geben, sich in frischer Luft über den Dächern Ludwigshafens zu ergehen", ist in „Das Pressehaus der Pfälzer" zu lesen. Letzteres wurde allerdings nie verwirklicht.

Pfalz", aber nicht das wirtschaftliche Zentrum der Region sei. Der Verlagssitz gehöre in die größte Pfälzer Stadt, nach Ludwigshafen, davon sei sein Vater überzeugt gewesen. „Ludwigshafen ist die einzige Großstadt der Pfalz, die größte Stadt des Landes Rheinland-Pfalz, und sein Hafen ist nicht zuletzt auch ein Tor zur Welt", argumentiert Chefredakteur Walter Hück in der RHEINPFALZ-Sonderbeilage zum Einzug in das neue „Pressehaus der Pfälzer" am 4. August 1951. Darüber hinaus habe man mit dem Umzug in die Chemiestadt eine Ausbreitung des „Mannheimer Morgen" auf linksrheinisches Gebiet verhindern wollen, erklärt Dieter Schaub.

Auch wenn die Zentralredaktion, der Verlag und die Druckerei nach Ludwigshafen gezogen waren, so blieb Neustadt eine wichtige Stadt für die sich schnell vergrößernde Zeitung. Unser Foto zeigt den RHEINPFALZ-Stand bei einer Messe in Neustadt Ende der 50er Jahre.

Die Redaktion muss sich neu erfinden

Gar nicht einfach war es, geeignetes Personal für die Redaktion zu finden. Der größte Teil der Journalisten in Deutschland hatte eine NS-Vergangenheit. Wer im Verlag beschäftigt werden wollte, musste zwar einen Fragebogen zu seinen politischen Aktivitäten während des Dritten Reiches ausfüllen. Stephan Pieroth zufolge gingen die Franzosen bei der Zulassung aber offenbar sehr pragmatisch vor. Eine frühere Beschäftigung bei Presseorganen während der NS-Zeit war daher nicht zwangsläufig ein Ausschlusskriterium, konnte es wohl auch nicht sein. Nach 1949 erhielten sogar ausgewiesene ehemalige Nazis wieder redaktionelle Verantwortung – bei so gut wie allen Zeitungen, nicht nur in der französischen Zone.

Für das Aufstöbern von Kollegen hatte der spätere Chefredakteur Walter Hück offenbar ein besonderes Talent. So brachte er den späteren Feuilletonchef Wilhelm Fensterer genauso zur RHEINPFALZ wie Hans Mangold, der zuerst in der Lokalredaktion Ludwigshafen und in der Politikredaktion gearbeitet hatte, bevor er als Korrespondent nach Mainz wechselte. Mangold hatte nach seiner Zeit als Soldat den Hof der Schwiegereltern in Weisenheim am Berg bewirtschaftet. Direkt vom Acker habe Hück den Kollegen damals „abgeworben", erinnert sich Kaps. [15] Da die meisten – männlichen – Kollegen noch im Krieg gewesen waren, manche sogar als Offiziere, herrschte Zeitzeugen zufolge in den Redaktionsfluren und in der Setzerei bei den Metteuren ein im Vergleich zu heute ziemlich harscher, autoritärer Ton. Laut Michael Grohmann, bis zu seiner Pensionierung Redakteur in Speyer, kamen Aufträge für Volontäre bis in die 60er-Jahre hinein Stellungsbefehlen gleich. Das war allerdings kein RHEINPFALZ-spezifisches Phänomen. Nur wenige Jahre nach dem Ende von Krieg und Nationalsozialismus befand sich die bundesdeutsche Gesellschaft erst am Anfang eines zuweilen recht schwierigen Weges Richtung liberale Demokratie.

Zehn Jahre nach dem Neubau in Ludwigshafen machte sich der Verlag auch in Kaiserslautern daran, ein neues Zeitungshaus zu bauen. 1962 wurde Richtfest gefeiert.

Die Redaktion war in den Anfangsjahren eindeutig von Männern dominiert. In anderen Verlagsbereichen, wie hier in der Einlegerei, arbeiteten viele Frauen.

Druckerlehrlinge durften nicht zimperlich sein. Zur bestandenen Gesellenprüfung gehörte auch das Gautschen, das Untertauchen in kaltem Wasser. Unser Bild zeigt unter anderem den späteren Bonner Korrespondenten Klaus Hofmann (hinten, mit Eimer) im Hof des Ludwigshafener Pressehauses. Gautschen bedeutet ursprünglich den ersten Entwässerungsschritt nach dem Schöpfen des Papiers. Der frisch geschöpfte Papierbogen wird dabei von einem Sieb auf eine Filzunterlage gelegt.

Obwohl es bei allen deutschen Medien an geeigneten und gleichzeitig unbelasteten Männern mangelte, waren Frauen in der Presselandschaft noch Exoten. Das bekam Ursula (Ulla) Hofmann, die 1951 als Volontärin zur RHEINPFALZ kam, zu spüren. Als sie nach dem Abitur ihren Traum vom Journalismus verwirklichen wollte, wurde sie beim „Mannheimer Morgen" abgelehnt, weil der Verlag „gerade ein Mädchen eingestellt (habe), und noch ein Mädchen könne er nicht einstellen, das seien dann einfach zu viele Frauen!", erinnert sich Hofmann. In Ludwigshafen, bei der RHEINPFALZ, hatte sie dann mehr Glück. Sie wurde eingestellt. Von den drei Volontären im Verlag seien zwei Frauen gewesen, erzählt sie. „In der gesamten Zentralredaktion der RHEINPFALZ gab es indessen nur eine einzige Redakteurin, Frau Borgward, sie redigierte die Frauenseite. Eine weitere Redakteurin – Hedel Orth – saß in der Lokalredaktion Bad Dürkheim. Alle anderen Redaktionsmitglieder waren Männer." Weder die Wirtschafts- noch die Politikredaktion hätten sie damals als Volontärin ausbilden wollen. „Die männlichen Kollegen hielten eben so gar nichts von angehenden weiblichen Journalisten. Das sagten sie natürlich nicht offen, sondern sie behaupteten, sie hätten keinen Schreibtisch frei. (...) Aber in die Politik wollte ich unbedingt. Ich habe dann eines Tages sehr früh am Morgen zusammen mit dem Bürodiener meinen Schreibtisch aus der Lokalredaktion in die Politik gerollt, habe mich daran gesetzt und dem Ressortleiter Karl Moersch – später FDP-Staatsminister im Auswärtigen Amt – gesagt, ich bliebe jetzt hier. Moersch war so verblüfft, dass er mich nicht hinauswarf." [16]

Die Hektik und den Zeitdruck späterer Jahrzehnte kannten Journalisten in den frühen 50er-Jahren noch nicht. Es gab kaum Termine vor Ort, zu denen die Redakteure gehen konnten. Genauso unverzichtbar wie der Polizeibericht sei der Bericht des Arbeitsamts zu den offenen Stellen gewesen, erinnert sich Ulla Hofmann. Breiten Raum nahmen Vereinsberichterstattung und Texte über Bauvorhaben, Geschäftseröffnungen und

Modeschauen ein. Reportagen waren selten, denn der Platz war begrenzt. Und Bilder, die waren nicht nur rar, sondern auch teuer. Denn Fotos mussten klischiert werden – das heißt, außerhalb der RHEINPFALZ wurde eigens eine Druckvorlage hergestellt.

Im Gegensatz zu heute hatten Zeitungen in den 50ern, bevor das Fernsehen seinen Siegeszug antrat, fast ein Informationsmonopol. Die einzige Konkurrenz war der Rundfunk, der jedoch kaum Nachrichten, sondern vorwiegend klassische Musik sendete. Überregionale und internationale Nachrichten trafen in der Redaktion per Fernschreiber ein. Nur eine Sekretärin habe die Stellung gehalten in der Telefonaufnahme der RHEINPFALZ – und die sei für die politische Redaktion reserviert gewesen, erzählt Ulla Hofmann.

Dies ist eines der Rätselbilder aus dem Archiv. Ein Umzug oder Festzug in einer pfälzischen Stadt – und die RHEINPFALZ ist dabei. Das Nummernschild des Autos (Stadt Neustadt) deutet auf den Zeitraum zwischen 1948 und 1956 hin. Mehr ist nicht bekannt.

Die ehemalige RHEINPFALZ-Redakteurin, die später für die „Frankfurter Allgemeine Zeitung" tätig war, erinnert sich noch gut daran, dass sie und andere Zeitungs-„Lehrlinge" des Öfteren im Papierlager des Verlags genächtigt haben – auf zusammengeknüllten Resten der Papierrollen –, da nach dem Spätdienst keine Straßen-

Abpfiff und Andruck

Zeitdruck beim Schreiben, dem sind wohl die Kollegen im Sport am heftigsten ausgesetzt. Früher, so ganz ohne E-Mail oder andere Datenverbindungen, zuweilen sogar ohne Telefonkontakt, waren schon gute Nerven und eine gehörige Portion Kreativität gefragt, sollte beispielsweise das Fußballergebnis noch rechtzeitig in die Zeitung kommen. So blieb Heinrich Breyer ein Spiel zwischen dem FK Pirmasens und Hertha BSC Berlin irgendwann in den 1950er-Jahren ewig in Erinnerung. Nach einem 1:1-Unentschieden hüpfte der Redakteur in Berlin in ein Taxi, erreichte nach einer alle roten Ampeln ignorierenden Höllenfahrt den Flughafen Tegel, von wo aus er in Richtung Frankfurt abhob. Langwierige Sicherheitskontrollen gab es zu dieser Zeit ja noch nicht. Vom Frankfurter Flughafen aus fuhr Breyer dann in einem Mordstempo im eigenen Auto nach Ludwigshafen – und das alles in nur wenig mehr als drei Stunden. Die Mühe lohnte sich. Der Spielbericht wurde rechtzeitig fertig und war am nächsten Morgen in der Zeitung.

Doch das ist beileibe nicht die einzige abenteuerliche Fußball-Geschichte, die der langjährige Redakteur zu erzählen wusste. Da gab es auch noch den Abend im Moskauer Lenin-Stadion, als Breyer im Anschluss an das Spiel noch seinen Bericht diktierte und die sparsamen Russen plötzlich alle Lichter ausknipsten und der Redakteur sich im Dunkeln mühsam zum Ausgang tasten musste.

Erinnerungen von Heinrich Breyer

Schwierige Auslagenabrechnungen
Die am weitesten in die Gründerjahre zurückreichende Geschichte ist die von der ersten Auslagenabrechnung, die nicht akzeptiert wurde. Der Personalchef war ein gütiger alter Herr. Er erschien in der Redaktion, legte dem betroffenen Kollegen dessen Abrechnung mit mildem Tadel auf den Tisch. Darin wurde die Rechnung über einen Friseurbesuch geltend gemacht. Die Rechtfertigung des Gescholtenen: „Die Haare wachsen während der Arbeitszeit, werden geschnitten während der Arbeitszeit, wo also anders sollte ich abrechnen?" Tatsächlich gab es damals keinerlei Tarifbestimmungen zur Arbeitszeit von Redakteuren, sie waren vielmehr immer im Dienst. Kopfschüttelnd ging der Personalchef, die Abrechnung wurde akzeptiert. Vier Wochen später erschien der alte Herr erneut, gab dem Kollegen die nächste Abrechnung mit dem Kommentar zurück: „Jetzt haben sie endgültig überzogen!" Diesmal hatte der Kollege Kosten für fünf „Verhüterli" geltend gemacht. In der Tür drehte sich der Personalchef dann mit verschmitztem Lächeln noch einmal um und fügte hinzu: „Und sagen Sie bitte nicht, während der Arbeitszeit!"
Erinnerung von Josef-Heinrich Weiske

bahn mehr fuhr. Und gefroren habe man im Winter, weil das Großraumbüro, in dem die Lokalredaktion Ludwigshafen zusammen mit dem Feuilleton, der Heimat-, der Frauen- und der Sportredaktion saß, nur unzureichend geheizt gewesen sei. Auch Paul Kaps berichtet von klirrend kalten Redaktionsstuben, in denen alle dick eingemummelt in ihre Mäntel arbeiteten und die Sekretärinnen mit Handschuhen tippten. „Wir waren besessen davon, eine Zeitung zu machen, und waren glücklich, wenn Papier da war. Man wusste mitunter mittwochs nicht, ob samstags noch genug Papier für die Wochenend-Ausgabe vorhanden sein würde", beschreibt Ulla Hofmann die Arbeitsbedingungen noch zu Beginn der 50er-Jahre. (17)

Schwerstarbeit war es, die Maschinen in das neue Druck- und Pressehaus in Kaiserslautern zu befördern.

Der Zusammenhalt unter den Kollegen und ihr Enthusiasmus fanden auch Entsprechung in der Führungsebene. Das Gründer-Quintett war eine verschworene Gemeinschaft. Und das half der RHEINPFALZ in den wirtschaftlich turbulenten Anfangsjahren. „Mein Vater war ein Teamplayer", betont Dieter Schaub. „In der Verlagsleitung hatte jeder sein Ressort, in dem er selbständig agierte." Ulla Hofmann erinnert sich noch gut an den Streik von 1952, in dem die Stärke dieser Arbeitsteilung deutlich wurde: „Die Zeitung erschien dennoch, wenn auch als Notausgabe. (...) Als gestreikt wurde, setzte sich der Xaver Resch an eine Setzmaschine, der Metteur Wipprecht erledigte den Umbruch, und der Rotationer Nagel warf die Rotation an. Und so erschien eine Notausgabe, nicht eben zur Freude der streikenden IG Druck und Papier."

Karikaturist der ersten Stunde
In Bad Dürkheim hat er viele Spuren hinterlassen: Fenster für Kirchen, Gemälde im Stadtmuseum. Erich Schug, der 1982 im Alter von 75 Jahren in seinem Bad Dürkheimer Atelier ganz plötzlich verstarb, war ein vielseitiger Künstler. Nur die wenigsten wissen heute noch, dass er in den Anfangsjahren der RHEINPFALZ unter dem Kürzel „eres" für die Politikredaktion Karikaturen zeichnete. Auch die Gefangenenhilfsorganisation „Amnesty International" schätzte seine Werke und verwendete sie als Vorlagen für Plakate und Postkarten. Das Gründungsmitglied der „Pfälzischen Sezession" arbeitete nach dem Zweiten Weltkrieg 25 Jahre lang als Zeichenlehrer am Ludwigshafener Geschwister-Scholl-Gymnasium.

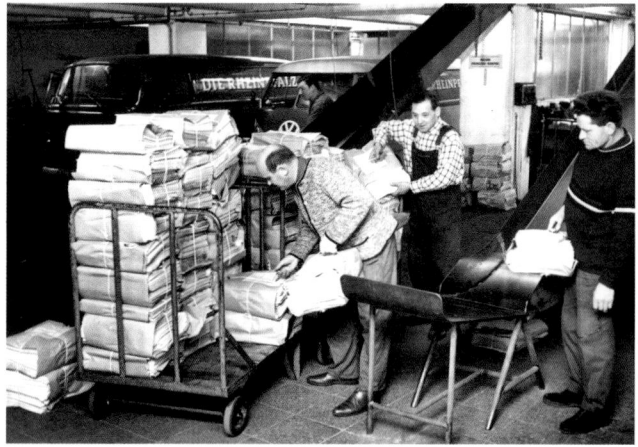

Nach dem Druck wurden die Prospekte per Hand eingelegt, die Zeitungen nach Ausgaben sortiert und gebündelt. Anschließend machten sich die Kurierfahrer mitten in der Nacht auf den Weg.

Erich Schug hat als Künstler vor allem in Bad Dürkheim Spuren hinterlassen. Unser Foto zeigt ihn (links) 1978 während des Neujahrsempfangs zusammen mit dem Landrat des Landkreises Bad Dürkheim, Georg Kalbfuß.

Doch nicht nur die Arbeitsbedingungen unterschieden sich Ende der 40er-Jahre und in den 50er-Jahren deutlich von den heutigen. Auch das Selbstverständnis der Journalisten war offenbar ein anderes. „Der Lokalteil der RHEINPFALZ war in den 50er-Jahren nicht kritisch angelegt", erinnert sich Ulla Hofmann. „Die Zeitung hat berichtet, sie hat beschrieben. (...) Kritikbereitschaft und Kritikfähigkeit sind auf breiter Basis wohl erst im Zusammenhang mit den Ereignissen um 1968 in die Lokal- und Regionalpresse eingezogen. Wir waren vorher nicht gerade brav – das sind Journalisten ja wohl nie –, aber wir waren doch im Ansatz noch autoritätsgläubig und obrigkeitshörig." [18]

Dennoch war Versuchen, von außen Einfluss auf die Redaktion zu nehmen, auch damals schon wenig Er-

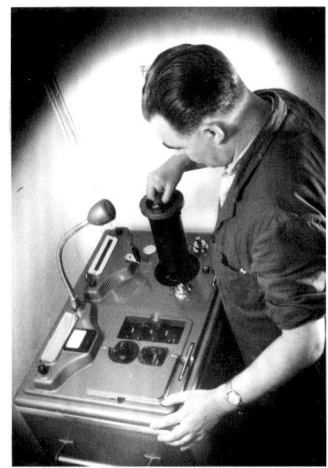

Nachrichten innerhalb des Pressehauses sowie Unterlagen und Manuskripte wurden mit der Rohrpost verschickt.

Angesehener Beruf: Setzerlehrling in Kaiserslautern in den 50er-Jahren.

folg beschieden. An Josef Schaub seien die Beschwerden von Parteien, kommunalen Größen und Vertretern der Wirtschaft abgeprallt. Der Verleger habe stets auf die Eigenständigkeit der Redaktion verwiesen, berichtet Paul Kaps. „Die Unabhängigkeit der Redaktion war hinter seinem breiten Rücken sehr gut abgesichert", schreibt der spätere Chef vom Dienst der RHEINPFALZ in seinen Erinnerungen. „Kinder, übertreibt nicht!", habe Schaub nur dann gemahnt, wenn die Kollegen gar zu forsch waren. „Ihr müsst daran denken, dass sich alle erst daran gewöhnen müssen, freie Meinungen zu hören und freie Meinungen zu ertragen." [19] Die politische Redaktion sei schon damals ziemlich kritisch

Immer wieder besuchten Delegationen die RHEINPFALZ-Druckereien in Ludwigshafen und Kaiserslautern. Hier führt RHEINPFALZ-Mitgründer Nagel einen jungen Afrikaner durch das Pressehaus, der auf Einladung der „Deutschen Stiftung Entwicklungshilfe" nach Ludwigshafen gekommen war.

und kämpferisch gewesen, erinnert sich Ulla Hofmann. Chefredakteur Walter Hück habe beispielsweise in zahlreichen Leitartikeln engagiert um den Bienwald gekämpft, der französisch zu werden drohte. Er sei nie müde geworden, die deutsch-französischen Verhandlungen kritisch zu begleiten. Am Ende blieb das Waldstück an der Grenze zum Elsass deutsch. „Daran hat die RHEINPFALZ nach meiner festen Überzeugung großen Anteil", ist Ulla Hofmann heute überzeugt. [20]

An einigen anderen Themen bissen sich die Journalisten allerdings die Zähne aus. Berichterstattung über Vorkommnisse, die die Regierung in Paris und ihre Vertreter vor Ort in schlechtem Licht erscheinen lassen konnte, fand selten Gnade vor den Augen der Besatzungsmacht. Bis ins zweite Halbjahr 1948 gab es eine französische Vorzensur, das heißt, (politische) Artikel wurden vor der Drucklegung geprüft. Bis zum Herbst 1949 unterlagen die Blätter dann einer Nachzensur: Den Ärger gab es hinterher. Über gewisse Dinge sei daher in den ersten Jahren einfach nicht berichtet worden, wie beispielsweise über die Tatsache, dass die Franzosen weite Teile des Pfälzerwaldes hätten abholzen lassen, um Holz in die Heimat schicken zu können, berichtet Kaps. Oder auch, dass Gemüse aus der Vorderpfalz requiriert und ins Saargebiet gebracht worden sei, um die Bevölkerung dort für die Franzosen zu gewinnen. [21]

Zankapfel Saargebiet

Apropos Saargebiet: Die von Frankreich angestrebte Abtrennung des Saargebiets von Deutschland war eines der Top-Themen dieser Jahre. Ein echter Dauerbrenner. Im Westen des RHEINPFALZ-Verbreitungsgebiets trennte zu dieser Zeit eine Art Staatsgrenze die ehemals saarpfälzischen Kreise Homburg und St. Ingbert vom Rest der Pfalz. Das hatte auch Auswirkungen auf die Redaktionsarbeit. Paul Kaps war von Chefredakteur Walter Hück als Saar-Korrespondent auserkoren, denn die Redaktion verfolgte „sehr interessiert und höchst misstrauisch die Schachzüge der französischen Politik, die auf eine Abtrennung des Saargebietes vom übrigen Deutschland abzielte, und die ersten Versuche saarländischer Politiker, diese Politik zu durchkreuzen", so Kaps. Verleger Josef Schaub habe es als Aufgabe der RHEINPFALZ betrachtet, sich für einen Verbleib des Saargebiets bei Deutschland einzusetzen. Besonders schmerzhaft war für die Westpfälzer die Grenze samt ihrer Kontrollen. „Man fuhr ins Ausland", beschreibt Kaps die Fahrten nach Saarbrücken. Ab 1948 besaßen die

Pfälzer, Saarländer und Schwaben

„Da schick' ich keinen Pfälzer hin", hatte Chefredakteur Walter Hück dem Schwaben Günther Dörr 1959 beim Einstellungsgespräch gesagt. Die Lokalredaktion in der saarpfälzischen Kreisstadt St. Ingbert sei bei einem Nicht-Pfälzer besser aufgehoben. Von 1955 bis zum 30. Juni 1970 endete das Verbreitungsgebiet der RHEINPFALZ nämlich nicht wie heute an der saarländischen Grenze. 1955 kam die erste Ausgabe der „Westpfälzischen Rundschau" in St. Ingbert auf den Markt, 1956 erschien erstmals die Ausgabe Homburg. Der Name „Westpfälzische Rundschau" wurde gewählt, weil sich das St. Ingberter Heimatblatt, das bis zum Kriegsende erschienen war, „Westpfälzische Zeitung" genannt hatte. Geschäftsstelle und Redaktion der Ausgabe St. Ingbert befanden sich im Gebäude der Westpfälzischen Verlagsdruckerei, wo die Seiten der Saarland-Ausgaben gesetzt und umbrochen wurden. Nachts brachte man die Matern (Druckvorlagen) zur RHEINPFALZ-Druckerei in Kaiserslautern. Trotz starker Konkurrenz erreichte die RHEINPFALZ eine respektable Auflage, die am 30. Juni 1970 an die „Saarbrücker Zeitung" verkauft wurde.
Erinnerungen von Günther Dörr

Nach der Abstimmung von 1955 kehrte das Saargebiet nach Deutschland zurück.

Schmuggeltour ins Saargebiet
Spezialauftrag für Christian Schweppenhäuser: Die Redaktion Kaiserslautern hatte 1957 für das Büro in Homburg eine ihrer Reiseschreibmaschinen abgeben müssen. Der 24-Jährige sollte das kostbare Gerät die zehn Kilometer von seinem Wohnort Zweibrücken über die Zollgrenze ins Saargebiet transportieren: „So vertraute ich mich und das Gerät dem grenzüberschreitenden Bahnbus an, voll dunkler Ahnungen, dass an der Stadtgrenze, am Kaplaneihof, der französische Zoll mit Argusaugen nach Konterbande suchen könnte. Und tatsächlich nutzte es gar nichts, den Mantelzipfel vor den unter dem Sitz verstauten Schreibmaschinenkoffer zu breiten und ehrlich zu gucken", schrieb der Redakteur 2005. Der „baumlange Zollbeamte" hatte „das Corpus delicti" erspäht. Mit Autorität und in Elsässisch habe er festgestellt: „So geht das net!" Und Schweppenhäuser zurückgeschickt. Der versuchte es daraufhin mit dem Zug, beäugt von zwei deutschen Zöllnern. „Du bischt ball widder do", gaben sie ihm mit auf den Weg. So geschah es: „Erster Halt in Einöd, Kontrolle beim Zoll, strenges Kopfschütteln und ‚So geht das net', zurück nach Zweibrücken, wo die beiden Zollbeamten sich ein ‚Siehschde' nicht verkneifen konnten", erinnerte sich Schweppenhäuser. Aller guten Dinge sind drei. Noch einmal in den Bahnbus, „diesmal wieder mit ehrlichem Gesicht, aber mit offen in die Sitzreihe gestellten Koffer. Und wieder der baumlange Douanier, der diesmal ganz offensichtlich stolz auf die Frucht seiner Erziehung verkündete: ‚Siehschde, es geht doch!'"
Erinnerungen von
Christian Schweppenhäuser

Saarländer eine eigene „Staatsangehörigkeit", sie waren „Sarrois". Daher galt der RHEINPFALZ-Redakteur auch als „Auslandskorrespondent". Aufenthaltsgenehmigung und Arbeitserlaubnis seien zuvor in zähem Ringen der Regierung Johannes Hoffmann abgetrotzt worden, so Kaps. „Die offiziellen Regierungsstellen verfolgten meine Arbeit mit Argwohn. Hoffmann und seine Regierung hatten überhaupt kein Interesse daran, dass außerhalb ihres Machtbereichs im Einzelnen bekannt wurde, was sich an der Saar abspielte (...)". [22] Der Journalist berichtet in seinen Erinnerungen von Bespitzelung und Schikanen, beispielsweise bei den Grenzkontrollen. Er habe zeitweise sogar den Landtag nicht mehr betreten dürfen. Auch die Auslieferung der Zeitung an die Leser im Saargebiet sei behindert worden. Den Vermieter der Redaktionsräume in Saarbrücken habe man gedrängt, den

Am Kaplaneihof verlief die Grenze zwischen Deutschland und dem unter französischer Verwaltung stehenden Saargebiet. Eine Grenze, an der RHEINPFALZ-Redakteur Christian Schweppenhäuser fast verzweifelt wäre.

Vertrag mit der RHEINPFALZ zu kündigen. Die Proteste von Chefredaktion und Verlag seien ins Leere gelaufen. 1953 wurde Kaps wegen „Gefährdung der Sicherheit des Saargebietes" ausgewiesen. Knapp vier Jahre später kehrte das Saargebiet nach Deutschland zurück. Die

Mehrheit der Saarländer hatten sich in einer Volksbefragung im Oktober 1955 gegen das Saarstatut entschieden. DIE RHEINPFALZ baute noch im selben Jahr in St. Ingbert eine Lokalausgabe auf. Ein Jahr später folgte in Homburg eine zweite.

Dass die Franzosen als Besatzungsmacht auch intern immer noch ein Wörtchen mitzureden hatten, erleichterte die Personalpolitik des Verlages nicht gerade. Vor allem um die Besetzung des Chefredakteurspostens gab es Querelen. Der erste Chefredakteur Edmund Kroneberger, dessen Berufung noch dem parteipolitischen Proporz geschuldet war, hielt sich gerade mal ein halbes Jahr, der parteilose Johann dann zwei Jahre. Die härtesten Auseinandersetzungen gab es wohl um Kunz von Kaufungen, den die Franzosen gegen den Widerstand von Verlag und Redaktion eingesetzt hatten. Der dritte Chefredakteur schied schließlich nach drei Jahren im Amt und heftigem internen Streit im August 1951 aus. Ihm folgte Walter Hück, zuvor Ressortleiter für Innenpolitik. Der damals 40-jährige Pfälzer kannte das Unternehmen wie kaum ein anderer, hatte er doch in den Anfangsjahren geholfen, die Lokalredaktionen aufzubauen. Unter seiner, wie es Kollegen formulierten, „väterlichen Führung" kehrte endlich Ruhe ein. Hück leitete die Redaktion ein Vierteljahrhundert lang.

Pfälzisch-Kurs für einen Franzosen

„In der BASF residierte in den 50er-Jahren ein junger Besatzungsoffizier namens Bernard Manciet, ein fröhlicher Franzose, von Beruf Sargfabrikant, mit dem wir Lokalredakteure ein besseres Verhältnis hatten als zur Pressestelle der BASF. Wir erfuhren von ihm auch mehr. Bernard sprach deutsch mit Hemshöfer Akzent. Er wollte zur Vervollständigung seiner Sprachkenntnisse vor allem Redewendungen erlernen, und die brachten wir ihm gerne bei. Als besonders feurige Liebeserklärung empfahlen wir ihm beispielsweise den Hemshöfer Ausspruch: ‚Für dich tät ich mei beschtes Sunntagshemd verreiße!' Äußersten Respekt pflegte der Franzose mit unserer Hilfe dann durch folgenden Ausspruch zu bekunden: ‚Des isch annersch, als mit nackische Geese gezackert' (Das ist anders, als mit nackten Ziegen gepflügt.)"
Erinnerungen von Ulla Hofmann

Die BASF als größter Arbeitgeber der Region war von Anfang an für die Redaktion ein wichtiges Thema.

PORTRÄT

Die Geschichte der RHEINPFALZ

Chefredakteur Walter Hück:
Väterliche Führung – streng und gerecht
Von Michael Garthe

Nach den Redaktionsleitern Edmund Kroneberger (1945/46), Ernst Johann (1946 bis 1948) und Kunz von Kauffungen (1948 bis 1951) war Walter Hück der erste vom Verleger Josef Schaub berufene Chefredakteur der RHEINPFALZ. Und bald zeigte sich, dass er gewissermaßen die kongeniale journalistische Ergänzung des Gründungsverlegers war. Gemeinsam machten sie die RHEINPFALZ zu einer der größten regionalen Tageszeitungen. Als Walter Hück 1976 in Ruhestand ging, war er einer der dienstältesten Chefredakteure Deutschlands.

Walter Hück (rechts) war einer der wenigen Journalisten, die Bundeskanzler Konrad Adenauer nach Moskau begleiten durften, der dort mit der Sowjetunion über die Rückkehr deutscher Kriegsgefangener verhandelte.

Deutscher Patriot und Kämpfer für ein befriedetes Europa: Walter Hück war der erste von Josef Schaub eingesetzte Chefredakteur.

Im Leben Walter Hücks spiegeln sich Höhen und Tiefen des 20. Jahrhunderts beinahe exemplarisch wider. 1911 in Grünstadt geboren, erlebte er als Kind in der Pfalz die Zeit des Ersten Weltkrieges. Bei der „Pfälzischen Bürgerzeitung" in Neustadt lernte er das journalistische Handwerk. Danach ging er als Redakteur nach Thüringen zur „Jenaischen Zeitung", wo er – 26 Jahre jung – Chefredakteur wurde. Doch die Nazis schlossen die Zeitung, und Walter Hück musste in den Krieg. Er war an der West- und an der Ostfront. Nichts im Leben hat ihn so geprägt wie seine Zeit als Soldat in Russland und seine Kriegsgefangenschaft. Ende 1945 kam er zur eben gegründeten RHEINPFALZ und baute deren Lokalredaktion in Neustadt auf.

Als Chefredakteur der RHEINPFALZ focht er für ein befriedetes Europa, dessen Einigung er eine „Jahrtausend-Idee" nannte. Er war aber ebenso sehr ein deutscher Patriot.

Keine andere Zeitung trat so energisch wie Hücks RHEINPFALZ für die Rückkehr des Saargebietes zu Deutschland ein. Dass er Bundeskanzler Konrad Adenauer bei dessen Moskaureise 1955, die die Freilassung der deutschen Kriegsgefangenen bewirkte, begleiten konnte, war für ihn eines der eindrucksvollsten Erlebnisse in seinem Leben. Den Frieden mit Russland hielt er für genauso wichtig wie die Freundschaft mit den USA.

Aus der Hand des damaligen rheinland-pfälzischen Ministerpräsidenten Helmut Kohl (rechts) erhielt Walter Hück 1971 das Bundesverdienstkreuz.

Die Gründergeneration verabschiedete sich in den 60er-Jahren nach und nach aus dem Unternehmen. Hier gratuliert Chefredakteur Hück dem scheidenden Technik-Chef Michael Nagel (vorne rechts) zum 65. Geburtstag.

Aber vor allem war Walter Hück Pfälzer mit Leib und Seele. Unter seiner redaktionellen Führung wurde die RHEINPFALZ das unangefochtene Medium Nummer eins für die gesamte Pfalz. Die Region dürfe im neugegründeten Rheinland-Pfalz kein Randdasein führen, davon war Hück überzeugt, und deshalb erhob er in der RHEINPFALZ für seine Heimat die Stimme, dass den Herrschaften in Mainz und Koblenz gelegentlich kräftig die Ohren klingelten.

Walter Hück war ein strenger Chef. Aber er verlangte von seiner Redaktion nichts, was er nicht selbst vorgemacht hätte. Und er hatte einen ausgeprägten Sinn für Gerechtigkeit. So wuchs die Redaktion zusammen wie eine Familie.

Walter Hück war einer der erfolgreichsten Chefredakteure in Deutschland. Aber er blieb bescheiden und uneitel, was nicht typisch ist für einen Journalisten. „Das Beste zu geben, war für ihn selbstverständlich; die Zeitung war seine Passion", sagte Altverleger Josef Schaub 1976 über Walter Hück, der 1998 in Neustadt gestorben ist.

AM RANDE

Der „Rhinepfalz Observer":
Eine Zeitung für die Amis in der Pfalz

Von Annette Weber

Noch nicht einmal zehn Jahre waren seit dem Ende des Zweiten Weltkrieges vergangen, da wagte die RHEINPFALZ ein Experiment, das bundesweit auf große Resonanz stieß, und sogar Beifall aus den USA und Kanada erhielt. Am 21. Dezember 1954 erschien die erste Ausgabe einer Zeitung für die in Kaiserslautern und Umgebung stationierten US-Soldaten – in Englisch.

Die US-Soldaten wurden schnell zu Freunden: RHEINPFALZ-Leser Andreas Berg mit GI auf dem Hof seiner Oma in Schneebergerhof.

„Pfälzische Volkszeitung – English Section" hieß das anfangs nur wöchentlich erscheinende Blatt in den ersten fünf Monaten. Verantwortlich zeichnete der einstige Korrespondent der RHEINPFALZ im Saargebiet, der 29-jährige Paul Kaps. Er war im Vorjahr von der Regierung Johannes Hoffmann wegen „Gefährdung der Sicherheit des Saargebiets" ausgewiesen worden.

In der ersten Ausgabe lobten die US-Generäle Robert M. Lee und Miles Reber das Zeitungsprojekt als Brückenschlag zwischen den beiden Völkern. Deutsche, Amerikaner und die übrigen Staaten des Westens sollten sich weiter annähern und verbünden, um die „Freie Welt" zu verteidigen.

Im Grußwort, höchstwahrscheinlich von Paul Kaps verfasst, wurde betont, dass diese englischsprachige Zeitung nicht nur für die US-Soldaten gedacht sei, sondern vor allem für deren Familien. Themen sollten zukünftig Gastronomie, Rezepte, Pfälzer Traditionen, Geschichte und das Zusammenleben von Deutschen und Amerikanern sein. Die Pfalz werde im Mittelpunkt stehen, nicht die Weltpolitik. Man wolle den Amerikanern ihren Aufenthalt in Deutschland so angenehm wie möglich machen, hieß es weiter.

Eine Sprach-Kolumne, um Deutsch zu lernen, wurde angekündigt. Die folgte dann eine Woche später. Es ging um Begrüßungen: „Hallo" sage man in Deutschland nicht, wird betont. Und die Anrede „Herr, Frau oder Fräulein (froilain)" solle tunlichst immer hinzugefügt werden. In späteren Ausgaben wurde dann erklärt, wie man ein Bier bestellt oder „In München steht ein Hofbräuhaus" möglichst fehlerfrei singt.

Angekommen in der neuen Heimat: Offiziersfrauen als Gardemädchen beim Fasnachtsumzug in Ramstein 1957.

Die Konzentration auf größtenteils unpolitische Themen kam nicht von ungefähr. Entsprang die Idee zu dieser Zeitung doch den Klagen der des Deutschen meist nicht mächtigen Offiziersgattinnen, sie seien vom Leben im Gastland völlig abgeschnitten. AFN, der Soldatensender, sei genauso uninteressant wie die Flugplatzzeitung „Ram-Jet" oder die Armeezeitung „Stars and Stripes", so die Klage der Amerikanerinnen. Paul Kaps, so ist in seinen Erinnerungen („Die Presse ist an allem schuld") zu lesen, trug die Idee einer englischsprachigen Zeitung an RHEINPFALZ-Verlagsführung und -Chefredaktion heran. [23]

Das Problem im Deutschland der 50er-Jahre: Die wenigsten Deutschen sprachen englisch. Dolmetscher und Presseoffiziere der Amis sprangen in die Bresche. Paul Kaps suchte aus der RHEINPFALZ und der „Pfälzischen Volkszeitung" Kaiserslautern, die ab 1953 mehrheitlich zu dem Ludwigshafener Verlag gehörte, für das US-Publikum interessante aktuelle Nachrichten und Hintergrundgeschichten aus.

Dass vor allem Soldatenfrauen die Zielgruppe waren, ist unschwer erkennbar. Neben dem „Sprachkurs" gab es ein Pfälzer Kochrezept pro Ausgabe. Ausflugstipps, Artikel über Mode, Kultur, Bräuche und Geschichte sollten den Amerikanerinnen helfen, in Deutschland heimisch zu werden. Aber auch die Deutschen lernten bei diesem Projekt offenbar einiges über ihre amerikanischen Nachbarn: Anlässlich der Frankfurter Frühjahrsmesse 1953 geriet die (deutsche) Autorin ob der dort ausgestellten Einbauküchen aus den USA fast in Ekstase und befand: „Es muss Spaß machen, eine amerikanische Hausfrau zu sein."

Ein Glas Pfälzer Wein hilft bei Sprachproblemen

Aber es ging auch seriöser. Zum zehnten Jahrestag des US-Einmarsches in Kaiserslautern im März 1955 betonte Paul Kaps, der als Wehrmachtssoldat 1945 in amerikanische Gefangenschaft geraten war, in seinem Leitartikel: „Der Feind ist zum Freund geworden." Und die auf beiden Seiten leider noch existierende Sprachbarriere, die sei halb so wild, befand er wenig später in der Osterausgabe. Nichts, worüber ein gutes Glas Pfälzer Wein nicht hinweghelfen könne.

Dass die deutschen Geschäftsleute in Kaiserslautern und Umgebung die Soldatenfamilien schnell als lohnende Kundschaft entdeckt hatten, illustrieren die Anzeigen. Da wurden möblierte Zimmer und Wohnungen angeboten, genauso wie die neuesten Push-up-Büstenhalter im „Hollywood-Format" („Wenn sonst nichts mehr hilft ..."). Spirituosenläden und Pelzhändler priesen ihre Waren an. Lokale wie „Lili

Die Stadt Kaiserslautern wurde in der Nachkriegszeit von US-Soldaten geprägt. Unser Foto zeigt einen Bus auf dem Weg zur Kaserne.

Marleen" und „Tel Aviv" warben um Gäste. Im Kino „Kapitol" lief „Des Teufels General" mit Curd Jürgens. Und eine 29-jährige Pfälzerin (Telefonistin) mit zwei kleinen Söhnen suchte dringend einen Mann. Amerikanischer Soldat sollte er sein – und in Deutschland stationiert. Aber: bitte nur seriöse Angebote!

Die Bedenken der jungen Frau kamen sicher nicht von ungefähr. War doch Kaiserslautern zu dieser Zeit die „verruchteste" Stadt der Pfalz. Wegen der in der Region stationierten US-Soldaten, von denen die wenigsten mit Familie nach Deutschland gekommen waren, und wegen der begehrten Dollars blühte das Rotlichtmilieu. Fast in jeder Ausgabe finden sich entsprechende Berichte: über Razzien in Clubs, Kneipenschlägereien, geprellte Freier oder auch französische Prostituierte, die verhaftet und in die Heimat abgeschoben wurden. „Sin City" (Stadt der Sünde) wurde Kaiserslautern genannt. Der zweifelhafte Ruf drang bis auf die andere Seite des Atlantiks, wo sich ein Bischof namens Yaeger aus New Jersey offenbar zunehmend Sorgen um die Moral seiner in der Pfalz stationierten Landsleute machte. Die Prostitution verderbe die Jugend, warnte er in einem Brief, und beklagte die große Anzahl unehelicher Kinder in der Stadt (Ausgabe vom 17. März).

Die Zusteller werden regelmäßig verhaftet

Seit 28. April 1955 hieß das Blatt „Rhinepfalz Observer". Vorausgegangen war eine Umfrage unter den Lesern, für die der Name „Pfälzische Volkszeitung" offenbar einen wahren Zungenbrecher darstellte. Kaps machte weiter fleißig Werbung bei amerikanischen Frauenkränzchen, und die deutschen Anzeigenwerber hatten sich inzwischen – so der leitende Redakteur – bestens auf die US-Kundschaft eingestellt. Es hätte alles so schön sein können, wären da nicht die Dauerprobleme mit dem Vertrieb gewesen. Offiziell durfte nämlich nur die Soldatenzeitung „Stars and Stripes" in den Kasernen, Depots und Wohnsiedlungen der Amerikaner verteilt werden. Somit wurden die Austräger des „Observer" regelmäßig von der Militärpolizei verhaftet – wenn auch augenzwinkernd, und immer erst,

Darmstadt wurden die Träger nun schon zu Beginn ihrer Runden festgenommen. [24]

Obwohl unterdessen auch US-Dienststellen in Baumholder, Zweibrücken, Pirmasens und Bad Kreuznach Interesse an der Zeitung anmeldeten und viele hohe Offiziere aus Kaiserslautern und Umgebung ihre Unterstützung für das Projekt bekundeten, sah sich die RHEINPFALZ gezwungen, das Erscheinen des „Rhinepfalz Observer" einzustellen. Am 29. September 1955, dem 10. Geburtstag der RHEINPFALZ, erschien die letzte Ausgabe. Paul Kaps und sein Team mussten sich schweren Herzens von ihren rund 3000 Abonnentinnen und Abonnenten verabschieden.

nachdem alle Exemplare verteilt worden waren, wie Kaps in seinen Erinnerungen berichtet. Er habe die Kollegen unverzüglich ausgelöst, sobald er von den Militärpolizisten benachrichtigt worden sei.

Doch je erfolgreicher das deutsche Blatt wurde, umso größer auch der Ärger in Darmstadt. Dort saßen nämlich die Verantwortlichen der „Stars und Stripes". Diese pochten auf ihr Monopol und ließen sich auch nicht erweichen, als Kaps und RHEINPFALZ-Vertriebschef Arthur Lenk vorstellig wurden und für Zusammenarbeit warben. Der Vorschlag, die Vertriebsorganisation von „Stars and Stripes" könne das Ausliefern des „Rhinepfalz Observer" übernehmen, wurde rundweg abgelehnt. Und es kam noch schlimmer: Auf Weisung aus

Typische Pfälzer Trachten bekamen die Amerikaner im „Rhinepfalz Observer" vorgestellt – mit dem bedauernden Zusatz, dass diese Traditionen im Verschwinden begriffen seien.

Die Begum kommt: Fürstlicher Glanz im Pressehaus

Von Annette Weber

Einen Tag in ihrer RHEINPFALZ-Zeit wird Ulla Hofmann wohl nie vergessen. Die Begum Aga Khan, „schönste Frau ihrer Zeit", war in Ludwigshafen zu Besuch. Und irgendwie war Hofmann – wenn auch indirekt – verantwortlich dafür. Dass Verleger Josef Schaub gar nicht erfreut und die junge Redakteurin fast am Boden zerstört war, das ist eine ganz eigene Geschichte.

Ulla Hofmann kann heute über die Turbulenzen lachen, die der Begum-Besuch auslöste. Vor mehr als 60 Jahren war ihr jedoch eher zum Weinen zumute.

Die Begum Aga Khan galt als eine der schönsten Frauen der 50er-Jahre. Sie sei „die Lady Diana ihrer Zeit" gewesen, erzählt die ehemalige RHEINPFALZ-Redakteurin Ulla Hofmann. Die Fürstin, eine gebürtige Französin mit bürgerlichem Namen Yvette Blanche Labrousse, entstammte kleinsten Verhältnissen. Der Vater war Straßenbahnfahrer, die Mutter Schneiderin. Vor ihrer Heirat mit dem geistlichen Führer der islamischen Gruppierung der Ismailiten, Aga Khan, war Yvette Fotomodell gewesen. Und diese Berühmtheit lud 1958 der Mannheimer Otto Ludwig Haas-Heye, einst Professor an der Kunsthochschule Berlin, nach Mannheim ein, „damit diese Stadt wieder etwas mehr Glanz erhält". Weil Haas-Heye wiederum gute Kontakte zu RHEINPFALZ-Redakteurin Ursula (Ulla) Hofmann pflegte, kam der damalige Star der bunten Blätter sogar ins Pressehaus nach Ludwigshafen, was dort für ziemlichen Wirbel sorgte.

Aber der Reihe nach: In diesen Herbsttagen des Jahres 1958 verwandelte sich Mannheim wieder in „eine kurfürstliche Residenz, die Begum, die mit ‚Your Highness' anzureden war, residierte im Europäischen Hof in Heidelberg, ging juwelengeschmückt in Begleitung des OB ins Nationaltheater, die damals noch kommunale Mannheimer Polizei stellte eine Streife und überbrachte Briefchen mit Einladungen der Begum zum Cocktail", erinnert sich die frühere RHEINPFALZ-Redakteurin Hofmann.

„Es kam der Tag, an dem die Begum mit dem Vorstandsvorsitzenden Professor Carl Wurster im Turmzimmer des BASF-Hochhauses zu Mittag aß. Für die Berichterstattung in der RHEINPFALZ war ein zweispaltiges Bild mit Text vorgesehen. Mehr erfahren wir ja doch nicht, hieß es.

Im Pressehaus: Die Verlagsangestellten sind begeistert.

Ich war zum Mittagessen zu Hause in Mannheim, als Herr Bast von der Pressestelle der BASF bei mir anrief und sagte, er habe mir von Herrn Professor Haas-Heye auszurichten, die Begum habe soeben den Wunsch geäußert, nach dem Mittagessen die RHEINPFALZ zu besichtigen. Sie habe noch nie einen Zeitungsbetrieb gesehen."

Was von Haas-Heye als Gefallen gedacht war, verursachte bei Ulla Hofmann in diesem Moment fast einen Panikanfall. Was sollte sie nun machen? Sie war ja nur eine noch ganz junge Redakteurin in der Lokalredaktion. „Nach tiefem Atemholen rief ich meinen Chefredakteur Walter Hück an. Aufschrei im ganzen Haus: ‚Um Gottes Willen! Wir wollen nicht!' – ‚Wir sind nicht vorbereitet!' – ‚Wir haben ja nicht einmal etwas anzubieten!' – ‚Was schenkt man der Frau?' – ‚Welche Sprache spricht die überhaupt?' – ‚Und jetzt ruft auch noch dpa an, woher wissen die das schon wieder?'", erinnert sich Ulla Hofmann an die Diskussionen im Verlagshaus in der Amtsstraße.

„Ich hatte mich ins kleine schwarze Kostüm geworfen, kam zurück in die RHEINPFALZ und wurde vom Chefredakteur zum Verleger Josef Schaub geschickt, der eiskalt war vor Zorn. Nach tausendfachen Beteuerungen, dass ich unschuldig sei an diesem Besuch, kamen unser Verleger und ich überein, dass Pfälzer Wein nie falsch ist, und dass man der Begum am besten den wunderschönen Pfälzer ‚Sommertagszug' der Kunsthandwerkerin Liesel Staab schenken sollte, der hinter Herrn Schaub auf dem Bücherschrank stand. Doch der ‚Sommertagszug' musste ja irgendwie eingepackt werden, und im ganzen Haus fand sich kein Karton." Daraufhin rannte die Jung-Redakteurin zu einem Hemdengeschäft und kaufte irgendein Herrenhemd, um den Karton zu erhalten.

Technik-Chef Michael Nagel schenkte der Fürstin eine druckfrische RHEINPFALZ-Ausgabe des „Feierowend".

„In der Zwischenzeit war die Amtsstraße abgesperrt und schwarz von Menschen. Der Besuch der Begum hatte sich wie ein Lauffeuer herumgesprochen, unsere Lehrmädchen zückten Fotos und wollten Autogramme. Wir hatten gerade den ‚Sommertagszug' in den Hemdenkarton eingepackt,

Die Begum wurde bei ihrem Besuch in der RHEINPFALZ von ihren jungen und meist weiblichen Fans wie ein Filmstar gefeiert.

als der Rolls-Royce schon um die Ecke bog. Neben unserem immer noch empörten Verleger und dem zornentbrannten Chefredakteur stand ich. Die beiden waren überzeugt, dass ich der RHEINPFALZ diesen unerquicklichen Besuch eingebrockt hätte. Sozusagen zur Strafe hatte ich die Begum dann durchs Haus zu führen und auch noch den Bericht zu schreiben, einen für Seite eins und einen fürs Lokale.

Die Begum besichtigte die RHEINPFALZ, gottlob war es Mittwoch, und mittwochs wurde die Wochenendbeilage ‚Pälzer Feierowend' vorgedruckt, sodass wenigstens die Rotation lief. Die Begum, eine an Publizität gewohnte Frau, stand im violetten Zweiteiler und mit einer Schildkröte aus Perlen und Brillanten am Revers strahlend neben unserer Rotation, hielt den ‚Feierowend' in der Hand und sagte ‚Oh, that's music for me'. Dann unterhielt sie sich mit Herrn Schaub, trank ein Gläschen Wein, packte den ‚Sommertagszug' aus, erteilte Autogramme, lobte dieses und jenes, sah wunderschön aus und ging schließlich mitsamt Gefolge wieder durch die Menschenmenge zum Rolls-Royce.

Mein Chefredakteur sagte nur noch, wir hätten jetzt zwei Stunden verloren, wahrscheinlich würde sich der Andruck verzögern, ich verzog mich und schrieb meine Artikel und machte mich ansonsten unsichtbar. Ich war zur (...) unerwünschten Person geworden. Es war der schwärzeste Tag meiner RHEINPFALZ-Jahre."

Einige Zeit später wendete sich das Blatt. Verleger Josef Schaub kam quasi „geläutert" von einer Tagung des Bundesverbands deutscher Zeitungsverleger in Bad Godesberg bei Bonn zurück. „Dort soll dem Vernehmen nach der Präsident Herr Neven DuMont vom ‚Kölner Stadtanzeiger' Herrn Schaub gefragt haben: ‚Sagen Sie mal, wie haben Sie denn das zuwege gebracht, dass die Begum ausgerechnet die RHEINPFALZ in Ludwigshafen besichtigt hat?' Herr Schaub fuhr nach Lud-

Ein Gläschen in Ehren mit Verleger Josef Schaub.

wigshafen zurück, ließ seinen Chefredakteur rufen, der Chefredakteur ließ mich rufen, und Herr Hück sprach bedeutungsvoll: ‚Ulla, der Verleger sieht die Dinge jetzt anders.' Ich war rehabilitiert", schreibt Ulla Hofmann in ihren Erinnerungen.

 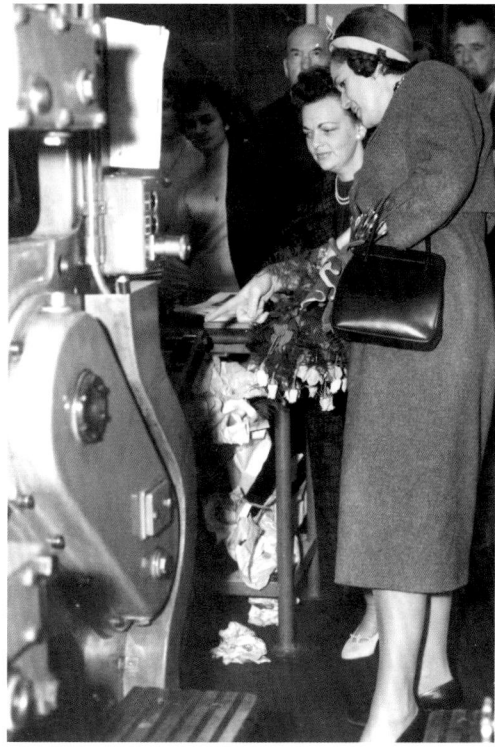

Die Begum war eine Frau, die es gewohnt war, im Rampenlicht zu stehen, erinnert sich die damalige Redakteurin Ulla Hofmann. Die Fürstin versprühte auch bei einer Druckereibesichtigung ihren Charme und nahm alle für sich ein.

DIE RHEINPFALZ

Unabhängige überparteiliche Zeitung

MITTELHAARDTER RUNDSCHAU

Mittwoch, 6. September 1972
Jahrgang 28, Nr. 206

Von arabischen Terroristen festgehalten: die sieben Sportler aus Israel

Alan Friedman — Joseph Romano — Andre Spitzer — Amizur Shapira — Kehat Shorr — Mark Slavin — David Berger

Olympische Spiele in Scherben

Arabische Terroristen ermordeten israelische Sportler
Entsetzen in der Welt — Wettkämpfe unterbrochen

Von unseren Nachrichtendiensten

rpf. München. Nach dem blutigen, in den meisten Ländern der Welt mit Abscheu und Bestürzung aufgenommenen Anschlag arabischer Terroristen auf die israelische Sportmannschaft im Münchner olympischen Dorf herrschte gestern abend über das weitere Schicksal der sieben in der Hand der Guerillas befindlichen Geiseln noch Ungewißheit. Die olympischen Wettkämpfe wurden gestern bis auf weiteres unterbrochen. Heute vormittag findet im Münchner Olympia-Stadion eine Trauerfeier für die beiden zu beklagenden Opfer, den Trainer Weinberg und den Gewichtheber Joseph Romano (siehe Bild links) statt.

Der junge Ringertrainer Mosche Weinberg wurde beim Anschlag getötet. Der 33jährige Diplom-Sportlehrer, der jetzt das Opfer des arabischen Hasses wurde, hatte sich bei seiner Arbeit vor allem um den Austausch zwischen israelischen und arabischen Sportlern bemüht. Foto: DPA

Das mehrmals verlängerte Ultimatum der palästinensischen Terroristen, in dem sie die Freilassung von 200, in Israel inhaftierten Arabern gegen die Bereitstellung der Bundesregierung von drei Flugzeugen zum Ausflug der Geiseln in eine arabische Hauptstadt gefordert hatten, war gestern um 17 Uhr abgelaufen. Bei einem neuen Gespräch mit einer Delegation unter Beteiligung von Bundesinnenminister Genscher hatten die Terroristen keine neue Frist für die Ultimatum gesetzt.

Der Verhandlungsspielraum zwischen den Terroristen und den deutschen Politikern, die sich um eine Freilassung der Geiseln bemühten, sei nach Ansicht des bayerischen Ministerpräsidenten Alfons Goppel im Verlauf des Dienstag „nicht größer" geworden. „Die Fronten sind verhärtet", erklärte Goppel. Nach Angaben des Ministerpräsidenten sind an den Verhandlungen „die interessierten Mächte" beteiligt. Es läufe eine Abstimmung mit Israel.

Die Olympischen Spiele werden nach der Unterbrechung möglicherweise einen Tag länger dauern und am 12. September enden. Die israelische Mannschaft wird, ob sie nicht weiter teilnehmen wird, in München heute verlassen, an der Trauerfeier heute vormittag werden Bundespräsident Heinemann, Bundeskanzler Brandt, Außenminister Scheel und Bundestagspräsident Brundage und NOK-Präsident Daume teilnehmen. Sie hatten in einer Erklärung zur Unterbrechung der Spiele und zu der angekündigten Trauerfeier bekundet, damit werde demonstriert, daß der olympische Friede stärker sei als der Terror. (Wortlaut der Erklärung wie auch des Terroristen-Ultimatums siehe Seite 2)

Araber fürchten Israels Reaktion
Aktion gegen Syrien und Libanon?

Von unseren Nachrichtendiensten

rpf. Beirut/Jerusalem. Als Reaktion auf die Vorgänge in München wird in den arabischen Hauptstädten eine militärische israelische Vergeltungsaktion gegen Syrien und Libanon erwartet, wo die palästinensischen Untergrundorganisationen ihre Hauptsitzpunkte haben.

Der israelische Schlag könnte sich vor allem gegen Syrien richten, denn in Damaskus tagt zur Zeit nur 35 Kilometer entfernt der israelischen Waffenstillstandslinie die Exekutivkommission — unter anderem, um neue Aktionen gegen Israel in den nächsten Tagen zu planen.

Brandt: Politiker boten
sich als Geiseln an

München (DPA). Bei Verhandlungen mit den arabischen Terroristen haben führende deutsche Politiker angeboten, sich im Austausch gegen die israelischen Geiseln in die Hände der Terroristen zu begeben. Wie Bundeskanzler Willy Brandt am Dienstagabend im Fernsehen weiter erklärte, sind die Araber auf diesen Vorschlag jedoch nicht eingegangen.

In einer Fernsehansprache seiner Erschütterung über den blutigen Terrorakt und den Anschlag hatte vorher einen beschwörenden Appell an die arabischen Staatschefs gerichtet. Er forderte sie auf, alles Menschenmögliche zu unternehmen, damit die Geiseln unversehrt aus der Gewalt der Attentäter befreit werden.

Die Bundesregierung erklärte sich die tunesische Regierung bereit, die palästinensischen Terroristen und ihre israelischen Geiseln aufzunehmen. Wie ein palästinensischer Sender dazu meldete, hätten ihre Terroristen darum ersucht, nachdem ihr Ultimatum abgelaufen sei.

Zur gleichen Zeit landeten im olympischen Dorf zwei Hubschrauber, während Minister Genscher und Polizeipräsident Schreiber und Dorfbürgermeister Tröger hinzueilten. Das NOK-Präsidium erklärte unterdessen, das Leben der Geiseln zu retten, sei Haupziel aller Überlegungen. Bundeskanzler Brandt führte am Abend ein Telefongespräch mit dem ägyptischen Präsidenten Sadat.

Dr. Manfred Schreiber, Polizeipräsident von München, verhandelt mit einem arabischen Terroristen. Schreiber gelang es, mit dem Araber eine neue Zeit Ende des Ultimatums auszumachen. Polizeipräsident Schreiber links.

Für Israel Olympia beendet
Golda Meir appelliert an die Welt

Israelische Mannschaft hatte Vorwarnung erhalten

Von unserem Korrespondenten

ha. Jerusalem. Die israelische Regierungsstellen haben gestern fast pausenlos über den Anschlag, der durch den Attentat auf die israelische Olympia-Mannschaft entstanden sich liche Olympia-Situation beraten. Nach einer Sondersitzung des israelischen Kabinetts sagte Ministerpräsidentin Golda Meir: „Nichts unterscheidet den kriminellen Charakter einer dieses gen uns gerichteten Terrors mehr als diese Mordtat im olympischen Dorf, eine Verhöhnung des olympischen Geistes darstellt." Sie teilte mit, daß der deutsche Botschafter ihr die persönliche Botschaft von Bundeskanzler Brandt überbracht habe und Bundeskanzler Brandt überbracht habe und sie in engem Kontakt der beiden Regierungen festgehalten würden.

Frau Meir appellierte an die Teilnehmerländer der Olympischen Spiele, alles in ihren Kräften stehende zur Rettung der Geiseln beizutragen. Sie forderte eine Nationen auf, sich gegen „diese Akte wahnsinnigen Terrors, der Entführungen und Erpressung zu erheben, denn die internationale Lage zerreißt", die israelische Regierung sei bewegt, auf die Forderungen der palästinensischen Terroristen einzugehen.

Frau Meir ließ durchblicken, daß die sofortige Unterbrechung der Olympischen Spiele bis zur Freilassung der Geiseln für angebracht halte. „Man kann sich nicht vorstellen, daß die Olympischen Spiele weitergehen können, als ob nichts geschehen wäre, solange im olympischen Dorf Geiseln festgehalten werden", erklärte die Ministerpräsidentin.

Sie betonte, Israel erwarte, daß die Behörden der Bundesrepublik alles in ihren Kräften stehende tun werden, um „die israelischen Bürger aus der Gewalt der Mörder zu befreien".

In Israel werden die Stimmen lauter, die die sofortige Verabschiedung eines Gesetzes fordern, nach dem Terroristen, die als Zivilisten überführt worden sind, Israel [...]

Abscheu u[nd]
tiefe Empör[ung]

Weltweite Reaktion auf d[en]

München (DPA/AP). [...]
setzen ist die Reaktion a[uf den] bewaffneten Anschlag arabischer [Terroristen auf die] israelische Mannschaft i[m Olympia-Dorf. Bu]ndespräsident Gustav Heinemann erklärte [zu dem Anschlag auf] die Olympischen Spiele: „[...] Tat ist, [...] Friede ist durch diese G[...] worden." In Telegrammen an [den ägypti]schen Präsidenten Sadat [und NOK-]Präsident Avery Brundage, gab Heinemann [seiner Er]schütterung des deutschen V[olkes über den] Anschlag zum Ausdruck.

„Das wahnwitzige Verbre[chen muß] scharf verurteilt werden", e[rklärte der Vor]sitzende des Organisationskomitees d[er Olym]pischen Sommerspiele, [Willi Daume zu dem Überfall im olympi]schen Dorf.

„Entsetzen, Abscheu un[d tiefe Empörung] drei Worte kennzeichnen [die Reaktion in] den meisten Punkten d[er Öffentlich]keiten des öffentlichen [Lebens in der Bundes]republik. Die Vertre[ter der Kirchen,] Kardinäle und Bischöfe [...] sagten die Anteilnahme [...] Volk und die jüdischen [Gemeinden und] und der noch in ihren H[änden] ihre Geiseln zu [befreien].

Aus dem Ostblock w[urde...] daß jeder offizielle K[...] Mord im Olympia-Dorf [...] polnischen Rundfun[k berichtete] in allen westlichen [...] Ereignisse im olym[pischen Dorf] und die Nachricht

Wer nichts wagt, gewinnt auch nichts (1954 bis 1980)

Von Annette Weber

Die harten Gründerjahre waren endgültig vorbei, als Altverleger Josef Schaub 1964 in Ruhestand ging und nach 19 Jahren die Verantwortung für das Unternehmen in die Hände seines damals erst 26-jährigen Sohnes Dieter legte. Auch im kaufmännischen Bereich vollzog sich wenig später ein Generationenwechsel: Volker Lenk löste 1968 als Finanzchef seinen Vater Arthur ab. Die grundlegende Unternehmensstrategie änderte sich jedoch erst einmal nicht. Mit dem Erwerb des „Pfälzer Tageblatts" in Landau führte Dieter Schaub das Projekt seines Vaters fort, mit der RHEINPFALZ eine Zeitung für die gesamte Pfalz aufzubauen. Der Verleger des „Tageblatts" habe sich damals übernommen, als er in Karlsruhe eine weitere Zeitung gründete. So sei dieser 1968 gezwungen gewesen, der RHEINPFALZ 50 Prozent seiner Zeitung zu verkaufen. Nur drei Jahre später habe er dann auch noch die andere Hälfte des „Tagblatts" erwerben können, erzählt Dieter Schaub. Die Zeitung wurde wenig später mit der Südpfalz-Ausgabe der RHEINPFALZ verschmolzen. Zeitgleich wurde in der Vorderpfalz das Erscheinen der „Frankenthaler Zeitung" eingestellt, weil sie der Konkurrenz nicht mehr gewachsen war. Ihre Abonnenten wurden von der RHEINPFALZ größtenteils übernommen. Die „Pfälzische Volkszeitung" in Kaiserslautern ging schon bald ebenfalls endgültig in der RHEINPFALZ auf.

Die Verwurzelung in der Region, das sei für ihn die Stärke seiner Zeitung, sagt Dieter Schaub. Die Lokalredaktionen seien ihr Rückgrat. „Vor Ort darf nichts geschehen, das dann nicht auch in der Zeitung steht. Was Thema ist in der Stadt, im Dorf, muss auch Thema in der RHEINPFALZ sein. Deshalb müssen die Kollegen auch raus aus den Redaktionen und selbst in den kleinsten Ortschaften präsent sein", erklärt der Senior-Verleger das Konzept.

Zwei Seiten eines Krieges
Fast an vorderster Front dabei war die RHEINPFALZ-Politikredaktion im Jom-Kippur-Krieg im Oktober 1973. Nachdem Ägypten und Syrien Israel angegriffen hatten, waren gleich zwei Redakteure vor Ort: Hannes Barth bei den Israelis und Lothar Richter bei den Ägyptern. Letzterer hatte schon vor Ort über den Vietnam-Krieg berichtet und galt in der Redaktion als Bundeswehr-Kenner und Experte für militärische Fragen. Leider wurde die ägyptische Pressepolitik zunehmend restriktiver, als sich herausstellte, dass Israel doch nicht so leicht zu überrennen war, wie man es sich in Kairo gedacht hatte. Am Ende wurden die Journalisten in einem Hotel kaserniert und häppchenweise mit gefilterten Informationen versorgt. Kollege Barth dagegen – ein ausgewiesener Israel-Kenner, der in der Mittagspause hebräische Vokabeln zu pauken pflegte – sei bei den Israelis fast überall vorne mit dabei gewesen, erzählt der ehemalige Politikredakteur Egon W. Scherer. Wenn Reportagen der beiden in der Redaktion eintrafen, habe man daher kaum glauben können, dass sie von demselben Konflikt berichteten.
Erinnerungen von Egon W. Scherer

Die Geschichte der RHEINPFALZ

Boulevard am Rhein

Zu ganz besonderen Mitteln griff der „General-Anzeiger" im März 1968: Er ging mit dem Lokalteil auf die ersten Seiten – dahin, wo bislang nur über die große Politik berichtet wurde. Redakteur Egon W. Scherer erinnert sich: „Unsere Aufgabe hieß: Lokales im Boulevard-Stil. Das trieb schillernde Blüten."

Egon W. Scherer (Zweiter von rechts) und Sekretärin Uschi ermitteln den nächsten Gesprächspartner.

Das Blatt erschien plötzlich mit knallgrünem Titel. „Die Redakteure entwickelten ausgefallene Ideen, um den Lokalteil gehörig aufzumöbeln", erzählt Scherer. Beispielsweise wurden auf der ersten Seite die frisch getrauten Ludwigshafener Brautpaare vorgestellt. Scherer hatte die Idee mit „Uschi tippt": „Unsere hübsche junge Redaktionssekretärin Uschi tippte mit verbundenen Augen mit einem großen Bleistift irgendwo ins Ludwigshafener Telefonbuch. Und wen sie antippte, der wurde angerufen und ein Gespräch mit ihm vereinbart; egal, wer es war. Und man mag es nicht glauben, aber diese Geschichten waren lesenswert. Geholfen hat der ganze Aufwand letztlich nicht. Der erwartete Auflagensprung stellte sich nicht ein, und der „General-Anzeiger" wurde eingestellt."

Erinnerungen von Egon W. Scherer

Unter Schaubs Ägide erhielt die RHEINPFALZ in den 60er-Jahren ihre Struktur, die sie im Prinzip heute noch besitzt. Die übernommenen oder eingestellten kleineren Konkurrenzzeitungen leben in den Titeln der jeweiligen Lokalausgaben fort: zum Beispiel das „Pfälzer Tageblatt" in der Ausgabe Landau, die „Pfälzische Volkszeitung" in Kaiserslautern oder auch die „Frankenthaler Zeitung". Eigenständig blieben im RHEINPFALZ-Verbreitungsgebiet damals nur „Schifferstadter Tagblatt", „Speyerer Tagespost" (2002 eingestellt), „Pfälzischer Merkur" in Zweibrücken (von 1980 an im Besitz der „Saarbrücker Zeitung") und „Pirmasenser Zeitung".

Abwehrkampf gegen „Bild"

Gleichzeitig verabschiedete sich der damalige Verleger von Zeitungsexperimenten, die sich als nicht erfolgversprechend und als unrentabel erwiesen hatten. Schon 1967 wurde das „ASZ-Sportblatt" als eigenständiges Produkt eingestellt. Die Themen wurden in der

Um den „Generalanzeiger" zu bewerben, wurden in der Ludwigshafener Innenstadt „Mini-Mädchen" ausgesandt.

RHEINPFALZ aufgefangen, die von nun an montags mit einem ausführlichen Sportteil erschien. Auch der Ludwigshafener „General-Anzeiger" wurde 1969 eingestellt, die RHEINPFALZ-Lokalredaktionen in den saarpfälzischen Kreisen Homburg und St. Ingbert wurden geschlossen. 1973 kam das Ende für die „Pfälzischen Heimatblätter". Ein großer Teil der Mitarbeiter der eingestellten Zeitungen wechselte damals zur RHEINPFALZ und half mit, dort Lokalredaktionen und Ressorts aufzubauen. „Man nannte mich den Zeitungsmörder", erinnert sich Dieter Schaub. Aber die harten Maßnahmen seien nötig gewesen, um den Verlag wirtschaftlich stark und überlebensfähig zu erhalten, sagt er. Man habe die Kräfte bündeln müssen, um neue Herausforderungen bewältigen zu können.

Zu diesen Herausforderungen gehörte die „Bild-Zeitung", die mittels ihrer Regionalausgaben im Revier der seriösen Regionalzeitungen zu wildern versuchte. Die RHEINPFALZ-Antwort war eine hauseigene Boulevardzeitung, das „5-Uhr-Blatt", zeitweise auf rosarotem Papier gedruckt. Doch mit der Zeit setzte sich die Einsicht durch, dass „Bild" keine Konkurrenz im engeren Sinn darstellte. Für die Leser war das Boulevardblatt eher ein Unterhaltungsmedium, das zusätzlich konsumiert wurde. RHEINPFALZ plus „Bild" hieß dies für diejenigen, die auf zusätzliche Boulevard-Berichterstattung nicht verzichten wollten. Für die Mehrzahl der Leser, die auf seriöse Berichterstattung Wert legten, kam sowieso nur die RHEINPFALZ infrage. Folgerichtig wurde die RHEINPFALZ-eigene Boulevardzeitung „5-Uhr-Blatt" 1970 eingestellt.

„Nur Wachstum garantiert Überleben"

Indem er Konkurrenzblätter fern hielt und andere Print-Produkte zukaufte, habe der Verlag seinen Erfolg sichern können, sagt Dieter Schaub. „Nur Wachstum garantiert Überleben", davon ist der damalige Verleger auch heute noch überzeugt. Getreu dieser Devise entstand von 1973 an unter dem Dach der „SÜWE Vertriebs- und Dienstleistungs GmbH" mit Sitz in Mannheim ein Netz von Anzeigen- und Wochenblättern.

In diese Ausbauphase fielen auch die ersten Kooperations- und Übernahmeverhandlungen mit dem

Gekappte Leitung
CDU-Programmparteitag in Ludwigshafen im Jahr 1978: Für die Redaktion der RHEINPFALZ bedeutete dies viel Arbeit, wollte man das Geschehen so unmittelbar vor der Haustüre umfassend und aktuell abbilden. Und dann geriet ein Baggerfahrer auf Abwege. Er riss die Kabel, die die Redaktion in Ludwigshafen mit dem Rechenzentrum in Stuttgart verbanden, aus dem Boden. Nichts ging mehr. In der RHEINPFALZ wurden schon die alten Schreibmaschinen wieder hervorgeholt und neue Farbbänder verteilt, um zumindest eine Notzeitung herausgeben zu können. Gegen 17 Uhr am Nachmittag konnte die Post den Schaden dann aber beheben. Und der Redaktion gelang es in einer enormen Kraftanstrengung, fast alle Seiten noch zu füllen. Am kommenden Tag erschien dann eine nur um zwei Seiten reduzierte Ausgabe.

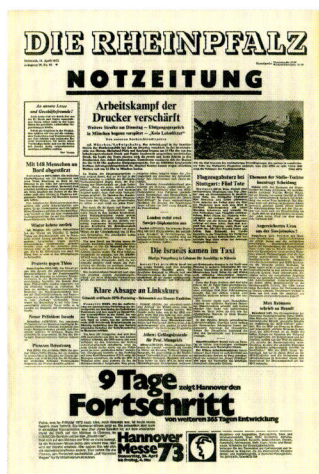

Diese Notzeitung war nicht einem Baggerunfall geschuldet. Grund für den reduzierten Umfang war ein Streik der Drucker 1973.

Kultur ist was Besonderes

Die Sportredakteure sind die pragmatischen, handfesten Typen; die Kulturredakteure eher die vergeistigten, die mit dem Kopf in den Wolken. So besagt es zumindest das Klischee. Und Klischees werden geliebt und gepflegt. Auch bei der RHEINPFALZ.

Von Begegnungen der dritten Art mit den Kultur-Kollegen wird daher gern und oft berichtet. Michael Grohmann, viele Jahre Redakteur in Speyer und zu Beginn seiner Laufbahn im Ludwigshafener Pressehaus beschäftigt, hat heute noch den einstigen Chef der Kulturredaktion, Wilhelm Fensterer, vor Augen: „Jeden Freitag schwebte der durch die Gänge und verkündete: ‚Stört mich nicht, ich feuilletoniere.'"

Und auch in der Mettage, dort, wo vor dem Einzug des Ganzseitenumbruchs am Computer Metteure nach Anweisung der Redakteure die Zeitungsseiten „bauten", waren die Kultur-Kollegen für ihre Verspätungen und leicht chaotische Arbeitsweise berühmt-berüchtigt. So erhielt der Kollege Magnus Gruber aus der Südwest-Redaktion, bekannt für markige Worte, begeisterten Beifall, als er beim – mal wieder verspäteten – Eintreffen des Kultur-Kollegen deklamierte: „Wenn die Abendglocken läuten, stellt das Feuilleton sich ein. Keiner weiß, was soll's bedeuten. Es liest ja morgen doch kein Schwein ..." Der Kultur-Kollege, so wird berichtet, nahm's nicht übel. Nur wenig später wurden die beiden einträchtig beim Feierabendbier in der Kneipe um die Ecke beobachtet.

„Mannheimer Morgen". Beide Häuser – RHEINPFALZ und Mannheimer Morgen/Mannheimer Großdruckerei GmbH – sollten jeweils die Hälfte des Kapitals von vier Millionen Mark aufbringen. Vor allem im technischen Bereich war eine enge Verzahnung vorgesehen. Die beiden Redaktionen sollten zwar kooperieren, aber erst einmal voneinander getrennt weiterbestehen. Langfristig habe ihm eine zentrale Redaktion für die Ressorts Politik, Wirtschaft, Kultur und Sport vorgeschwebt, ergänzt um 48 Lokalredaktionen von Mosbach bis Zweibrücken, erzählt der Altverleger. Der Unterzeichnungstermin im Februar 1971 stand schon fest, das Kartellamt hatte zugestimmt, da machte die Mannheimer Seite überraschenderweise einen Rückzieher. Gründe wurden nicht genannt.

Blick in die Korrekturabteilung der RHEINPFALZ in Kaiserslautern. Auch der Beruf des Korrektors ist inzwischen ausgestorben.

Gleichzeitig schaute sich Dieter Schaub auch bundesweit nach geeigneten Medien um, an denen sich der RHEINPFALZ-Verlag beteiligen konnte. So stieg er 1971 mit 30 Prozent bei der Stuttgarter Verlags GmbH ein, zu der die „Stuttgarter Zeitung" und von 1974 an auch die „Stuttgarter Nachrichten" gehören. Heute befinden sich 48,2 Prozent der GmbH in RHEINPFALZ-Hand. In Kooperation mit den schwäbischen Partnern erschien ab Januar 1980 auch eine siebte Ausgabe der RHEINPFALZ: „Sonntag aktuell" wurde in Stuttgart gedruckt und war das Gemeinschaftswerk südwestdeutscher Verlage, zu dem die RHEINPFALZ Regional- und Sportseiten beisteuerte.

Das Fernsehen wird zum Massenmedium

Das Fernsehen, das ab Ende der 60er-Jahre in immer mehr deutschen Wohnzimmern seinen Platz fand, veränderte Medienlandschaft und Medienkonsum ähnlich grundlegend, wie es das Internet vier Jahrzehnte später tun sollte. Das bekam auch die RHEINPFALZ zu spüren. Anfangs wurde eine eigene Programmbeilage der Zeitung inzugefügt, und zusätzlich wurde tagesaktuell das Programm abgedruckt. Mehr als ARD, ZDF und die regionalen dritten Programme existierten noch nicht. Ab 1973 gab es dann die „Illustrierte Wochenzeitung" (IWZ), eine gemeinsame Fernsehbeilage der RHEINPFALZ und einiger baden-württembergischer Zeitungen. Im Din-A-4-Format vierfarbig auf Offsetmaschinen gedruckt, sollte die „IWZ" die Popularität der Fernsehens nutzen, um Leser bei der Zeitung zu halten.

Hasch mich …
Als Ende der 60er-Jahre die Hippie-Welle auch Ludwigshafen erreichte, entwickelte sich am Berliner Platz, bei der „Tortenschachtel", ein reger Treffpunkt von Schülern, wo auch eifrig mit Haschisch gehandelt wurde. Heinz Tüffers, von 1965 bis 1970 Leiter der Ludwigshafener Lokalredaktion, schickte daraufhin einen Volontär zu Recherchezwecken los. Er solle Material für eine Reportage beschaffen, wies ihn sein Chef an. Der Volontär nahm den Auftrag allerdings etwas zu wörtlich: Er kam nach einer guten Stunde in die Redaktion und legte zum maßlosen Erstaunen seiner Kollegen fünf Gramm Hasch auf den Tisch. Der inzwischen verstorbene Heinz Tüffers hat aber stets betont, dass keiner der Kollegen etwas von dem „Recherchematerial" konsumiert habe.

Erster Fernseh-Versuch: In der Amtsstraße wurden Passanten 1970 mit regionalen Nachrichten versorgt.

„Do hinn muss beim Schaffe a gedenkt werre!"
Die Wortgewalt der Redaktion beschränkt sich nicht allein auf geschriebene Texte. Das verdeutlichte unter anderem Magnus Gruber, von den Kollegen auch „Gips" genannt, aus der Südwest-Redaktion. Er besaß ein eindrucksvolles Lungenvolumen, das er auch gern unter Beweis stellte. So irgendwann in den 80er- Jahren, als in der Ludwigshafener Amtsstraße Tiefbauarbeiten stattfanden, die einen Höllenlärm verursachten. Kollege Gruber, ein Berg von einem Mann, riss irgendwann völlig entnervt ein Fenster im zweiten Stockwerk auf und brüllte mit unfassbarer Lautstärke: „Verdammt noch mol, gewwen jetzt Ruh! Do hinn muss beim Schaffe a gedenkt werre!" Und das Unfassbare geschah. Für einen Augenblick verstummte das Getöse der Presslufthämmer, und die Arbeiter schauten erschrocken und verwundert nach oben. Auch wenn dieser Moment der Ruhe und des Friedens nur ein kurzer war und der infernalische Lärm schnell wieder einsetzte, grinste Magnus Gruber doch stillvergnügt in sich hinein. Denen hatte er es gezeigt!
Erinnerungen von Peter Leister

Diese hatte sich in der Zwischenzeit auch inhaltlich verändert. Lange Zeit war sie im Prinzip das einzige Informationsmedium gewesen, da die Radiosender zu dieser Zeit kaum Nachrichtensendungen ausstrahlten. Doch nun drohte das Fernsehen, den Zeitungen den Rang abzulaufen. Daher setzte die RHEINPFALZ wie viele andere Zeitungen nun verstärkt auf Hintergrundberichte und kommentierende Elemente. Sie baute ihre entsprechenden Kapazitäten aus, genauso wie die in der lokalen und regionalen Berichterstattung.

Dass die RHEINPFALZ auf dem Weg von einem reinen Zeitungshaus zu einem Medienunternehmen war, zeigte sich schon früh. Wenn Fernsehen immer beliebter wird, warum sollten dann nicht diejenigen dort einsteigen, die am meisten vom Nachrichtengeschäft verstehen? Das dachte man sich in der Verlagsführung schon zu Beginn der 70er-Jahre und richtete im Ludwigshafener Pressehaus ein kleines Fernsehstudio im Büro des Werbeleiters ein. Ab Jahresbeginn 1970 wurden Passanten in der Amtsstraße und Gäste des Restaurants „Hahnhof" zweimal täglich – um 12.30 und 17.15 Uhr – auf insgesamt vier Bildschirmen mit regionalen Nachrichten und Neuigkeiten aus aller Welt versorgt. Ein Mitarbeiter der Grafik-Abteilung wirkte als Kameramann, einer aus der Anzeigenabteilung als Tontechniker. Zwei Redakteurinnen, ein Redakteur und der Werbeleiter versuchten sich als Moderatoren. Dieser Ausflug in die Welt des Fernsehens war jedoch schnell wieder vorbei. Obwohl die Bildschirme in der Amtsstraße und im „Hahnhof" viele Schaulustige anzogen, wurde das Experiment nach wenigen Monaten beendet. Die Mainzer Staatskanzlei legte ihr Veto gegen das „Verlegerfernsehen" ein. Erst Mitte der 80er-Jahre sollte ein weiterer Versuch gestartet werden – diesmal mit Billigung, ja sogar auf Veranlassung der Landesregierung.

Für die Redaktion brachen 1976 neue Zeiten an. „Papa" Hück verabschiedete sich in den Ruhestand. Der neue Chefredakteur Fritz Schlossareck kam von der „Stuttgarter Zeitung" und vertrat die Devise „Wegen guter Qualität hat noch keiner die Zeitung abbestellt". Unter ihm wurde das redaktionelle Niveau weiter gesteigert, wollte er doch auch sehr anspruchsvolle Leser an die Zeitung binden. Der Ausbau des Ressorts Wirtschaft zu einem bundesweit anerkannten Team von Fachleuten war Schlossarecks Verdienst. Parallel dazu betrieb er den Ausbau der Lokalredaktionen, um das regionale Profil des Blattes zu schärfen. Inzwischen war eine neue Generation von Journalisten herangewachsen, sozialisiert in der noch jungen, von Wirtschaftswunder und Studentenrevolte geprägten Bundesrepublik. Nach und nach lösten sie die älteren Kollegen ab, die „aus den Schlachten des Zweiten Weltkrieges und seinen Lagern entkommen oder als Kinder von den Bombennächten geprägt worden waren", wie es Josef-Heinrich Weiske formulierte, der von 1965 bis 2000 Redakteur der RHEINPFALZ war.

Dicke Kürbisse und dicke Arme
Die Digitalisierung hat etwas für sich. Informationen und Texte erreichen die Redaktion schneller und unkomplizierter. Aber etwas geht verloren: der persönliche Kontakt. Gerade in kleineren Lokalredaktionen war die Geschäftsstelle immer Treffpunkt und Informationsbörse in einem. Aktionen wie die beliebte „Gartenolympiade" steigerten den Publikumsverkehr zusätzlich. Da landeten schon mal acht Kilogramm schwere Kürbisse krachend auf dem Schreibtisch, wie Michael Grohmann, ehemals Redakteur in Speyer, berichtet. Aber auch Beschwerden wurden direkt an den Mann beziehungsweise die Frau gebracht. So baute sich in der Redaktion Pirmasens eines Tages drohend ein Zuhältertyp mit Riesenhund vor den Redakteuren auf und wollte wissen: „Wer ist der Guschdl vun eich?" An diesem Tag hatte sich die Mundartkolumne von Peter Thiessen („Der Guschdl geht durch die Stadt") mit dem Rotlichtmilieu in Pirmasens beschäftigt. Der entrüstete Herr mit den dicken Armen sei schnell weiter ins Zimmer von Lokalchef Gerhard Specht geschickt worden, erzählt Horst Konzok.
Erinnerungen von Michael Grohmann und Horst Konzok

Technik-Vorführung für den Ministerpräsidenten: Redakteur Michael Grohmann (am Bildschirm) zeigt Bernhard Vogel, wie es geht.

Die Geschichte der RHEINPFALZ

Dröhnende Panzer in der Amtsstraße
Ein ganz normaler Morgen in der Politikredaktion der RHEINPFALZ. So schien es zunächst. Kollege Hannes Barth telefonierte gerade mit dem Prager Erzbischof František Tomášek, der sein Treffen mit dem Journalisten auf dem anstehenden Katholikentag in Essen absagte, weil er von seiner Regierung keine Ausreisegenehmigung erhalten hatte. Da klang plötzlich das Dröhnen von Panzern durch die Redaktionsräume in der Ludwigshafener Amtsstraße. Tomášek hielt den Telefonhörer aus dem Fenster seines Amtssitzes, während auf der Straße darunter die Panzer der Warschauer-Pakt-Staaten den Hradschin hinaufrollten, und ließ die RHEINPFALZ-Redaktion mithören. „Gott segne Sie und beschütze uns", sagte der Erzbischof noch, dann legte er auf. Es war der 21. August 1968. „Prager Frühling" wurden die Bestrebungen in der damaligen Tschechoslowakei genannt, dem Sozialismus sowjetischer Prägung ein „menschlicheres Gesicht" zu verleihen. Nach dem Tod Stalins 1953 war es in vielen Ländern des Ostblocks, auch in der DDR, schon zu Unruhen und Protesten gegen die sowjetische Bevormundung und die von Moskau verordnete Planwirtschaft gekommen. Nun auch in der Tschechoslowakei.

Politik-Redakteur Hannes Barth erlebte das Ende des „Prager Frühlings" am Telefon mit.

Auch in der Technik stellen die 70er-Jahre eine Art Zeitenwende dar. Dass die Verarbeitung elektronischer Daten für die Zeitungsproduktion immer wichtiger werden würde, hatte Verleger Dieter Schaub früh erkannt. Direkt nach dem Einstieg in Stuttgart gründete er zusammen mit einigen süddeutschen Verlagen das Rechenzentrum Südwest, das den beteiligten Medienunternehmen seither die IT (Informationstechnologie) zur Verfügung stellt. Dies war eine der Voraussetzungen dafür, dass die RHEINPFALZ sich 1977 als eine der ersten deutschen Zeitungen vom Bleisatz verabschieden konnte und im damals hochmodernen Lichtsatz hergestellt wurde. Zeitgleich dazu starben im technischen Bereich ganze Berufszweige aus: Hand- und Maschinensetzer, Metteure und Korrektoren. Die RHEINPFALZ schaffte diesen Übergang, der bundesweit zu erbitterten Streiks im Druckgewerbe führte, ohne rationalisierungsbedingte Entlassungen. In bewährter Manier wurden den Betroffenen Stellen in anderen Abteilungen des Hauses angeboten.

In Oggersheim entsteht ein modernes Druckzentrum

Den Schlusspunkt unter diesen Aufbruch in die moderne Zeitungsproduktion setzte der Bau einer neuen Druckerei in Ludwigshafen-Oggersheim. Der Verlag hatte dort das Gelände einer ehemaligen Eisengießerei erworben, das verkehrsgünstig in der Nähe der Autobahn lag. Denn auf dem RHEINPFALZ-Areal zwischen Amtsstraße und Kaiser-Wilhelm-Straße in der Innenstadt gab es nicht genügend Platz für die neue Rotation, die das Haus zu erwerben beabsichtigte. Außerdem zeigte sich, dass zwei getrennte Druckorte – nämlich in Kaiserslautern und in Ludwigshafen – nicht besonders wirtschaftlich waren. Der Druckerei-Neubau in Oggersheim war ein Mammutprojekt, in finanzieller, logistischer und technischer Hinsicht. 60 Millionen Mark investierte der Verlag insgesamt, ließ 14.200 Quadratmeter Fläche bebauen, damit der Produktionsprozess am Ende auf einer

Ebene lag und nicht länger die tonnenschweren Papierrollen aus dem Keller hochgewuchtet werden mussten. Apropos Gewicht: Die schweren Rotationsmaschinen und die Vibrationen, die sie während des Betriebs erzeugen, bereiteten den Planern ganz schön Kopfzerbrechen. Denn dort, wo das Druckzentrum entstehen sollte, war vor langer Zeit der Rhein geflossen. Der Untergrund bestand deshalb aus Sand und Kies. 3250 Tonnen Beton und 135 Tonnen Stahl waren nötig, um den Schwergewichten von Druckmaschinen einen vom Gebäudefundament unabhängigen und sicheren Stand zu ermöglichen. 103 Federkörper sicherten zusätzlich den Untergrund gegen die Schwingungen und Unwuchtmomente der Maschinen ab. [25]

Nach der Anschaffung einer dritten Druckmaschine konnten nun 240 statt vorher 144 Seiten gleichzeitig gedruckt werden – eine immense Zeitersparnis, wodurch die RHEINPFALZ noch aktueller werden konnte. Zeit sparte auch die für damalige Verhältnisse „supermoderne elektronische Transportlösung"[26] für die Zeitungsseiten vom Verlagsgebäude in der Stadtmitte zur Druckerei in Oggersheim. Anstatt mit Kurieren überwand man die acht Kilometer Distanz nun elektronisch. Die fertigen Seiten in der Amtsstraße wurden mit einem Lasergerät abgetastet, in elektronische Impulse umgewandelt und über eine Standleitung ins Druckzentrum geschickt. Dort wurden sie wiederum durch einen Laser auf lichtempfindliches Filmmaterial übertragen, und daraus stellte man dann die Druckplatten her.

Am 10. Juni 1980 liefen zum letzten Mal die Rotationen im Pressehaus in der Ludwigshafener Amtsstraße und die in der Pariser Straße in Kaiserslautern, ab dem nächsten Tag wurde nur noch in Oggersheim gedruckt. Ursprünglich plante man auch, Verlag und Redaktion der Druckerei nach Oggersheim folgen zu lassen. Dieser Umzug auf die „grüne Wiese", den zu jener Zeit einige Verlagshäuser unternahmen (und später bitter bereuen sollten), wurde jedoch nicht verwirklicht. Verlag und Redaktion blieben in der Innenstadt und damit nah am Geschehen und nah bei den Lesern.

Auf geheiligtem Boden

Auch die Ludwigshafener Synagoge fiel in der Nacht vom 9. auf den 10. November 1938 den von den Nationalsozialisten provozierten Ausschreitungen zum Opfer. Eine SS-Sturmbann-Abteilung war in das Gebäude eingebrochen und hatte alles von Wert gestohlen. Den Rest warf man auf einen Haufen. Dann zündete man ihn an. Nach der Zerstörung wurde das Gotteshaus komplett abgerissen, nichts blieb zurück. Nachdem 1951 in der Amtsstraße das RHEINPFALZ-Pressehaus entstanden war, kaufte der Verlag der jüdischen Gemeinde das Gelände ab, wo zuvor die Synagoge gestanden hatte. In Erinnerung an das Gotteshaus, an die vertriebenen oder ermordeten jüdischen Mitbürger und als Mahnung für die nachfolgenden Generationen wurde am 23. September 1973 eine Bronzetafel angebracht. RHEINPFALZ-Redakteurin Ulrike Minor hat während ihres Studiums die Geschichte der Juden in Ludwigshafen erforscht und in Zusammenarbeit mit dem Stadtarchiv die Ergebnisse veröffentlicht.

Die Ludwigshafener Synagoge wurde nach dem Brand abgetragen.

PORTRÄT

Die Geschichte der RHEINPFALZ

Verleger Dieter Schaub: Bauherr des Medienkonzerns

Von Michael Garthe

Er war 26 Jahre jung, als er von seinem Vater Josef Schaub die Leitung des RHEINPFALZ-Verlages übernahm. Aber Dieter Schaub war gut vorbereitet, hatte Jura studiert, bei anderen Zeitungsverlagen gelernt und war entschlossen, in die Fußstapfen seines Vaters zu treten.

Bild aus jungen Jahren: Dieter Schaub liebte das Kartenspielen und traf sich gerne mit Redaktionskollegen wie dem späteren Sportchef Volker Schroeter (links).

Dieter Schaub ist am 6. November 1937 in Wesel geboren und in Neustadt an der Weinstraße aufgewachsen. Oft hatte er seinen Vater in das Verlagshaus in Ludwigshafen begleitet. Schon als Jugendlicher kannte er viele Angestellte, und alle kannten ihn. Bald stand für ihn außer Frage, dass das Zeitungs- und Verlagsgeschäft sein Beruf werden würde.

Der Vater Josef Schaub übergab kurz nach seinem 65. Geburtstag seinem Sohn die Verlagsleitung – ohne Wenn und Aber. „Mein Vater hat sich nie mehr eingemischt", erinnert sich Dieter Schaub. Der junge Verleger war mutig. Josef Schaub hatte die RHEINPFALZ zu einer der großen Regionalzeitungen in Deutschland gemacht, aber der Wirkungsbereich des Verlages war doch weitgehend auf die Pfalz konzentriert. Dieter Schaub machte aus dem pfälzischen Verlag einen deutschen Medienkonzern. 1969 erwarb er eine Beteiligung am „Stuttgarter Zeitungsverlag". 1974 war er Mitbegründer der „Südwestdeutschen Medien Holding Stuttgart" und hielt mit 44,36 Prozent den größten Anteil an ihr.

Dieter Schaub scheute das Risiko nicht. Er brachte die Illustrierte Programmzeitschrift „IWZ" auf den Markt, gehörte zu den Gründern der Sonntagszeitung „Sonntag aktuell", engagierte sich in der Magazin-Presse, kaufte den Westermann-Schulbuch-Verlag in Braunschweig. Mit anderen Verlegern in Rheinland-Pfalz schuf er private Radiosender.

Die RHEINPFALZ ist ein wichtiges Unternehmen für Ludwigshafen. Der Verleger der Zeitung ist daher immer ein wichtiger Gesprächspartner für die Stadtspitze, hier der damalige Oberbürgermeister Werner Ludwig (links).

Präsidentin und Königin zu Gast: Verleger Dieter Schaub nach einem Gespräch mit Bundestagspräsidentin Annemarie Renger. Nicht fehlen durfte dabei der Pfälzer Wein, überreicht von der Pfälzischen Weinkönigin Maritta Müller.

„Nur Wachstum garantiert Überleben", war Dieter Schaubs Überzeugung. Nicht immer war er damit erfolgreich. Die Übernahme des „Mannheimer Morgen" scheiterte an einem der Eigentümer. Mehr gedrängt als freiwillig war Schaub Pionier des ersten privaten Fernsehens (EPF), das aus einem Fernsehstudio des Verlagshauses in der Ludwigshafener Amtsstraße gesendet wurde. Als die Politik ihre Zusagen für die Entwicklung dieses Senders nicht hielt, stieg er enttäuscht wieder aus.

Großen unternehmerischen Spürsinn bewies Dieter Schaub, als die Mauer fiel und sich Deutschlands Wiedervereinigung anbahnte. Er fuhr in die DDR und machte sich ein Bild von der staatlich gelenkten Zeitungslandschaft. Für den SED-Presseverlag „Freie Presse" in Chemnitz, die größte Regionalzeitung der DDR, bot Schaub dann 192 Millionen D-Mark und stach damit die Wettbewerber aus Westdeutschland aus. Der Kaufvertrag ist noch in der Endphase der DDR unterzeichnet worden.

Der Verlagsmanager Schaub blieb zugleich fest in der Pfalz verwurzelt. Kontinuierlich modernisierte er die RHEINPFALZ mit neuer Redaktions-, Satz- und Drucktechnik. In Ludwigshafen-Oggersheim hatte er ein hochmodernes Druckzentrum errichten lassen. Der „Bild-Zeitung" oder aus anderen Regionen in die Pfalz drängenden Anzeigenblättern setzte er schnell eigene Produkte entgegen und verteidigte so den Markt der RHEINPFALZ.

Nach 30 Jahren als Verleger übergab er zu Beginn des Jahres 1994 die Verlagsführung an seinen Sohn Thomas Schaub. Dieter Schaub hielt es dann genauso wie sein Vater und mischte sich nicht in die Geschäfte seines Sohnes ein.

Der Verleger und RHEINPFALZ-Chefredakteur Fritz Schlossareck (links) beim Gedankenaustausch mit dem damaligen rheinland-pfälzischen Ministerpräsidenten Bernhard Vogel (rechts).

Gutenbergs Erben:
Vom Handgießinstrument zum Tablet

Von Klaus D. Kullmann

Ich bin ein Jünger Gutenbergs und als solcher seit Langem schon, wenn man so will, ein Auslaufmodell. Aber frisch und fröhlich genug für Reminiszenzen an Johannes Gensfleisch, wahrscheinlich um 1400 geboren im elterlichen Hof zu Gutenberg in Mainz und dort 1468 gestorben, an seine Schwarze Kunst und an meine Anfänge bei der RHEINPFALZ.

Was hat Gutenberg denn erfunden? Ein sogenanntes Handgießinstrument war's, mit dem das Gießen von auswechselbaren, beweglichen Metalllettern möglich wurde, und natürlich eine Druckpresse. Und die Idee dahinter? Texte mussten nicht mehr mit der Hand abgeschrieben werden. Die massenhafte Verbreitung von Ablassbriefen, Flugschriften oder Holzschnitten, und später dann, zu Beginn des 17. Jahrhunderts, die Verbreitung von Nachrichten in Zeitungen. In großen Auflagen periodisch erschienen, schnell und kostengünstig produziert. All das hatte Revolutionscharakter, einen friedlichen.

Gutenbergs Erfindung machte sich rund 500 Jahre später heimlich, still und leise auf und davon – ins Museum. Mit der Einführung der elektronischen Datenverarbeitung in den 1970er-Jahren hatte Gutenbergs letzte Stunde auch bei der RHEINPFALZ geschlagen. Im April 1977 wurde ein Teil der Druckauflage schon im Lichtsatz hergestellt, neun Monate später verließ der wirklich letzte, in Blei gesetzte Zeitungstext am Druckort Kaiserslautern die Druckmaschine – von großer Wehmut bei Setzern und Stereotypeuren begleitet. Das Produzieren vom Schreibtisch aus, also mit Computern, auf Neudeutsch Desktop Publishing (DTP), war in der Zeitungsbranche der nächste revolutionäre Wandel, der mit dem Bau eines modernen Druckzentrums in Ludwigshafen-Oggersheim einherging. 1980 liefen die Rotationsmaschinen im Ludwigshafener Mutterhaus und in Kaiserslautern ein letztes Mal heiß und rund. Der Bleisatz

Früher in der Druckerei

Der Drucker Gerd Schnabel wurde 1945 geboren, in dem Jahr, als auch die RHEINPFALZ erstmals erschien. Er lernte zuerst Schriftsetzer, dann Offsetdrucker und stand 47 Jahre in RHEINPFALZ-Diensten. Früher, das war Schwerstarbeit in der Druckerei. „Mann, waren wir dreckig. Und am Feierabend körperlich fix und fertig. Wir mussten ja die Seiten heben und tragen. Und die waren aus Blei und entsprechend schwer", erzählte Schnabel vor einigen Jahren. Der Zusammenhalt unter den Kollegen sei aber groß gewesen, man war Arbeiter und stolz darauf. Als die Druckerei noch in der Ludwigshafener Amtsstraße war, da habe man auch die Redakteure noch alle gekannt – und die Redakteurinnen. „Gerade die jungen Mädels hatten es da manchmal nicht leicht", so Schnabel.

Manchmal passierten auch Pannen. Da wurden die Seiten in der falschen Reihenfolge eingehängt, oder die Zeitung lief plötzlich ohne die Farbe Blau durch, weil ein Kollege vergessen hatte, den entsprechenden Farbeimer aufzufüllen. „Und gebrannt haben die alten Maschinen auch öfter mal", wusste Schnabel zu berichten. Er sei sogar einmal RHEINPFALZ-Gründer und Verleger Josef Schaub begegnet. „Das war ein ganz feiner Mann", erinnerte sich der Drucker. „Weißes Hemd, schwarzer Anzug, Zigarre, so kam er mir entgegen. Er hat mir dann die Hand gegeben und gefragt: ‚Bub, weißt du denn, wer ich bin?'"

war jetzt auch Geschichte, der Fotosatz bahnte sich den Weg in die neue digitalisierte Welt.

Herrje, diese schöne gute alte Zeit. In ihr bin ich gerade noch so groß und süchtig geworden. Als Schüler, damals schon freier Mitarbeiter, und Student habe ich in einem Hinterhof in der Ludwigshafener Amtsstraße gejobbt. Mit langer Mähne, eifrig und wissensdurstig. Für 8,17 Deutsche Mark die Stunde. Vom frühen Abend bis in die tiefe Nacht. Süchtig nicht nur nach dem Geruch von frischer Druckfarbe, die mir jede Nacht von Neuem

Hier wurden die Druckplatten hergestellt.

verdeutlichte, was es mit Gutenbergs Schwarzer Kunst auf sich hatte. Tief schwarz waren meine Hände nach einer Nachtschicht. Ich hatte die Aufgabe, stapelweise Zeitungen, die die Druckmaschine auswarf, an Tische zu tragen, an denen Frauen per Hand Prospekte und natürlich auch die Fernsehprogrammzeitschrift „IWZ" einlegten. Die so bestückten Zeitungen mussten zum Verpacken und Verladen weitergetragen werden. Es war Akkordarbeit, denn die Druckmaschinen ratterten und gaben Vollgas. Gelegentlich hoffte ich auf einen Papierriss, ohne die Freude darüber dann offen zu zeigen. Ich, der fleißige, anpassungsfähige Grünschnabel zwischen Maschinenführer Richard und Druckergehilfe Fritz, die sich ein Arbeitsleben lang im Blaumann die Nächte für die Zeitung um die Ohren schlugen. Für ihre Zeitung, für unsere Zeitung, für die Zeitung für die Pfalz. Die Flasche Bier und die Flasche Schnaps, auch das habe ich erfahren, waren ihre steten Begleiter.

Faszinierend war es für mich als freier Mitarbeiter, den weiteren Weg meiner formulierten Gedanken verfolgen

Fossil aus der Bleizeit

„Ich bin ein Fossil. Übrig geblieben aus Zeiten, in denen Setzer an großen, lauten Maschinen anhand von Manuskripten die Zeitungszeilen in Blei gossen. Und in denen ältere Kollegen einem den freundlichen Satz „Weiber gehören nicht in die Redaktion" mit auf den Berufsweg gaben. Es herrschte ein rauer Ton in den 70er-Jahren. Abends, wenn alle Artikel geschrieben, redigiert und gesetzt waren, ging's zum Umbruch in die Mettage. Die Fotos und Artikel – in Spiegelschrift und auf dem Kopf stehend – warteten neben dem Schiff, einer Holzkiste im Zeitungsformat, auf die passgenaue Verteilung. Daneben ein Metteur, der keinen Zweifel daran ließ, dass Redakteure und erst recht deren weibliche Spezies ein Haufen arroganter Wichtigtuer seien. Was hatten mir die Kollegen eingeschärft? ‚Fass auf keinen Fall Blei an.' Doch ich folgte gehorsam der Aufforderung, ‚geb mer doch mol den Äschpalder do riwwer'. Den ‚Äschpalter', eine einspaltige Meldung von etwa 30 Bleizeilen, klemmt man zwischen Daumen und Mittelfinger und setzt ihn elegant in das Schiff. Meine Hände waren jedoch zu klein, zu schwach, was weiß ich. Jedenfalls tanzten die Bleizeilen aus ihrer Reihe und prasselten auf den Metalltisch. Unter Gejohle musste ich sie wieder zusammensetzen. Ich habe nie wieder Blei angerührt. Aber es war ein gutes Gefühl, mit Druckerschwärze beschmiert nach Hause zu gehen. Die Männer in den grauen Kitteln entpuppten sich übrigens als richtig nette Kollegen."

Erinnerungen von Monika Lauer

Die Geschichte der RHEINPFALZ

Kampf dem „Elektronikesel"

Kaum jemand hat noch eine Vorstellung, wie es zu Bleisatz-Zeiten war. Von der Arbeit mit Setzern, Metteuren und Korrektoren – und von dem fast familiären Zugehörigkeitsgefühl, wenn die anlaufende Rotation das Gebäude an der Ludwigshafener Amtsstraße ganz leicht zum Vibrieren brachte. Dann hielt der Computer Einzug. Jetzt zitterte nicht das Haus, jetzt zitterte die Redaktion. Die Arbeit der Setzer, Metteure und Korrektoren landete nun auf dem Schreibtisch, oder besser: im Computer des Redakteurs, der Redakteurin. Die in Ludwigshafen „gefütterten" Computer lieferten per Standleitung das Material in die Rechenzentrale nach Stuttgart. Von dort kamen die Druckvorlagen zurück. Das klappte auch relativ gut. Wenn nicht irgendwo ein Bagger die Leitung erwischte. Dann stand das Erscheinen der Zeitung auf der Kippe. Aber das war nur dreimal der Fall. Denn in der Regel konnte alles geflickt werden, was aber Hektik bis in die Abendstunden garantierte. Zwischen den ersten Computern konnte man sogar schon Nachrichten hin- und herschicken. Eine ziemlich gemeine erhielt eines Tages Redakteur Hans Einhart Springmann in Ludwigshafen, dessen verzweifelter Kampf gegen den „Elektronikesel" legendär war. „Lieber Hans Einhart, der Kampf ist beendet, ich stelle die Mitarbeit mit dir jetzt ein. Fass mich nicht mehr an", ploppte plötzlich auf dem Bildschirm hoch. Der Kollege, so wird kolportiert, habe sein Büro zwei Tage lang nicht mehr betreten.

Erinnerungen von Hubertus Kranczoch

In Reih und Glied saßen die Maschinensetzer einst in der Amtsstraße an ihren Linotype-Setzmaschinen und gaben die Texte ein. Danach folgte der Guss der Bleisatz-Zeilen.

zu können. Wie ich Gesehenes und Gehörtes, manchmal unter Zeitdruck am Sonntagmittag im Auto auf einer Reiseschreibmaschine (und mit Tipp-Ex in petto) aufs Papier gehackt, in der Redaktion ablieferte. Wie ein erfahrener Kollege diese Gedanken redigierte, sie gelegentlich herzlos mit einem dicken Strich schon auf dem Manuskript verwarf. Wie sie an eine der rund 20 Setzmaschinen gelangten, die im ersten Obergeschoss über der Druckerei in Reih und Glied standen, von einem Maschinensetzer auf einer Tastatur abgetippt und von Metteuren mithilfe von Schiffen umbrochen wurden, ehe der Stereotypeur aus dem Satz eine vertiefte Gussform produzierte, die Mater, die für den Abguss der runden Druckform gebraucht wurde. Im Zweifel waren da die letzten und oft besten Gedanken auf dem

Manuskript längst von hinten weggekürzt worden. Wehe, es gab noch einen „Schusterjungen" oder gar ein „Hurenkind", das heißt, dass die Zeilen am Ende oder am Anfang einer Spalte nicht voll liefen. Aber das war dann nicht mein Problem.

Ich war süchtig geworden danach, meine gedruckten Gedanken auf ihrer weiten Reise mit Stolz zu den Einlegerinnen zu tragen, oder sie, zum Abschluss der Schicht, im Keller in die Transporter zu verladen, die sie hinaus in die Pfalz transportierten. Süchtig danach, die schwarz auf weiß gedruckten Gedanken morgens aus dem Zeitungsrohr zu holen. Begleitet von diesem unverwechselbar frischen, süchtig machenden Geruch von Farbe. Mancher Druckfehler war ärgerlich. Wobei, um ein für alle Mal mit einem Missverständnis aufzuräumen: Ein Druckfehler war und ist niemals ein Fehler beim Druck. Was wir Druckfehler nannten und nennen, waren immer Setz- oder sind heute immer Tippfehler. Das zur Ehrenrettung der Drucker, wie Wolfgang Gaulrapp einer war. Zu dem inzwischen hochbetagten RHEINPFALZ-Urgestein aus Oggersheim habe ich noch immer Kontakt.

Ein Faszinosum waren diese gedruckten Gedankenträger, allemal für einen Jünger dieses Gutenbergs, den ich dann in Mainz am Institut für Buch-, Druck- und Schriftwesen so geduldig studiert habe. Und die Zeitungen sind ja auch für so viel anderes als nur zum Lesen gut. Etwa für alle Marktfrauen in der Pfalz – zum Salateinwickeln. Womit wir gedankenschnell bei der revolutionierten Revolution Gutenbergs wären. Als (Sport-)Redakteur habe ich den Setzer, den Korrektor, den Metteur, den Stereotypeur längst ersetzt. Mit meiner Arbeit am Bildschirm. Bleibt nur noch Gutenbergs Idee vom Drucken übrig. Aber wie lange noch?

Alles hat seine Zeit. Klar ist: Mit einem Tablet lässt sich ein Kopfsalat nur schwer einwickeln. Darüber musste sich ein Gutenberg, der mein Leben und meine Arbeit für eine gedruckte Zeitung prägte, nie Gedanken machen.

Texte auf Pfalz-Rundfahrt
Bis in die 80er-Jahre hinein wurden die Manuskripte von Texterfasserinnen in Maschinen getippt, die Lochstreifen erzeugten. Zusammen mit den Manuskripten und den dazu gehörenden Fotos wurden die Lochbänder in Expressgut-Kästchen per Bahn von den Außenredaktionen in die Druckerei nach Ludwigshafen geschickt. Die letzte Sendung am Abend ging dann per Kurier in die Zentrale. Die rege Reisetätigkeit von Manuskripten und Fotos war ein Quell unzähliger Pannen. So erschien Ende der 60er-Jahre die Neustadter Ausgabe ohne Haßlocher Seite. Der Grund: Üblicherweise brachten freie Mitarbeiter die Manuskriptkästen täglich vom Haßlocher Bahnhof aus gen Ludwigshafen auf die Reise. Nur an diesem Tag war das Expressgut nicht in der Zentrale in der Amtsstraße angekommen. Es blieb verschollen bis zum nächsten Tag. Dann tauchten die Fotos, Manuskripte und Lochstreifen wieder auf, allerdings in Kaiserslautern.

Texterfasserinnen bei der Arbeit.

DIE RHEINPFALZ

Unabhängige überparteiliche Zeitung

Einzelpreis: DM 1.40

Donnerstag, 4. Oktober 1990
Jahrgang 46, Nr 231

P 58 99 A

MITTELHAARDTER RUNDSCHAU

Deutschland bekräftigt seinen Friedenswillen

Botschaft des Bundeskanzlers an die Regierungen in aller Welt: Von deutschem Boden wird in Zukunft nur Frieden ausgehen

BONN (dpa/ap/rpf). Bundeskanzler Helmut Kohl hat allen Regierungen der Welt gestern, wenige Stunden nach der deutschen Vereinigung, in einer beiderseitigen Botschaft versichert, daß von deutschem Boden in Zukunft nur Frieden ausgehen wird. Die deutsche Außenpolitik sei auf Partnerschaft und friedlichen Interessenausgleich ausgerichtet. Deutschland werde „keinerlei Gebietsansprüche gegen irgend jemand erheben".

Kohl kündigte an, daß sich Deutschland mit Bundeswehrsoldaten an Maßnahmen der Vereinten Nationen zur Wahrung und Wiederherstellung des Friedens beteiligen werde. Das Nato-Bündnis müsse zu einem „Grundpfeiler einer neuen übergreifenden Sicherheitsarchitektur" werden.

Das geeinte Deutschland werde tatkräftig mithelfen, aus der Europäischen Gemeinschaft eine politische Union zu machen, heißt es in der Botschaft. Die EG werde aber offen sein für die enge Zusammenarbeit mit den anderen Staaten Europas, insbesondere des Ostens. Den Ländern Afrikas, Asiens und Lateinamerikas versicherte Kohl, sie könnten auch künftig auf die Solidarität Deutsch-

lands zählen. „Was wir in die deutsche Einheit investieren, geht nicht zu Lasten anderer." Die Überwindung der Konfrontation in Europa mache geistige und materielle Kräfte frei für den Kampf gegen Armut und Unterentwicklung und für den Erhalt der natürlichen Umwelt.

In einem Schreiben an den israelischen Ministerpräsidenten Schamir hat Kohl ausdrücklich die Verpflichtung Deutschlands gegenüber dem jüdischen Volk bekräftigt. „Deutschland wird sich seiner historischen Verantwortung auch für die den Juden und die von Deutschen an jüdischem Volk begangenen Verbrechen niemals vergessen", versicherte der Kanzler.

Am ersten Tag der Einheit haben die Bundespräsidenten Deutschlands den Nachbarn im Osten für ihren Beitrag zum Fall der Mauer gedankt und den westlichen Partnern die weitere Mitarbeit bei der europäischen Einigung zugesichert. Während eines Festakts in der Berliner Philharmonie erinnerten die Redner an die Irrwege der deutschen Geschichte. Bundespräsident Richard von Weizsäcker sagte: „Wir wollen in einem vereinten Europa dem Frieden der Welt dienen". In Anwesenheit von Repräsentanten aus dem In- und Ausland wies der Bundespräsident mahnend darauf hin, daß die Geschichte es dieses Mal gut mit den Deutschen gemeint habe. Die gelebten den Tag der Einheit als Bescherenke. Um so notwendiger sei eine gewissenhafte Selbstbesinnung. „Niemand bei uns wird vergessen, daß es ohne den von Deutschen

unter Hitler begonnenen Krieg nie zur Teilung gekommen wäre." Die Einheit sei „niemand aufgezwungen, sondern friedlich vereinbart worden". Damit sei die deutsche Frage erstmals kein Streitpunkt in der europäischen Tagesordnung.

Ausführlich würdigte der Bundespräsident den Reformkurs des sowjetischen Präsidenten Gorbatschow als Ausgangspunkt für die Demokratisierung und die deutsche Einheit. Weizsäcker dankte den Menschen in Polen, Ungarn und der Tschechoslowakei ebenso wie den westlichen Verbündeten und der Europäischen Gemeinschaft. Sein besonderer Dank galt der Demokratiebewegung in der DDR: Mit den vier einfachen Worten „Wir sind das Volk" sei ein ganzes System erschüttert und zu Fall gebracht worden. „Sich zu vereinen, heißt teilen lernen", stellte der Bundespräsident fest.

Der Präsident wies darauf hin, daß zunächst nur die äußere Form der Einheit erfüllt werden und nun mit Leben erfüllt werden müsse. „Es wäre weder gut, noch hilfreich, wollten wir in jeder Stunde verschweigen, wieviel uns noch voneinander trennt" sagte er. „Es sind die Menschen, die sich in ihrem Erfolg unterscheiden, nicht die Systeme."

Ausführlich setzte sich Weizsäcker mit dem vom Staatssicherheitsdienst hinterlassenen „Erblast des Mißtrauens" auseinander, das ein besonders schweres und bedrückendes Kapitel sei. „Menschlich unzumutbar und rechtsstaatlich unerträglich" wäre es nach seinen Worten, „über die Stasi-Herrschaft einen Mantel des Vergessens zu breiten. Über die Behandlung der Akten dürfe der erforderliche Datenschutz nicht zum Täterschutz werden, mahnte Weizsäcker. „In einem System, das ohne Lüge nicht auskommt, lügen auch Akten."

Bundespräsident Süßmuth sprach von einem „Tag der Freude, Dankbarkeit und Verantwortung". Die Einheit sei „zugleich ein Baustein für ein geeintes Europa. Vor uns liegt eine neue Zeit". Die Deutschen müßten sich jetzt einander annähern – „ohne Wenn und Aber". Die Bundestagspräsidentin Bergmann-Pohl: „Dies ist der glücklichste Tag der Deutschen. Die Vereinigung sei ein Geschenk der Geschichte. Berlins Regierender Bürgermeister Momper mahnte, die Deutschen müßten sich der Verantwortung bewußt bleiben, „die wir vor dem Hintergrund unserer Geschichte haben".

△ Leitartikel auf Seite 2. Weitere Berichte auf den Seiten 2, 3 und Südwest.

Stunde der Wiedervereinigung: Glockengeläut, Jubel und Feuerwerksspektakel über dem Brandenburger Tor.

Ganz Deutschland in Freudenfesten wieder vereint

Feuerwerksspektakel überall – Weizsäcker: Wir wollen dem Frieden der Welt dienen – Abgesang auf DDR

BERLIN (dpa). Die Deutschen haben 45 Jahre nach Ende des Zweiten Weltkrieges die Vereinigung in einem freien und souveränen Staat in West und Ost gefeiert.

In der alten und neuen Hauptstadt Berlin, wo schätzungsweise über eine Million Menschen aus aller Welt auf die Straßen gingen, wurde nach dem Läuten der Freiheitsglocke um Mitternacht eine riesige schwarz-rot-goldene Fahne als Zeichen der Vereinigung am Mast vor dem Reichstag gehißt. Bundespräsident von Weizsäcker und Bundeskanzler Kohl und den führenden Politikern Deutschlands auf ein Podest vor dem Reichstag trat, rief Zehntausenden zu: „In freier

Selbstbestimmung wollen wir die Einheit Deutschlands vollenden. Für unsere Aufgaben sind wir uns der Verantwortung vor Gott und den Menschen bewußt. Wir wollen in einem vereinten Europa dem Frieden der Welt dienen." Dann sangen die Menschen die Nationalhymne.

Zehn Minuten später erstrahlte ein gigantisches Feuerwerk über dem Platz. Auf dem Alexanderplatz in Ost-Berlin jubelten tausende Jugendliche dem Hitpopsänger Chris de Burgh zu. Und 2000 Musiker und Künstler traten Unter den Linden, dem alten Prachtboulevard, auf zahlreichen Freibühnen auf. Wolf Biermann, der 1976 aus der DDR ausgebürgerte Liedermacher, lud den letzten Abend der

DDR zum „fröhlichen Abgesang" im überfüllten Auditorium der Humboldt-Universität ein. Die Alternativszene verteilte sich im Osten. Der Stadtteil Prenzlauer Berg beging den Aufbruch der deutschen Einheit ununterbrochen mit den Ausrufen der „Republik". Gestern setzten die Menschen ihre Feiern bis in den Abend fort.

Überall in Deutschland feierten die Menschen bis in die Morgenstunden hinein. In Hamburg ertönten Schiffssirenen eine halbe Million Lichterspektakel über der Binnenalster. In Dresden erklang auf den Elbwiesen die neue Nationalhymne in vielen Städten unter Böllerknallen und Glockengeläut die Nationalhymne.

Bischofsworte am Tag der Einheit

Lehmann: Mauer in den Köpfen abbauen – Aufruf zu Solidarität

HAMBURG (dpa). Mit festlichem Glockengeläut und zahlreichen Dankgottesdiensten haben Christen in ganz Deutschland den 3. Oktober gefeiert.

In dem zentralen ökumenischen Gottesdienst zur deutschen Einheit in der Berliner Marienkirche standen Freude und Dankbarkeit für die Erfahrung vieler Gemeinsamkeiten in Mittelpunkt, zugleich wurde vor der Gefahr eines Klassendenkens zwischen Ost- und Westdeutschen gewarnt. Angesichts der sozialen und wirtschaftlichen Nöte auf dem Gebiet der einstigen DDR forderten die Kirchenführer zu Solidarität auf. Der Vorsitzende der Deutschen Bischofskonferenz, der Mainzer Bischof Lehmann, meinte, daß auch dem Fall der Mauer noch „noch die Mauer in unseren Köpfen abgebaut werden müsse". Der sächsische Landesbischof Hempel, stellvertretender Vorsitzender des Bundes der Evangelischen Kirchen, äußerte die

Hoffnung, „daß wir aufleben werden in einer Gesellschaft ohne Nötigung zur Lüge und mit dem Mut zur Wahrhaftigkeit, auch wenn sie uns unbequem ist." Der Berliner evangelische Bischof Kruse, Vorsitzender des Rates der Evangelischen Kirche in Deutschland (EKD), bezeichnete die Verschwinden der Mauer als ein „Wunder vor unseren Augen".

Katholische Bischöfe kritisierten erneut die auf dem Gebiet der früheren DDR weiter geltende Fristenregelung. „Weicht wir unser Grundgesetz nicht vor der menschenverachtenden Regelung auf?", fragte der Erzbischof von Köln, Kardinal Meisner, in einer Predigt im Kölner Dom. Der Speyerer Oberhirte Schlembach bereichnete es im östlichen Deutschland beschämend, „daß in dem vereinten Deutschland die Fristenregelung „als ein besonders krasser Ausdruck des inhumanen Menschen- und Frauenverständnisses" vorläufig in Kraft bleibe.

Erste gesamtdeutsche Regierung nach dem Krieg

BERLIN (rtr). Nach der Vollendung der deutschen Einheit ist gestern auch die erste gesamtdeutsche Regierung nach dem Zweiten Weltkrieg gebildet worden. In seinem Berliner Amtssitz Schloß Bellevue überreichte Bundespräsident von Weizsäcker fünf früheren Politikern der ehemaligen DDR ihre Ernennungsurkunden, womit sie als Minister ohne besonderes Geschäftsbereich sind. Die fünf früheren DDR-Ministerpräsident Lothar de Maiziere, die ehemalige Volkskammer-Präsidentin Sabine Bergmann-Pohl, der frühere DDR-Staatssekretär Günther Krause (alle CDU), der Vize-FDP-Vorsitzende Hansjoachim Walther und DSU-Chef Hansjoachim Walther Ortleb sollen nun Mitglieder des Bundeskabinetts, das in der ersten Sitzung der gesamtdeutschen Bundesregierung verteidigt werden sollen. Der Bundespräsident erklärte bei der Überreichung der Ernennungsurkunden: „Ich hoffe, daß es uns gelingen wird, wozu wir uns heute vereinigt haben."

In dieser Ausgabe

Zweite Schule für Ruanda
In Ruanda – derzeit von einer Rebellen-Invasion bedroht – ist die zweite aus Rheinpfalz-Leserspenden finanzierte Schule fertiggestellt. Seite 2 / Südwest

Haltermann feiert Jubiläum
Die Haltermann Speyer GmbH, ein Hersteller von Lösungsmitteln, feiert ihr 25jähriges Bestehen. Wirtschaft

Buchmesse mit Grass-Ausstellung
Am Tag der deutschen Einheit nimmt die Messe ihren gewohnten Lauf bei der Frankfurter Buchmesse. Eröffnet wurde eine Günter Grass-Ausstellung. Feuilleton

Freude und Dankbarkeit prägten, wie in der Berliner Marienkirche, die Gottesdienste am Tag der Deutschen Einheit. Foto: dpa

Ausland reagiert auf Einheit überwiegend positiv

Zustimmung und Hoffnung auf friedliche Zukunft nach dem Kalten Krieg – Israel: Unbehagen und Skepsis

LUDWIGSHAFEN (rpf). Als Symbol des Endes des Kalten Krieges haben Politiker aus Ost und West die Vereinigung der beiden deutschen Staaten gewürdigt und zum Ende der Teilung gratuliert.

US-Präsident Bush schrieb in einer Botschaft, nun seien 45 Jahre Ost-West-Konflikt zu Ende: „Nun ist der Tag da, Deutschland ist vereinigt, Deutschland ist völlig frei." Die Mauer sei gefallen, und die Welt sei nicht mehr die Welt in zwei Teile. Ein Fall habe gezeigt, daß keine Mauer und kein Stacheldraht stark genug seien, um menschlichen Geist in Fesseln zu legen und eine Nation zu zerstören.

China als führender kommunistischer Staat erklärte, Deutschland werde sich auch weiterhin als „Freund, Alliierter und Partner" erweise. Der französische Staatspräsident Mitterrand: „Ein neues Deutschland erscheint. Das muß gefeiert werden."

Chinas Ministerpräsident Li Peng telegrafierte, daß das chinesische Volk schon immer „Sympathie und Unterstützung für den Wunsch des deutschen Volkes nach der Wiedervereinigung" gezeigt habe. UN-Generalsekretär Perez de Cuellar meinte, die Einheit Deutschlands sei dazu bestimmt, eine äußerst wichtige Rolle im fortgesetzten Streben nach Frieden und Wohlstand in Europa und der ganzen Welt zu spielen". Äußerst kritische Stimmen zur deutschen Einheit kamen aus Israel. Ministerpräsident Schamir äußerte in einem Inter-

view, die Wiedervereinigung sei zu früh akzeptiert und Deutschland zu rasch aus seiner moralischen Isolierung entlassen." Parlamentspräsident Elissar erklärte: „Die Welt hat die Wiedervereinigung zu rasch akzeptiert und Deutschland zu rasch aus seiner moralischen Isolierung entlassen." Parlamentspräsident Dov Schilansky bezeichnete den „Tag der deutschen Einheit" als „Tag der Trauer für das jüdische Volk".

Polens Staatspräsident Jaruzelski betonte, sein Land sei zuversichtlich, daß ein mächtiges, vereintes Deutschland ein Staat der freundschaftlichen Beziehungen zu allen Völkern sein werde. Der CSFR-Präsident Havel meinte, „Deutschland hat die einzigartige Chance, seine positive Bedeutung für Europa zu demonstrieren." Der Weltkirchenrat äußerte Dankbarkeit „an die Rolle der Kirchen in der DDR", während langer Perioden der Schwierigkeiten und des Drucks. Papst Johannes

Krawalle in Berlin

BERLIN (dpa). Die friedliche Feier der deutschen Einheit in Berlin ist mit gewaltigen Ausschreitungen überschattet worden. Im Anschluß an eine genehmigte Demonstration, an der rund 5000 teilweise vermummte Autonome teilnahmen, kam es zu den schwersten Krawallen mit Steinen und Brandsätzen, wo die den Sprengsätze, Steine und schwere Knüppel gegen die Polizei einsetzten. Mehr als 100 Personen wurden vorläufig festgenommen.

Fußball-Europapokal 1. Runde, Rückspiele

Landesmeister
München – Nikosia
Dresden – Luxemburg

Pokalsieger
Genua – Kaiserslautern
Wien – Schwerin

UEFA-Cup
Köln – Norrköping
Enschede – Twente
Frankfurt – Kopenhagen
Chemnitz – Dortmund
Rovaniemi – Magdeburg

Die zweite Runde am 6./7. November: München, Dresden verlosen, Kopenhagen, Magdeburg

△ Berichte im Sport

Die Gewinnzahlen

Mittwochlotto. 40. Ausspielung
8, 12, 17, 20, 25, 38; ZZ 7
B: 3, 12, 25, 43, 46, 4
77: 7 706 524, Clou 58

Höhenflug an Weltbörsen

An den Weltbörsen herrschte am Mittwoch in Erwartung der europäischen Einheit an fast allen wichtigen Plätzen (Frankfurter Börse blieb am „Tag der Einheit" geschlossen) Kursoptimismus. In New York stieg der Dow Jones.

Erfolg und Scheitern ganz nah beieinander (1980 bis 1993)

Von Annette Weber

Mit ihrem modernen Druckzentrum in Oggersheim startete die RHEINPFALZ technisch bestens gerüstet in eine schwierige Zeit. Die Konkurrenz der Medien im Wettbewerb um Anzeigenkunden und um Leser, Zuschauer beziehungsweise Hörer wurde in den 80er-Jahren immer härter. Gerade auf dem Zeitungsmarkt habe ein erbitterter Kampf getobt, erinnert sich der damalige Verleger Dieter Schaub. Dennoch habe sich der Markt im Tageszeitungsbereich bis zur deutschen Wiedervereinigung im Prinzip kaum bewegt. Daher sei er auf den Erwerb von Zeitschriften ausgewichen, bereits 1980 wurde beispielsweise der Münchner Madame-Verlag von der RHEINPFALZ-Tochter Magazinpresse-Verlag gekauft. Später kamen noch Zeitschriften wie die „Gala" und Kunstmagazine hinzu. Erfolgreich sei das Experi-

Richtfest im Druckzentrum in Oggersheim: Dessen Bau war ein Meilenstein in der Geschichte der RHEINPFALZ.

Auf Schusters Rappen in der Pfalz unterwegs

Die Umgebung entdecken, Neues in der Nähe finden, das steckt hinter dem RHEINPFALZ-Wanderrätsel, das seit Jahrzehnten die RHEINPFALZ-Leser zu Ausflügen in die Pfalz animiert. Begonnen hat alles im Frühjahr 1983. Der inzwischen verstorbene Neustadter Redakteur Werner Hesse schilderte eine Wandertour von der Burgruine Blumenstein bei Petersbächel in der Südwestpfalz über die deutsch-französische Grenze hinweg zum Berg Maimont. Den Blick von dort beschrieb er als „eine der schönsten Schaukanzeln der Pfalz. Wälder über Wälder, Hügel an Hügel, Felsen neben Felsen, dazwischen Dörfer gestreut wie aus dem Füllhorn einer Göttin." Und er stellte Fragen. Daraus entwickelte sich das Wanderrätsel als fester Bestandteil der Oster-Ausgabe. Da in den 90er-Jahren immer mehr Kolleginnen und Kolleginnen Nachwuchs bekamen, wurden Familientouren zu einem neuen Schwerpunkt neben „normalen" Wanderungen und Stadtrundgängen. Wer von den Lesern einen der ausgelobten Preise gewinnen will, muss nicht nur einigermaßen gut zu Fuß sein, sondern auch ein wenig Kenntnis der pfälzischen Geschichte besitzen – oder zumindest wissen, in welchem Buch man nachschlagen kann.

Kletterpartie zu „Delhifish"

Mit chaotischen Arbeitsbedingungen hatte Indien-Korrespondentin Gabriele Venzky zu kämpfen. 1980 versuchte sie, bei der indischen Telekommunikationsbehörde einen Fernschreiber zu beantragen. Umgerechnet 10.000 Euro hätte das gekostet, und die Bearbeitung des Antrags hätte viereinhalb Jahre gedauert. Venzky verzichtete und gab ihre Texte von da an vertrauenswürdig aussehenden Mitmenschen auf dem Flughafen Delhi mit, die auf dem Weg nach Deutschland waren. Damals konnte man sich glücklicherweise noch längere Zeit ohne Gepäck und Flugschein in Flughafenhallen herumtreiben, ohne unter Terrorismusverdacht zu geraten. Venzky hatte darüber hinaus eine extrem sportliche Möglichkeit der Textübermittlung gefunden: den Fischhändler in der Nachbarschaft, von ihrem Büro erreichbar mittels Kletterpartie über einen brüchigen Balkon. Der Nachbar besaß eines der begehrten Telex-Geräte. So erhielt die Redaktion nun regelmäßig ihre Korrespondentenberichte aus Indien per Telex – mit dem Absender „Delhifish".

ment aber nicht gewesen, stellt der ehemalige Verleger heute fest: „Das ist nicht unser Metier." Die „Madame" wurde zum Beispiel 2010 wieder verkauft.

Prominenter Gast am Stand der Pfälzischen Verlagsanstalt (PVA) auf der Frankfurter Buchmesse: Bundeskanzler Helmut Kohl (links) im Gespräch mit PVA-Chef Karl Friedrich Geißler.

Besser passten offenbar Buchverlage. Den Anfang machte das Bibliographische Institut Mannheim, das unter anderem „Duden" und „Brockhaus" herausgab. Die RHEINPFALZ-Tochter Pfälzische Verlagsanstalt (PVA), 1973 entstanden aus Druck und Transkrit Ludwigshafen, Pfalzdruck Landau sowie Pfälzischer Verlagsanstalt Neustadt und in Landau ansässig, erwarb 1981 zehn Prozent der Anteile. 1984 kam der Benziger Verlag im schweizerischen Einsiedeln und Zürich dazu, danach der Walhalla-Verlag in Regensburg. 1986 kaufte die RHEINPFALZ dann die kränkelnde Westermann-Gruppe, zu der unter anderem der gleichnamige Schulbuchverlag – jeder Schüler kennt die Atlanten – und der Arena-Kinderbuchverlag gehören, und sanierte sie. „Ein Glücksfall", bilanziert Altverleger Schaub heute.

„Medienpolitischer Urknall" in Ludwigshafen

Weniger glücklich verlief das Fernseh-Experiment der RHEINPFALZ. Als „medienpolitischer Urknall" wurde der Start des Privatfernsehens in Ludwigshafen

1984 gefeiert: im RHEINPFALZ-Pressezentrum in der Ludwigshafener Amtsstraße. Den Namen EPF (Erstes Privates Fernsehen) habe er sich damals ausgedacht, erinnert sich Dieter Schaub. Doch sein Kind sei das Fernsehen nie gewesen. Regionales Fernsehen habe er sich in Ballungsräumen vorstellen können, „aber nicht hier", erzählt der Senior-Verleger. Bundeskanzler Helmut Kohl und der rheinland-pfälzische Ministerpräsident Bernhard Vogel hätten aber damals darauf gedrängt. „Nachdem Baden-Württemberg aus dem Projekt ausgestiegen war, mussten wir am Rhein haltmachen, durften nicht nach Mannheim. Damit war das Projekt tot", erklärt Schaub. Die Vorderpfalz sei als Markt einfach zu klein gewesen. Die Verlegung des Kabelnetzes lief nur schleppend, und Handel wie Industrie waren nur schwer von den neuen Werbemöglichkeiten zu überzeugen. Dabei war das Konzept vielversprechend: Programm aus der Region für die Region, kurzweilige Gewinn- und Ratespiele, Service für Kultur- und Gartenliebhaber, Veranstaltungstipps. Eines der beliebtesten Formate war ein von der Stadtsparkasse gesponsertes Tresor-Spiel, erinnert sich Rainer Peter, Moderator und Redakteur der ersten Stunde beim EPF. „Zuschauer konnten anrufen und eine Zahlenkombination nennen, wenn sich die Tresortüre öffnete, erhielten sie das Geld." Die privaten TV-Riesen RTL plus und SAT1 erzielten mit ähnlichen

„Plünderer werden erschossen!"
Unvergesslich bleibt für Michael Wendel eine Hochwasserschutzübung des Landkreises im Kreishaus Ludwigshafen Anfang der 80er Jahre. Als Mitglied der Lokalredaktion telefonierte er kurz vor Beginn der Übung mit dem Pressesprecher des Landkreises Ludwigshafen und informierte sich über die Hintergründe. Dann verabschiedete man sich, aber aus irgendeinem Grund vergaß der Pressesprecher offenbar, den Hörer aufzulegen, und Wendel konnte die Übung quasi live am Telefon verfolgen. Besonders interessant war der markige Satz des Mitarbeiters, der die Übung leitete. „Plünderer werden erschossen!", sagte der irgendwann im Hintergrund. Dieses Zitat fand dann auch Eingang in den am kommenden Tag erscheinenden Bericht über die Hochwasserschutzübung. Und Landrat Paul Schädler wie auch sein Pressesprecher rätselten damals vergeblich, wer denn wohl die undichte Stelle bei der Übung gewesen sein mochte. Spätestens jetzt wissen sie es …
Erinnerungen von Michael Wendel

Ein Kamerateam des EPF in Edenkoben beim Kloster Heilsbruck: Es filmte für die Sendung „Pfälzer Spezialitäten" mit Rudi Gyhr (Mitte).

Wo bitte liegt die Pfalz?

In vordigitalen Zeiten, als es noch keine Wetter-Apps gab, die für jeden Ort und für jede Stunde voraussagen, ob es nun regnen wird oder nicht, war das von Meteosat gelieferte, mitunter grieselig-graue Satellitenbild eine wichtige Informationsquelle. Allerdings, so erinnert sich Hans-Jürgen Reinhard, damals Redakteur im „Zeitgeschehen", musste in der Mettage der „Orientierungspunkt Pfalz" immer per Hand markiert werden. Der wurde nicht mitgeliefert. Die Kollegen dort hätten mit der Zeit eine wahrhaft schlafwandlerische Sicherheit darin entwickelt, den „Pfalz-Punkt" auf der Karte zu platzieren – selbst bei geschlossener Wolkendecke und ohne jeglichen geografischen Bezugspunkt.

Privatvorstellung vom Männerstripper

Direkt mit einer Beschwerde auseinandersetzen musste sich Anfang der 90er-Jahre Jungredakteurin Annette Weber, denn ihr Lokalchef in Frankenthal erklärte sich breit grinsend für nicht zuständig. Die damals für lokale Kultur zuständige Redakteurin hatte den Auftritt eines Männerstrippers bei der Einweihung der Stadthalle glossierend beschrieben. Der Stripper fühlte sich offenbar völlig unverstanden und kreuzte am nächsten Tag leibhaftig und ziemlich empört in der Redaktion auf. Um der Redakteurin seine Kunst angemessen demonstrieren zu können, bot er ihr zur großen Erheiterung der Kollegen eine Privatvorstellung an.

Konzepten wenig später eindrucksvolle Erfolge, aber auf einem viel größeren, einem bundesweiten Markt. „Aber wir kamen allenfalls auf 5000 Anschlüsse, mehr hatten wir nicht", bedauert Peter. Das EPF hielt knapp vier Jahre durch. Am 11. Dezember 1987 wurde die letzte Sendung ausgestrahlt. Es rechnete sich einfach nicht. Da half es auch nicht, dass eine treue Zuschauerin aus Maxdorf anbot, einen Teil ihres Vermögen zur Verfügung zu stellen, um ihren Lieblingssender zu retten.

Auch beim privaten Regionalrundfunk war die RHEINPFALZ vorne mit dabei. Zum 1. Mai 1986 startete der Verlag mit Sendungen im Rahmen des landesweiten RPR-Programms, anfangs noch sehr provisorisch in Redaktionsräumen des Ludwigshafener Pressehauses. Erkennungszeichen: die stündlich zum Auftakt der Nachrichten bimmelnde Turmuhr der benachbarten Lutherkirche, die wegen der noch nicht schallisolierten Produktionsräume deutlich zu hören war. In dieser Zeit der Aufbruchs, des Experimentierens, sei fast alles möglich gewesen, erinnert sich der einstige RPR-Redakteur und Moderator Gerhard Specht. „Wir haben quasi ganz privat Radio gemacht. Wir sind aktiv auf die Hörer zugegangen und haben Kontakte zwischen ihnen geknüpft." Ein großer Erfolg war laut Specht das Format „Tauschbörse". Hier wurde alles Mögliche angeboten: drei Stunden Gartenarbeit gegen ein Abendessen, Babysitten gegen eine gute Flasche Wein, erzählt Specht. Zu dieser Zeit sei der Sender überall im Raum Mannheim/Ludwigshafen und in der Vorderpfalz gelaufen. „Wir spielten die gängige Musik und waren viel lockerer drauf als die Öffentlich-Rechtlichen. Wir haben auch angefangen mit Scherzanrufen. So haben sich unsere Kollegen in den Rathäusern erkundigt, was sie tun müssen, um Ehrenbürger zu werden. Die Antworten waren sensationell", erklärt der Journalist den Erfolg des Privatradios. Den registrierte man auch bei der RHEINPFALZ. Zu der 20-prozentigen Beteiligung an RPR kamen bald weitere Beteiligungen an Rundfunksendern hinzu, zum Beispiel in Baden-Württemberg, Bayern und Thüringen.

Da war was los im Pressezentrum: Udo Lindenberg besuchte 1984 die RHEINPFALZ, stellte sich den Fragen seiner Fans und gab Autogramme.

Zeitungen, Anzeigenblätter und Zeitschriften, Buchverlage, Radio und Fernsehen – die Medienvielfalt wuchs und erforderte schließlich eine neue Organisationsstruktur. 1987 wurde der RHEINPFALZ-Verlag zur Holding Medien Union Ludwigshafen (MUL). Die Medien Union wiederum ist heute zu 48,2 Prozent an der Südwestdeutschen Medien Holding GmbH beteiligt, die unter anderem „Stuttgarter Zeitung" und „Stuttgarter Nachrichten" herausgibt. Neu gegründet wurde die RHEINPFALZ Verlag und Druckerei GmbH und Co. KG. Im selben Jahr vollzog sich auch in der Geschäftsführung ein Generationenwechsel. Der langjährige Verlagsleiter Ernst Feuser ging in den Ruhestand, sein Nachfolger wurde der bisherige Organisations- und Personalchef Rainer Bilz.

Verlegerischer Ausflug nach Karl-Marx-Stadt

Einen Coup landete die Medien Union direkt nach der Wende mit dem Erwerb der „Freien Presse" in Chemnitz, das damals noch Karl-Marx-Stadt hieß. Das SED-Blatt wurde 1989 in einer Auflag von 600.000 Exemplaren gedruckt.

Mit einer Zentrale in Karl-Marx-Stadt und zahlreichen Lokalredaktionen im ländlich geprägten Umland ähnelte die Struktur der „Freien Presse" der der RHEINPFALZ.

Einfach mal „Kurz gefurzt"

Der inzwischen verstorbene Kollege Werner Hesse war ein erfahrener Redakteur. Mehr als 40 Jahre in RHEINPFALZ-Diensten, mehr als drei Jahrzehnte in der Redaktion Neustadt. Dass er eines Tages RHEINPFALZ-Geschichte schreiben sollte, hätte er sich nie träumen lassen. Es begann mit einem Anruf von Redaktionssekretärin Gisela Kaulich am Morgen des 4. September 1992, die ihn zum Briefkasten schickte, um die Zeitung zu holen. Da prangte es, auf der zweiten Lokalseite, dick und fett im blauen Balken über den Kurznachrichten: „KURZ GEFURZT". „Ich hab' gedacht, mich trifft der Schlag", erinnerte sich Hesse vor einigen Jahren. Am Tag zuvor hatte er die Kurznachrichten gemacht und als persönlichen Scherz im Computer den Artikel mit dem Suchbegriff „kurz gefurzt" versehen wollen. Doch der Teufel ist ein Eichhörnchen. Hesse wurde wohl einige Male unterbrochen, abgelenkt und schrieb versehentlich „kurz gefurzt" statt in den Suchbegriff in die Überschrift des Artikels selbst. Am folgenden Tag entwickelte sich die Lokalausgabe Neustadt zu einem Verkaufsschlager. Schon am frühen Nachmittag war zwischen Maikammer und Forst keine RHEINPFALZ mehr zu bekommen. Und im Pressehaus in Ludwigshafen balgten sich die Kollegen um die Ausgabe. Bei Hesse klingelte fast ununterbrochen das Telefon. Höhepunkt war der Anruf eines Lesers, der ihm mitteilte: „Ich habe ihre Meldung ‚Kurz gefurzt' gelesen. Dazu kann ich nur sagen: pfffffft."

Ein Lob den freien Mitarbeitern
Die Redaktion der RHEINPFALZ mit ihren 150 Mitgliedern könnte allein keine umfassende lokale Berichterstattung machen. Sie ist auf ihre freien Mitarbeiter angewiesen, die aus den Hunderten Kommunen und den Tausenden Vereinen in der Pfalz berichten, und die wissen, was vor Ort los ist. Die meisten unserer freien Mitarbeiterinnen und Mitarbeiter stehen im Berufsleben und verdienen sich zusätzlich ein Zeilen- oder Fotohonorar. Einige unserer freien Mitarbeiter sind aber auch hauptberuflich als selbständige Journalisten tätig, ob als Autoren, Fotografen oder Karikaturisten. Die RHEINPFALZ-Redaktion hat etwa 800 freie Mitarbeiter. Manche von ihnen sind der Zeitung schon viele Jahrzehnte verbunden. Alle zwei bis drei Jahre lädt die Chefredaktion die freie Mitarbeiterschaft der Redaktion zu Versammlungen ein, um sie über die aktuelle Situation und die Pläne der Redaktion und des Verlages zu informieren und mit ihnen über die Anforderungen an guten Journalismus zu diskutieren. Ohne ihre freien Mitarbeiter könnte die RHEINPFALZ nicht 13 Lokalausgaben für die Pfalz anbieten. Sie haben einen unverzichtbaren Anteil an der redaktionellen Leistung und stehen vor Ort für die RHEINPFALZ ein. Dafür sind wir ihnen sehr dankbar.

Dass eine der größten Zeitungen der DDR von einem „Regionalblatt" wie der RHEINPFALZ aufgekauft wurde, gab zu wilden Spekulationen Anlass. Helmut Kohl, Kanzler der Einheit und als Ludwigshafener bekennender RHEINPFALZ-Leser, habe die Übernahme eingefädelt, verbreitete unter anderem das Nachrichtenmagazin „Der Spiegel". Die wahre Geschichte hinter diesem bundesweit für Aufsehen sorgenden Zukauf ist nicht ganz so spektakulär, aber dennoch hoch spannend.

Die einstige SED-Zeitung „Freie Presse" (hier das Verlagshaus in Chemnitz) wurde 1990, einen Tag vor Vollzug der deutschen Einheit, von RHEINPFALZ-Verleger Dieter Schaub gekauft.

„Nachdem ich im Fernsehen den Fall der Mauer verfolgt hatte, war ich schon zwei Tage später in der DDR und habe abgeklopft, welche Möglichkeiten auf dem ostdeutschen Zeitungsmarkt für uns bestehen", erinnert sich Dieter Schaub. Der erste Kontakt nach Karl-Marx-Stadt sei aber auf Initiative der „Freien Presse" zustande gekommen. „Der Verlag war in einem desolaten Zustand. Die brauchten jetzt einen verlässlichen Partner." Deshalb wandte sich eine Delegation der „Freien Presse" an Jürgen Richter, den damaligen Geschäftsführer des Braunschweiger Westermann-Verlags. Ob er denn ein bundesdeutsches Zeitungshaus kenne, das an einer Übernahme interessiert sei? Von Richter habe er dann von der Anfrage der „Freien Presse" erfahren und sich gleich auf den Weg nach Karl-Marx-Stadt gemacht. In dieser chaotischen Phase zwischen Wende und Wiedervereinigung wurden die Weichen gestellt. Schaub kam zu der Überzeugung, dass das ehemalige SED-Blatt mit seinen 23 Bezirksausgaben, das die größte Regionalzeitung der DDR gewesen war, gut in den Konzern passen würde. Als die Treuhand schließlich den Verkauf ausschrieb, hatte Schaub sein, wie er sagt, faires Angebot längst ausgerechnet und parat. Das lag dann mit 192 Millionen Mark deutlich über dem der Mitbewerber, auch über dem des „Spiegel" (110 Millionen Mark). Die Medien Union erhielt daraufhin den Zuschlag, und am Tag vor der Wiedervereinigung, am 2. Oktober 1990, wurden die Kaufverträge unterzeichnet – „damals noch mit DDR-Wappen, mit Hammer und Zirkel", fügt Dieter Schaub hinzu. Mit dem Erwerb der Grafischen Werke Zwickau, die der Westermann-Gruppe zugeschlagen wurden, verschaffte sich der Konzern Zutritt zum Schulbuch-Markt in den neuen Bundesländern.

In der Folgezeit wurden Dieter Schaub zufolge insgesamt 200 Millionen Mark unter anderem in den Neubau einer modernen Druckerei und in den Aufbau einer wettbewerbsfähigen Organisation investiert. Die Redaktion der „Freien Presse" wurde auf computergestütztes Arbeiten umgestellt. Darüber hinaus galt es, das einstige Publikationsorgan der DDR-Einheitspartei in eine unabhängige, überparteiliche Tageszeitung umzuwandeln. Im Gegensatz zu anderen Blättern ging man hier einen eher „sanften" Weg. Ehemalige Parteikader wurden in der Regel aus der Redaktion in andere Verlagsbereiche versetzt. Die übrigen Kollegen erhielten Weiterbildungsangebote und die Möglichkeit, ihre Arbeitsplätze für eine begrenzte Zeit mit Redakteurinnen und Redakteuren der RHEINPFALZ zu tauschen. Diese Ost-West- und West-Ost-Wanderungen haben viel zum Verständnis für den jeweils anderen Teil Deutschlands beigetragen und Freundschaften unter Kollegen entstehen lassen.

Dass der beim Bieten unterlegene „Spiegel" immer wieder kolportiert, der Kauf der „Freien Presse" sei auf

Des Chefredakteurs Bratkartoffeln
Eine Sekretärin ist die Stütze ihres Chefs. So auch Barbara Teschendorf, die zuerst für Chefredakteur Fritz Schlossareck und danach für Michael Garthe tätig war. Ganz zu Beginn der Zusammenarbeit, sei ihr etwas Peinliches passiert, erzählt sie. Schlossareck sei zu einem Symposium eingeladen worden. Ein vorab verschickter Fragebogen sollte die Diskussionsteilnehmer den Zuhörern näherbringen. Schlossareck habe sie gebeten, den Fragebogen auszufüllen, erinnert sich Teschendorf. So weit kein Problem. Nur auf die Frage „Was sind Ihre persönlichen Vorlieben?" habe sie keine Antwort gewusst. Auf ihre Rückfrage hin habe der Chef gerufen: „Isst gerne Bratkartoffeln!" Diese Antwort fand dann auch Eingang in den Fragebogen. „Sie haben mir da ja ein ganz schönes Ei ins Nest gelegt", habe er nach dem Symposium zu ihr gesagt und erzählt, dass der Moderator bei all den anderen die tollsten Hobbys als „persönliche Vorlieben" vorgetragen habe. Nur bei ihm habe es dann geheißen: „Isst gerne Bratkartoffeln". Referenten und Auditorium hätten sich schlappgelacht. Schlossareck übrigens auch.

Chefredakteur Fritz Schlossareck (Dritter von rechts) hatte viel Humor.

Die Geschichte der RHEINPFALZ

Blühende RHEINPFALZ
Was hat eine sogenannte Floribundarose in Lachsrot, die bis zu 60 Zentimeter hoch werden kann, mit der RHEINPFALZ zu tun? Beide tragen denselben Namen. Die Zeitung stand Pate bei der Taufe der Rose am 11. Juli 1993 im Rosengarten in Zweibrücken. Die Neuzüchtung von Karl Hetzel aus Oberderdingen bei Bretten heißt seitdem „Rheinpfalz". Erstmals wurde damit einer Zeitung ein blühendes Denkmal gesetzt. Im Jahr 2001 legte sogar RHEINPFALZ-Verleger Thomas Schaub Hand an (Foto unten, rechts im Bild) und half dem Zweibrücker Oberbürgermeister Jürgen Lambert, in der Stadt ein Rosenbeet mit der „Rheinpfalz" anzulegen.

Vermittlung Kohls zustande gekommen, das ärgere ihn nicht, sagt Verleger Schaub, es amüsiere ihn eher. „Helmut Kohl kannte zwar meinen Vater gut. Wir beide hatten jedoch nie einen besonderen Draht zueinander", beschreibt Schaub seine Beziehung zum inzwischen verstorbenen Altkanzler. Kohl habe sicher keine Einwände gegen das Geschäft gehabt, aber genauso sicher habe er sich nicht dafür eingesetzt.

Doch auch bei der RHEINPFALZ selbst blieb in diesen Jahren die Zeit nicht stehen. Die Lokalredaktionen wurden personell aufgestockt, der Platz für Berichterstattung wurde ausgeweitet, die journalistische Kompetenz wurde mit Fachredakteuren für lokalen Sport und lokale Kultur ausgebaut. Auch die Wirtschaftsberichterstattung fasste mehr und mehr im Lokalen Fuß. Die verbesserte Drucktechnik ermöglichte in den Lokalredaktionen wie auch in den überregionalen Ressorts eine aktuellere Berichterstattung, da nun auch am späteren Abend stattfindende Ereignisse noch Eingang in die Berichterstattung für den darauffolgenden Tag fanden.

Zu Beginn der 90er-Jahre begann die Umrüstung der Druckerei in Oggersheim.

1992 bekam die RHEINPFALZ ein „neues Gesicht", und der Verlag stellte auf ein internes System untereinander vernetzter Personalcomputer um. Zu Beginn der 90er Jahre begann auch die Umrüstung der Druckerei in Ludwigshafen-Oggersheim. Die Anschaffung von vollfarbtauglichen Druckmaschinen ermöglichte, dass die RHEINPFALZ von September 1995 an, also pünktlich zu ihrem 50-jährigen Bestehen, komplett in Farbe erschien.

Als all dies in die Wege geleitet war, verabschiedete sich Verleger Dieter Schaub nach 30 Jahren an der Spitze des Unternehmens in den Ruhestand. In dieser Zeit hatte er die RHEINPFALZ nicht nur zu der Zeitung für die Pfalz gemacht, er hatte auch einen Medienkonzern aufgebaut, der sich im immer härteren Konkurrenzkampf behaupten konnte. Mit einer Auflage von rund 800.000 Exemplaren täglich lagen die Zeitungstitel der Medien Union zu diesem Zeitpunkt auf Platz vier im deutschen Tageszeitungsmarkt. „Im Rückblick war die Hälfte meiner unternehmerischen Entscheidungen miserabel, aber die andere Hälfte war richtig gut", resümiert Schaub. Von einem Tag auf den anderen legte er zum Jahreswechsel 1993/94 die Geschicke des Konzerns in die Hände seines ältesten, damals 31-jährigen Sohnes Thomas Schaub. Fast gleichzeitig vollzog sich auch in der RHEINPFALZ-Redaktion ein Generationenwechsel: Der damals 35-jährige Michael Garthe löste den 64 Jahre alten Fritz Schlossareck als Chefredakteur ab. Bei seinem Abschied bewies der scheidende Verleger fast hellseherische Fähigkeiten. Langfristig, so prognostizierte Dieter Schaub, werde sich das Unternehmen multimedial entwickeln müssen. Das bedeute, dass die Informationen, die man besitze, dann gleich mehrfach aufbereitet und vermarktet würden.

Erfolgsgeschichte Rosenthal-Gala

Was hat Fernsehmoderator Hans Rosenthal (1925 bis 1987) mit der RHEINPFALZ zu tun? Viel. Dass Rosenthal mit seiner Frage-Show „Dalli Dalli" in Not geratenen Familien half, ging dem RHEINPFALZ-Verlagsmitarbeiter Patrick Weiß direkt ans Herz. So rief er im Jahr 1992 die Hans-Rosenthal-Gala in Landau ins Leben, tatkräftig unterstützt von RHEINPFALZ und ZDF. Seitdem kamen ungezählte große Stars des Schlagers und der Artistik nach Landau, darunter Nicole („Ein bisschen Frieden"), Patrick Lindner, Roberto Blanco und viele, viele mehr. Gut eine Million Euro haben die Galas bis 2019 eingebracht. Eine Hälfte ging an die Hans-Rosenthal-Stiftung, geführt von Hans' Sohn Gert Rosenthal. Die andere verteilt der von Patrick Weiß und dem Landauer Geschäftsmann Udo Vogel gegründete Südpfälzer Verein „Aktion Hilfe in Not" an in der Region unverschuldet in Not geratene Familien. Als Patrick Weiß im Jahr 2013 starb, übernahmen Udo Vogel und seine Mitstreiter vom Verein die Bürde der Organisation allein.

Patrick Weiß und Country-Sängerin Dagmar bei einer Rosenthal-Gala.

PORTRÄT

Chefredakteur Fritz Schlossareck: Der Reformer

Von Michael Garthe

Es war wahrlich keine leichte Aufgabe, nach Walter Hück, der 25 Jahre lang die Geschicke der Redaktion geleitet hatte, die Chefredaktion der RHEINPFALZ zu übernehmen. Fritz Schlossareck damit zu betrauen, war im doppelten Sinne eine mutige Entscheidung des Verlegers Dieter Schaub im Jahr 1976. Einerseits kannte Schlossareck die pfälzische Tageszeitung nicht besonders gut, andererseits war er Schwabe.

Chefredakteur Schlossareck: mal ausgelassen und fröhlich mit Fasnachtern im Pressezentrum Ludwigshafen ...

Er traf in Ludwigshafen auf eine ziemlich eingeschworene Truppe von Pfälzern, einige wortgewaltige Haudegen unter ihnen und dem Geiste nach konservativ. Der eine oder andere hatte sich selbst Hoffnungen gemacht, Nachfolger Hücks zu werden. Das alles sprach dafür, einen Externen auf den Chefposten zu setzen.

Die Redaktion machte Fritz Schlossareck den Start nicht leicht. Er aber war geduldig, hörte zu. Er diskutierte, er brachte einen Geist der Liberalität in die Pfälzer Redaktionsstuben, der guttat. Hatte Hück „regiert", führte Schlossareck nun an der langen Leine. Die Redaktion entwickelte neue Kräfte.

... mal ernst und seriös mit dem damaligen rheinland-pfälzischen Wirtschaftsminister Rainer Brüderle (links).

Fritz Schlossareck wurde am 11. Juli 1929 in Stuttgart geboren. Als in den Kriegswirren 1943 die Schulen geschlossen wurden, habe er auf dem Bauernhof seines Onkels am Fuße der Schwäbischen Alb gelernt zu „mähen, melken und misten", so erzählte er es. Vor Kriegsende gehörte er zum letzten Aufgebot, baute im Schwarzwald und am Rhein Schützengräben und Bunker.

Gleich nach dem Krieg entflammte sein Herz für den Journalismus, und er arbeitete für mehrere Lokalzeitungen. Bei der „Stuttgarter Zeitung" wurde er zum Redakteur ausgebildet. Dann studierte er Volkswirtschaft. 1957 wurde Schlossareck Wirtschaftsredakteur bei der „Stuttgarter Zeitung" und ab 1966 leitete er dort das Wirtschaftsressort. Zehn Jahre später holte Dieter Schaub ihn nach Ludwigshafen.

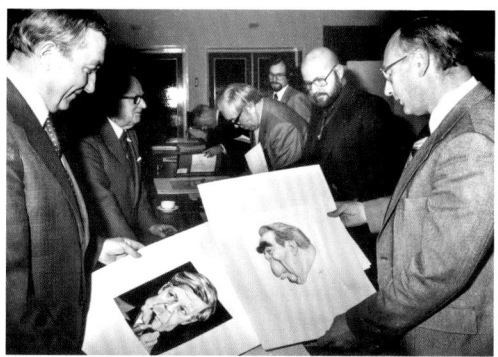

Karikaturen hatten es Schlossareck angetan. Hier ist er Jurymitglied bei einem Wettbewerb.

Schlossareck war ein Modernisierer. Unter ihm erhielt die RHEINPFALZ ansehnliche Wirtschafts- und Kulturseiten. Er stärkte die Lokalausgaben, setzte eine eigene Ausgabe für Bad Dürkheim durch. Maßgeblich war er an der Gründung von „Sonntag aktuell", der gemeinsamen Sonntagszeitung für Südwestdeutschland, beteiligt.

Dieter Schaub und Fritz Schlossareck brachten im Einklang die RHEINPFALZ auch technisch auf Vordermann und machten sie zu einer modernen regionalen Tageszeitung. „fsk" – das war Schlossarecks Kürzel – war Nachrichtenmoderator beim „Ersten Privaten Fernsehen" (EPF) Deutschlands und blieb stets aufgeschlossen gegenüber allen neuen Medien.

Der Schwabe wurde zum Pfälzer mit Leib und Seele und engagierte sich ehrenamtlich in lokalen und regionalen Initiativen für die Pfalz, die Kultur und die Evangelische Kirche. Als Journalist hatte er die großen Themen im Blick: Entwicklung der Weltbevölkerung, die Spannungen zwischen Arm und Reich, die Verletz-lichkeit der Demokratie, die Fragilität der Weltwirtschaft, die „Wahrung der Schöpfung" (so schrieb er es). Ende 1993 ging er in den Ruhestand. 18 Jahre hatte er die RHEINPFALZ-Redaktion geleitet.

Fritz Schlossareck ist 2019 kurz vor seinem 90. Geburtstag gestorben.

Auch der damalige Bundeskanzler Kohl (Mitte) gehörte zu Schlossarecks Gesprächspartnern. Mit dabei: Verleger Dieter Schaub (links).

Die „Wahrung der Schöpfung" war ein Anliegen Schlossarecks, ein Thema, das auch die Kirchen beschäftigt. Hier spricht er mit dem damaligen Bischof von Speyer, Anton Schlembach (links).

Unser Nils Nager:
Liebeserklärung an einen Biber

Von Annette Weber

Mütter sind immer irgendwie stolz auf ihre Kinder. Und sie haben ein Auge auf sie, selbst wenn sie schon längst erwachsen sind. Ähnlich ergeht es mir mit Nils Nager, der inzwischen 27 Jahre alt ist und mich schon lange nicht mehr braucht. 1993 wurde er geboren, in einem Stau auf der A 6 Richtung Heilbronn. Geburtshelfer war mein Mann. Für die Kinderseite der RHEINPFALZ, die ich aufbauen sollte, wäre eine Identifikationsfigur doch nicht schlecht, meinte er damals.

Kröll, hat mich durch meine Kindheit begleitet. Jahr für Jahr löste ich fleißig die Rätsel von „Liselott" und schickte Postkarten an die RHEINPFALZ. Gewonnen habe ich allerdings nie etwas.

Bis 1993 losten Erwachsene wie hier Mitglieder der Pfälzer Konditoreninnung die Gewinner des Weihnachtspreisrätsels aus. Danach ging Nils Nager in Kitas, Schulen und andere Einrichtungen für Kinder.

Schon in den 60er-Jahren gab es in der RHEINPFALZ ein Märchenpreisrätsel für die jüngsten Leser.

Das war eine gute Idee, wenn auch nichts völlig Neues. Denn Annemarie Borgward, in den 50er-Jahren zuständig für die Frauenseite, hatte dort den kleinen Lesern eine Rätselecke eingeräumt und „Tante Liselott" erfunden. Unter ihrer Nachfolgerin Heidi Ulmer-Kröll wurde aus „Tante Liselott" einfach nur „Liselott". Diese Figur, gezeichnet von Ulmer-Krölls Ehemann Bruno

Im Gegensatz zu „Liselott", deren Eltern ordentlich verheiratet waren, fehlte meinem Baby noch der (künstlerische) Vater. Den musste ich erst suchen – und fand ihn in meiner Abiturzeitung, entstanden mehr als ein Jahrzehnt zuvor. Für die Ausgabe hatte mein Mitschüler Steffen Butz die Karikaturen gezeichnet. Inzwischen hatte dieser sich mit seinen „Butz-Bären" einen Namen als Cartoonist gemacht und war auch gerne bereit, Vorschläge für eine Kinderseiten-Figur zu zeichnen. In die engere Wahl kamen damals ein Biber und ein Fuchs. Letzterer hätte zwar wegen der seiner Gattung zugeschriebenen Schlauheit prima ins Bewerberprofil gepasst, schied aber dann quasi im Fotofinish aus, weil er dem kleinen Helfer der Häuslebauer-Finanzierer aus dem Hohenlohischen zu stark ähnelte.

Nils Nagers geistige Eltern, Zeichner Steffen Butz und Redakteurin Annette Weber, mit dem Prototyp ihres Biber-Kindes 1995.

Dann also der Biber. Doch wie sollte er heißen? Die Kinderseiten-Leser wurden gefragt, und Hunderte Vorschläge trudelten ein. Nils Nager gefiel uns auf Anhieb. Da zu dieser Zeit niemand den durchschlagenden Erfolg unseres Zeitungsbibers auch nur erahnte, kam auch keiner auf die Idee, die Identität des Kindes, das unserem Nils seinen Namen gab, für die Nachwelt festzuhalten. So wissen wir heute nur noch, dass es ein Junge war, der inzwischen auch schon Mitte 30 sein müsste.

Auch mein kleiner Nils ist längst groß und selbstständig geworden. Andere haben seine Betreuung übernommen, als ich vor 15 Jahren in die Politikredaktion wechselte. Kollegin Tatjana Klöckner hat Sagengeschichten und Rezepte der Biber-Oma Nagute aufgeschrieben. Die Marketingabteilung kümmert sich zusammen mit der Kinderseiten-Redaktion um den seit acht Jahren bestehenden Nils-Nager-Club, der viermal jährlich ein Mitgliederheft herausgibt und inzwischen 18.000 kleine Biber-Fans zählt. Natürlich ist Nils heutzutage auch mit einer eigenen Seite im Netz präsent und tummelt sich auf Instagram und Facebook.

Aber auch im realen Leben ist Nils sehr aktiv. An Festen, Messen, Wandertagen beteiligt er sich. Er besucht Schulen und Kindergärten. Jene RHEINPFALZ-Auszubildenden und Studenten, die schon einmal in einem der fünf Nager-Kostüme steckten, haben gemerkt, wie schwer es ist, auf so großen Füßen zu leben, wenn man gleichzeitig nicht sonderlich viel sieht. „An Land

Wie schwer es ist, auf großem Fuß zu leben, wenn man gleichzeitig so wenig sieht, das konnte auch Auszubildender Kai Kniza 2005 bestätigen.

wirkt der Biber oft plump und unbeholfen, jedoch werden seine schnellen Sprints und Kletterkünste, wie das Erklimmen von Steilufern, unterschätzt", ist bei der Deutschen Wildtier-Stiftung zu lesen. Die Biber-Darsteller der RHEINPFALZ werden den ersten Teil dieser Aussage sicher unterschreiben, den zweiten aber genauso sicher niemals ausprobieren wollen.

AM RANDE

Die Geschichte der RHEINPFALZ

„Als ausgesprochenes Familientier lebt er in Biberbauen, die auf verschiedene Weise gebaut werden können, aber immer zwei Funktionen besitzen: einen sogenannten Wohnkessel in der Mitte des Baus und den Eingang unter Wasser", teilen die Naturschützer weiter mit. Das wissen die jungen RHEINPFALZ-Leser längst. Die Nager-Sippe, die am Speyerbach haust, ist eine Großfamilie. Nils, Schwester Nessy und Bruder Nals werden von Mutter Naglinde und Vater Nagbert, von Oma Nagute, die so gut kochen und Geschichten erzählen kann, und dem Familienpatriarchen Opa Nörgel in Schach gehalten. Den besserwisserischen Alten haben nicht nur die Kinder ins Herz geschlossen, sondern auch die Kollegen in der RHEINPFALZ: Es gibt kaum eine Kindernachricht, in der Opa Nörgel nicht seinen Senf dazugibt.

Die Nager-Familie ist in den ersten Lebensjahren von Nils stetig gewachsen. Schritt für Schritt bildeten sich die Charakterzüge der Familienmitglieder heraus: der wissbegierige Nils, der freche Nals und die manchmal etwas zickige Nessy. Und natürlich der kauzige Opa Nörgel, der zum Dozieren neigt. Auch Verwandtschaft und Freundeskreis wurden im Lauf der Jahre immer größer. So haben Biber aus der Türkei den Kindern zum Beispiel erklärt, wie und warum der Ramadan begangen wird.

Für die Kleineren unter den Kinderseiten-Fans sind sie real existierende Wesen, die Biber vom Speyerbach. Deshalb kann es durchaus passieren, dass ein Kita-Kind mit ganz großen Augen fragt: „Wenn du bei der Zeitung arbeitest, kennst du dann auch Nils Nager?" Zugegeben: In solchen Momenten ist man als Mutter einfach nur stolz.

„Nils, ich hab dich lieb": kleine Nager-Fans in Wörth 2018.

Nils Nager und die RHEINPFALZ richten auch Sportevents für Kinder aus, wie hier 2019 ein Hallenfußball-Turnier in der Verbandsgemeinde Zweibrücken-Land.

Die Welt des Nils Nager (rechte Seite): Der Ur-Nils (oben links) und der aktuelle Zeitungsbiber verdeutlichen die Entwicklung in mehr als einem Vierteljahrhundert. Inzwischen gibt es für die Jüngsten den Nager-Club mit Mitmachheft, Familienkalender und viele andere Aktionen und Produkte um den beliebten Nils. →

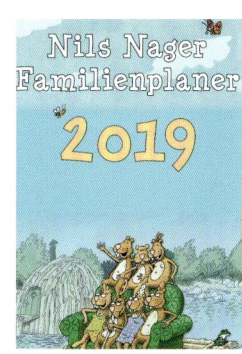

SONNTAGSZEITUNG FÜR DIE PFALZ – POLITIK · SPORT · WISSEN

DIE RHEINPFALZ
AM SONNTAG

SONNTAG, 7. JANUAR 2007
JAHRGANG 1, NR. 1

IHR SONNTAG

SPORT DAS INTERVIEW
Weltsprache Polnisch

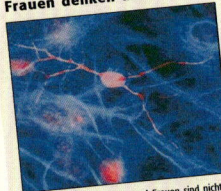

Noch ist offen, ob der Pfälzer Fußball-Nationalspieler Miroslav Klose seinen 2008 in Bremen auslaufenden Vertrag erfüllen wird. Mit seiner Muttersprache Polnisch sieht er sich für Zwillingen und auch fürs Ausland bestens gerüstet.

PFALZ TRANSIT-REPORT
Die Asphalt-Cowboys

Für tausende Lastwagenfahrer aus aller Welt sind die Autobahnen und Bundesstraßen der Pfalz zu einem Stück Heimat geworden. Hier fahren sie Tag für Tag durch, um ihre Lasten von wo auch immer wohin auch immer zu bringen. Wir haben sie getroffen, an der Raststätte Pfalz.

WISSEN HIRNFORSCHUNG
Frauen denken anders

Die Gehirne von Männern und Frauen sind nicht nur unterschiedlich aufgebaut, sie verarbeiten Informationen auch anders. Das zeigen Ergebnisse aus der Hirnforschung. So nutzen Frauen beide Hirnhälften und denken vernetzter. (Foto: gsf)

WISSEN DENKSPORT
Es darf gerätselt werden

Kakuro, Sikaku, Sudoku – das sind nicht unsere Asien-Korrespondenten, sondern Denksportaufgaben, die jeden Sonntag auf der letzten Seite des Wissens-Teils stehen. Die Lösungen finden Sie im Reiseteil. Und als Zugabe: Hägar – jetzt in bunt.

SONNTAGSREDE

FRAUENBILD
Lieber Edmund,

Sie überraschen uns immer wieder. Erst sind Sie Kanzlerkandidat – und wollen dann doch nicht. Dann meint man Sie als Dank für den Minister wollen nicht. Und schließlich verkünden Sie eine Gesundheitsreform, ähm, die Sie gleich in der Isar versenken. So gehört sich das für den Nachfolger des Märchenkönigs, der nur Gott Rechenschaft schuldet und manchmal dem Teufel, aber gar nie nicht einer vergelaufenen Saupreißin wie der CDU. Jetzt aber, lieber Edmund, haben Sie uns wirklich überrascht: Denn Sie haben ein modernes Frauenbild, haben Sie sagen lassen. Neben dem der Jungfrau Maria. Oha! Seit wann befasst sich denn ein gestandenes Mannsbild mit dem Weiberleut? Edmund, Edmund. Der Märchenkönig hat auch zu viel geträumt. gch

IHR WETTER

WECHSELND BEWÖLKT
Temperaturen zwischen 3 und 7 Grad

Tiefer Luftdruck bestimmt das Wetter in Mitteleuropa...

Pfälzer wollen D-Mark zurück

Der Euro als Bargeld ist schon fünf Jahre alt. Aber nach einer Umfrage der RHEINPFALZ am Sonntag wünschen sich noch immer 52 Prozent das alte Geld im Portemonnaie. Die Pfälzer liegen damit im bundesweiten Trend.

Der Euro hat es noch nicht geschafft, den Pfälzern sympathisch zu werden. 52 Prozent wollen gerne die D-Mark wiederhaben. 44 Prozent möchten den Euro behalten und 4 Prozent können sich nicht entscheiden. Das ist das Ergebnis einer von der RHEINPFALZ am Sonntag in Auftrag gegebenen repräsentativen Umfrage des Mannheimer Meinungsforschungsinstituts CMR mit 500 Befragten aus allen Teilen der Pfalz.

Es sind nicht nur die über 60-Jährigen, die der D-Mark zu 60 Prozent im Herzen treu geblieben sind: Die Sehnsucht nach dem alten Geld findet sich auch in der mittleren Altersklasse der 31- bis 60-Jährigen zu 51 Prozent. Erst bei den jüngeren kippt die Stimmung mit 55 Prozent zugunsten des Euros.

Das Stimmungsbild unter den Pfälzern deckt sich mit den Ergebnissen von Umfragen in Deutschland. Nach einer Forsa-Erhebung sind 52 Prozent der Bundesbürger der Meinung, der Euro habe mehr Nachteile als Vorteile gebracht. Emnid meldet 60 Prozent, eine europaweite Gallup-Umfrage immerhin noch 44 Prozent Unzufriedene. Unter den Völkern in der Eurozone, die der neuen Währung mehr Nachteile bescheinigen, belegen die Deutschen damit den dritten Nörgler-Platz nach Italienern und Griechen. Und bei Beträgen über 100 Euro rechnen heute noch fast drei Viertel der Menschen in die vertrauten Peseten, Lira und Mark um. Das ist für eine Währung, die seit fünf Jahren im Geldbeutel liegt, ein enttäuschendes Ergebnis.

Dabei bescheinigen Wirtschafts- und Finanzwissenschaftler dem Euro vor allem Erfolg auf der ganzen Linie. Mit 314 Millionen Einwohnern ist die heutige Eurozone – als 13. Staat ist zum Jahreswechsel Slowenien hinzugekommen – bevölkerungsreicher als die USA. Der Euro gilt als stabil, der Handel innerhalb der Eurozone ist deutlich angestiegen.

Doch bei den Menschen wird der Euro einfach den schlechten Ruf nicht los, er habe die Preise in die schwindelnden Höhen getrieben. Auch in der Pfalz nach unserer Umfrage ist das Urteil eindeutig: 87 Prozent finden, dass durch den Euro in den vergangenen fünf Jahren alles teurer geworden sei. Für die Antwort, es sei alles billiger geworden, entschied sich kein einziger der Befragten, nur 11 Prozent glauben, im Westentlichen geblieben seien die Preise. (kwi)

Gutes Geld, schlechtes Image, Leitartikel

DIE UMFRAGE

ALLES TEURER

87 Prozent: „Es ist alles teurer geworden."
0 Prozent: „Es ist alles billiger geworden."
11 Prozent: „Die Preise haben sich im Westentlichen nicht verändert."

Für den Euro
44 Prozent

MARK-DENKMAL
In gewisser Weise steht die Mark unter Denkmalschutz. Verewigt ist sie gemeinsam mit dem Kanzler des Wirtschaftswunders Ludwig Erhard vor der Deutschen Ausgleichsbank in Bad Godesberg. (foto: ddp)

Für die Mark
52 Prozent

US-Demokraten gegen Aufstockung von Irak-Truppen

Die neue Mehrheit im Kongress macht Druck auf Präsident Bush: „Nach fast vier Jahren Kampf, zehntausenden US-Opfern und mehr als 300 Milliarden US-Dollar ist es Zeit, den Krieg zu einem Ende zu bringen"

WASHINGTON/BAGDAD. Wenige Tage vor Bekanntgabe der neuen Irak-Strategie der Washingtoner Regierung haben die US-Demokraten die Entsendung zusätzlicher Soldaten in das Zweistromland abgelehnt.

„Noch mehr Kampftruppen hieße lediglich, noch mehr Amerikaner zu gefährden und unser Militär ohne strategischen Gewinn bis zum Anschlag zu strapazieren", erklärten die neuen Mehrheitsführer in Repräsentantenhaus und Senat, Nancy Pelosi und Harry Reid, in der Nacht zum Samstag.

In einem Schreiben an US-Präsident Bush forderten Pelosi und Reid dazu auf, in vier bis sechs Monaten mit einer Truppenumstrukturierung zu beginnen. „Nach fast vier Jahren Kampf, zehntausenden US-Opfern und mehr als 300 Milliarden US-Dollar ist es Zeit, den Krieg zu einem Ende zu bringen." Notfalls werde man im Kongress blockieren. Die von Bush laut US-Medienberichten geplante Aufstockung der im Irak eingesetzten US-Truppen sei als Strategie bereits gescheitert.

Die „New York Times" hatte unlängst berichtet, Bush wolle die US-Truppen im Irak wohl um 17.000 bis 20.000 Soldaten aufstocken. Die meisten der zusätzlichen Kräfte sollten voraussichtlich in der Hauptstadt Bagdad und deren Umgebung eingesetzt werden, berichtete die Zeitung unter Berufung auf Mitarbeiter des Verteidigungsministeriums in Washington.

Unterdessen hat die irakische Regierung eine neue Militäroffensive gegen Aufständische in Bagdad angekündigt. Der neue „Sicherheitsplan" werde in den kommenden Tagen umgesetzt, sagte Ministerpräsident Nuri al-Maliki während einer Feier zum Gedenken an die Gründung der irakischen Armee vor 86 Jahren. Die Regierungssoldaten würden dabei von multinationalen Truppen u. rung der USA unterstützt. O hört der Plan zu den von W. angekündigten Änderungen Irak-Politik.

In der südirakischen wurden die Leichen von zw. sam mit einem US-Bürger Irakern gefunden. Die bei zer seien mit mehreren K getötet worden, teilte ein miteesprecher mit. An US-Büdes den US-Streitkräften zufolge gestern al Airak beerdigt und akzeptiert der eine private Sicherheeine in Botschaftssprecher.

PATROUILLE
Einer von 134.000 US-Soldaten im Irak. (Foto: ddp)

Saarland im Sturzflug

Fraport will beim Saarbrücker Flughafen aussteigen: Das wäre die Quittung für die Trotzpolitik gegen Rheinland-Pfalz. Von Michael Konrad

Das Saarland ist mit seiner absurden Flughafen-Strategie gescheitert. Statt mit dem Flughafen Zweibrücken einen gemeinsamen Betreiber zu suchen, wollten die Saarländer es auf Teufel komm raus gegen den Nachbarn alleine packen. Das war ihre Trotzpolitik ohne Aussicht auf Erfolg, wie sich jetzt endgültig zeigt.

Im Dezember hatte die Saar-Landesregierung angekündigt, ihren Zuschuss für den Flughafen Saarbrücken 2007 von drei auf acht Millionen Euro im Jahr zu erhöhen: um im Wettbewerb mit Zweibrücken und Hahn bestehen zu können. Und jetzt kündigt die Fraport AG an, ihren 51-Prozent-Anteil am Flughafengesellsch...

VERRECHNET
Mit einem Anstieg auf 500.000 Fluggäste pro Jahr hatte der Flughafen Saarbrücken gerechnet. Doch 2007 droht die Zahl der Passagiere nun auf weit u... zu sinken.

...die Konkurrenz aus dem Nachbarland einfach kein Gewinn zu machen sei (Fraport ist Mehrheitseigner in Hahn!). Die Fluggastzahlen in Saarbrücken sind 2006 von 490.000 auf 420.000 abgestürzt. Während Zweibrücken und Berlinflügen von „Germanwings" die Passagierzahlen auf 62.000 fast vervierfachen konnte – Ende des Booms nicht in Sicht: Im Frühjahr wird Hapagfly von Saar- nach Zweibrücken wandern und 150.000 Fluggäste mitbringen.

Fürs Saarland wird es schwer werden, einen Partner für die Fluggesellschaft zu finden. Viel eher muss die Landesregierung einige weitere Millionen Euro zuschießen. Oder sie kommt zur Besinnung und akzeptiert die Realität: Entweder das Saarland fliegt mit d...

Kreisspa Kaiserslau...
Ein starkes Stück Heimat

Aufbruch ins digitale Zeitalter
(1994 bis 2020)

Von Michael Garthe

Die äußeren Faktoren waren nicht gerade günstig für einen erfolgreichen Generationswechsel in der Verlagsführung der RHEINPFALZ von Dieter zu Thomas Schaub. Die deutsche Wirtschaft schwächelte Mitte der 1990er-Jahre. Aufwand und Kosten der deutschen Wiedervereinigung erschwerten weitere dringende Reformen. Der Ludwigshafener Helmut Kohl war nochmals zum Bundeskanzler gewählt worden. Doch seine letzte Amtsperiode war eine des Bewahrens, wo doch Reform und Modernisierung notwendig gewesen wären.

Ganz anders die internen Faktoren: Dieter Schaub hatte noch vor seiner Stabübergabe an Thomas Schaub die Entscheidung getroffen, eine neue, hochmoderne Offset-Rotation für das Druckhaus in Ludwigshafen-Oggersheim zu kaufen. Es war die bis dahin größte Investition der RHEINPFALZ in Zeitungstechnik. Mit ihr entstand 1994 einer der modernsten Zeitungsbetriebe in Europa.

Am 29. September 2020 erschien eine 64-seitige Jubiläumsbeilage in der RHEINPFALZ. Die geplante Feier zum 75. Geburtstag, zu der sich unter anderem die rheinland-pfälzische Ministerpräsidentin Malu Dreyer angekündigt hatte, musste wegen der Corona-Pandemie ausfallen.

Als erste regionale Tageszeitung Europas erschien die RHEINPFALZ am 2. September 1995 auf allen Seiten farbig. Unser Foto zeigt den damaligen stellvertretenden Chefredakteur Günter Krall (rechts) im Druckzentrum beim Begutachten dieser Ausgabe.

Die Geschichte der RHEINPFALZ

Die Größten: Gutenberg, Fritz Walter und Karl Marx

Zusammen mit dem Radiosender SWR und der Koblenzer „Rhein-Zeitung" suchte die RHEINPFALZ den größten Pfälzer oder die größte Rheinland-Pfälzerin. Anlass war das 60-jährige Bestehen des Bundeslandes, das nach dem Zweiten Weltkrieg quasi aus der Retorte entstanden war. 25.000 Leser und Leserinnen, Hörer und Hörerinnen machten im Jahr 2007 mit und kürten Johannes Gutenberg zum größten Rheinland-Pfälzer. Johannes Gensfleisch zu Gutenberg (um 1400 bis 1468) war der Spross einer Mainzer Patrizierfamilie. In Straßburg verdingte er sich als Spiegelmacher, bis er sich 1448 in Mainz eine Druckerwerkstatt einrichtete. Dort erfand er auch die beweglichen Lettern, die den modernen Buchdruck erst möglich und Druckerzeugnisse zur Massenware machten. Auf den zweiten Platz der Umfrage kam ein echter Pfälzer: Fritz Walter. Der Fußballspieler des 1. FC Kaiserslautern war Kapitän der deutschen Nationalmannschaft, als diese 1954 Weltmeister wurde. Mit dem 1. FCK gewann er zwei deutsche Meisterschaften (1951 und 1953). Altkanzler Helmut Kohl und die heilkundige Äbtissin aus dem Mittelalter, Hildegard von Bingen, erreichten Rang drei und vier. Dass Karl Marx, der in Trier geborene Philosoph und Begründer des Kommunismus, auf Platz sieben kam, beweist, wie vielfältig dieses Land und seine Geschichte sind.

Trotz der Rückgänge in der verkauften Auflage und im Anzeigengeschäft verbreitete sich im Verlag Aufbruchstimmung. Der junge Verleger und die neue Chefredaktion sorgten auch in der Redaktion und in allen anderen Verlagsabteilungen für einen Generationswechsel. Am 24. Oktober 1994 ging die neue Rotation in Betrieb. Am 2. September 1995, also wenige Wochen vor ihrem 50. Geburtstag, erschien die RHEINPFALZ im komplett neuen Gewand. Sie war nun auf allen Seiten farbig – als erste regionale Tageszeitung in Deutschland. Verlag und Redaktion warteten gebannt und etwas bange darauf, wie die Pfälzerinnen und Pfälzer auf diese Revolution in der Zeitungsgestaltung reagieren würden. Die Resonanz der Leserschaft war überwältigend positiv und stimulierte den Verlag zu weiteren Reformen. Verlagsgeschäftsführer Rainer Bilz war der Antreiber. Fast rastlos organisierte er Anzeigenverkauf, Kundenservice, Personalverwaltung und Marketing neu. Die RHEINPFALZ entwickelte sich besser als die meisten Wettbewerber. Das hatte viel mit ihrer modernen Gestaltung zu tun.

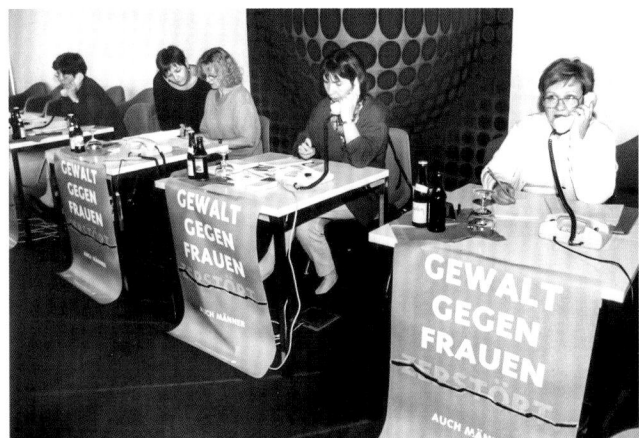

Leserservice gewann in diesen Jahren zunehmend an Bedeutung, beispielsweise durch Telefonaktionen zu aktuellen Themen.

Rund um die Jahrtausendwende gab es viele spannende Themen zu bearbeiten. Die Leserschaft beteiligte sich intensiv in Foren der Zeitung. Im Jahr 2000 erreichte die RHEINPFALZ eine verkaufte Auflage von über 250.000 Exemplaren – Rekord in der Verlagsgeschichte. Auch die Anzeigenumsätze waren gut. Pünktlich zur Jahrtausendwende erschien das RHEINPFALZ-Buch „Die Pfalz im 20. Jahrhundert". Es wurde ein Bestseller.

Das Freizeitmagazin LEO löst die „IWZ" ab

Zuvor schon, 1997, hatte sehr behutsam das digitale Zeitalter bei der RHEINPFALZ begonnen: RON (für RHEINPFALZ online), brachte digitale Zeitungsseiten auf den Markt. 1998 ging RON ins Internet. Thomas Schaub behielt derweil vor allem die qualitative Weiterentwicklung des Print-Angebotes im Blick. Am 17. April 1997 erschien erstmals das Freizeitmagazin LEO im gestürzten Format (also halb so groß wie die Zeitung) und im Vierfarbdruck als Beilage in der RHEINPFALZ. Der LEO brauchte Zeit, um sich zu etablieren. Den Durchbruch schaffte er 2004: Thomas Schaub hatte die Idee, das Freizeit-Magazin um TV-Seiten zu ergänzen, damit es eine Woche lang neben dem Fernseher liege. So löste der neue LEO die Fernsehbeilage „IWZ" ab.

Der Konkurrenzdruck am Markt setzte den Verlag an vielen Fronten unter Druck. Die Auslieferung der Zeitung muss schnell und pünktlich sein. Von Lokalausgabe zu Lokalausgabe müssen unterschiedliche Prospekte beigelegt werden. Mit der alten Packerei in Oggersheim war das nicht zu schaffen. Der Verlag kaufte 1999 eine hochmoderne Versandanlage. Es dauerte bis Herbst 2001, ehe sie voll funktionstüchtig war.

Der konjunkturelle Aufschwung in Deutschland rund um die Jahrtausendwende war nur von kurzer Dauer. Die Terroranschläge auf die Zwillingstürme des Word Trade Center in New York und auf das Pentagon in Washington markierten eine Zeitenwende. Die Redaktion spürte an diesem furchtbaren Tag des 11. Septembers 2001, wie schwer es ist, gegen die Aktualität von Rundfunk und Fernsehen anzukommen. Für die Zeitungen begann nun eine lange Phase des Auflagenverlusts –

Kultiger Gong

Wer am späten Vormittag über die Flure der RHEINPFALZ-Zentralredaktion läuft, wird möglicherweise aus seinen Gedanken aufgeschreckt von einem echten Kultobjekt der Redaktion – dem Gong. Besagtes Klanginstrument hat den Zweck, die täglichen Konferenzen anzukündigen: einmal die Morgenlage um 11 Uhr, zum anderen die Überschriftenkonferenz um 17.30 Uhr. Bei der ersten Konferenz des Tages besprechen die verantwortlichen Redakteure und Redakteurinnen die wichtigsten Themen und wie diese bearbeitet werden. In der Konferenz am Abend werden die bis dahin bereits fertigen Texte und Seiten dann begutachtet. Genau genommen sind zwei Gongs alternativ im Einsatz. Wenn der Chefredakteur die Konferenz leitet, ertönt der harmonisch runde Klang eines echten chinesischen Gongs. Ist dagegen einer der Stellvertreter mit der Konferenzleitung betraut, ist das eher metallische Geschepper des alten Gongs zu hören. Der Redaktionsgong ist der „schlagende" Beweis, dass auch im Zeitalter der Digitalisierung ein wirklich archaisches Kommunikationsinstrument noch seine Daseinsberechtigung hat.

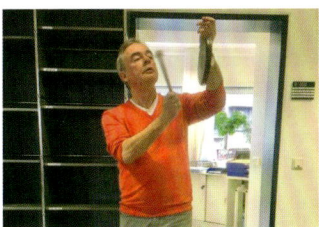

Zu seinem Abschied im Jahr 2020 durfte der scheidende Sportchef Horst Konzok auch einmal zur Konferenz gongen.

Rendezvous mit dem Geheimdienst

Belarus war bis zu den Bürgerprotesten 2020 für viele ein weißer Fleck auf der Europakarte. 2018 erhielt RHEINPFALZ-Redakteurin Annette Weber die Möglichkeit, sich auf einer Pressereise ein Bild von diesem Land zu machen. Die Fahrt führte auch nach Gomel, an der Grenze zur Ukraine gelegen, in die Gegend, die vom radioaktiven Fallout der Tschernobyl-Katastrophe von 1986 am härtesten getroffen worden war. Nach einer langen Busreise vertraten sich die deutschen Journalisten – neben der RHEINPFALZ-Redakteurin eine Kollegin vom MDR und ein Online-Kollege aus Berlin – noch die Füße, ganz ohne Aufpasser. Vor einem wunderschön restaurierten Gebäude aus der Zarenzeit machten sie halt. Weber versuchte, ihre verschütteten Russisch-Kenntnisse zu reaktivieren und das Schild an dem Gebäude zu enträtseln. Wer lebt in solch einem herrlichen Gebäude? Da sprang eine kleine Tür auf, und ein aufgebrachter Uniformierter sauste heraus, fuchtelte mit seiner Waffe und schimpfte auf die drei ein. Die verstanden natürlich kein Wort. „Ich spreche kein Russisch", war die einzige Antwort, die Weber im ersten Schrecken auf Russisch einfiel und den Uniformierten nur noch mehr erzürnte. Die drei ergriffen schleunigst die Flucht. Am nächsten Tag, bei einer Stadtrundfahrt, erfuhren sie doch noch, wer in besagtem Gebäude residiert: der belorussische Geheimdienst.

Mit Optimismus waren die Menschen in das neue Jahrtausend gestartet (unser Bild zeigt die Silvesternacht in Speyer). Doch die folgenden Jahre hielten große Herausforderungen bereit, auch für den RHEINPFALZ-Verlag.

zunächst langsam, aber mit dem Siegeszug des Internets dann, etwa ab 2010, immer schneller. Die RHEINPFALZ konnte sich dem Trend nicht gänzlich entziehen.

Die Aktivitäten jenseits des Kerngeschäftes wurden wichtiger: Leseprojekte für Kindergärten, Grundschulen und weiterführende Schulen sollen das Lesen fördern. Mit „ZeiLe", das steht für „Zeitunglesen macht Auszubildende fit", startet die RHEINPFALZ eine Aktion, die bundesweit Nachahmer findet. Die Beilage „Marktplatz regional" ergänzte einzelne Lokalausgaben einmal wöchentlich und sprach Leser und Anzeigenkunden besonders gezielt an.

Die RHEINPFALZ am SONNTAG als publizistisches Aushängeschild

Deutschland diskutierte Mitte der 2000er-Jahre sehr polarisiert über den Euro. Mit einer repräsentativen Meinungsumfrage darüber, was die Menschen in der Pfalz von der europäischen Währung halten, legte die neue RHEINPFALZ am SONNTAG am 7. Januar 2007 einen fulminanten Start hin. Sie löste „Sonntag aktuell" ab, die über 25 Jahre von der RHEINPFALZ in der Pfalz vertrieben, aber in Stuttgart produziert wurde. Die Redaktion in Ludwigshafen hatte zwei Pfalz-Seiten und die Sportseiten beigetragen. Die Leser waren aber unzufrieden mit dem Blatt. Thomas Schaub stimmte der Produktion einer eigenen Sonntagszeitung zu. Die RHEINPFALZ am SONNTAG wurde in Gestaltung und Inhalt betont modern und anders als die Werktagsausgabe. Die Redaktion sitzt in Landau und wird von Anfang an von Kerstin Witte-Petit geführt. Die siebte Ausgabe der RHEINPFALZ hat bisher mehrere Preise eingeheimst und ist zu einem publizistischen Aushängeschild des Verlages geworden.

Ab der Jahrtausendwende wurde selbst in Expertenkreisen die Meinung laut, die gedruckte Zeitung werde es nicht mehr lange geben. Der RHEINPFALZ-Verlag ließ sich von diesen Unkenrufen nicht beeindrucken. Das 1994 so hochmoderne Druckhaus in Ludwigshafen-Oggersheim war 2007 schon nicht mehr auf der Höhe der Zeit. Wegen der hohen Auflage der RHEINPALZ, die angesichts des großen Verbreitungsgebietes der Zeitung Nacht für Nacht in sehr kurzer Zeit gedruckt werden muss, war die Offset-Rotation nach zwölf Jahren ziemlich verschlissen. Der Verlag kaufte daher eine „Cortina"-Rotation des Herstellers KBA, die mit ihrer wasserlosen Drucktechnik den neuesten Stand der Technik repräsentierte. Die „Cortina" ging nach umfassenden Umbauten im Druckzentrum im Juli 2008 in Betrieb. Und auch diesmal präsentierte die RHEINPFALZ sich kurz darauf in neuer Gestaltung: neue Grundschrift, andere Farbgebung, luftigeres Layout. Doch nun war die Resonanz der Leserschaft nicht so einhellig positiv wie 1995. Redaktion und Gestalter mussten nacharbeiten. Leserlob gab es dafür, dass die Redaktion offen und ausführlich über die Veränderungen informiert hatte und die Einwände ernst nahm. So kündigten letztlich nur 32 Leser wegen der neuen Gestaltung ihr Abonnement.

Die RHEINPFALZ war gerüstet für die Zukunft. Da kam 2008 die Lehman-Pleite in den USA, die eine weltweite Finanzkrise und in der Folge auch einen Konjunk-

Aktenfund in Paris

Am 21. September 1945, 14 Uhr, trafen sich Vertreter der pfälzischen Parteien und der französischen Besatzungsmacht. Es ging um die Gründung einer Zeitung, der RHEINPFALZ. Festgelegt wurde unter anderem, dass die französische Regierung „eine Kontrolle ausüben" wird. „Aus militärischen Gründen kann sie (die Besatzungsmacht, Anm. d. Verf.) nicht alles sagen lassen", steht im Protokoll der Gründungssitzung der RHEINPFALZ. Gefunden hat diese und andere Dokumente der ehemalige Stadtarchivar von Landau, Michael Martin, der schon seit drei Jahrzehnten in französischen Archiven forscht. Dort fand Martin im Jahr 2016 auch die Unterlagen zur RHEINPFALZ-Gründung und zu den ersten Jahren unter französischer Aufsicht, die er fotografierte und an den Verlag schickte. In den Akten des Colmarer Archivs ist zum Beispiel auch festgehalten, dass Herbert Dähling, bis zu seiner Pensionierung im Jahr 1994 Lokalchef in Landau, als einer der ersten deutschen Journalisten nach dem Zweiten Weltkrieg zu einer Pressereise nach Paris eingeladen wurde.

Der ehemalige Stadtarchivar von Landau, Michael Martin, hat in Paris Akten zur RHEINPFALZ gefunden.

Im Visier der Scharfschützen
Politik-Redakteur Ilja Tüchter war 2010 unterwegs in den Palästinensergebieten. „Dort bot sich vielleicht die gefährlichste Situation, die ich je erlebt habe", sagt er. In Ramallah angekommen, teilte der Koordinator rote Schals aus. „Anziehen und nicht ausziehen, bis ihr wieder im Bus seid", lautete die Anweisung. Auf den Dächern der Einkaufsstraße im Zentrum lagen nämlich Scharfschützen. Die roten Schals zeigten ihnen, auf wen sie nicht zielen durften, falls es zu einem Attentat kommen sollte. Es passierte glücklicherweise nichts.

Den Dirigenten nachgeäfft
2004 tourte die Staatsphilharmonie Rheinland-Pfalz erstmals durch China, mit Konzerten unter anderem in Schanghai und Peking. Kulturredakteur Frank Pommer war mit dabei. Gewöhnungsbedürftig fand er das Verhalten während der Konzerte. „Bei uns lauscht man still und ehrfürchtig. In China wird Essen und Trinken mit in den Konzertsaal genommen. Und die Kinder machten sich einen Spaß daraus, auf dem Stuhl stehend die Bewegungen des Dirigenten nachzuäffen."

Es gibt Termine, die machen so richtig Spaß: Chefredakteur Michael Garthe (rechts) bei der RHEINPFALZ-Sportlerwahl 2020 in Zweibrücken mit Schwimmer Frank Schmidt und dessen Söhnchen Hugo.

tureinbruch verursachte. Die Zeitungen gerieten mit in den Abwärtsstrudel. Einige Titel in Deutschland überlebten nicht eigenständig. Andere Verlage schlossen Lokalredaktionen und reduzierten Lokalausgaben. Die RHEINPFALZ blieb in der Fläche präsent, hielt an allen Lokalausgaben und allen Lokalredaktionen fest. Aber der Verlag legte ein Sparprogramm auf, baute ohne betriebsbedingte Kündigungen Stellen ab – auch in der Redaktion.

Ein schwieriger Weg:
Das Internet als Einnahmequelle

Die ganze Branche suchte nach neuen Geschäftsmodellen. Das Internet sollte zur Einnahmequelle werden. Zeitungshäuser stellten journalistische Inhalte in großer Menge kostenlos ins Netz. Reichweite war die neue Währung. Sie sollte zu Werbeeinnahmen führen. Die Rechnung ging nicht auf. Im Gegenteil: Die Nutzer gewöhnten sich daran, dass Zeitungsartikel im Netz kostenlos zu haben waren, aber die Werbekunden blieben aus. Thomas Schaub war von Anfang an gegen dieses neue Modell, das nicht zum Geschäft wurde. Journalistische Leistungen, so meinte der Verleger, seien zu kostspielig und zu wertvoll, um sie kostenlos zu verteilen. So blieben der RHEINPFALZ hohe Verluste erspart.

Das Netz freilich veränderte das Lese- und Nutzerverhalten doch nachhaltig. Die E-Mail ist auch für die Leser zum selbstverständlichen Kommunikationsmittel geworden. Handgeschriebene oder getippte Leserbriefe zum Beispiel gibt es so gut wie nicht mehr. Und das Internet wurde zu einem wichtigen Informations- und Kommunikationsmittel und damit auch zum Konkurrenten für die gedruckte Zeitung. Die RHEINPFALZ zog Konsequenzen, ohne dabei die Fehler anderer Verlage zu begehen.

Den Baseballschläger immer zur Hand
Gabriele Venzky hat 23 Jahre als RHEINPFALZ-Korrespondentin in Indien verbracht. Sie kann nicht nur spannend schreiben, sie ist auch eine gute Erzählerin. Wenn sie als Gast in der Redaktionskonferenz von ihrem Leben auf dem Subkontinent berichtete, war immer etwas Erstaunliches, nie Gehörtes, Überraschendes dabei. Sei es, dass sie erklärte, warum der vermeintlich gleiche Beutel-Tee in Großbritannien so viel besser schmeckt als in Deutschland (die Briten erhalten die Blätter, der „Kontinent" bekommt die staubigen Reste, die durchs Sieb fallen), sei es, dass sie demonstrierte, wie sie es in vordigitalen Zeiten bewerkstelligte, ihre Texte nach Deutschland zu übermitteln. Unvergessen ist ihre Antwort auf die Frage, ob sie sich denn nicht manchmal gefährdet fühle, ganz allein in einem Land, in dem Frauen vielfach „Freiwild" sind. Gabriele Venzky grinste nur kurz und sagte: „Ich habe, wenn es brenzlig zu werden droht, immer einen Baseballschläger dabei. Da traut sich keiner an mich heran."

Die Leser der gedruckten Zeitung sind treu. Allerdings werden sie weniger – und zunehmend älter.

Antreiber ist der neue Geschäftsführer Holger Martens. 2014 löste er Rainer Bilz ab, der den Verlag ab 1987 leitete. So rastlos und energisch wie umsichtig und klug hatte Rainer Bilz die RHEINPFALZ geführt

Die Geschichte der RHEINPFALZ

Drohung mit dem Anwalt

Steht man als Journalist mit einem Bein im Gefängnis? Nein, ganz so schlimm ist es dann doch nicht. Aber die Fallstricke des Presserechts sind zahlreich. Täglich hat ein Journalist Themen zu bearbeiten, bei denen er abwägen muss zwischen öffentlichem Interesse an einer Berichterstattung und Persönlichkeitsrechten von Betroffenen. Urheberrechte sind ebenso zu beachten wie die journalistische Sorgfaltspflicht, nach der jede Information vor der Veröffentlichung auf Wahrheitsgehalt, Herkunft und Inhalt geprüft werden muss. Da ist es nicht verwunderlich, dass in manchen Fällen juristischer Rat gefordert ist. Für die RHEINPFALZ kümmert sich seit vielen Jahren der auf Presse- und Urheberrecht spezialisierte Rechtsanwalt Kurt Braun um Problemfälle. Dabei ist er sehr oft präventiv tätig: Beiträge mit hohem Konfliktpotenzial etwa legt ihm die Redaktion meist schon vor der Veröffentlichung zur Prüfung vor, um juristische Konflikte zu vermeiden. Denn die Streitbereitschaft ist gestiegen: Diejenigen, die sich durch einen Bericht in schlechtes Licht gerückt fühlen, drohen immer häufiger mit dem Anwalt.

Der Wechsel 2014 in der Geschäftsführung zog auch einen Strategiewandel nach sich. Unser Foto zeigt Chefredakteur Michael Garthe, Verleger Thomas Schaub, den scheidenden Geschäftsführer Rainer Bilz und dessen Nachfolger Holger Martens sowie den stellvertretenden Chefredakteur Andreas Bahner (von links).

und stets auf der Höhe der Zeit gehalten. Holger Martens verkörpert eine neue Generation des Verlagsmanagers. Er forciert vor allem den Wandel ins digitale Zeitalter und kann den Verleger überzeugen, diesen Weg mitzugehen. Die Online-Abteilung wird in die Redaktion integriert. 2015 ist eine weitgreifende digitale Strategie fertig. Gegen Ende desselben Jahres gibt sich der Verlag eine Vision. Darin heißt es unter anderem: „Wir können die Informationsbedürfnisse der Menschen jederzeit erfüllen. (…) In Design und Benutzerfreundlichkeit gehören unsere Produkte zur deutschen Spitze." Erneute Aufbruchstimmung im Verlag.

Es folgt ein kleines Feuerwerk neuer Produkte: E-Paper, RHEINPFALZ-App, Pfalz-Ticker, elektronische Vorabendausgabe, neugestaltete Homepage, Newsletter. Die sozialen Netzwerke werden zum Instrument der Recherche und der Vermarktung redaktioneller Leistungen.

Seriöse Informationen als Bollwerk gegen Populismus

Das alles kommt gerade noch rechtzeitig. Denn die öffentliche Debatte in Deutschland wird wieder intensiver und politischer. Die Flüchtlingskrise 2015 spaltet die Gesellschaft bis in Familien hinein. Die Medien geraten ins Fadenkreuz der Kritik. Eine starke, laute Minderheit verteufelt Radio, Fernsehen und Printmedien. Eine Mehrheit aber vertraut darauf, dass sie von diesen Medien richtig und glaubwürdig informiert wird.

Weltweit wird der Populismus von einer latenten politischen Strömung zu einem mächtig sprudelnden Strom. An Themen fehlt es nicht: die Migration, der Klimawandel und schließlich die Corona-Pandemie. Die RHEINPFALZ reagierte auf diese völlig neue Herausforderung mit umfassender Recherche, dabei immer die Folgen der Pandemie für die Menschen hier im Blick, und sie publizierte täglich einen digitalen Newsletter. Die Zugriffszahlen auf das digitale Angebot stiegen enorm, die gedruckte Auflage profitierte davon. Das journalistische Angebot des Medienhauses RHEINPFALZ erwies sich in dieser Krise einmal mehr als unverzichtbares Lebensmittel für die Pfälzerinnen und Pfälzer.

An ihrem 75. Geburtstag geht es der RHEINPFALZ gut. Sie ist mit ihren sieben Ausgaben in der Woche zu einer der auflagenstärksten regionalen Tageszeitungen angewachsen. Keine andere große Regionalzeitung verkauft so viele Exemplare pro 100 Einwohner in ihrem Verbreitungsgebiet wie die RHEINPFALZ. Auch mit ihrem digitalen Angebot ist sie in wenigen Jahren in die Spitzengruppe der Verlage vorgedrungen.

Zeitungmachen ist jeden Tag neu und jeden Tag anders. Und doch unterliegt es bis heute wiederkehrenden Zyklen, die sich über die Jahrzehnte ähnlich geblieben sind. Ende 2020 ist eine spannende Frage im Verlag: Wann erhalten wir eine neue Druckmaschine, denn die Cortina-Rotation von 2008 ist auch schon wieder in die Jahre gekommen. Man sieht: Die Zukunft der Zeitung ist digital, aber die gedruckte Zeitung ist quicklebendig.

Einfach zauberhaft

Da hat so mancher nicht schlecht gestaunt, als Chefredakteur Michael Garthe vor 20 Jahren den Kollegen einen Zauberer als Volontär vorstellte. Fabian Kelly präsentierte direkt ein paar Tricks. Auch wenn er die Zeitungsseiten nicht einfach so fertig zaubern kann, er also auch das Handwerk eines Redakteurs erlernen musste, so brachte der Ober-Flörsheimer doch eine Fähigkeit ganz besonders in den Redaktionsalltag ein, die er auch bei der Magie benötigt: Kreativität. Sei es bei der Jugendseite „XXpress", die Kelly viele Jahre lang betreute, aber auch bei seiner Arbeit für die „Donnersberger Rundschau". Da stellte er sich als Praktikant schon mal einen Tag lang in den Schweinestall, da entwickelte er Sommeraktionen für Familien, dort kreierte er neue Talkformate, und nicht zuletzt hatte er großen Anteil daran, dass aus der gemeinsamen Sportler-Ehrung der „Donnersberger Rundschau" und des Donnersbergkreises eine Gala wurde. Was nicht von ungefähr kommt: Denn neben seiner Tätigkeit als Redakteur baute Kelly auch noch ein eigenes Unternehmen auf. Bei „Kelly Entertainment" setzt er mittlerweile auf ein 30-köpfiges Team, führt bei großen Shows Regie, entwickelt Produktionen für Kreuzfahrtschiffe oder „Legoland", und seine Event-Dinner erfreuen sich über die Grenzen Rheinhessens hinweg großer Beliebtheit. Klar, dass Magie überall eine wichtige Rolle spielt. Eine so große, dass er sich mittlerweile voll darauf konzentriert und die RHEINPFALZ verlassen hat. Natürlich zum Abschied mit ein paar Zaubertricks.

PORTRÄT

Verleger Thomas Schaub: Modernisierer und Hüter der Qualität

Von Michael Garthe

Die Übergabe der Verlagsführung von Dieter Schaub an seinen Sohn Thomas Schaub gleicht frappierend dem Stabwechsel von Verlagsgründer Josef Schaub zu Dieter Schaub 1964. Denn auch Dieter Schaub zog sich gleichsam über Nacht aus dem Geschäft zurück. Am 1. Januar 1994 übernimmt Thomas Schaub die Verantwortung – und sein Vater mischt sich fortan, so sagte dieser es selbst, nicht mehr ein.

Thomas Schaub ist promovierter Informatiker. Seine Ägide ist geprägt von beständigem technischen Fortschritt.

Der neue Verleger Thomas Schaub (Mitte) und der neue Chefredakteur Michael Garthe (rechts) verabschieden 1994 Fritz Schlossareck.

Und so wie Josef an Dieter Schaub ein gut organisiertes Haus übergab, ist es auch beim Führungswechsel 1994. Die noch vom Vater bestellte neue hochmoderne Druckanlage wird 1994 aufgebaut. So kann Thomas Schaub schon 1995 eine bundesweit beachtete Innovation auf den Markt bringen: Die RHEINPFALZ erscheint als erste deutsche Tageszeitung auf allen Seiten im Vierfarbdruck. Es ist ein Auftakt nach Maß für den 1962 geborenen Verleger.

Thomas Schaub hat Informatik bis zur Promotion studiert. Komplexe technische und organisatorische Prozesse sind sein Metier. Weil er aber mit der Zeitung aufgewachsen ist und Praktika in Zeitungsverlagen gemacht hat, versteht er auch etwas vom journalistischen Handwerk. Das ist der Schlüssel dafür, dass seine Ägide als Verleger gleichermaßen geprägt ist von beständigem technischen Fortschritt und dem Bewahren journalistischer Qualität. Dafür gibt es eine Fülle von Beispielen: 1997 geht RON an den Start. Im selben Jahr ist die Premiere des Freizeitmagazins LEO, das später um TV-Seiten ergänzt wird – eine Idee Schaubs. Die Redaktion wird mit modernster Hard- und Software ausgestattet. Darüber hinaus formuliert der Verleger fünf Qualitätskriterien für das journalistische Handwerk, die bis heute gültig sind.

Der rasche Wandel bleibt die beständige Herausforderung: Versand- und Druckanlagen sind schneller als früher überholt und erfordern hohe Investitionen. Die betuliche „Sonntag aktuell" aus Stuttgart verliert an

Zuspruch in der Pfalz. Schaub macht die RHEINPFALZ am SONNTAG möglich, die seit 2007 erscheint und die Auflage der RHEINPFALZ merklich stabilisiert.

Direkter Draht zu den Lesern: Thomas Schaub stellt sich 2008 Fragen und Meinungen der Abonnenten zum neuen Erscheinungsbild der RHEINPFALZ.

Mit dem Redaktionssystem NGen werden die Voraussetzungen für digitale Produkte geschaffen. Aber Thomas Schaub ist lange Zeit skeptisch, was journalistische Produkte fürs Digitale angeht. Er wehrt sich, letztlich erfolgreich, gegen den Markttrend, redaktionelle Artikel kostenlos ins Netz zu stellen. Doch die digitalen Märkte entwickeln sich, und der Verlag droht, ins Hintertreffen zu geraten. 2015 lässt sich Schaub überzeugen: Der Verlag gibt sich eine digitale Strategie und eine Vision. Seither geht es entschlossen in die digitale Zukunft: Pfalz-Ticker, Zeitungsapp, elektronische Vorabendausgabe, gründlich renovierte Homepage ...

Thomas Schaub ist 2020 seit 27 Jahren Verleger der RHEINPFALZ und Chef der Medien Union, die er beständig vergrößern konnte.

Zu den bedeutenderen Erwerbungen gehörten 2002 die Schulbuchverlage Schroedel und Diesterweg. Schaub führte sie mit dem Westermann-Verlag zu einer der drei größten Schulbuch-Gruppen in Deutschland zusammen. Über die Südwestdeutsche Medienholding (SWMH) gelang ihm 2007 der Einstieg beim „Süddeutschen Verlag". Seit 2008 ist Schaub Mitherausgeber der „Süddeutschen Zeitung", einem Flaggschiff in der deutschen Zeitungslandschaft. Und doch ist Thomas Schaub, genau wie sein Vater Dieter und sein Großvater Josef, tief mit der RHEINPFALZ und der Pfalz sowie seinem Heimatort Neustadt an der Weinstraße verbunden.

Manchmal muss es auch Sport sein: Thomas Schaub in Zweibrücken bei der Sportlerwahl 2014 mit Stabhochspringer Alexander Vieweg (links).

Die Geschichte der RHEINPFALZ

Chefredakteur Michael Garthe: Herzenspfälzer und Herzenseuropäer

Von Kerstin Witte-Petit

Michael Garthe, Jahrgang 1958, gehört zu den dienstältesten Chefredakteuren Deutschlands. In einer Zeit, in der Verlage dazu neigen, in jeder Krise hektisch die Strategie – und die Führung – zu wechseln, steht er im Jubiläumsjahr seit inzwischen 27 Jahren an der Spitze der RHEINPFALZ-Redaktion.

Gruppenfoto in der Landesvertretung von Rheinland-Pfalz in Bonn, Anfang der 90er-Jahre. Michael Garthe, damals noch Korrespondent, verteilt eine RHEINPFALZ-Beilage.

Es war ein doppelter Generationswechsel, den der Verlag am 1. Januar 1994 vollzog. Verleger Dieter Schaub übergab die Geschäfte an seinen damals 31 Jahre alten Sohn Thomas Schaub, und der 35-jährige Michael Garthe übernahm die Chefredaktion. Beide präsentierten schon ein gutes Jahr später die erste komplett vierfarbig gedruckte RHEINPFALZ-Ausgabe mit einem radikal neuen Erscheinungsbild, das in der Grundidee bis heute Bestand hat: klar geordnet und mit Kennfarben für Orientierung sorgend. Die RHEINPFALZ war damals die erste Regionalzeitung Europas, die ihren Lesern auf allen Seiten Farbe bot. Seitdem hat Garthe das journalistische Angebot der Zeitung entschlossen, aber behutsam weiterentwickelt – auch mithilfe von insgesamt drei aufwendigen, fundierten Leserbefragungen, die der Redaktion halfen, ihre Arbeit noch genauer auf die Bedürfnisse der Leser auszurichten. Zu den markanten Punkten seiner Amtszeit gehören die Gründung der RHEINPFALZ am SONNTAG im Jahr 2007 und der Aufbau einer modernen Online-Berichterstattung.

Als Chefredakteur muss man etwas aushalten können – als Fan des 1. FCK ebenfalls: Garthe bei einem Spiel der „Roten Teufel" gegen Bremen 2011.

Lange bevor US-Präsident Donald Trump die Welt mit seinem „America first!" das Fürchten lehrte, hatte Michael Garthe seiner Redaktion „Pfalz first" verordnet. Allerdings verbindet er damit das Gegenteil von Chauvinismus: Die Pfalz ist eine weltoffene Region im Herzen Europas, die den Vorteil offener Grenzen unmittelbar spürt. Eine Zeitung für die Pfalz, so begreift

Auch auf Wandertagen ist Michael Garthe präsent, wie hier in Zweibrücken mit der Rosenkönigin Daniela I. und Oberbürgermeister Helmut Reichling.

Garthe seinen Auftrag, ist heimatverbunden, aber nicht provinziell. Sie muss ihren Lesern Qualität auf allen Ebenen bieten: lokal, national, international.

Dafür steht Garthe journalistisch und mit seiner Persönlichkeit. Der gebürtige Speyerer ist in Böhl und Haßloch aufgewachsen, kennt jede Ecke der Pfalz, hat sie sich unzählige Male erwandert, oft gemeinsam mit seiner Frau und seinen vier Kindern. Garthe ist Herzenspfälzer, engagiert für Pfälzer Leuchtturmprojekte wie die Restaurierung des Speyerer Kaiserdoms. Aber er ist auch Herzenseuropäer, zutiefst davon überzeugt, dass die europäische Einigung den Frieden garantiert und es dem im Weltmaßstab gesehen kleinen Deutschland erst ermöglicht, sich in Wohlstand zu entfalten.

Für seine journalistische Arbeit über Europa ist er mit dem Publizistikpreis „Pro Europa" des Europäischen Parlaments und dem „Prix Stendhal" ausgezeichnet worden.

Sieben Jahre lang war der Politologe wissenschaftlicher Mitarbeiter am Lehrstuhl für Internationale Politik an der Universität Mainz gewesen und hatte dort das „Jahrbuch der Europäischen Integration" verantwortet, bevor er 1986 zur RHEINPFALZ kam – zuerst als Politikredakteur und dann von 1989 bis 1993 als Korrespondent in Bonn, dem damali-

Gruppenbild mit Kanzlerin und Regierungsraute: Michael Garthe (links) und Berlin-Korrespondent Hartmut Rodenwoldt.

gen Regierungssitz. Seine Korrespondentenjahre waren deutsche Schicksalsjahre rund um die Wiedervereinigung. Er begleitete sie als Kommentator im steten Bemühen, Verständnis für die Zwänge der Akteure zu wecken und für Kompromisse zu werben. Die berühmte Strickjacken-Diplomatie Helmut Kohls in Michail Gorbatschows Datscha, die den Weg zur Einheit ebnete, erlebte Garthe ganz in der Nähe mit. Als beide Staatsmänner der Presse das Ergebnis präsentierten, so erzählte Garthe später, habe er Tränen der Freude in den Augen gehabt.

RHEINPFALZ am SONNTAG: Die etwas andere Lektüre

Von Kerstin Witte-Petit

Sonntags dreht sich die Welt genauso weiter wie an Werktagen. Doch verändert sich an diesem Tag der Blick auf die Welt. Man nimmt sich Zeit, genießt Bilder, Gedanken, Gefühle. Erfreut sich vielleicht an einem Sonntagsspaziergang.

Deshalb ist auch die RHEINPFALZ am SONNTAG nicht einfach die siebte Ausgabe der Tageszeitung. Sie möchte einen anderen Blick auf die Welt pflegen – auf Politik, Sport, Naturwissenschaft und Technik, auf Ideen, Trends und Stile, mit großen Analysen und Porträts, für die man werktags kaum Zeit fände, sie zu lesen. Im Reiseteil lässt sie den Blick in die Ferne schweifen. Und sieht ansonsten das Gute so nah, zum Beispiel in Reportagen über tapfere ambulante Pflegerinnen, sehr spezielle Dorffeste oder die besondere Atmosphäre des Pfälzerwalds bei Nacht. Die Redaktion führt freche, satirische „Sonntagsreden", und

Michael Konrads Kolumne „Ich mään jo blooß" erfreut sich größter Beliebtheit und ist auch in Buchform erschienen.

Pfalzredakteur Michael Konrad babbelt unverblümt uff Pälzisch – „Ich mään jo blooß".

Schon lange bevor am 7. Januar 2007 die erste Ausgabe der RHEINPFALZ am SONNTAG erschien, hatte die RHEINPFALZ ihren Abonnenten getreulich eine Sonntagszeitung ins Haus getragen, genauer gesagt: fast drei Jahrzehnte lang. Die „Sonntag ak-

Kerstin Witte-Petit ist seit 2007 Leiterin der Redaktion und hat sie – zusammen mit Chefredakteur Michael Garthe – aufgebaut.

tuell" wurde überwiegend in Stuttgart erstellt. Eine Marktforschung ergab, dass die Leser mit dieser von außen zugelieferten und von der RHEINPFALZ nur um wenige auf die Pfalz bezogene Artikel ergänzten Zeitung nicht so ganz zufrieden waren. So entschlossen sich Verlag und Chefredaktion, eine eigene Sonntagszeitung für die Pfalz zu gründen – für eine Regionalzeitung ein großes Wagnis. Im Jahr 2020 ist die RHEINPFALZ eine der ganz wenigen Tageszeitungen in Deutschland, die ihren Lesern noch eine selbst erstellte Sonntagsausgabe anbietet.

Zum Rezept der Sonntagszeitung, die redaktionsintern mit RaS abgekürzt wird, ge-

Steffen Boiselle mit seinen Cartoons gehört fest zum sonntäglichen RHEINPFALZ-Lesevergnügen.

hört vor allem eine gehörige Portion gute Laune und Spinnerei. Warum nicht das pfälzischste aller pfälzischen Worte wählen lassen? Gewonnen hat übrigens „Alla". Warum nicht Kinder von Zeit zu Zeit eine Titelseite gestalten lassen? Warum die Zeitung kurz vor Weihnachten nicht hin und wieder als Geschenkpapier der letzten Minute darbieten? Solche Ideen gedeihen nicht in grauen Redaktionsstuben. Die RaS-selbande, wie sie sich selbst nennt, zieht deshalb öfter mal um. Ein selbst ausgedachtes Pfalz-Spiel als Doppelseite wurde am Küchentisch eines Kollegen entwickelt, der erste Entwurf bekam einen dicken, gelben Klacks Frühstücksei ab. Die Ideen für eine Sonderausgabe zur deutschen Einheit wurden auf der Rietburg bei Rhodt geboren, mit Blick über Reben und bis zum Rhein. Um im Mai 2009 den 60. Geburtstag der Bundesrepublik mal ganz anders zu feiern, brauchte es einen abendlichen Umtrunk beim Italiener. Heraus kam eine Seite nur mit Assoziationen, Worten und Sprüchen aus 60 Jahren bundesrepublikanischem Leben. Wissen Sie noch? „Draußen nur Kännchen …"

Um Ideen für diese Seite zum 60. Geburtstag der Bundesrepublik zu sammeln, brauchte es einen abendlichen Umtrunk beim Italiener.

UMFRAGE: VG-SPITZEN ZU VORWÜRFEN GEGEN GUNDACK…

DIE RHEINPFALZ

Zweibrücker Rundschau

D 5906 | Einzelpreis € 1,70

Donnerstag, 10. November 2016 | Jahrgang 72 | Nr. 262

Trump: Ich werde Präsident aller Amerikaner sein

Der Kandidat der US-Republikaner schlägt die Ex-Außenministerin Clinton von den Demokraten. Das Ergebnis ist knapp nach Stimmen, aber deutlich im Wahlmännergremium. Clinton und Präsident Obama bieten dem Sieger ihre Zusammenarbeit „zum Wohle des Volkes" an.

WASHINGTON/NEW YORK. Der designierte künftige US-Präsident Trump hat in seiner Siegesrede versöhnende Worte gewählt. „Allen Republikanern, Demokraten und Unabhängigen in unserem Land sage ich, es ist an der Zeit, als ein Volk zusammenzufinden", sagte der Republikanerkandidat. Er versprach, „die dringliche Aufgabe in Angriff zu nehmen, unsere Nation wieder aufzubauen und den amerikanischen Traum zu erneuern".

Die Demokratin Clinton trat erst neun Stunden später, gestern gegen 17.30 Uhr deutscher Zeit, auf. Sie hoffe, dass Trump ein „erfolgreicher" Präsident sein werde. Das Land sei gespaltener, als sie gedacht habe. Mit Blick darauf, dass die Außenministerin die erste Frau im Amt des US-Präsidenten gewesen wäre, sagte sie: Irgendwann werde es geschehen, „hoffentlich früher als später". Sie fügte hinzu: „An all die kleinen Mädchen, die das hier sehen, zweifelt niemals daran, dass Ihr wertvoll seid und stark."

> Mit 70 Jahren wird Trump bei Amtsantritt ältester Präsident der US-Geschichte sein.

Präsident Obama, von dem Trump am 20. Januar die Macht übernehmen wird, betonte, seine Regierung hinterlasse „ein besseres und stärkeres Land", als es acht Jahre zuvor gewesen sei. Er habe sein Team angewiesen, so hart wie möglich daran zu arbeiten, dass die Machtübergabe reibungslos sein werde.

Bei Redaktionsschluss lag noch nicht überall das amtliche Endergebnis vor. Jeweils rund 59 Millionen Wähler stimmten für Trump und Clinton. Die Demokratin lag insgesamt sogar knapp vorn mit 47,7 Prozent zu 47,5 Prozent der Stimmen. Entscheidend ist jedoch die Mehrheit im Wahlmännergremium, einer Art Bundesversammlung mit 538 Stimmen. Trump lag uneinholbar über der Siegesschwelle von 270. Die Wahlbeteiligung lag bei geschätzt 52,7 Prozent. 2012 hatte die Quote 54,9 Prozent betragen.

Trump wird mit 70 Jahren der bisher älteste US-Präsident bei Amtsantritt sein. Er wird zudem der erste Staatschef seit Dwight D. Eisenhower sein, der keinerlei politische Amtserfahrung besitzt. Heute wird der New Yorker Unternehmer im Weißen Haus in Washington zu einem ersten Treffen mit Präsident Obama erwartet. |rhp

IN DIESER AUSGABE

Zur US-Wahl lesen Sie den Leitartikel auf Seite 2, weitere Berichte auf den Seiten 2, 3 und 4 sowie im Wirtschaftsteil.

FOTO: REUTERS

Tritt sein Amt am 20. Januar an: der designierte US-Präsident Donald Trump.

Zur Sache: Besorgnis und Hoffnung in Deutschland

Deutschland hofft nach dem Wahlsieg Donald Trumps, die engen transatlantischen Beziehungen trotz aller Vorbehalte gegen den neuen US-Präsidenten fortsetzen zu können. Mit keinem Land außerhalb der EU habe Deutschland eine tiefere Verbindung als mit den Vereinigten Staaten, sagte Bundeskanzlerin Angela Merkel (CDU). Ausführlich zählte sie die Werte auf, die unverzichtbar seien: Sie nannte Demokratie, Freiheit, den Respekt vor dem Recht und der Würde des Menschen unabhängig von Herkunft, Hautfarbe, Religion, Geschlecht, sexueller Orientierung oder politischer Einstellung. „Auf der Basis dieser Werte biete ich dem künftigen Präsidenten der Vereinigten Staaten von Amerika, Donald Trump, eine enge Zusammenarbeit an", fügte sie hinzu – und gratulierte ihm zum Wahlsieg.

Bundespräsident Joachim Gauck äußerte Zuversicht, dass der neue US-Präsident die Tradition der transatlantischen Zusammenarbeit fortsetzt. „Dieses Miteinander ist ja nicht nur auf Interessen gegründet, sondern auf universelle Werte", sagte Gauck. Neue Herausforderungen seien aber offensichtlich: „Ich gehe davon aus, dass Europa zur Bewahrung und zur Verteidigung seiner universellen Werte doch mehr Verantwortung übernehmen wird."

Außenminister Frank-Walter Steinmeier (SPD) drückte die Hoffnung aus, dass es nicht zu größeren Verwerfungen in der internationalen Politik kommt. Das Wahlergebnis in den USA sei anders, als es sich die meisten in Deutschland gewünscht hätten, sagte er. „Aber wir haben das Ergebnis zu akzeptieren und akzeptieren es."

Die Präsidentin des Bundesrats, Malu Dreyer (SPD), forderte Trump auf, auf Europa zuzugehen. „Donald Trump hat in seinem Wahlkampf viele von uns, man kann schon fast sagen erschüttert, manchmal sogar verstört", sagte die rheinland-pfälzische Ministerpräsidentin. „Es ist seine Aufgabe jetzt, das zu kitten." Sie zeigte sich besorgt, weil die Demokratie zurzeit außerordentlich herausgefordert sei, „weil wir leider überall auch in Europa mit Rechtspopulismus zu tun haben". Europa müsse erwachsen werden, „gerade in dieser Situation". |dpa/afp

Kongresswahl: US-Republikaner halten die Macht

WASHINGTON. Bei den US-Wahle[n] hat die Republikanerpartei d[es] Wahlsiegers Trump ihre Mehrhe[it] in beiden Kammern des Kongre[s]ses behauptet. Zudem gewann [sie] mindestens drei zusätzliche Go[u]verneursposten.

Neu gewählt wurden alle 435 Ab[ge]ordneten im Repräsentantenh[aus] für eine Amtszeit von zwei Jah[ren]. Prognosen zufolge büßten die Re[pu]blikaner zwar Sitze ein, verf[ügen] aber weiterhin mit 239 Mand[aten] gegenüber 196 für die Demok[raten] über eine komfortable Meh[rheit]. Neu gewählt wurden auch 3[4 der] 100 Senatoren. US-Sender mel[deten] übereinstimmend, dass die Re[publi]kaner auch im Oberhaus de[s Kon]gresses ihre Mehrheit ver[teidigt] hätten. Bisher hatten sie do[rt eine] Mehrheit von 54 Sitzen.

Parlamentschef Ryan, der [Trump] die volle Unterstützung im [Wahl]kampf versagt hatte, würdi[gte den] Sieg Trumps. Dieser habe „[die Poli]tik auf den Kopf gestellt", i[ndem er] die Stimmung im Land wie [kein an]derer erfasst habe. Der ne[ue Präsi]dent werde „eine geeinte re[publika]nische Regierung führen".

US-Wahl: Einf[luss] auf Militärprä[senz]

KAISERSLAUTERN/MAIN[Z.] [Do]nald Trump zum neue[n Präsi]denten gewählt wurde, [hat] womöglich auf Stando[rte des] Militärs in Rheinland-P[falz …], sagt der Leiter der in K[…] ansässigen Atlantische[n …] Rheinland-Pfalz, Dav[…]. Zwar sei es noch zu f[rüh, kon]krete Folgen des Wah[l…] sehen zu können, so S[…] gegenüber der RHEIN[PFALZ …] man aber auf Trump[s …] Wahlkampf, sei klar[…] transatlantischen Be[ziehungen …] ausforderungen zu[…] könnte Auswirkung[en …] senz der amerikanis[chen …] te haben." Ministerp[räsidentin Ma]lu Dreyer sagte, es s[ei …] früh für eine Einsch[ätzung …] die außen- und s[icherheitspoliti]sche Lage in den […] wird". Jedoch seien […] schen Beziehunge[n …] Pfalz als Standort […] Militärflughafens […] deutsam. |zs/kad

Demenzf[…] Tests an […]

BERLIN. Arznei[…] menzkranken s[…] künftig grunds[…] – auch wenn d[…] davon keinen […] Der Bundesta[g …] mehrheitlich f[…] die die sogen[…] Forschung erl[…] der jeweilige […] einer verpflic[…] ratung schrif[…] von 581 Par[…] für einen e[…] der unter a[…] heitsministe[…] (CDU) und […] experten k[…] stützt wurd[…] abgelehnt […] an einer „[…] gen Person[…] ein direkte[…] fenen zu e[…] disziplin […] gen aufge[…]

AUS DER PFALZ

Trump-Haus in Kallstadt zum Verkauf angeboten

In diesem Haus in Kallstadt (Kreis Bad Dürkheim) wurde Donald Trumps Großvater 1869 geboren. FOTO: DPA

KALLSTADT. Um den pfälzischen Wurzeln des künftigen US-Präsidenten nachzuspüren, haben gestern etliche Journalisten in Kallstadt Stellung bezogen. Denn dort in der Freinsheimer Straße steht das Haus, in dem Donald Trumps Großvater Friedrich vor seiner Auswanderung 1885 wohnte. Ein Besuch von Trump steht bislang noch aus – ob er ihn als Präsident nachholen wird, wurde gestern in Kallstadt am meisten diskutiert. Die neuen Besitzer des Hauses haben den großen Rummel, der vor einem Jahr einsetzte, inzwischen so satt, dass sie ihr Anwesen gerne verkaufen möchten. Wegen seiner Bedeutung für die Zeitgeschichte gerne an die Verbandsgemeinde, steht am Hoftor geschrieben. Jedoch hat diese bislang noch kein Interesse gezeigt. |led

HEUTE

Fahrdienstleiter vor Gericht

Neun Monate nach dem Zugunglück von Bad Aibling muss sich ab heute der Fahrdienstleiter vor Gericht verantworten. Dem 40-Jährigen werden fahrlässige Tötung und fahrlässige Körperverletzung vorgeworfen. **ZEITGESCHEHEN**

Schmuggler wider Willen

Urlauber verstoßen nicht selten, teils unwissentlich gegen Einfuhrverbote für geschützte Tiere und Pflanzen. Es drohen Bußgelder und sogar Haftstrafen. **WIRTSCHAFT**

Zum Jubiläum das Wesentliche

Heute startet das 65. Internationale Filmfestival Mannheim-Heidelberg, seit 25 Jahren geleitet von Michael Kötz. Ein Gespräch über das Jubiläum und den Kern des Festivals. **KULTUR**

Neuer und Brandt sagen Löw ab

Auch Manuel Neuer und Julian Brandt fehlen morgen im WM-Qualifikationsspiel gegen San Marino in Serravalle. Eine eindeutige Sache soll's für die Löw-Elf dennoch werden. **SPORT**

Grüner Star, das stille Risiko

Durch Früherkennung, so Augenärzte, lasse sich verhindern, dass Menschen wegen Grünen Stars erblinden. Die Kassen sehen die Untersuchung skeptisch. **RATGEBER GESUNDHEIT**

BÖRSEN-TREND

Aktienkurse legen kräftig zu

Dax	Dow Jones	Euro
Schlussstand	N.Y. 16 Uhr	Referenzkurs
10.646,01	18.588,01	1,1022 $
(+ 163,69)	(+ 255,27)	(– 0,0016)
↗	↗	↘

WETTER

Heute: Nasskalt mit Regen

DO	FR	SA	SO
7°	6°	5°	5°
5°	2°	2°	1°

RHEINPFALZ IM NETZ

www.rheinpfalz.de
www.facebook.com/rheinpfalz

Neuer Anlauf für Klimaschutzplan

Nach Eklat am Dienstagabend will die Regierung die deutschen Ziele bis nächste Woche festzurren

BERLIN. Die Bundesregierung will ihren Streit um den Klimaschutzplan 2050 bis Ende der Woche doch noch lösen. Eine Sprecherin von Bundeswirtschaftsminister Sigmar Gabriel (SPD) sagte, darauf hätten sich Gabriel und Kanzlerin Angela Merkel (CDU) am Dienstagabend mit den Vorsitzenden der Koalitionsfraktionen verständigt.

Am Dienstagabend hatte Gabriel überraschend ein Veto gegen den Kabinettsbeschluss zum Klimaplan, der für gestern angesetzt worden war, eingelegt. Dabei ging es ihm vor allem um den Ausstieg aus der Braunkohle. Den Zeitungen der Funke-Mediengruppe gegenüber bekräftigte Gabriel seine Kritik an dem […]me, müssten den Regionen, die bislang von der Braunkohle leben, Perspektiven für Ersatzarbeitsplätze gegeben werden, sagte der Wirtschaftsminister und SPD-Chef.

Besonders wandte sich Gabriel gegen die Einsetzung einer Kommission zum Kohleausstieg, wofür sich Hendricks stark gemacht hat: „Mit mir wird es eine solche Kohleausstiegskommission nicht geben."

Für alle Beteiligten stehe indes außer Frage, dass Deutschland seinen Verpflichtungen aus dem globalen Klimaschutz-Abkommen, das 2015 in Paris geschlossen wurde, ohne Abstriche nachkomme, hob später ein Sprecher des Wirtschaftsministeriums hervor. Es gehe ausschließlich „um die Klärung wichtiger Detailfragen". Diesen komme […] Perspektive bis 2050 […]de in der Regierung endgültig abzustimmen. Umweltministerin Hendricks könnte dann damit Anfang kommender Woche zur Welt-Klimakonferenz nach Marrakesch reisen. Der formelle Kabinettsbeschluss soll am Mittwoch erfolgen.

Der Klimaschutzplan soll Wege aufzeigen, um – wie in Paris festgelegt – bis Mitte des Jahrhunderts eine Treibhausgas-Neutralität zu erreichen. Das bedeutet: Es sollen nicht mehr Klimagase ausgestoßen werden als auf unterschiedliche Weise gebunden oder eingefangen werden. Die Ziele der Bundesregierung sehen überdies vor, den Ausstoß an Kohlendioxid bis 2030 um 55 Prozent und bis 2040 um 70 Prozent gegenüber 1990 zu senken. Dies setzt allerdings einen tiefgreifenden Strukturwandel im Energiebereich und anderen Sektoren voraus. |rhp

KOMMENTAR SEITE 2

Der Abbau von Braunkohle (wie hier in Nordrhein-Westfalen) und […] Verstromung von Kohle sind die […]

Zeitung im Wandel: Die RHEINPFALZ im Internet
Von Uwe Renners

Liebe auf den zweiten, vielleicht auch erst auf den dritten Blick. So lässt sich die Beziehung der RHEINPFALZ zum Internet beschreiben. Heute unerlässlich, um die Pfälzer mit Nachrichten zu versorgen, waren die Anfangsjahre und ersten Gehversuche im Internet auch bei der RHEINPFALZ von Skepsis und Unsicherheit geprägt.

Im Jahr 1990 hatte der Computer-Experte Tim Berners-Lee die Idee für das World Wide Web, kurz www. Damit konnten nicht mehr nur Nachrichten verschickt werden, sondern es entstand auch eine Art Speicher, an den jeder Informationen senden kann. Von jedem Internet-Computer aus kann man außerdem diese Informationen abrufen. Seit dem 30. April 1993 kann jeder theoretisch das World Wide Web nutzen.

Viele Verlage nahmen damals das Internet nicht als Herausforderung wahr und waren damit nicht allein: „Das Internet ist nur ein Hype." Bill Gates, der Gründer von Microsoft, sagte diesen Satz im Jahr 1993. 27 Jahre später ist klar: Weder Bill Gates noch die Tageszeitungen lagen damals damit richtig.

Bei der RHEINPFALZ war Wolfgang Hübner einer jener Visionäre, die es braucht, um solche Entwicklungen nach vorne zu bringen. 1996 sprach er erstmals das Thema beim Verleger Thomas Schaub an, der sich nach vielen Diskussionen überzeugen ließ, mit einer eigenen Website an den Start zu gehen. Ein Zeitungsgrafiker erstellte damals das Layout für die ersten Gehversuche der RHEINPFALZ im Netz. Nicht überzeugt war damals die Redaktion. „Da wurden wir immer auf Abstand gehalten", erinnert sich Jochem Kranz. 1997 wurde die Website programmiert. 30 Prozent der Pfälzer, so ergab damals eine Untersuchung, hatten einen Internetanschluss und kamen als Leser infrage. Jochem Kranz war von Anfang an dabei und erinnert sich noch, wie das Projekt ausgebremst wurde: „Kurz vor

1999 fragte Tennis-Ikone Boris Becker staunend: „Bin ich schon drin?". Der Internetanbieter AOL warb damit für seinen „kinderleichten" Zugang zum Netz. Was kaum jemand weiß: Die Verblüffung Beckers war echt, und der Spruch stand nicht im Drehbuch. Das erzählte die zuständige Produzentin Petra Felten-Geisinger vor einigen Jahren.

Videos und interaktive Grafiken
Multimedia bedeutet für die Online-Redaktion eine Vielzahl an Darstellungsformen abseits von Text und Foto. Interaktive Grafiken beispielsweise. Anhand dieser kann sich der Nutzer online durch eine Geschichte klicken und sich einen Überblick verschaffen: Welche Freizeitangebote gibt es wo in der Pfalz für Senioren oder Familien? Wie viele Arbeitslose gibt es in den Städten und Kommunen der Pfalz? Mittlerweile sind die interaktiven Grafiken fester Bestandteil der Wahlberichterstattung. Bis auf die lokale Ebene können die Nutzer auf die Zahlen zugreifen, sich die Sitzverteilungen in ihrer Kommune anschauen und sich anschließend den dazugehörigen Text oder Kommentar durchlesen. Besonders hoch ist seit dem Beginn der Pandemie die Nachfrage nach dem täglichen Stand der Corona-Infektionen. Ergänzend zur lokalen Berichterstattung liefert die Online-Redaktion die Zahlen auf Landesebene. Das Themenspektrum bei Videos ist ebenfalls weit gefasst – vom nachrichtlichen Film eines Großbrandes oder des Tornados, der Teile der Pfalz verwüstet hat, über atmosphärische Videos mit Hintergründen zu den Sehenswürdigkeiten der Pfalz, oder ganz praktisch das Landfrauenrezept für Saumagenkartoffeln. Sowohl auf dem Youtube-Kanal als auch auf rheinpfalz.de gibt es viele Beiträge. Seit 2021 gibt es darüber hinaus Podcasts, also RHEINPFALZ-Beiträge zum Hören.

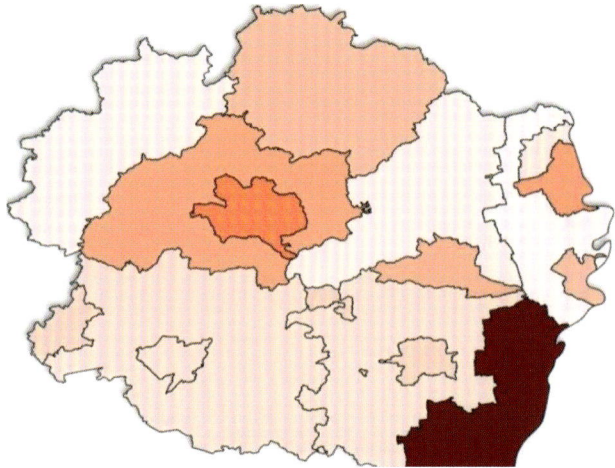

Interaktive Grafiken werden immer wichtiger. Ein Beispiel ist die Pfalz-Karte, die die Anzahl der Corona-Infektionen pro 100.000 Einwohner ausweist. Diese Grafik ist von Anfang September 2020, kurze Zeit später war alles rot.

dem Start der Website mussten wir alles liegen lassen und einen Fax-Abruf einführen." Damit konnten Leser Veranstaltungshinweise und Immobilienanzeigen abrufen.

Am 15. Januar 1998 fiel dann doch der Startschuss für RON. So hieß der erste Auftritt der RHEINPFALZ im Netz. „Das war ganz bunt. Jede Navigationsebene hatte eine eigene Farbe. Das waren schon wilde Zeiten", erinnert sich Kranz, der damals an der Spitze von RON stand. „Dort gibt es ständig aktualisierte Nachrichten aus aller Welt, Neues aus der Pfalz, einen großen Veranstaltungskalender, Immobilien- und Kfz-Anzeigen sowie Diskussionsforen und Gewinnspiele. Über die elektronische Post gibt es die Möglichkeit, der Redaktion Mitteilungen zu einzelnen Beiträgen zu schicken. Außerdem können sich die Nutzer in sogenannten Chat-Rooms miteinander unterhalten. Weitere Schwerpunkte im Angebot sind jede Woche rund 2500 Immobilien-, über 1000 Kraftfahrzeug-Anzeigen sowie alle Veranstaltungshinweise aus dem LEO, die über eine Datenbank gezielt ausgesucht werden können. RHEINPFALZ-Leser, die noch keinen Internet-Zugang besitzen, erhalten auf Wunsch einen Zugang zur Daten-Autobahn. Einwahlknoten stehen zum Ortstarif in Ludwigshafen und Kaiserslautern zur Verfügung", war am 16. Januar 1998 auf der RHEINPFALZ-Titelseite zu lesen. Verleger Thomas Schaub, Chefredakteur Michael Garthe, Wolfgang Hübner und Jochem Kranz präsentierten dort das neue Angebot. Die Einwahlknoten, mit denen man sich damals per Modem im Internet einwählen konnte, wurden zusammen mit einem Dienstleister ebenfalls von der RHEINPFALZ als Provider angeboten. Rund 50.000 Kunden nutzten damals das „Pfälzer AOL".

Die Homepage strahlte in vielen bunten Farben, jede Navigationsebene hatte eine eigene Farbe, und sämtliche Inhalte der gedruckten Zeitung wurden damals

RHEINPFALZ-Karikaturist Gerhard Mester beschäftigt sich auf humorvolle Weise immer wieder mit dem Verhältnis von Digitalem und Printmedien.

Der RHEINPFALZ-Song
„Annerschdwu is annerschd", singt die Band Anonyme Giddarischde in ihrem „Palzlied". Es könne irgendwo auf der Welt noch so schön sein, aber nirgends sei es so wie in der Pfalz, meinen sie. Niemand hat es je so gut auf den Punkt gebracht, was Pfälzer fühlen, wenn sie „annerschdwu" unterwegs sind und an ihre Heimat denken. Gegen Heimweh kann helfen, wenn man mit der RHEINPFALZ ein Stück Heimat dabei hat. Die kann man in ihrer digitalen Form inzwischen nämlich auch „annerschdwu" lesen. Zur Einführung der RHEINPFALZ-App haben die Anonyme Giddarischde ihr „Palzlied" umgedichtet. Unter der Adresse www.rheinpfalz.de/rheinpfalz-app ist es im Internet finden. Zum Start der Kampagne lief der Clip in Pfälzer Kinos, das Lied lief im Radio. Plakate mit „Meine RHEINPFALZ lese ich annerschdwu" waren in der ganzen Pfalz zu finden. Und den Kollegen ging der Ohrwurm „Rhoipalzlied" wochenlang nicht mehr aus dem Kopf.

Das „Rhoipalzlied" ist ein richtiger Ohrwurm, gesungen von den Anonyme Giddarischde.

automatisiert auf ron.de veröffentlicht. Und das kostenfrei. Entwickler Bernd Klaffke, der im Jahr 2000 zur RHEINPFALZ kam, kann sich noch gut an die Dating-Plattform erinnern, die ebenfalls angeboten wurde und sehr erfolgreich war. So erfolgreich, dass Klaffke damals seine Frau darüber kennenlernte. Die Ehe hielt, der Internetboom bekam im Jahr 2000 die ersten Risse, und als die sogenannte Internetblase an den Börsen platzte, gab es auch bei der RHEINPFALZ ein Umdenken. Außerdem stand Ärger ins Haus, da RON vom Namen her sehr dem Sportangebot eines großen privaten Fernsehsenders ähnelte. Um diesen zu vermeiden, wurde 2001 aus RON rheinpfalz.de. 2001 kamen auch die ersten Online-Redakteure. Mit der RHEINPFALZ-Redaktion hatten sie aber immer noch nicht viel zu tun, vielmehr kümmerten sie sich um ein Internet-Nachrichtenportal für den BASF-Standort Ludwigshafen und lieferten einige Jahre täglich 20 bis 30 Artikel für die Aniliner.

Für rheinpfalz.de kam 2003 der harte Schnitt. Das Gratis-Angebot wurde radikal zurückgefahren. Als eine der ersten Tageszeitungen führte die RHEINPFALZ eine harte Bezahlschranke ein, was damals für viele Verlage undenkbar war. Im Rückblick setzte der Verlag damit bereits vor allen anderen den richtigen Impuls. Und auch sonst ging man technisch neue Wege. Statt auf Webartikel wurde für die Kunden auf die Artikel im neu eingeführten E-Paper verlinkt. Am 1. März 2003 wurde zudem die RHEINPFALZ-Card eingeführt. Die Inhaber der Card hatten Zugriff auf das Online-Angebot. In den folgenden zehn Jahren wurde rheinpfalz.de dreimal optisch überarbeitet, und durch die Einführung einer neuen App und des heutigen E-Papers kamen auch die Webartikel zurück zu rheinpfalz.de.

Einen Meilenstein erreichte das Online-Angebot im August 2014, als der neue Verlagsgeschäftsführer Holger Martens und Chefredakteur Michael Garthe beim Verleger durchsetzten, dass die Online-Redaktion in die Redaktion der RHEINPFALZ integriert wird und erstmals gemeinsam mit der Printredaktion agiert. Frank Keiner, dienstältester Online-Redakteur von rheinpfalz.de, erinnert sich noch gut an die Zeit des Übergangs: „Für Onliner war das kein Spaß. Die Redaktion der RHEINPFALZ kannten wir vorher nur vom Hörensagen", erinnert er sich. „Wir sind beäugt worden, und manche haben uns sicher als Bedrohung empfunden", sagt Keiner. Auch die Chefredaktion sei distanziert gewesen. Dies habe sich nur langsam verändert. Keiner: „Wir dachten damals, das ändert sich nie." Mit der Integration der Onliner in die Redaktion kam aber nach Jahren Tempo auf.

Immer mehr Menschen lesen die RHEINPFALZ auf Smartphone oder Tablet.

Die Entwicklung des Pfalz-Tickers, der heute ein Begriff für aktuelle Nachrichten ist, und eine neue App brachten Schwung in die Digitalisierung. 2017 wurde die Chefredaktion um einen Part für das Digitale erweitert, die Reichweite von rheinpfalz.de hat sich in den vergangenen vier Jahren vervielfacht. Rund 1,2 Millionen Menschen erreicht rheinpfalz.de jeden Monat. Mit einer E-Paper-Abendausgabe können Leser mittlerweile am Tag vorher die Zeitung von morgen lesen, zahlreiche Newsletter informieren über das Geschehen in der Pfalz, und für die Pfälzer ist rheinpfalz.de längst keine Unbekannte mehr. An die Anfänge erinnert kaum noch etwas. Außer der Ehering von Bernd Klaffke.

Abends schon die Zeitung vom nächsten Tag

Heute schon lesen, was am nächsten Tag in der Zeitung steht. Das ist seit Mai 2018 möglich. RHEINPFALZ-Verleger Thomas Schaub und Geschäftsführer Holger Martens gaben damals den Startschuss für die Vorabendausgabe, die heute aus dem Digital-Programm des Verlags nicht mehr wegzudenken ist. Die Vorabendausgabe kann von 19.30 Uhr an auf digitale Endgeräte geladen werden. Sie ist ausschließlich über die RHEINPFALZ-App zu lesen. Dort werden alle redaktionellen Inhalte veröffentlicht, die bis 18.45 Uhr fertiggestellt werden konnten. Kleinanzeigen, Familienanzeigen, Kreuzworträtsel und andere Inhalte sind erst in der Hauptausgabe am nächsten Tag, also dem eigentlichen Erscheinungstermin der gedruckten Zeitung, zu finden. Wenn sie es aktiviert haben, erhalten App-Nutzer eine „Push"-Benachrichtigung auf ihr Tablet oder Handy, sobald eine neue Ausgabe zur Verfügung steht. So kann man am Vorabend bereits alle zwölf Lokalausgaben durchblättern und die Nachbarn mit seinem Wissen verblüffen.

Mit viel Prominenz aus Politik, Wirtschaft und Kultur feierte die RHEINPFALZ am 4. August 1951 die Einweihung ihres Pressehauses in der Ludwigshafener Amtsstraße.

Der RHEINPFALZ-Verlag:
So entsteht die Zeitung für die Pfalz

Die Lokalredaktionen – das Herz der RHEINPFALZ

Von Andreas Bahner

Das Geschäft der RHEINPFALZ ist lokal. Die Nachricht vor Ort ist ihre Stärke. Den Leser gut informieren, in Deidesheim mitten im Weinland Pfalz genauso wie in Käshofen auf der Sickinger Höhe, wo der gute Weizen wächst. So heißt der Auftrag der Redaktion – und das seit 75 Jahren.

Der Gründungsverleger Josef Schaub war der erste, der das den Zeitungsmachern ins Herz gepflanzt hat. Der Krieg war gerade vorüber, und die Pfalz lag in Trümmern. Es mangelte an allem, auch an guten Informationen. Wie er damals Josef Schaub begegnet ist, erzählt Raymund Rössler, langjähriger freier Mitarbeiter der Lokalredaktion Neustadt. Einer seiner Schulfreunde sei wie Rössler selbst Messdiener in Deidesheim gewesen – und außerdem noch Neffe des RHEINPFALZ-Gründers. Josef Schaub habe dem hellwachen Raymund dann beigebracht, Informationen zu sammeln für die neugegründete Zeitung. Also streunte Rössler durch seinen Heimatort und fand auf „Bekanntmachungstafeln", den Anschlägen an Rathaus, Kirche, Bahnhof oder Feuerwehrhaus, die Informationen, die in die Zeitung sollten: die nächste Feuerwehrübung, den Termin der Bittprozession draußen im Feld oder wann es das Milchgeld gab für die Bauern. Schaub war ein Menschenkenner, denn aus Rössler, ein Hansdampf in allen Gassen, wurde ein verlässlicher Mitarbeiter, der bald 75 Jahre für „seine" Redaktion geschrieben hat.

Die Inhalte sind andere heute. Mit den Zeiten ändert sich auch die Zeitung. Es gibt keine Bittprozessionen mehr für die gute Reife der Saat, und Milchgeld auf die Hand kassiert kein Bauer mehr. Aber das Nahdran-sein an den Menschen, selbst verwurzelt in der Region, für die sie schreibt, das ist der Markenkern der RHEINPFALZ geblieben.

So wird auch verständlich, warum die 13 Lokalredaktionen so selbstbewusst und eigenständig handeln. Weil sie selbst entscheiden, was die relevanten Geschichten sind für die Menschen in Zweibrücken oder

Die Lokalredaktionen haben stets ein offenes Ohr für die Anliegen und die Probleme der Leser. Unser Foto zeigt den Speyerer Redaktionsleiter Stefan Keller (mit Block im Vordergrund) 2018 bei der Aktion „Redaktion vor Ort" vor dem Speyerer Altpörtel.

Kirchheimbolanden. Diese Dezentralität ist eine Stärke der Redaktion. Sicher, es gab einen Versuch in der Zeitungshistorie, über sogenannte Bezirksredakteure stärkeren Einfluss auf die Redaktion zu nehmen. Aber der war nach fünf Jahren gescheitert.

Dieses in 75 Jahren gewachsene Selbstbewusstsein lässt sich in einem derben Satz auf den Punkt bringen, ein Satz, der bis heute wie ein Glaubensbekenntnis zitiert wird: „Die Lokalredaktion ist der A., auf dem die RHEINPFALZ sitzt." Er stammt von Paul Kaps, legendärer stellvertretender Chefredakteur bis Mitte der 80er-Jahre. In ihm schwingt mit, wie die Redaktion sich wahrnimmt, denn ihr Arbeitsalltag ist oft genug Kampf. Immer gegen die Zeit, oft genug gegen das, was gerade nicht funktioniert. Hier, im Maschinenraum der RHEINPFALZ, spielt das wahre Leben, hier ist es laut und heiß.

Dieses Kämpfen-Wollen und Kämpfen-Müssen hat einen ernsten Hintergrund. Ihre Unabhängigkeit muss eine Redaktion behaupten. Immer wieder werden Verantwortliche, werden Bürgermeister oder Vereinsvorsitzende oder Kirchenleute versuchen, Einfluss zu nehmen auf die Redaktion. Die Aufforderung „Schreiben Sie was Schönes!" bringt jeden gestandenen Redakteur zur Weißglut. Dabei ist der Auftrag der Leserinnen und Leser eindeutig, wie Umfragen belegen: Sie wollen eine RHEINPFALZ lesen, die hinter die Kulissen blickt, die tiefer schürft und Dinge aufdeckt, die andere unter der Decke halten wollen. Als Honoratiorenblatt hat die Zeitung keine Zukunft.

Zukunft aber hat sie, wenn sie gut informiert und unterhält, wenn sie das Wichtige erkennt und das Unwichtige weglässt. Die Redaktion wird neue Wege einschlagen müssen, wie so häufig in den vergangenen 75 Jahren. Was will der Leser wissen? Wie erreichen wir ihn? Die Konkurrenz zum Medium Internet ist hart geworden. Das Informationsverhalten junger Menschen hat sich mit dem Siegeszug des Smartphones dramatisch verändert. Noch vor fünf Jahren hat jede Lokalredaktion auf einen Redaktionsschluss hingearbeitet. Wenn der erreicht war, war die gedruckte Zeitung fertig. Heute muss die Redaktion zu jeder Zeit ihre Leserinnen und Leser mit dem Notwendigen versorgen. Wenn die gedruckte Zeitung fertig ist, kann es in der digitalen Lokalausgabe immer noch weitergehen. Die Redaktion hat sich dafür eine neue Organisation aufgebaut, trennt die Aufgaben in Reporter und Blattmacher, die früher in der Person des Redakteurs in einer Hand waren, der geschrieben und gleichzeitig die Ausgabe organisiert und gestaltet hat. Die Lokalredaktion der Zukunft wird schneller werden und viele Kanäle bespielen. Das Herz der RHEINPFALZ wird sie aber bleiben.

Welcher OB darf es denn sein? Lokalredaktionsleiter Georg Altherr (links am Stehpult) 2018 beim RHEINPFALZ-Podium zur Oberbürgermeisterwahl in Zweibrücken.

Die Anzeigen – ein Spiegelbild des Wandels
Von Peter Leister

„Dringende Bitte! Welcher Soldat hatte Anschrift von Helene B., Lörrach, und sollte ein Lebenszeichen von Hermann B. bringen?" Und: „Sale! Viele Ausstellungsstücke radikal reduziert & sofort zum Mitnehmen." 75 Jahre liegen zwischen diesen zwei Zitaten. Sie stammen aus Anzeigen in der RHEINPFALZ. Das erste ist vom Oktober 1945, das zweite aus einem Möbelhaus-Inserat im Mai 2020. Zwei Schlaglichter auf die Zeitumstände und wie sie sich entwickelt haben – ein Spiegelbild des Wandels.

Ohne Anzeigen hätte es die Tageszeitung in dieser Form nie gegeben; die wenigsten hätten sie sich leisten können. Über viele Jahrzehnte waren „bezahlte Werbeeinschaltungen" mit einem Umsatzanteil von über 60 Prozent das wesentliche finanzielle Standbein. Die Erlöse aus dem Abonnement- und Einzelverkaufspreis hätten nicht gereicht, um wirtschaftlich zu überleben. Dieses Bild verändert sich nun schon seit Jahrzehnten, sodass die Situation inzwischen umgekehrt ist: Der bei den Tageszeitungen erzielte Umsatz aus dem Anzeigengeschäft beträgt nur noch ungefähr ein Drittel des Gesamtumsatzes.

Dabei sind Anzeigen weitaus mehr als reine Werbung. Sie sind Informationsquelle und bieten dem Leser Nutzwert. Das gilt natürlich nicht nur für Tageszeitungen, sondern für alle Medien. Und um den großen Kuchen „Werbe-Etat" rangeln neben den klassischen Formen Zeitung, Rundfunk, Fernsehen seit vielen Jahren auch die digitalen Medien, die zunehmend über Smartphones und Tablets abgerufen werden. Dem muss auch ein Zeitungsverlag Rechnung tragen, wenn er den Übergang zum „Medienhaus" schaffen will: Die Beratung der Kunden, mit welchen Werbeformen in den unterschiedlichen Kanälen Produkte und Dienstleistungen ins rechte Licht gerückt werden können, nimmt schon längst großen Raum ein – vor allem im regionalen Bereich bei den Einzelhändlern und den Handwerksbetrieben.

RHEINPFALZ-Eigenwerbung aus den 50er-Jahren.

Bei den bundesweit auftretenden Unternehmen, den Lebensmittelkonzernen, den Autoherstellern und den großen Elektromärkten beispielsweise, ist ein ganz anderer Aspekt entscheidend: Sie wollen nicht mit jedem einzelnen Verlag über Preise und Anzeigenmillimeter verhandeln, sondern Pakete schnüren. Daher gibt es im nationalen Geschäft schon seit Jahrzehnten Vermarkter, die für die regionalen Tageszeitungen insgesamt Buchungen annehmen.

Auch wenn bei den Werbe-Etats der großen Konzerne stets hohe Summen im Spiel sind, mindestens ebenso wichtig sind für eine regionale Tageszeitung die lokalen Kunden – die Modegeschäfte, die Bäcker und Metzger, die Handwerker, das Autohaus. Hier kann die Zeitung mit ihrer Aufteilung in viele verschiedene Lokalausgaben ihr großes Plus ausspielen: die zielgerichtete Kundenansprache. Streuverluste gibt es nicht, weil lokal gebuchte Inserate nur dort erscheinen, wo das werbende Unternehmen auch zu Hause ist. Folgerichtig sind die Geschäftsanzeigen auch bei der RHEINPFALZ der wichtigste Umsatzzweig. Auf weiteren Plätzen folgen die Stellen- und die Privatanzeigen, also Glückwünsche und Traueranzeigen.

Wie stark der technische Wandel auch das Anzeigengeschäft beeinflusst, zeigt die Entwicklung des Auto- und Immobili-

Diese Anzeige der Landesregierung wählten Leser im Juni 2005 zur Anzeige des Monats.

enmarkts. Vor zwei Jahrzehnten noch ein stabiles Umsatzstandbein, hat das Internet diesen Märkten in der Zeitung mehr und mehr das Wasser abgegraben. Kein Wunder: Wenn der Kunde online gezielt und zeitsparend das gewünschte Produkt suchen kann – beim Autokauf bis hin zur gewünschten Wagenfarbe –, ist die gedruckte Zeitung im Nachteil. Dennoch gibt es diese Rubriken noch, eben weil das seriöse Umfeld einer Tageszeitung für viele Inserenten nach wie vor ein wichtiges Argument ist.

Apropos Technik: Ob Autokauf oder Traueranzeige, der Kunde kann seine Anzeigen über die Internetseite der RHEINPFALZ heutzutage problemlos selbst gestalten und mit Inhalt füllen. Da wird es wohl solch einen Fehler, wie er in den 50er-Jahren passiert ist, nicht mehr geben: „Köchin (fett) sucht neue Anstellung", war zu lesen. Der Zusatz „fett" sollte allerdings weder auf die Kochgewohnheiten noch auf die Körperfülle der Dame hinweisen, sondern war nur als Hinweis an den Setzer gedacht, das Wort Köchin in fetter Schrift zu setzen.

Bei einigen Anzeigen gibt es auch Kooperationen mit den Kunden, wie hier mit dem FCK.

In Eigenanzeigen bewirbt die RHEINPFALZ Produkte des Verlags.

Der RHEINPFALZ-Verlag

Die Fotografen – verheiratet mit der Zeitung

Von Ulrike Minor

Was wäre eine Reportage ohne Bilder oder ein Porträt ohne Foto des beschriebenen Menschen? Oder Berichte ohne aktuelle Bilder von wichtigen Ereignissen? Was wäre eine Tageszeitung ohne Fotos? Zur Geschichte der RHEINPFALZ gehören seit jeher die Fotografen. Unter ihnen gibt es nicht wenige, die schon seit vielen Jahren mit der Kamera für die Zeitung unterwegs sind, manche bereits in zweiter Generation. Thomas Stepan und Martina Lenz zum Beispiel wurde das Fotografieren für die RHEINPFALZ quasi in die Wiege gelegt – Stepan im Norden des Verbreitungsgebiets, Lenz in der Vorderpfalz. Beide erbten sozusagen den Job von ihren Vätern.

Ist in die Fußstapfen des Vaters getreten: Thomas Stepan, Fotograf im Donnersbergkreis.

Von der Großformatkamera über Rollfilm, Kleinbild, bis zum heutigen digitalen Fotografieren – diese Entwicklung hat Stepans Vater Karl mitgemacht. Letzterer begann 1955 für die RHEINPFALZ zu fotografieren, „und ich bin da schon als Schüler gerne mit raus", berichtet der 62-jährige Thomas

Vater Karl Stepan sammelte alte Fotoapparate.

Um gute Fotos zu schießen, kletterte Karl Stepan auch schon einmal in schwindelerregende Höhen, wie hier auf das Gerüst des Fernsehturms auf dem Donnersberg.

Stepan aus Kirchheimbolanden. Im Donnersbergkreis sind die Stepans unterwegs. Der Sohn lernte den Beruf im elterlichen Betrieb, hatte aber zunächst als Fotograf bei der Bundeswehr und in einem Frankfurter Unternehmen geareitet, bevor er in die Nordpfalz zurückkehrte. Seit mehr als 20 Jahren fotografiert nun Thomas Stepan für die RHEINPFALZ.

Das Team um Martina Lenz: ihr Mann Norbert (Mitte) und Klaus Landry. Als Segelflieger schießt Norbert Lenz auch mal Luftbilder für die RHEINPFALZ.

„Da bin ich hineingewachsen", erklärt Martina Lenz aus Schifferstadt (Rhein-Pfalz-Kreis). Sie machte die Fotografenlehre bei ihrem Vater Erich Przybilla, der jahrelang für die RHEINPFALZ fotografierte, und sie ist selbst nun auch schon rund 30 Jahre lang für die Zeitung unterwegs: in Speyer und Teilen des Rhein-Pfalz-Kreises. „Von der Pike auf gelernt", hat die 59-Jährige das Fotografieren noch, später ihren Meister gemacht. „Das war noch richtiges Handwerk", erinnert sich die Fotografin. Unterstützt wird sie von ihrem Mann Norbert, der einst Presse-Offizier bei der Bundeswehr war. Als begeisterter Segelflieger hat Norbert Lenz viele Luftbilder für die RHEINPFALZ geschossen.

Werden die Bilder heute mit einem Mausklick per Laptop oder Smartphone direkt ins Redaktionssystem gestellt und von dort aus von den Redakteuren auf die Seite platziert, so kennen die alteingesessenen Fotografen noch ganz andere Zeiten. „Die Bilder mussten rechtzeitig in der Redaktion sein, wo sie vom Kurier abgeholt wurden, oder sonntags sogar im Koffer zum Bus oder der Bahn gebracht werden", erzählt Thomas Stepan. Sonst musste sich der Fotograf selbst ins Auto schwingen. Später sollte Karl Stepan die Bilder aus der Redaktion zum Drucken funken, „aber mit dem Gerät stand mein Vater auf Kriegsfuß", erinnert sich Stepan lachend.

Erich Przybilla, der Vater von Martina Lenz, hat bei der Tochter die Begeisterung für das Fotografieren geweckt.

Der RHEINPFALZ-Verlag

„Verheiratet mit der Zeitung" heißt das Buch von Fotograf Jo Steinmetz. Das ist das Titelbild.

Karl-Heinz Abel war in Frankenthal bekannt wie der sprichwörtliche bunte Hund.

Für die Sonntagszeitung seien Fotos zur Not auch schon mal mit dem Taxi von Zweibrücken nach Ludwigshafen kutschiert worden, erzählt Jo Steinmetz, auch er über 30 Jahre lang RHEINPFALZ-Fotograf, und zwar in der Westpfalz. Er habe damals sein Hobby zum Beruf machen können. Steinmetz hat vor Kurzem als Pressefotograf aufgehört und ein Buch über seine Erfahrungen und Begegnungen geschrieben. Ihm sei es immer wichtig gewesen, „nah an den Menschen dran zu sein". „Von A wie Akademiker bis Z wie zahnloser Bierdosenheld", ergänzt Steinmetz mit einem Lachen.

Viele Anekdoten können die Experten hinter der Kamera erzählen. Vom gefiederten Sieger des Hahnenwettkrähens beim Geflügelzuchtverein Dudenhofen etwa, der von Norbert Lenz fotografiert wurde und danach auf der Stelle tot umfiel. Vom Termin im Schwimmbad, bei dem Steinmetz die Schuhe ausziehen musste und dabei unfreiwillig die von der Tochter bunt angemalten Zehennägel präsentierte. Oder die schon fast legendäre Geschichte des inzwischen verstorbenen Frankenthaler Fotografen Karl-Heinz Abel, der sich bei Beindersheim mit seinem Auto überschlug und auf den Anruf, er solle bitte zu dem Unfall fahren und Bilder machen, trocken antwortete: „Ich bin schon da, ich bin der Unfall."

Termin- und Zeitdruck – davon können Fotografen ein Lied singen. Schließlich arbeiten sie für eine Tageszeitung. „Verheiratet mit der Zeitung" hat Jo Steinmetz daher auch sein Buch betitelt. Eine „Ehe" mit der RHEINPFALZ, die bisweilen Jahrzehnte hält.

Die Technik – in ständiger Veränderung

Von Peter Leister

Rund 500 Jahre lang war Johannes Gutenberg unangefochten. Na ja, zumindest im Grundsatz. Die beweglichen Lettern aus Metall, die Gutenberg als Grundlage für den Buchdruck erfunden hat, bildeten – bei allen Modernisierungen und Verfeinerungen – bis in die zweite Hälfte des 20. Jahrhunderts hinein die Basis für den Zeitungsdruck. Und dann ging es Schlag auf Schlag: Der technische Fortschritt, insbesondere die Digitalisierung, war nicht mehr aufzuhalten. Und die RHEINPFALZ war oft ganz vorne mit dabei.

Die Bleisatz-Zeit endete bei der RHEINPFALZ im Frühjahr 1977. Es wurde als zutiefst einschneidendes Erlebnis empfunden. Der damalige Chefredakteur Fritz Schlossareck informierte die Leser am 2. April 1977 auf der Titelseite darüber, dass die bisherigen Bleisetzmaschinen von „Bildschirmgeräten" abgelöst werden, die „an einem zentralen Computer hängen". „Alle, die damit zu tun haben, bewegt das tief", schrieb er, und er wusste um die enorme Tragweite dieser Veränderung: „Anspruchsvolle Berufe wie der des Handsetzers, des Maschinensetzers, des Metteurs hören auf, Berufe zu sein."

Mit Lichtsetzmaschinen, die die per Tastatur eingegebenen Texte als fertig umbrochene Artikel auf Fotopapier ausspuckten, fing es damals an. Schon sieben Jahre später, als der Autor dieser Zeilen bei der RHEINPFALZ seine Journalistenlaufbahn begann, redete davon niemand mehr.

Im April 1977 war der Bleisatz bei der RHEINPFALZ endgültig Geschichte. Unser Foto zeigt einen Setzer.

„Ganzseitenumbruch" hieß das Zauberwort, das den Redakteur nicht nur zum Schreiber und Textbearbeiter, sondern auch zum Gestalter machte. Ein gutes Vorstellungsvermögen war allerdings Voraussetzung – die Seite und die darauf platzierten Artikel wurden nur durch grüne Linien als Rechtecke dargestellt. Und ganz besonders gravierend: Die Journalisten, die sich vorher beim Verfassen ihrer Texte ja nur mit mehr oder minder geschliffener Sprache zu befassen hatten, mussten sich nun mit kryptischen Satzbefehlen herumplagen, beispielsweise um im Artikel Freiräume für die Platzierung von Fotos zu schaffen. Die Geräte in der RHEINPFALZ-Redaktion waren reine Bildschirmterminals, die mit einem Großrechenzentrum in Stuttgart verbunden waren. Der PC hatte damals seinen Siegeszug noch nicht begonnen.

Bereits im Jahr 1992 war aber auch diese Technik Geschichte – die Terminals wurden abgelöst von Apple-Macintosh-Computern. Die „Macs" mit ihrer Software ermöglichten erstmals, dass Texte und Bilder einer Zeitung so auf dem Bildschirm dargestellt wurden, wie sie auch auf der gedruckten Zeitungsseite erschienen. Mit all diesen technischen Veränderungen war die RHEINPFALZ immer vorne mit dabei – manchmal zum Leidwesen der Mitarbeiterinnen und Mitarbeiter, die im Arbeitsalltag mit so manchen technischen Schwierigkeiten kämpfen mussten.

1995 war die RHEINPFALZ aber wirklich an der Spitze: Dank der Druckmaschinen der neuen Rotation von MAN konnte sie als erste Regionalzeitung in Europa durchgängig auf allen Seiten vierfarbig erscheinen. Die damals größte Investition in die Zeitungstechnik wurde von weiteren tiefgreifenden Veränderungen begleitet: Auch in der Druckvorstufe, der Produktionssteuerung und der Platten-Herstellung setzte der Verlag kompromisslos auf Digitalisierung und betrat dabei absolutes Neuland. Mit Erfolg: Das Druckzentrum in Oggersheim war noch bis weit nach der Jahrtausendwende ein beliebtes Ziel für Abordnungen von Verlagen aus ganz Europa, die sich über die hier eingesetzte Technik informieren wollten.

Dass sich diese Investition in die Drucktechnik gelohnt hat, wird dem RHEINPFALZ-Verlag seit Mitte der 90er-Jahre im Zwei-Jahres-Rhythmus immer wieder bescheinigt: Seither ist die RHEINPFALZ ununterbrochen Mitglied im „Ifra Colour Quality Club", dem weltweit nur die Zeitungen angehören, die die strengsten Anforderungen an den Zeitungsdruck erfüllen. Daran hat sich auch mit dem Wechsel auf die aktuellen Druckmaschinen von KBA nichts geändert. Im Gegenteil: Das Konzept dieser Rotation, die im Druck ohne Feuchtmittel auskommt, führt zu noch brillanteren Farbbildern.

Dabei ist die gedruckte Zeitung längst nicht mehr das einzige journalistische Produkt der Marke RHEINPFALZ. Der Verlag arbeitet inzwischen mit Hochdruck daran, seine Inhalte auch digital zu vermarkten. Stetig wachsende Zugriffszahlen auf die Website der RHEINPFALZ zeigen, dass diese Strategie Erfolg hat. Auch da ist es wieder die Technik, die dies erst ermöglicht. Und das ist der bisher letzte Dreh, den der Fortschritt fabriziert: Vor vier Jahrzehnten sorgte die Technik dafür, dass Texte in Form gegossen wurden und als fertige Zeitungsartikel in Spaltenbreite ausgespuckt wurden, jetzt ist die Computertechnik dafür da, die Texte möglichst formlos und neutral vorzuhalten, damit sie problemlos in alle Kanäle wie beispielsweise Facebook oder Instagram ausgespielt werden können. Formlose Texte also. Fast wie damals in der Bleizeit, als der Redakteur seinen Bericht noch auf der Olympia-Schreibmaschine auf ein weißes Blatt Papier tippte …

Roland Happersberger als „rasender Reporter" beim Festival „Rock im Hinterland" Ende der 80er-Jahre: Vor Ort wurde damals noch schnell der Text auf der Schreibmaschine getippt.

Die Volontäre – mit „Schwimmlehrer" ins kalte Wasser

Von Peter Leister

„Ich liebe das Schreiben." Immer wieder hören Chefredakteure diesen Satz in Bewerbungsgesprächen, wenn sich der hoffnungsvolle Nachwuchs um ein Redaktionsvolontariat bemüht. Ja, Kreativität und die sichere Beherrschung der deutschen Sprache sind wichtige Voraussetzungen, um als Journalist zu bestehen. Dennoch ist die unerlässliche Basis für den Beruf pures journalistisches Handwerk. Und das muss man lernen.

Journalismus ist ein freier Beruf; die Ausbildung ist nicht geregelt wie beispielsweise bei Handwerkern und Kaufleuten. Diese Lücke füllen neben den Journalistik-Studiengängen der Universitäten und Journalistenschulen vor allem die Zeitungsverlage mit ihrem Volontariat. Und das setzt vornehmlich auf Praxis. Volontäre werden vom ersten Tag an in die Abläufe einer Redaktion integriert. Sie schreiben und recherchieren, beteiligen sich an der Themenplanung und der Seitengestaltung, nehmen Pressetermine wahr und berichten darüber – kurz: Sie werden ins kalte Wasser geworfen und müssen darin schwimmen.

Auch die RHEINPFALZ bietet schon seit vielen Jahrzehnten diesen zweijährigen „Schwimmkurs" an. Im ersten Jahr steht für den angehenden Redakteur die praktische Arbeit in verschiedenen Lokalredaktionen auf dem Plan, wo sich die Spannbreite der Themen vom Landfrauenverein über den Flächennutzungsplan bis hin zum klassischen Chorkonzert erstreckt. Dabei sollen die Volontäre auch die Pfalz kennenlernen. In mehreren Redaktionen, sowohl in der Westpfalz als auch in der Rheinebene, müssen sie mitarbeiten, bevor es im zweiten Volontärsjahr dann in die Zentrale nach Ludwigshafen geht. Dort gehören neben den klassischen Ressorts Politik und Wirtschaft, Sport, Kultur und Südwest-Ressort auch die Redaktion der RHEINPFALZ am SONNTAG und der Online-Desk zu den Stationen, die absolviert werden müssen.

Apropos Online: Die journalistischen Fähigkeiten, die während des Volontariates vermittelt werden, sind vielfältiger geworden im Vergleich zu früher, als die gedruckte Zeitung noch der einzige Informationskanal war, der befüllt werden musste. Die Eckpfeiler des journalistischen Schreibens – die Beachtung der journalistischen Sorgfaltspflicht, die umfassende Recherche, das saubere, klare Formulieren – sind für alle Publikationskanäle, ob auf Papier oder digital, dieselben geblieben. Aber zusätzlich müssen Journalisten heutzutage eine vielfältige technische Klaviatur beherr-

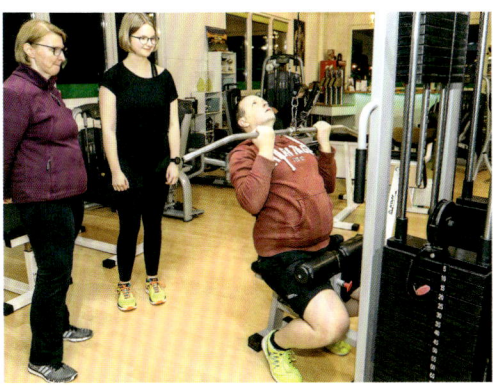

Manchmal ist ein Volontariat eine ziemlich schweißtreibende Angelegenheit. So plagte sich Sven Holler im Januar 2017 für eine Reportage in einem Fitnessstudio.

schen: den Umgang mit dem Smartphone als Rechercheinstrument, als Fotoapparat und als Videokamera, Schnittprogramme, Kommunikationapps und vieles mehr. All dies gehört inzwischen ganz selbstverständlich zur Volontärsausbildung. Immer mehr Menschen informieren sich per Handy oder Tablet – wer als Journalist erfolgreich sein will, muss die Spielregeln dieser Kanäle beherrschen.

Die praktische Arbeit ist also der Schwerpunkt dieser Lehrjahre. Ergänzt wird sie um eine theoretische Ausbildung, die zu einem Teil innerbetrieblich organisiert wird, zum anderen aber auf einem überbetrieblichen Seminarangebot fußt. Letzteres wiederum ist in Rheinland-Pfalz und dem Saarland in einem ganz besonderen Modell umgesetzt. Über viele Jahrzehnte hinweg wurden die Volontäre der deutschen Regionalzeitungen zu Blockseminaren in Journalistenschulen geschickt, damit sie dort die theoretischen Grundlagen der Stilformen, die Grundlagen des Presserechtes oder effiziente Recherchemethoden verinnerlichten. Bis Ende der 70er-Jahre galt das auch für die RHEINPFALZ-Volontäre. Im damals sehr bekannten „Haus Busch" im westfälischen Hagen wurde ihnen das Einmaleins des Journalismus gepredigt.

Im Jahr 1980 beauftragte der Verlegerverband Rheinland-Pfalz/Saarland (heute „VZV Rheinland-Pfalz Saarland") den damaligen Chef vom Dienst der Koblenzer „Rhein-Zeitung", Horst Schilling, vor Volontären aller dem Verband angehörenden Verlage einen Vortrag über journalistische Ethik zu halten. Diese Veranstaltung kann durchaus als Vorläufer einer eigenständigen Seminarreihe angesehen werden, die dank Schillings Engagement 1982 mit fünf Veranstaltungen startete und die auch die heutigen RHEINPFALZ-Volontäre noch zusammen mit ihren Kolleginnen und Kollegen der Tageszeitungen der Verlagsgruppe Rhein-Main in Mainz, der „Rhein-Zeitung" Koblenz, des „Trierischen Volksfreundes", der „Saarbrücker Zeitung" und vom Radiosender RPR1 absolvieren. Konzipiert und organisiert wird das Seminarprogramm mit inzwischen etwa zehn meist mehrtägigen Veranstaltungen pro Jahr von einem Arbeitskreis, der sich aus den Volontärsbetreuern der genannten Medienhäuser zusammensetzt. Das bereits erwähnte Einmaleins des Journalismus steht dabei immer noch hoch im Kurs, wird aber flankiert von aktuellen Themen wie crossmediales Schreiben, Datenjournalismus, Fotografie und Drehen von Videos.

Rund 440 dieser Seminare wurden inzwischen angeboten. Wie viele Volontärinnen und Volontäre daran teilgenommen haben, hat nie jemand gezählt. Aber diese Ausbildung hat dazu beigetragen, dass die Redaktionen stets qualifizierten Nachwuchs hatten. Und sie wird ein kleines Stückchen mithelfen, seriösen Journalismus auch ins digitale Zeitalter hinüberzuretten.

Der Betriebsrat – mehr Partner als Gegner der Verlagsführung

Von Andreas Lang

Es gibt da diese interessante Passage im Betriebsverfassungsgesetz, die die Arbeitnehmervertretung und die Arbeitgeberseite dazu anhält, „strittige Fragen mit dem ernsten Willen zur Einigung zu verhandeln und Vorschläge für die Beilegung von Meinungsverschiedenheiten zu machen". Kooperation statt Konfrontation – auf diese Basis hat der Gesetzgeber vor 100 Jahren die Sozialpartner in einem Unternehmengestellt, um dessen Bestand und Entwicklung in einem konstruktiven Geist zu begleiten und zu gestalten. Das mag bei der alltäglichen Konfliktbearbeitung und -bewältigung nicht immer einfach sein, zielführend ist es auch bei der RHEINPFALZ immer wieder gewesen.

Ja, der Betriebsrat ist vornehmlich Sprachrohr und Interessenvertreter der Mitarbeiterinnen und Mitarbeiter. Aber um dieser Funktion gerecht zu werden, hilft es, sich gelegentlich – in guter Manier – in die Gegenseite hineinzuversetzen. Um deren Argumentation und Gedankengänge nach-

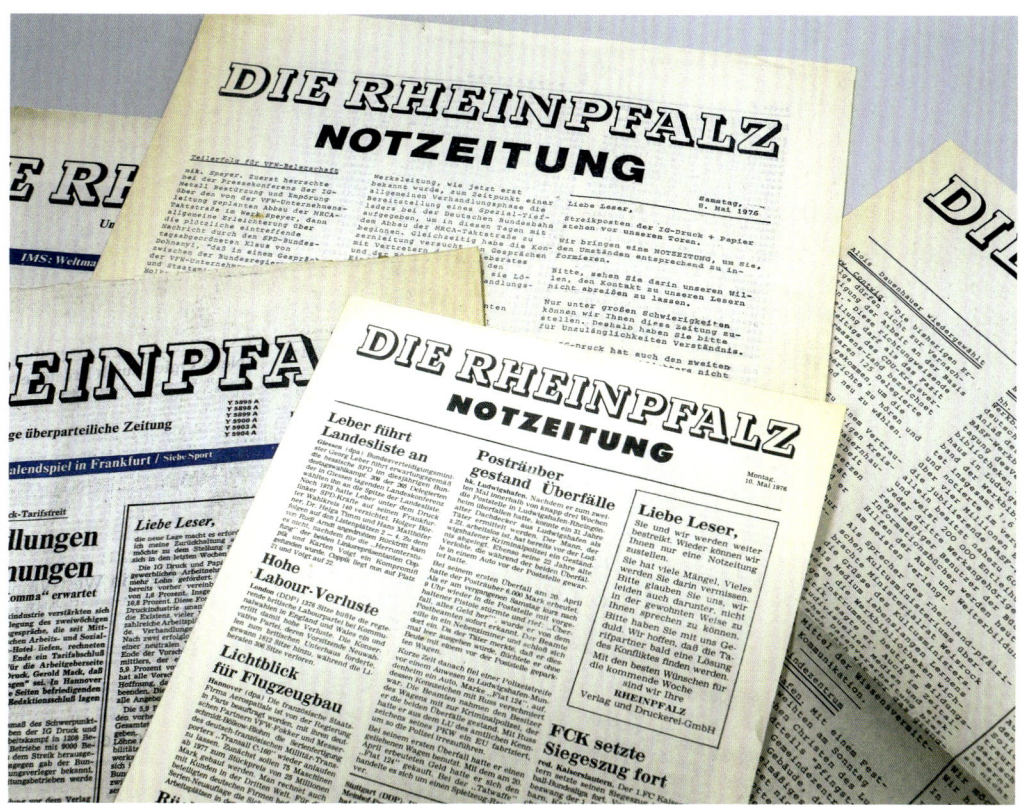

Dass die RHEINPFALZ wegen eines Streiks nur als Notzeitung erscheinen konnte, ist in den vergangenen 75 Jahren nur wenige Male geschehen. Der Wille, sich gütlich zu einigen, war stets sehr ausgeprägt.

vollziehen zu können, nicht um sie vorbehaltlos zu teilen. Ernsthafter Wille ist eben nicht Rechthaberei oder gar Besserwisserei, von keiner Seite. Diese Kompromissfähigkeit wird auf so manche Probe gestellt, wenn die Gedankengänge der Geschäftsführung oder der Chefredaktion mitunter nur mühsam nachzuvollziehen und schon gar nicht nach außen zu vertreten sind. Aber gelegentlich könnte es umgekehrt ähnlich sein …

Die Zusammenarbeit zwischen Arbeitgeber und Betriebsrat ist in den zurückliegenden Jahren und Jahrzehnten geprägt gewesen von unbürokratischen Absprachen und Übereinkünften. Schriftlich fixierte Betriebsvereinbarungen sind die Ausnahme geblieben, der Gang vor eine externe Einigungsstelle konnte vermieden werden. Dieser Pragmatismus hat den Nachteil, dass errungene Kompromisse nicht oder kaum für die Nachwelt fixiert sind. Zumal im Gegensatz zu den schier endlosen Amtszeiten eines Geschäftsführers oder Chefredakteurs in unserem Unternehmen das Betriebsratsgremium qua Gesetz alle vier Jahre neu gewählt und zusammengesetzt wird.

Diese ungeschriebenen Spielregeln haben im Umkehrschluss aber den Vorteil, dass sie auch nicht einfach widerlegt oder negiert werden können. Damit sind wir in der Gesamtschau und im Vergleich nicht schlecht gefahren – von wenigen massiven Einschnitten abgesehen, wie zum Beispiel der Verschlankung der Verlagsstrukturen vor 15 Jahren. Heute sind wir in der Arbeitswelt 4.0 angekommen und haben die digitale Transformation zu meistern. Aus dem Mantra „Print first", das auch die Betriebsratsarbeit der ersten sechs Jahrzehnte geprägt hat, ist seitdem „Pfalz first" geworden, was in der praktischen Arbeit „Online first" gleichkommt. So konsequent dieser Paradigmenwechsel vollzogen werden sollte, so beharrlich hat der Betriebsrat auf Kurskorrekturen gepocht. Ein Tanker wie die RHEINPFALZ lässt sich nicht von jetzt auf gleich um 180 Grad wenden. Darauf muss die Mannschaft schon eingestimmt werden.

Die Arbeitsbedingungen haben sich verschärft, Arbeit hat sich verdichtet, und die Überlastung nimmt unter anderem durch multimediales Organisieren zu. Der Grundauftrag ist jedoch geblieben: Der Betriebsrat ist Scharnier zwischen Belegschaft, Geschäftsführung und Chefredaktion.

Das ist in einem Tendenzbetrieb mit eingeschränkten Rechten und Möglichkeiten der Arbeitnehmervertretung eine besondere Herausforderung. In der aber auch die Chance steckt, jenseits rein ökonomischer Betrachtungen strukturelle Veränderungen und Neuausrichtungen mitzugestalten. Die Jahre bis zum nächsten Jubiläum werden nicht ruhiger, der Spardruck – die Unternehmensführung würde von der Notwendigkeit zur Effizienzsteigerung sprechen – ist empfindlich gewachsen. Aber Druck konnte der RHEINPFALZ-Betriebsrat schon immer gut aushalten. Der erzeugt in der Regel produktiven Gegendruck.

Die Zusteller – Rückgrat des Verlages

Von Annette Weber

Auf dem Foto aus dem Jahr 1973, das die neue Geschäftsstelle der RHEINPFALZ in Schifferstadt zeigt, sitzt Mathias Lennartz vor dem damaligen Geschäftsstellenleiter Wolfgang Riffelmacher. Lennartz sei einer der ältesten Zusteller im Ort, heißt es dazu. Zeitung austragen, das habe er sehr gerne gemacht, und er sei dabei auch ganz penibel gewesen, erinnert sich heute seine Schwiegertochter Roswitha Lennartz. Geboren im Jahr 1910, hatte Lennartz im Zweiten Weltkrieg seinen rechten Arm verloren. Es muss für den Vater von fünf kleinen Kindern nicht einfach gewesen sein, die Familie zu ernähren. Anfangs, erzählt sein Sohn Heinz, habe der Vater noch für die BASF gearbeitet, später beim „Pilger" in Speyer als Bürobote. Wenn er Zeitungen austrug, habe der Vater schon gegen 4 Uhr morgens das Haus verlassen müssen, erinnert sich der Sohn. Betrachtet man die Archivfotos der Zeitungsausträger und -austrägerinnen, so sieht man meist ältere Menschen, oder Menschen, die alt wirken. Die unmittelbare Nachkriegszeit war alles andere als ein-

Legendär sind bis heute die Träger-Ausflüge, die ab Anfang der 50er-Jahre organisiert wurden und an denen auch RHEINPFALZ- Gründer Josef Schaub mit viel Freude teilnahm. Heute gibt es Sommerfeste und Weihnachtsfeiern in den einzelnen Zustellbezirken. Das Freizeitverhalten habe sich verändert, sagt der Leiter des RHEINPFALZ- Pressevertriebs, Daniel Goetz. Einen Termin für ein gemeinsames großes Fest zu finden, sei inzwischen unmöglich.

fach. Für viele Kriegsversehrte und Kriegerwitwen bot das Zeitungsaustragen eine willkommene Möglichkeit, die Haushaltskasse aufzubessern.

Damit die RHEINPFALZ heutzutage im gesamten Verbreitungsgebiet pünktlich morgens um 6 Uhr in den Briefkästen ist, muss alles reibungslos klappen auf dem Weg vom Oggersheimer Druckzentrum bis zur Haustür des Abonnenten. Mehr als 30 Transportunternehmen legen im Auftrag der RHEINPFALZ jede Nacht zwischen Mitternacht und 4 Uhr morgens mehr als 8000 Kilometer auf pfälzischen Straßen zurück. Zwischen 50 und 80 Tonnen bedrucktes Papier werden dabei bewegt. Rund 70 Millionen Male wird die Zeitung im Lauf eines Jahres in Briefkästen gesteckt. Dafür verantwortlich sind rund 2500 Zustellerinnen und Zusteller, die bei jedem Wetter für die Leser der gedruckten Ausgabe unterwegs sind.

Diese Austräger – egal ob vor 75 Jahren oder heute – zeichnen sich in der Regel durch Treue und Zuverlässigkeit aus. Einige sind schon 40 und mehr Jahre mit dabei. Sie können viele Geschichten erzählen, denn Zeitungen auszutragen, ist ein aufregendes, manchmal sogar gefährliches Geschäft. So ging beispielsweise um 4.44 Uhr an einem schönen Junimorgen des Jahres 2005 ein Anruf bei dem zuständigen Vertriebschef ein. In einer ziemlich abgelegenen Ecke des Lambrechter Tals könnten Ausgaben nicht zugestellt werden, vermeldete ein Austräger. Der Grund: Eine Rotte Wildschweine mit Jungen blockierte die Zufahrt zu den Häusern.

Doch nicht nur Vierbeiner können Zustellern gefährlich werden. Auch das Wetter ist manchmal tückisch. Die RHEINPFALZ-Zusteller werden wohl den Jahresbeginn 2002 nicht so schnell vergessen. Mehr als 100 Unfälle von Austrägern wurden in diesen Wintertagen gemeldet. Mit Prellungen und Verstauchungen kam etwa die Hälfte dieser Mitarbeiter noch glimpflich davon.

Aulenbacher hieß diese Zustellerin der ersten Stunde in Schifferstadt. Die Zuverlässigkeit der Zeitungsausträgerinnen und -austräger ist ein Baustein für den Erfolg der RHEINPFALZ.

In den 50er-Jahren wurde gerne gefeiert. Und manchmal gab es sogar ein Küsschen vom Verleger für die Zustellerin. Unser Foto zeigt Josef Schaub 1959 in Landau während eines Sommerfestes.

Die Zeitungsträger waren und sind das Rückgrat der Zeitung. Wer einmal den Ärger von Lesern abbekommen hat, bei denen morgens im Briefkasten die RHEINPFALZ fehlte, weiß warum. Was nützen der geschliffenste Text, das brillanteste Foto und der beste Druck, wenn die Zeitung nicht rechtzeitig auf dem Frühstückstisch liegt. Seit 75 Jahren trotzen Austrägerinnen und Austräger Wind und Wetter, sind frühmorgens zu wahrlich unchristlicher Zeit auf den Beinen – manche von ihnen schon in dritter Generation. Meistens unbemerkt, aber unersetzlich.

Zusteller machen Reklame für ihre Zeitung: RHEINPFALZ-Eigenwerbung, vermutlich aus den 60er-Jahren.

33 Zusteller zogen sich jedoch Knochenbrüche zu, einige sogar sehr komplizierte. Gemeldet wurden auch Bänderrisse und Gehirnerschütterungen. Hinzu kamen noch sieben Autounfälle, die glücklicherweise nur Blechschäden zur Folge hatten.

Manchmal müssen Austräger sogar fremdes Hoheitsgebiet betreten. Das Ehepaar Elfriede und Helmut Sieg benötigte in den 80er-Jahren in Zweibrücken einen polizeilichen Passierschein, um die RHEINPFALZ frühmorgens zum Leser zu bringen. Die US-amerikanischen Streitkräfte auf dem Kreuzberg hatten ihren Zuständigkeitsbereich mit Schranken abgesperrt, und es kam durchaus vor, dass die Austräger mit Maschinenpistolen empfangen wurden. Das Problem bestand darin, dass einige Zeitungen in Häuser geliefert werden mussten, die nur über das Kasernengelände erreichbar waren. Nur ein amtliches Schreiben konnte schließlich die Gewehrläufe von den RHEINPFALZ-Mitarbeitern fernhalten.

DIE RHEINPFALZ

NEUSTADTER NACHRICHTEN

Unabhängige überparteiliche Zeitung für Politik, Kultur, Wirtschaft, Heimat und Sport

Mittwoch, 23. Januar 1963

Jahrgang 19, Nr. 19

Der Brückenschlag von Paris

Adenauer und de Gaulle unterzeichneten den Vertrag über die deutsch-französische Zusammenarbeit

Kompromißvorschlag Adenauers für England

Paris (UPI). Bundeskanzler Adenauer und der französische Staatspräsident de Gaulle haben am Dienstagnachmittag im Elysée-Palast in Paris einen Vertrag unterzeichnet, der die deutsch-französische Zusammenarbeit vertiefen soll. Sprecher beider Seiten betonten den „historischen" Charakter der deutsch-französischen Aussöhnung. Ein französischer Regierungssprecher bezeichnete die deutsch-französische Zusammenarbeit als ersten Schritt zu einem vereinigten Europa.

Von seiten der deutschen Delegation wurde bekannt, daß „große Hoffnungen" in den Bundeskanzler gesetzt würden, de Gaulle davon zu überzeugen, daß die französische Haltung bei den Brüsseler Verhandlungen über die Aufnahme Großbritanniens in die Europäische Wirtschaftsgemeinschaft (EWG) eine äußerst kritische Situation geschaffen habe und um einen endgültigen Bruch zu vermeiden, müsse Adenauer hatte am Vormittag in seiner dritten Aussprache mit de Gaulle einen Kompromißvorschlag unterbreitet, wonach die Verhandlungen in Brüssel so lange ausgesetzt werden sollten, bis die EWG-Kommission eine Bestandsaufnahme der noch zu lösenden Probleme vorgenommen habe.

Während bisher die Brüsseler Verhandlungen nur bis zum 28. Januar verlängert waren und danach der Abbruch drohte, sollen nach Adenauers Kompromißvorschlag, der mit Prof. Hallstein abgestimmt wurde, die Brüsseler EWG-Gespräche mit Großbritannien zeitweilig suspendiert werden, um in der Pause von der EWG-Kommission eine „Inventur" der Probleme vornehmen zu lassen, an denen die Verhandlungen festgefahren sind. Mit diesem Kompromiß soll den Verhandlungen abgeholfen werden. Wie der Bundeskanzler erklärte, sei „In der Bundesrepublik noch vor die der Mitgliedschaft Großbritanniens in der EWG für wünschenswert verlautete dazu, daß man „auf alle Fälle die Tür (für Großbritannien) offenhalten" werde. Die französische Seite solle verstandnis für die Haltung der Bundesrepublik in dieser Frage gezeigt haben, im übrigen dürfe man nicht erwarten, daß „gewissermaßen über Nacht" schon eine französische Reaktion zu dem deutschen Vorschlag vorliege.

Bundestag verlangt Auskunft

Das Parlament in Bonn wünsche unterdessen dringend von der Bundesregierung Auskunft über die Krise in den EWG-Verhandlungen mit Großbritannien und über die mittlungsversuche des Bundeskanzlers in diesem Streit in Paris. Die SPD verlangte an diesem Dienstag im Ältestenrat des Bundestages, daß der Außenpolitische Ausschuß am Mittwoch oder Donnerstag, also unmittelbar nach der Rückkehr Adenauers aus Paris, zusammentritt, um von Adenauer sowie von Bundesaußenminister Schröder unterrichtet zu werden. Der für EWG-Fragen zuständige Ausschuß des Bundestages hat für Donnerstag eine Sondersitzung wegen der Brüsseler Krise einberufen.

Die SPD nahestehenden Kreise in Brüssel teilten am Dienstag mit, die Sozialdemokratische Partei Deutschlands habe dem Bundeskanzler zu verstehen gegeben, daß sie die Ratifizierung des Vertrages über die deutsch-französische Zusammenarbeit ablehnen werde, wenn der Beitritt zur EWG nicht frei sei.

Wangenküsse besiegelten die Freundschaft

Mit einem Kuß auf beide Wangen besiegelten Adenauer und de Gaulle die Aussöhnung zwischen Frankreich und Deutschland. „Herz und Geist sind tief darüber befriedigt, daß ich selbst, der Ministerpräsident und der Außenminister mit dem Kanzler und dem Außenminister der Bundesrepublik den Vertrag über die deutsch-französische Zusammenarbeit unterzeichnen", sagte de Gaulle nach der Unterzeichnung. „Herr Präsident, diesen Gefühlen aller der deutschen Seite, in so vollkommener Weise ausgedrückt, ist in Ihren Worten nichts hinzuzufügen habe", antwortete der Bundeskanzler, der tief bewegt schien.

In einer gemeinsamen Erklärung wurde auf das geschichtliche Ereignis der Versöhnung der beiden Völker und das Bewußtsein der engen Solidarität insbesondere der Jugend verwiesen und der Verstärkung der Zusammenarbeit als unerläßlicher Schritt auf dem Wege zu einem vereinigten Europa bezeichnet.

Der Vertrag wird nach den Weisungen der Staats- und Regierungschefs ausgeführt, die sich mindestens zweimal jährlich treffen. Außerdem sollen die Außenminister mindestens alle drei Monate treten die Außenminister zusammen, um bei der Ausführung in seiner Gesamtheit Sorge zu tragen. Allmonatlich treffen sich abwechselnd in Bonn und Paris die leitenden Beamten beider Außenministerien. Die Verteidigungsminister beider mindestens alle drei, die Familienminister und die Generalstabschefs alle zwei Monate.

Eine interministerielle Kommission koordiniert die Zusammenarbeit, erstattet regelmäßig Bericht und gibt Anregungen.

Die außenpolitische Zusammenarbeit hat als Ziel, in allen wichtigen Fragen der Außenpolitik und in ersten Linie in Fragen von gemeinsamen Interesse soweit wie möglich gleich zu handeln. Das bezieht sich auf die europäischen politischen Zusammenarbeit, die Ost-West-Beziehungen, auf die NATO, den Europarat, die Westeuropäische Union, die OEEC, die UNO, das Informationswesen, die Entwicklungshilfe, Fragen des Gemeinsamen Marktes, der Wirtschaftspolitik, der Landwirtschaftspolitik, der Energiepolitik, Verkehrs- und Transportfragen, die industrielle Entwicklung und die Ausfuhr- und Einfuhrpolitik.

Der Verteidigungsteil sieht vor, daß die für die Verteidigung sieht vor, daß die den zuständigen Stellen beider Länder auf dem Gebiete der Strategie und Taktik um eine Annäherung ihrer Auf-fassungen und um gemeinsame Konzeptionen bemühen. Es werden deutsch-französische Institute für operative Forschung errichtet. Beide Regierungen ausarbeiten und die Finanzierungsvorhaben gemeinsam planen. Kernpunkte der kulturpolitischen Zusammenarbeit sind die verstärkte Sprachunterricht, die gemeinsame wissenschaftliche Forschung und ein verstärkter Austausch von Schülern, Studenten, Jungen Handwerkern und jungen Arbeitern. Der Vertrag gilt mit Ausnahme der Verteidigungsbestimmungen, auch für Berlin. In Berlin, wo in dem nächsten Monaten nach bisherigen innerhalb von drei Monaten nach Unterzeichnung eine gegenseitige Erklärung abgibt, tritt der Vertrag in Kraft, sobald jeder der Vertragsschließenden dem anderen mitgeteilt hat, daß die dazu erforderlichen innerstaatlichen Voraussetzungen erfüllt sind für die Bundesrepublik Ratifizierung durch den Bundestag.

Die niederländische Hauptstadt Amsterdam ist am Montagabend von einer Feuersbrunst heimgesucht worden, die nach Auskunft der Feuerwehr zu den größten Bränden der Nachkriegszeit in den Niederlanden zählt. Mehrere Gebäude fielen den Flammen zum Opfer. Die Löscharbeiten stießen infolge Wassermangels durch den strengen Frost auf große Schwierigkeiten und dauerten noch am Dienstagmorgen an. (Siehe Seite 3).

Kälte führt zu Engpässen

Frankfurt (AP). Die anhaltende Kälteperiode hat in vielen Gebieten Europas am Dienstag zu ersten Engpässen geführt. In London sind infolge Transportschwierigkeiten Bunkonserven knapp geworden, in der Bundesrepublik sind die verfügbaren Eisenbahnwagen und Transportfahrzeuge des so hart von Schnee und Eis bedrängten süddeutschen Raumes ausgedrückt. In Leipzig wurden wegen des Katastrophalen Kohlemangels die Schulen, Hochschulen, die Universität sowie die meisten Kinos geschlossen.

Unterdessen erwägen Mineralölindustrie und Bundesregierung, die Rohölleitungen von der Nordseeküste und der mitteldeutschen Raum und auch die Leitung Marseille—Karlsruhe zur besseren Versorgung mit Heizöl einzuschalten. Die Leitungen, die normalerweise nur Rohöl zu den Raffinerien transportieren, könnten das Transportwege erheblich verkürzen, und die durch die Vereisung der Wasserstraßen entstandene Verkehrslücke der Binnenschiffahrt erheblich verringern. (Siehe auch im Innern des Blattes.)

Berlin (AP). Bundespräsident Lübke wird am Mittwochnachmittag in Berlin eintreffen, wo er am Freitag die „Internationale Grüne Woche" eröffnen wird. Wie der Senat mitteilte, wird Lübke voraussichtlich bis zum 4. Februar in Berlin bleiben.

Ein Gipfeltreffen in Genf?

Washington zeigt sich optimistisch — Die Rolle Italiens

Kabelbericht unserer Amerika-Korrespondentin

M. M. Washington. Ein Dreiergipfeltreffen, das im Mai oder Juni zwischen Kennedy, Macmillan und Chruschtschow stattfinden könnte, wird derzeit in Washington für möglich gehalten, falls die derzeitigen amerikanisch-russisch-britischen Abschluß einer Vereinbarung ihrem Ziel wohnlich gut unterrichteten Kreisen zufolge haben sich die amerikanisch-russischen Standpunkte weit einander angenährt, als es von letzten Verlautbarungen Gromykos zu entnehmen war. Unbeteiligte Beobachter glauben, daß beide Seiten mit ihrem widersprechenden Erklärungen psychologisch die Öffentlichkeit beeinflussen zu versuchen.

Ein solches Treffen in Genf würde sich mit den europäischen Reiseplänen des Präsidenten, der beabsichtigt zunächst vereinbaren zu lassen, daß er von Rom und dann Bonn aus nach Ankara reist, dabei ebenfalls erwähnt, nachdem das US-Außenministerium bekanntgab, die amerikanisch-türkischen über den Abzug der Türkei über den Abzug der dort stationierten 15 Jupiter-Raketen verhandelt.

Der Abzug dieser inzwischen veralteten Mittelstreckenraketen von Norditalien und der Türkei gehört zu einer allgemeinen Regelung über den militärischen Südostflügels der Europa Schritt halten zu können. In diesem Vorwohe dürfte Kennedy in die Hand spielen. Italiens Ministerpräsident Fanfani scheint bessere Angebote gemacht zu haben, als noch vor Kurzem erwartet worden wäre. In dem neuen Konzept scheint Rom die Rolle des Eisbrechers in der EWG zugedacht zu sein.

Neue Plattform für Strauß

Wahlen bei der CDU/CSU-Fraktion — Kanzler-Nachfolgefrage

Drahtbericht unseres Bonner Korrespondenten

p. h. Bonn. Mit der Wahl zum Vorsitzenden der CSU-Landesgruppe im Bundestag hat Franz Josef Strauß gestern mit seinem ersten Schritt aus dem Bundeskabinett eine neue Plattform für seine politische Aktivität in Bonn erhalten. Der Parteivorsitzende der bayerischen CSU behält damit seinen Platz im Bonner Führungskreis der CDU/CSU, die als Nachfolger von Werner Dollinger, der als Bundesschatzminister in die Regierung Adenauers wechselte, wird Strauß automatisch stellvertretender Vorsitzender der Gesamtfraktion von CDU/CSU.

Damit gehört Strauß auch zu dem einflußreichen Kreis, der in absehbarer Zeit die Benennung des Kanzlernachfolgers aus den Reihen der CDU vorbereiten soll. Die führenden Männer der CDU/CSU wollen den Kandidaten für die Nachfolge im Palais Schaumburg noch vor der Sommerpause benennen.

Bundeskanzler Adenauer selber allerdings scheint die Hoffnung noch nicht aufgegeben zu haben, daß ein anderer Kandidat gefunden werden könne. Erst kürzlich soll er angeführt haben, daß die CDU/CSU-Fraktionsvorsitzende von Brentano, der Vorsitzender der CDU / CSU war. Die überwältigende Mehrheit als Kandidat. Brentano selber jedoch wurde bereits so auf Befragen kurz erklärte jedoch auf Befragen kurz erklärte. „Die Vorentscheidung meiner Fraktion ist praktisch gefallen. Der Vorschlag wird lauten: Ludwig Erhard. Das wird auch mein Vorschlag sein." Ausdrücklich warnt Sonderminister Heinrich Krone als Kandidat Adenauers gehandelt. Aber Krone hatte immer abgelehnt und sich ebenfalls für Erhard ausgesprochen.

Der stellvertretende CDU/CSU-Fraktions-lassen und zwar in aller Form. Die zuständigen Organe der Partei und der Fraktion sowie schließlich die Bundestagsfraktion der CDU/CSU sollen nacheinander mit der Kandidatenfrage befassen. Man möchte sicherstellen, die Nachfolgefrage endgültig vor den Sommerferien, es gemäß einer Zusage Adenauers zum Kanzlerwechsel vorgesehen.

Die Haltung von Strauß bei der Auswahl des Nachfolgers interessiert in Bonn vor allem aus zwei Gründen: 1) Erstens galt er selbst einmal als aussichtsreicher Kanzlerkandidat, bevor er sich durch die Spiegel-Affäre um seine Chancen gebracht hat. 2) Strauß gilt bisher als einer der eifrigsten Befürworter einer Kandidatur von Ludwig Erhard. Wegen persönlicher Außerungen von Erhard zur „Spiegel"-Affäre soll es in jüngster Zeit zwischen ihm und Strauß zu Auseinandersetzungen gegeben haben. Über dies ist in Bonn das Ergebnis einer Meinungsumfrage beachtet worden, nach der einen Einbruch in die Popularität Erhards aufzeigt. Dennoch gilt Erhard nach wie vor als aussichtsreichster Kandidat für die Nachfolge Adenauers.

Glück auf, Jewtuschenko!

Von Klaus Hofmann

Die Vorstellung ist grotesk: Während der sowjetische Ministerpräsident und kommunistische Parteichef Chruschtschow auf dem Parteitag der SED in Ostberlin die Teilung Deutschlands als eine natürliche Tatsache bezeichnete und später, vor der Arbeiterschaft in Eisenhüttenstadt von einer „Teilung unserer Zeit" sprach, erhebt der junge russische Dichter Jewgenij Jewtuschenko in Tübingen freudigen Beifall, als er ausruft: „Ich habe den großen Wunsch, Deutschland als Einheit zu sehen!"

Der Widerspruch ist offensichtlich. Chruschtschow und Jewtuschenko — beide scheinen nicht mehr zueinander zu passen. Und selbst wenn sie beide den Traum von einer kommunistischen Welt gleichzumachen aus Anlaß in ihrer Sprache ist verschieden, so verhalten sie sich wie die blindwütige Räsonierer eines unbelehrbaren Klassenkämpfers zu den Einsichten eines weltoffenen Idealisten. Ja, es scheint, als ob die Teilung der Zeit nicht nur durch Deutschland manifestiert sei, sondern auch durch Rußland, in jenem Land, das Stalin der Welt hinterließ — einerseits unzerteilbar, wuchtig, stahlbern Block aggressivem Anspruchs sich im Osten einmal durch die Völker gerollt hat. — Aber das dem „historischen Parteitag" in Moskau haben sich in der geistigen Landschaft Rußlands Veränderungen vollzogen, die das Schema der totalen, unbeirrbaren Diktatur zu sprengen drohen. Mit zu Schlafkammer der Instinkt gewesen sein, der Chruschtschow damals bewogen hat zu verdammen — er war der Mann, der in Moskau haben sich in der geistigen Schaft Rußlands Veränderungen vollzogen, die das Floß Rußlands hinausragt, ohne fertigmachte, eine eigene ideologische strömungen gerissen von der Allmacht Stalins, der und ohne Aussicht auf Rettung hintrieb.

Chruschtschow hat dafür seine Prämie empfangen, denn scheint es ihm nun wirklich sein Nimbus in Gefahr. Die sischen Literaten beginnen den Ural zu schreiten, Was sie an der der Gewalttätigkeiten Stalins aussetzen, ist eine Anklage an die Chruschtschow mitgestaltet hat — so antwortete Jewtuschenko auf eine Frage der Zeitschrift „L'express", „Stalin ist mir als eine politischen Staat vor, dessen Minister die Wahrheit und dessen Geheimdienst die Lüge ist. Genau das ist die Schriftsteller aufsaugen. Und so hat seine geistige Alternative zu Chruschtschows sichtslose Machtpolitik. Und so ist die werden konzentrische, das die Parteikontrolle dauernd unternimmt, der es an Flut gegen Regime und Tyrannen zu werden. Die Kritik an Stalin wird härter von Tag zu Tag. Jetzt mußte selbst das berühmte Gedicht „Baby von Schostakowitsch vertont mit Strophen dazu, und der Kreml Iljitschow hat angekündigt, die Schriftsteller wie Viktor Netzrassow und Alexander Solschenizyn, und ihres Iwan Dennissowitsch reden werden.

Die Auseinandersetzung ist im Gange. Man muß nun vor Augen halten — es sei denn jene, die zu Stalin nicht mehr gehen lassen — daß von einem inneren Krieg noch lange nicht die Rede sein sollte. Wenn man so bedenkt, daß Tod des Nobelpreisträgers Pasternak in einer Wiese setzt, Leben leuchtet aber als das Hoffnungszeichen auf, das Frage Jewtuschenkos uns zu tragen „Leben". Leben als Substanz aller Humanisierung. Das heißt Anders, als Würde. „In rußlands" die Humanismus, „Aber Würden", die Literatur viel geschehen seit Stalins tuschenko besiegelten und schienen — die Öffentlichkeit vor. Das Zeit, oder um mit Schiller zu Jahrhundert ist. Die erste Offenheit des Menschen ist zweifelnd. In der Bundesrepublik hebt sich vor der Seite eines, und wenn sie es ohne ebenfalls in Christschow ist oder wenn sie es ebenfalls in Kultur klarer Wein und der

(Fortsetzung)

DER WETTE[R]

Wetterlage: Ausw päischen Tiefdruckg der Nordseeküste h in das östliche Mitte leben, das für die Norddeutschl

Die Pfalz, Deutschland und die Welt: Geschichten rund um die RHEINPFALZ

Wurzeln in der Luft: Die Pfalz als Grenzland

Von Dagmar Gilcher

Die Pfalz ist Grenzland, und das schon, seit die Römer ihr Riesenreich in Provinzen wie Belgica und Germania superior einteilten und diese mit einem Grenzwall gegen die Germanen sicherten. Regionen am Rand wecken Begehrlichkeiten, dieses Schicksal teilte die Pfalz fast 2000 Jahre mit ihren Nachbarn Elsass und Lothringen: Schlachtenschauplatz, Kriegsgebiet. Bis dann nach dem letzten großen Gemetzel im 20. Jahrhundert etwas geschah, das häufig als Wunder betrachtet wird. Nüchterner besehen begann mit der im Élysée-Vertrag 1963 besiegelten deutsch-französischen Aussöhnung und dem – 2012 mit dem Friedensnobelpreis belohnten – europäischen Einigungsprozess eine Zeit, in der Grenzen keine Rolle mehr spielten. Man wusste oft gar nicht mehr, wo genau sie verlief, diese einst heiß umstrittene und 1945 zum letzten Mal gezogene Grenze zwischen Deutschland und Frankreich. Sie war unsichtbar, vergessen. Bis im Frühjahr 2020 ein Virus mit Namen Corona für die Rückkehr von Schlagbäumen und Grenzkontrollen sorgte.

Da wurde mit einem Mal deutlich, dass 2000 Jahre Grenzgeschichte auch nach 75 Jahren Frieden ihre Spuren in den Köpfen hinterlassen haben. Alte Vorurteile und Ängste tauchten wie aus dem Nichts wieder auf, und manche fürchteten schon das Schlimmste. Aber der Schlagbaum-Spuk endete nach wenigen Wochen, zu eng ist der Alltag der Menschen inzwischen miteinander verwoben, wohnen die einen in Frankreich und arbeiten in Deutschland (oder umgekehrt), fährt man ins Nachbarland zum Einkaufen, zum Essen, hat Freunde und Familie hier und da. Und man beneidet dann vielleicht auch den Nachbarn im andern Land – weil der weniger Steuern zahlt oder das Unkrautvernichtungsmittel benutzen darf, das im eigenen Garten verboten ist. Die Sprache des Nachbarn sprechen im Elsass und in Lothringen immer weniger Menschen, in der Pfalz noch längst nicht genug. Und dabei gäbe es doch diesen Dialekt, der vom Rheinfränkischen bis ins Alemannische viele Gemeinsamkeiten hat. Raum für gegenseitige Missverständnisse gibt es noch immer. Aber es gibt auch den spürbaren Willen, bei allen Unterschieden der Sichtweise die Narben der Vergangenheit endgültig verschwinden zu lassen. Und schließlich: Es gab während der von vielen als herber Rückschlag empfundenen Grenzszenarien der jüngsten Vergangenheit auch die Öffnung pfälzischer Krankenhäuser für die Behandlung französischer Covid-19-Patienten.

Man weiß vielleicht trotz aller Informationsfluten zu wenig voneinander? Gerade genug, um seine Vorurteile über den an-

Geschichten rund um die RHEINPFALZ

Die Region ist zusammengewachsen. Das Miteinander von Deutschen und Franzosen ist so alltäglich, dass es kaum noch auffällt. Unser Foto zeigt eine Marktfrau aus dem elsässischen Schnersheim im pfälzischen Hinterweidenthal.

deren weiter zu pflegen? Die RHEINPFALZ hat seit ihrer Gründung stets auch ihre französischen Nachbarregionen im Blick gehabt. Da gab es zu berichten über jenen denkwürdigen 6. August 1950, an dem Studierende aus Deutschland und Frankreich, aber auch aus den Niederlanden, Belgien, Skandinavien und England auf einer Wiese am St. Germanshof in der Südwestpfalz ein Europafeuer entzündeten und das Ende der Schlagbäume an den Grenzen forderten. Später dann über die Gründung von grenzüberschreitenden Gremien wie der Oberrheinkonferenz entlang des Rheins oder der Großregion in Richtung Lothringen und Luxemburg. Oder über die kleineren Eurodistrikte, von denen der in der Südpfalz den musikalischen Namen Pamina bekam, wie die Heldin in Mozarts Oper „Die Zauberflöte" – als Abkürzung für Palatinat (Pfalz), Mittlerer Oberrhein (Baden) und Nord Alsace (Nordelsass). Von sogenannten grenzüberschreitenden Zweckverbänden hätte man zu früheren Zeiten nicht zu träumen ge-

wagt. Dann, 1997, fuhr auch wieder ein Zug von Neustadt direkt nach Wissembourg (Weißenburg) und bald sogar weiter nach Straßburg. Auch das hielt man lange Zeit für eine Idee einiger idealistischer Träumer, es ist aber eine Geschichte, an deren Fortsetzung gerade weitergeschrieben wird.

Wenn Feuerwehrschläuche nicht passen

An den Grenzen wird Europa Realität, was in der direkten Konfrontation manchmal durchaus zu Reibungen führt. Wenn etwa die Anschlüsse der Feuerwehrschläuche nicht zueinander passen, wenn der Verletzte nicht ins geografisch nächste, sondern ins weit entfernte, aber eben im eigenen Lande liegende Krankenhaus gebracht werden muss. Wenn der Arbeitnehmer für die deutsche Versicherung arbeitsunfähig ist, für die französische deswegen noch lange nicht, wenn die französischen Schüler nicht nach Bad Bergzabern ins Schwimmbad dürfen, weil sie da nicht versichert sind, wenn das Finanzamt Neubrandenburg von französischen Rentnern, die in Deutschland gearbeitet haben, mit einem Mal Steuern einfordert, wenn deutsche Handwerker sich mit einem Antragsmonster konfrontiert sehen, wollen sie im Elsass etwa eine Waschmaschine reparieren ... Fälle, die Sand ins Getriebe der Freundschaft streuen, sind Legion. Und dennoch: Es lohnt sich, daran zu arbeiten und die Hindernisse zu überwinden.

Manchmal hilft dabei auch ein wenig Humor wie der des Elsässers Martin Graff. Als deutsch-französischer Gedankenschmuggler beobachtet er die Schwächen seiner

Der Elsässer Martin Graff ist als Grenzgänger unterwegs und nimmt Franzosen wie Deutsche humorvoll aufs Korn.

französischen Landsleute ebenso wie die seiner deutschen Freunde und nimmt sie seit 1997 in der Kolumne „Zungenknoten" für die RHEINPFALZ aufs Korn. Als Sprachartist jongliert er dabei mit dem deutschen wie dem französischen Wortschatz, und bei so manchen Pfälzer Lesern hat dieser Tanz mit den Sprachen ein paar vergessen geglaubte französische Sprachkenntnisse ans Licht gebracht.

Allen Kriegen, Grenzstreitigkeiten und Grausamkeiten zum Trotz

Die Geschichte, auch wenn sie längst vergangen ist, sollte dabei nicht vergessen werden. Man wird – von den Römern bis heute – trotz aller Kriege, Grenzstreitigkeiten und Grausamkeiten auch jede Menge Gemeinsamkeiten entdecken. Von den Begründern und Auftraggebern der zwei prächtigen Kathedralen von Straßburg und Metz bis hin zu Familienverbindungen, weil die Liebe nun mal vor keiner Grenze haltmacht. Wenn Pfälzer nun aber Zugereiste „Lackel" nennen und dies auf den französischen General Mélac zurückzuführen ist, der im Auftrag des Sonnenkönigs Ludwig XIV. die Pfalz niederbrannte, dann nimmt für einige hier die Abneigung gegen die westlichen Nachbarn ihren Anfang. Dabei könnten Südwestfranzosen ihrerseits den Zweibrücker Herzog Wolfgang oder Burgunder den Pfalzgrafen Johann Casimir als Übeltäter benennen, die unter dem Vorwand, den französischen Protestanten zu Hilfe zu eilen, mit ihren Soldaten ganze Landstriche verwüsteten. Hin und her ging das so, bis ins Jahr 1945. Viele junge Elsässer und Lothringer zwangseingezogen zu Wehrmacht und SS, ihre Familien zu Hause Repressalien ausgesetzt: Das schafft keine freundschaftlichen Gefühle für den deutschen Nachbarn. Mindestens ebenso verheerend war auch die Siedlungspolitik des Gauleiters Bürckel in einem Teil Lothringens. Da könnte man dann fast wirklich von einem Wunder sprechen, wenn man hört, was der Bürgermeister einer der betroffenen Dörfer im Bitcherland vor wenigen Jahren sagte: „Nous n'étions pas des ennemis, nous étions des adversaires par la volonté de nos dirigeants"; wir waren keine Feinde, wir waren Gegner, weil unsere Führer es so wollten. Das bedeutet für alle Nachgeborenen, vermeintlichen „Führern" zu misstrauen, nachzudenken und Fakten zu sammeln, bevor man handelt, zu überprüfen, immer neu zu hinterfragen und demokratische Werte zu verteidigen. Und vielleicht auch die poetische Aufforderung des Gedankenschmugglers Martin Graff zu befolgen: „Accroche tes racines au ciel, pour mieux voir la terre": Hänge Deine Wurzeln an die Luft, um die Erde besser zu sehen.

SWR-GREMIEN: GRÜNE SOLLEN SITZE VERLIEREN

DIE RHEINPFALZ
Pfälzische Volkszeitung

D 5897 | Einzelpreis € 1,85

Samstag, 10. September 2016 | Jahrgang 72 | Nr. 212

AUS DER PFALZ

Post hält bei Wahlbriefen die Frist nicht ein

Die Verwaltung in Kandel. FOTO: VAN

KANDEL. Die Wahlbenachrichtigungskarten für die Verbandsbürgermeisterwahl in Kandel (Kreis Germersheim) am 25. September wurden nicht alle innerhalb der vorgesehenen Frist zugestellt. Betroffen seien mehrere Straßenzüge, in denen die Unterlagen statt am vergangenen Samstag erst am Dienstag eintrudelten, so der geschäftsführende Beamte der VG-Verwaltung, Jens Forstner, gegenüber der RHEINPFALZ. Die Ursache liege bei der deutschen Post. Die Wahl könne dennoch planmäßig stattfinden. Forstner zitierte aus der Landeswahlleiter, demzufolge es 2016 in Rheinland-Pfalz schon zwei weitere derartige Fälle gegeben habe. Ein Post-Sprecher bestätigte, dass es im Fall Kandel wohl Probleme in der postwegigen Druckerei in Düsseldorf gab. Weitere Fälle seien jedoch nicht bekannt. |tnc

HEUTE

Kerber die neue Nummer eins

Angelique Kerber wird die neue Nummer eins der Tennis-Weltrangliste. Durch das Halbfinal-Aus von Serena Williams bei den US Open löst Kerber die Amerikanerin ab und ist von Montag an die zweite Deutsche vor Steffi Graf vorn. SPORT

Gedränge auf Mallorca

2016 machen mehr Menschen Urlaub auf Mallorca als je zuvor. Einwohner und Touristen stöhnen über lange Staus und das Gedränge an den Stränden. WIRTSCHAFT

Denkmalwandel

Die Landesdenkmalpflege im Land ist selbst kein Denkmal, verändert ihre Strukturen und setzt neue inhaltliche Schwerpunkte. Einblicke zum Tag des offenen Denkmals. KULTUR

Riese unterm Dach

An der Gimmeldinger Laurentiuskirche haben Baustile von Romanik bis Klassizismus ihre Spuren hinterlassen. In ihr versteckter Gigant ist Christophorus-Wandbild. IHR WOCHENENDE

Für flüsterleisen Überlandverkehr

Das einspurige Elektro-Lastenfahrrad führt des schwäbischen Herstellers Radkutsche zeichnet sich durch einen starken Front-Nabenmotor aus. RATGEBER VERKEHR

BÖRSEN-TREND

Der Dax gibt nach

Dax	Dow Jones	Euro
Schlussstand		Referenzkurs
10.573,44	18.112,26	1,1268 $
– 101,85)	(-367,65)	(– 0,0028)
⬇	⬇	⬇

WETTER

Heute: Mal Sonne, mal Wolken

31°	29°	30°	30°
16°	15°	17°	17°
SA	SO	MO	DI

RHEINPFALZ IM NETZ

130

Kindergeld soll um zwei Euro steigen

Derzeit zahlt der Staat mindestens 190 Euro pro Kind und Monat. Dieser Betrag soll leicht angehoben werden. So sollen auch Geringverdiener profitieren, wenn 2017 die Steuern etwas gesenkt werden. Opposition und Verbände kritisieren die Pläne.

BERLIN. Die Pläne von Bundesfinanzminister Wolfgang Schäuble (CDU) sehen laut „Spiegel" vor, dass neben dem Kindergeld auch der Grundfreibetrag im kommenden Jahr angehoben wird, und zwar um 170 Euro von derzeit 8652 Euro. Ein Jahr später soll der Freibetrag um weitere 200 Euro steigen. Davon profitieren alle Steuerzahler. Denn es werden – sollte es so kommen – bei einem Ledigen 2017 erst ab einem zu versteuernden Einkommen von 8822 Euro Steuern fällig. Bei Ehepaaren und eingetragenen Lebenspartnern verdoppelt sich dieser Betrag.

Angehoben werden soll auch der Kinderfreibetrag, der derzeit bei 7248 Euro liegt. Er soll zunächst um 110, dann nochmals um 100 Euro erhöht werden. Für Eltern bleibt dieser Betrag pro Kind und Jahr ihres Einkommens steuerfrei.

Das Kindergeld wurde zuletzt im Januar um zwei Euro pro Monat angehoben, es beträgt es aktuell 190 Euro für die ersten beiden Kinder, für das dritte Kind 196 Euro. Ab dem vierten Kind werden jeweils 221 Euro gezahlt.

Das Kinderhilfswerk hält die Erhöhung des Kindergelds für „völlig unzureichend". Die Grünen-Politikerin Lisa Paus kritisierte, eine Erhöhung um zwei Euro sei „ein schlechter Witz".

Das Bundesfinanzministerium wollte sich nicht näher zu den Beträgen und dem Zeitplan äußern. Sprecherin Friederike von Tiesenhausen sagte, es gehe darum, die angekündigten Entlastungen jetzt schnell umzusetzen. Der entsprechende Gesetzentwurf soll möglichst schon kommende Woche ins Kabinett eingebracht werden. Aus der Koalition verlautete, die regierungsinternen Abstimmungen seien aber noch nicht abgeschlossen.

Die Entlastungen hatte Finanzminister Schäuble am Dienstag in der Haushaltsdebatte des Bundestags grundsätzlich angekündigt. Für 2017 hat Schäuble von einem Entlastungsvolumen von zwei Milliarden Euro gesprochen.

Geplant ist auch, Arbeitnehmer von Anfang kommenden Jahres an steuerlich geringfügig zu entlasten. Dazu soll durch eine leichte Änderung beim Einkommensteuer-Tarif die „Kalte Progression" eingedämmt werden. Dieser Effekt unterscheidet, wenn Lohnerhöhungen lediglich die Inflation ausgleichen und die Kaufkraft der Arbeitnehmer nicht steigt. Durch den Tarifverlauf bei der Einkommensteuer zahlt er dann überproportional mehr Steuern.

Unabhängig von der jetzt geplanten geringfügigen Steuersenkung hatte Schäuble im Bundestag Entlastungen von jährlich 15 Milliarden Euro für die Zeit nach 2017 in Aussicht gestellt. |dpa

600. Wurstmarkt startet mit tollem Festzug

FOTO: FRANCK

Mit einem bunten fröhlichen Festzug und gut zweieinhalb Stunden wurde gestern Nachmittag vor geschätzt 40- bis 50.000 Zuschauern der Dürkheimer Wurstmarkt eröffnet. Nach der Zeitrechnung der Stadt ist es der 600. seit der Ersterwähnung im Jahr 1417. Knapp hundert Zugnummern zogen aus quer durch die Stadt, die zumeist einheimischen Vereine, Gruppen und Kindergärten von den für Ideen und Arbeit an allein mehr als fünfzig Zugnummern zur Wurstmarkt-Historie in einer mäßigen Kostümierung mit viel plaus belohnt.

An der Spitze der politischen Prominenz stand Ministerpräsidentin Malu Dreyer, die zum Jubiläum erster Gast aus der Politik beim Eröffnung auf der Freiluftbühne sprechen durfte. Als besonderer Ehrengäste fuhr die Fürstenzu Leiningen in einem der Dürkheimer Cabrios mit, dessen Vorfahren der Hardenberg an der Stiftung des Traditionsfestes entscheidenden Anteil hatte.

Von Pferdegespannen gezogen über 20 nostalgische Traktoren bis hin zu Oldtimern Isetta und Trabi, von der „Kalter-Limousine" von Mercedes hin zu einem Borgward-Cabrio, das ganze Spektrum der Fortbewegung mit dem Verbrennungsmotor hatten für ihre Zugbeiträge alle prägnanten Bauweisen Dürkheimer in Modellen funden.

Die Verkehrsprobleme hielten sich trotz hermetischer Absperrung rund um die Zugstrecke eines Stücks Bundesstraße und Polizei in Grenzen. |psp

Anschlag in Frankreich vereitelt

Drei festgenommene Frauen sollen neue Gewaltakte vorbereitet haben

PARIS. Die französischen Behörden gehen aus dem Fund eines verdächtigen Autos nahe der Kathedrale Notre Dame davon aus, dass sie einen Anschlag in der Hauptstadt Paris vereitelt haben.

Frankreichs Präsident François Hollande sagte gestern, es sei eine „Gruppe zerschlagen" und ein Anschlag verhindert worden. Zuvor waren drei Frauen und ein Mann festgenommen worden. Die Hauptverdächtige schwor auch nach Angaben aus Ermittlerkreisen der Dschihadisten-Miliz „Islamischer Staat" (IS) die Treue. Der Pariser Anti-Terror-Staatsanwalt François Molins sagte, die Frauen seien vom IS gesteuert worden. Innenminister Bernard Cazeneuve sagte, die „fanatisierten und radikalisierten" Frauen hätten „offenkundig neue Gewaltakte vorbereitet, die unmittelbar bevorstanden". Ziel war womöglich ein Bahnhof.

Bei der 19-jährigen Hauptverdächtigen handelt es sich laut Polizei um die Tochter des Mannes, dessen mit Gasflaschen beladenes Auto am vergangenen Wochenende nahe der Kathedrale Notre Dame im Zentrum von Paris entdeckt worden war. Die anderen Frauen sind 23 und 39 Jahre alt. Der Freund einer der beiden Frauen wurde ebenfalls am Donnerstagabend festgenommen, wie gestern bekannt wurde. Er sei des Geheimdiensten wegen radikalislamischer Verbindungen bekannt. Sein Bruder befinde sich derzeit in Gewahrsam wegen möglicher Verbindungen zu dem Attentäter, der im Juni einen Polizisten und dessen Partnerin im Pariser Vorort Yvelines tötete.

Nach Angaben aus Ermittlerkreisen war die Hauptverdächtige der Polizei bekannt wegen Überlegungen, nach Syrien zu gehen. Dass sie dem IS die Treue schwor, gehe aus einem Brief hervor, den Polizisten bei ihr gefunden haben, berichtete der Radiosender RTL.

Innenminister Cazeneuve lobte die Arbeit von Polizei und Geheimdienst und sprach von einem „wahren Wettlauf mit der Zeit". |dpa

Nordkorea: Protest wegen Atomtests

SEOUL. Mit Empörung und scharfem Protest hat die internationale Gemeinschaft auf den jüngsten Atomwaffentest Nordkoreas reagiert. US-Präsident Obama drohte der Führung in Pjöngjang gestern mit neuen Sanktionen, die Bundesregierung verurteilte den Test „mit aller Entschiedenheit". Das abgeschottete Land hatte sich zuvor mit dem „erfolgreichen" Test eines neu entwickelten Atomsprengkopfes gebrüstet. Die USA und Japan beantragten eine Dringlichkeitssitzung des UN-Sicherheitsrats. Er sollte noch am gestrigen Abend zusammenkommen. Das Gremium hatte wegen früherer Verstöße bereits harte Sanktionen gegen Nordkorea verhängt. |dpa

LEITARTIKEL SEITE 2

Was nicht pickt, zählt nicht

Minderwertige Briefwahlkuverts sorgen in Österreich für neuen Aufruhr um die Kür des Staatsoberhaupts

VON RUDOLF GRUBER, WIEN

„Wenn's pickt, dann pickt's!" – sagen halt die Österreicher, wenn etwas nicht mehr zu retten ist. An der Bundespräsidentenwahl klebt das Pech mit einer Hartnäckigkeit, die schon unheimlich ist. Zunächst hatte die rechte FPÖ die Stichwahl vom 22. Mai angefochten, woraufhin das höchste Gericht das Ergebnis für ungültig erklärte. Bei der Auszählung der Briefwahlstimmen war nicht alles mit rechten Dingen zugegangen.

Jetzt ist eine dritte Wahlgang, die am 2. Oktober stattfinden soll, gefährdet. Denn die Wahlbehörden hat auf rätselhafte Weise. Zunächst war nur ein Kuvert aufgetaucht, dessen Lasche nicht mehr zu schließen ließ, mittlerweile sind es deren mehrere hundert.

Jetzt lässt Innenminister und Wahlleiter Wolfgang Sobotka nach den Ursachen forschen und will Anfang nächster Woche bekanntgeben, ob die Wahl auf November verschoben werden muss.

Das Perfide an diesen schadhaften Briefwahlkuverts ist, dass sie ungemein die Stimmrecht zunichte machen können, ja schilderte eine gespenstische Erfahrung: Zunächst habe sich von der Umschlag jedes Briefwahlkuverts zugeklebt. Glücklicherweise lag das Wahlkuvert noch ein paar Tage zu Hause herum, und ehe sie es zum Postkasten warf, sprang auch noch einmal auf. Und siehe da: Das Kuvert ließ sich öffnen! Hätte sie das Kuvert gleich abgeschickt, wäre ihre Stimme wegen Manipulationsverdachts ungültig gewesen.

Zu allem Überfluss sorgt nun folgende Posse für Aufruhr. Eine Wählerin suchte auf der Hotline des Innenministeriums: Ob sie die Lasche notfalls selber zukleben dürfe. Der Beamte empfahl ihr, das Problem mit einem Uhu-Stick zu lösen, aber sie dürfe keine Spuren hinterlassen, er wisse auch nicht davon erzählen. Per eigentlich ist das an der Vorschrift. Dem wohlmei...

Ein eigener Kosmos: Bad Dürkheim zur Wurstmarkt-Zeit

Von Peter Spengler

„Du hast doch nicht etwa vor, zwei Wochen lang nur über den Wurstmarkt zu schreiben!?" Die völlige Fassungslosigkeit war unschwer aus dieser Frage herauszuhören. Gerade hatte ich als neuer RHEINPFALZ-Lokalchef in Bad Dürkheim im August 2001 in der Redaktionskonferenz meinen ersten „Wuma-Themenfahrplan" mit gut einem Dutzend Punkten aufgelegt. Meine Verblüffung währte nur kurz. Dann beruhigte ich die nicht aus Dürkheim stammende Kollegin: „Nicht nur. Aber so ziemlich ..."

Es passiert ja sonst nix! Dürkheimer Wurstmarkt, das ist Ausnahmezustand – leichte Betonung auf Zustand – in der Lokalredaktion genauso wie im Rest der Stadt, in der das öffentliche Leben rund um das zweite und dritte Wochenende im September auf das Nötigste beschränkt wird. Nie ist die Work-Life-Balance ausgeglichener, aber auch anstrengender – inner- und außerhalb der Redaktionsräume. Alles Sozial- und Privatleben verdichtet sich in einem gepflasterten „Wohnzimmer" von viereinhalb Hektar. In den Orten ringsum passen sich die Aktivitäten an. Terminlage und Tagesroutine sind jetzt mehr als übersichtlich. Generell muss sich die kleinste der zwölf RHEINPFALZ-Lokalausgaben, um ein interessantes Blatt zu machen, fortwährend Themen und Geschichten unabhängig von Terminen und Geschehnissen einfallen lassen. An Wurstmarkt gilt das erst recht. Wirtschaftliche, soziale, unterhaltende, kulturelle, historische, politische, meteorologische, gerne „menschelnde" Themen und Aspekte in gesamter Band- und Stilformenbreite. Und natürlich, was sich tagesaktuell ergibt.

Das größte Weinfest der Welt: Wurstmarkt bedeutet Ausnahmezustand für Bad Dürkheim, aber im positiven Sinn.

Das größte Weinfest der Welt (allein der Weinumsatz schwappt in jüngerer Zeit gemäß der Absatzzahlen über den Eichstrich von drei Millionen Euro) bildet elf Tage lang seinen eigenen Kosmos. Samt eigenem Postzustellbezirk! Und eigener Zeitrechnung. Das Dürkheimer Jahr teilt sich in vor oder nach dem Wurstmarkt, und wenn's so weit ist, in Vormarkt (fünf Tage) und Nachmarkt (nur vier Tage, dafür meist „dichter"). Um in Übung zu bleiben, kommen in der zweitägigen Übergangsphase die Einheimischen unter sich in den Schubkärchlern zusammen. Der Rest verschnauft.

Die Schreiber und Fotografen der Lokalredaktion können dies allerdings nicht. Sie haben ja ihre Themenliste. Ist doch immer nur dasselbe? Welch Ahnungslosigkeit! Jeder Wurstmarkt ist anders. Aber immer schön. Und immer kann sich die Zeitung einer interessierten und kritischen Leserschaft sicher sein. Dank unzähliger „Wumanizer" in aller Welt und Internet sogar in globaler Reichweite.

Okay, mit den Jahrzehnten haben sich die Grundthemen immer wieder leicht wiederholt. Einmalig freilich blieb die 24-Stunden-Reportage, für die sich Klaus Koch 1996 zu seinem Einstand als Redaktionsleiter mit dem ganzen Team schichtweise die Zeit von Mittag bis Mittag um die Ohren schlug.

Größte und wichtigste Infobörse

Für die Chefposition bei der „Bad Dürkheimer Zeitung" sind über das übliche Anforderungsprofil hinaus zwei Vorgaben von Relevanz. Man sollte mit dem Begriff Wein etwas anfangen können. Und man muss bereit sein, Wurstmarkt zu feiern. Möglichst oft. Am besten tagtäglich. Es ist die größte und wichtigste Info-Börse, nirgendwo und nirgendwann sonst sind die Kontakte zahlreicher, die Quellen ergiebiger. Um voll auf dem Laufenden zu bleiben, bedarf es eines gewissen Stehvermögens. So ist es hilfreich, sich daran zu erinnern, was man am Vorabend zu hören und „gesteckt" bekommen hat. Wie fließend die eigenen Grenzen sein können, weiß man spätestens, wenn man gegen Abend nach Rückkehr in die Redaktion beim Schreiben nach den richtigen Worten sucht, aber nicht die richtigen Tasten findet. Da wird Textkorrektur mühsam.

Auch die RHEINPFALZ-Redaktion Bad Dürkheim ist immer mittendrin im bunten Treiben des Weinfestes. Unser Bild stammt aus dem Jahr 2016, in dem der Wurstmarkt seinen 600. Geburtstag feierte.

Wer Chef in der Lokalredaktion Bad Dürkheim werden will, muss Wein und Wurstmarkt lieben. Unser Foto zeigt Lokalchef Alexander Sperk (Mitte) mit seinen Vorgängern Klaus Koch (rechts), Eva Klag-Ritz und Peter Spengler (links) sowie Fotografin Monika Franck (rechts).

Helmut Kohl gab sich als rheinland-pfälzischer Ministerpräsident 1970 in Begleitung der damaligen Weinkönigin Gretel Stachel aus Maikammer die Ehre.

Wohl deshalb hat die RHEINPFALZ die interne Betriebsrunde, zu der sich die ganze Geschäftsstelle wie die meisten Belegschaften in Bad Dürkheim bereits nachmittags am Vormarktmontag traf, vor gut 30 Jahren zu einem Stammtisch mit Größen aus Stadt und Land erweitert. Anfangs fest im Schubkarchstand 1, später rollierend im Weindorf. Und manchmal ist die

Blitzbesuch im Jahr 2008: Vor Angela Merkel hatte noch kein Kanzler den Wurstmarkt besucht. Entsprechend groß war der Auftrieb am Schubkarchstand.

RHEINPFALZ sogar Motor der Innovation, Schrittmacher des Fortschritts: Die erste Lokalchefin, Eva Klag-Ritz, wurde 1992 quasi zur Kriegsberichterstatterin in einer der erbittertsten Glaubensschlachten der Wurstmarkt-Geschichte, einem monatelangen Grabenkampf quer durch Stadtrat, Bürgerschaft und Winzerschar. Ein halbes Dutzend Weinbaubetriebe, die bei der Belieferung der 36 Schubkarchstände und vier Festhallen leer ausgingen, rebellierten gegen die Warteliste. Sie plädierten für ein zeit- und stilgemäßes Angebot in einem separaten Weindorf, eher für Genießer denn Zecher. Die Traditionalisten wetterten gegen elitäres Schickimicki und unnötige Konkurrenz für die heiligen Schubkärchler. Als Kommentatorin teilte Klag-Ritz klar die Überzeugung der Reformer, dass ein alternatives Forum neues Publikum ansprechen werde und beide Portfolios voneinander profitieren würden. „Ohne die Eva hätte es das Weindorf zum damaligen Zeitpunkt nicht gegeben", bescheinigen heute einige der damaligen „Rädelsführer".

Geschichten rund um die RHEINPFALZ

Dieses Foto von 1969 beweist es: Schorle gab es damals noch nicht aus Dubbegläsern.

Weil sich der Wurstmarkt auch bei den in der Pfalz stationierten US-Soldaten größter Beliebtheit erfreut, behielten deutsche und amerikanische Sicherheitskräfte schon immer das Treiben dort gemeinsam im Auge. Unser Foto stammt aus dem Jahr 1966.

des „Jupiter" symbolisch zum angestammten Platz trugen, wurde dagegen gehört: Der 50 Meter hohe Leucht- und Eiffelturm des Wurstmarkts kam dorthin zurück, wo er hingehört. Vermutlich auf ewig.

Die Kanzlerin am Schubkarchstand

Ausnahmezustand im Ausnahmezustand: die Stippvisite von Angela Merkel auf dem Wurstmarkt 2008. Selbst Helmut Kohl, fast ein Einheimischer, hatte es lediglich als Ministerpräsident 1970 auf die Pfälzer Zentralkerwe geschafft, der erste Besuch einer Bundeskanzlerin war sensationell. Zumal der CDU-Wahlkreisabgeordnete Norbert Schindler, dem dieser „Staatsstreich" gelungen war, nicht gerade als Spezl der Kanzlerin galt und Merkel feiernde Menschenmassen nach Möglichkeit meidet. Es war auch nur ein Kurzbesuch auf Zwischenstation,

Es blieb nicht der einzige Wurstmarkt-Aufstand, der Artikel und Leserbriefspalten füllte. Allen voran die Jugend machte 1998 und 2004 wegen eines Kultkarussells mobil. Warum ist der „Polyp" nicht da!? Wieso steht das Riesenrad plötzlich vor dem Riesenfass!?!? Spontan sammelten junge Leute auf dem Festplatz 850 Unterschriften für das Kraken-Original, das allerdings ausgemustert blieb. Der Schweigemarsch, mit dem sie sechs Jahre später ein Modell

Schon vor mehr als 150 Jahren wusste auch die heimische Gastronomie den Wurstmarkt zu nutzen, um den Umsatz zu steigern.

nicht ganz eine Stunde: Empfang der Stadt mit Goldenem Gästebuch und 2000 Menschen im proppenvollen Hamelzelt, noch ein Schluck Schorle im Schubkarchstand 24, seit jeher Interimsparteizentrale der regionalen CDU. Was die spontane Kanzlerin außer einem Zipfel Bratwurst direkt aus der Metzgerbude und vier Alpenveilchen persönlich mit nach Hause nahm, blieb ungefragt – ein berufliches Trauma des Autors. Dem war es schlicht zu blöd, sich durch die nahezu blickdichte Phalanx von Leibgarde und Parteivolk zu drängen – schon um vor Heimpublikum nicht in den Verdacht zu geraten, selbst glühender Anhänger zu sein. Doch Angela Merkel bekam einen Tipp von Schindler: Beim Aufbruch vom Schubkärchler blieb sie urplötzlich genau vor dem RHEINPFALZ-Beobachter stehen und ermunterte ihn mit wortlosem Lächeln: bitte sehr, frag! Unser Mann war sprachlos – dummerweise wörtlich. Der Überraschungsmoment dauerte zwei, drei Sekunden – dann war er verspielt, die Kanzlerin drehte ab. Statt exklusivem O-Ton blieb ein stummer Blickkontakt. Na ja, für eine ganze Sonderseite im Blatt hat der Besuch auch so gereicht.

Zum Glück mussten sich der Wurstmarkt und die Lokalredaktion nie mit schlimmeren Unfällen konfrontiert sehen. Oder gar einem tödlichen Anschlag wie dem im Jahr 1980 aufs Münchner Oktoberfest. Am spektakulärsten war noch das Unfall-Doppel 1991. Am Vormarkt sprang auf der Gefällstrecke eine Gondel der Geisterbahn aus den Schienen, ein Fahrgast verlor zwei Schneidezähne. Und am Nachmarkt stand für eine halbe Stunde das Riesenrad still, nachdem das Stahlseil der Antriebswelle gerissen war. Hier kamen alle mit dem Schrecken davon – inklusive Eva Klag-Ritz, die alles hautnah und bang verfolgte: Ihre zehnjährige Tochter saß in luftiger Höhe in einer der Gondeln fest.

Ein großes Unglück ist in den Augen vieler Wurstmarkt-Enthusiasten allerdings der seit jüngster Zeit geltende Zapfenstreich für Festhallen und Fahrgeschäfte um Mitternacht. Der bis dato polizeistundenfreie Wurstmarkt wird auch dies verkraften – genau wie das Glaspfand als Riesenaufreger von 1982. Oder 2020 den ersten Totalausfall seit 1949: Das Wurstmarkt-Virus ist sicher langlebiger als die Corona-Pandemie.

Blick auf die Michaelskapelle, die Keimzelle des Weinfestes. Auf dem Michelsberg wurde Quellen zufolge ursprünglich der Wurstmarkt abgehalten.

Triumphzug für Königin Sylvia „ein Wahnsinn"

Tausende jubeln der neuen Deutschen Weinkönigin aus der Pfalz beim Winzerfestumzug in Neustadt zu

Von unserer Redakteurin Martina Röbel

▸ NEUSTADT. **Ihre Majestät rafft den langen Rock und steigt sportlich auf den Prunkwagen, der wunderschön für sie bereitet wurde. Begeistert betrachtet sie die blumige Umrahmung ihres Thrones näher: Einen Traum aus rund 30.000 Dahlienblüten haben fleißige Hände für den Triumphzug der 57. Deutschen Weinkönigin geschaffen. Und ein Traum geht damit auch für die Winzertochter aus Kirchheim in Erfüllung, die sich am Freitagabend die Krone erobert und damit zugleich der Pfalz einen jahrelang vergeblich ersehnten Erfolg beschert hat: Sylvia Benzinger darf als achte Repräsentantin aus der Pfalz für den Wein aus allen Anbaugebieten Deutschlands werben.**

Bald wird die 27-jährige Weinbetriebswirtin „ihrem Volk" zuwinken von dem Prachtgefährt aus, das traditionsgemäß als Glanzpunkt am Ende des größten Winzerfestumzuges der Nation beim Weinlesefest durch Neustadts Innenstadt rollt. „Es ist einfach ein erhebendes Gefühl", sagt sie, bekennt aber, dass sie innerlich nicht mehr so aufgewühlt ist wie direkt nach ihrer Wahl und noch am Tag darauf, als Glückwünsche, Interviews und erste Amtspflichten über sie hereinbrachen.

„Die Große Pfalzweinprobe war auch schon toll, als die Leute alle aufgestanden sind und mir applaudiert haben", erzählt sie von ihrem ersten offiziellen Auftritt am Samstag im Saalbau. Das sei wirklich sehr bewegend gewesen. Überhaupt habe sie in den ersten Stunden ein „Gefühlschaos" durchlebt – aber jetzt freue sie sich einfach riesig auf das sicher aufregende Amtsjahr, meint die Hoheit, deren Supererfolg nach Worten des Pfälzer Weinbaupräsidenten Edwin Schrank auch „gut zu dem Superjahrgang passt, den wir in der Pfalz einfahren werden".

Eine Vorstellung davon, was auf sie zukommt, hat die selbstbewusste Pfälzerin zwar durch die vorangegangene Zeit als Gebietsweinkönigin, aber die neue Aufgabe „ist doch viel größer". Verlassen kann sie sich dabei, wie sie betont, aber auf jeden Fall auf die Unterstützung ihrer Familie und Freunde.

Dass sie es mit der von ihr gewohnten Energie und Zielstrebigkeit anpackt, daran lässt die dynamische Kirchheimerin keinen Zweifel. Von den ersten Strapazen etwas erholt, war sie gestern Vormittag auch schon voll Schwung zum Styling für den Umzug im Coiffure-Salon von Heike Schwenck in Diedesfeld erschienen, die seit fünf Jahren die Bewerberinnen um den Pfälzer Weinköniginnen-Titel frisiert und schminkt. Als erstes holt Sylvia dort ihre neue Krone aus der Handtasche und legt sie lässig auf die Theke. Interessiert betrachtet die Friseurmeisterin das Geschmeide, das prima zum eleganten Stil seiner Trägerin passt.

Während dieser das frisch gewaschene Haar flott geföhnt wird, berichtet sie vom Trubel, der bei ihr zuhause in Kirchheim herrscht – wo sie leider seit der Wahl noch nicht hinfahren konnte. „Telefon und Fax-Gerät stehen nicht mehr still, meiner Mama gehen die Blumenvasen aus." Richtig aufgelöst sei ihre Mutter „und mein Papa ist noch völlig von der Rolle", beschreibt die Hoheit die Stimmungslage ihrer Eltern, dank deren Herkunft sie sich übrigens als einen ihrem Amt zuträglichen „übergebietlichen Verschnitt" sieht: Inge Benzinger kommt von der Mosel, ihr Mann Volker ist Pfälzer.

Und worauf möchte die Majestät in ihrem Amtsjahr einen Schwerpunkt legen? Im Hinblick auf die WM ist es ihr „vor allem ein Anliegen, den Slogan ‚Gast bei Freunden' gerade in Verbindung mit dem Wein weiter zu transportieren". Denn der „verbindet auch, wenn Worte mal versagen", meint die 27-Jährige und verweist auf Erlebnisse, wie sie sie etwa als Pfälzer Weinkönigin in China hatte. Wie begeistert die Gastgeber dort von ihrer offenen Art waren, davon zeugt, dass sie ihr als Geschenk ein Abendkleid maßschneidern ließen.

Apropos Kleidung – die Mama muss da nachher einiges mitbringen nach Neustadt. Und noch was, so wird sie schnell per Handy gebeten: „Nimm bitte noch ein Pfalzglas mit!" Schließlich muss eine Weinkönigin den Leuten zuprosten können. Zur Übergabe der Utensilien wird man sich wenig später in Neustadt treffen. Und dort wartet auch eine Überraschung, die Sylvia an diesem Morgen erst verraten wird: Die Kirchheimer Weinwerbegemeinschaft hat auf die Schnelle einen Wagen für den Umzug gestaltet.

Kurze Probe, an welcher Stelle die Krone am besten auf dem Haar sitzt, die Brille wieder aufsetzen – dann saust die schick zurecht gemachte Wahlsiegerin zur nächsten Station.

Kirchheimer bereiten Überraschung

Nach einem Termin beim Offenen Kanal kann sie in Neustadt die Eltern endlich wieder umarmen – und die Bekannten aus ihrer Heimatgemeinde begrüßen, die per Traktor mit liebevoll dekoriertem Anhänger zum Aufstellplatz für die Parade gekommen sind. Kurzfristig wurde der Wagen, auf dem ein Modell der evangelischen Kirche des Ortes prangt, ins Programm eingeschoben. Auf Transparenten an den Seiten steht zu lesen: „Kirchheim ist stolz auf seine Deutsche Weinkönigin." Und die dankt gerührt für so viel Mühen.

Zu ihrem eigenen Fahrzeug zu kommen, dauert eine Weile, obwohl es ganz in der Nähe steht. Ständig bittet jemand, die Majestät fotografieren zu dürfen oder selbst mit ihr abgelichtet zu werden. Auch, als sie den Thron auf dem Podest schon erklommen hat.

Punkt 16 Uhr geht's dann endlich los, mit zwei „Pfälzer Weinkehlchen" als reizenden Begleitern. Zu Fanfarenklängen des voraus marschierenden Fanfarenzuges aus Lingenfeld rollt der Prunkwagen langsam los – und der Star des Tages muss nun doch schlucken. Alle paar Meter brandet neuer Beifall auf, die Massen am Straßenrand jubeln der kessen Kirchheimerin zu. „Hurra", „super" oder „Glückwunsch, Sylvia", ruft's von allen Seiten – und immer wieder wird ihr Name skandiert. Ständig muss sie bei Bild- und Autogrammwünschen bedauernd verneinen: Die Aufnahmen für die Karten werden erst diese Woche gemacht. Doch die Fotos, die Zu schauer von ihr schießen, sind unzäh lig viele. Die Majestät winkt unablä sig und vom Lächeln schmerzen i allmählich die Wangen. Aber d Glück strahlt ihr aus den Augen.

„Es ist einfach Wahnsinn," zeigt sich völlig überwältigt von dieser geisterung. Und als die Tour n rund zwei Stunden zu Ende ist, Königin Sylvia für diesen Tag noch einen Wunsch: endlich ge lich daheim im kleinen Kreis feier können ...

—*Komme*

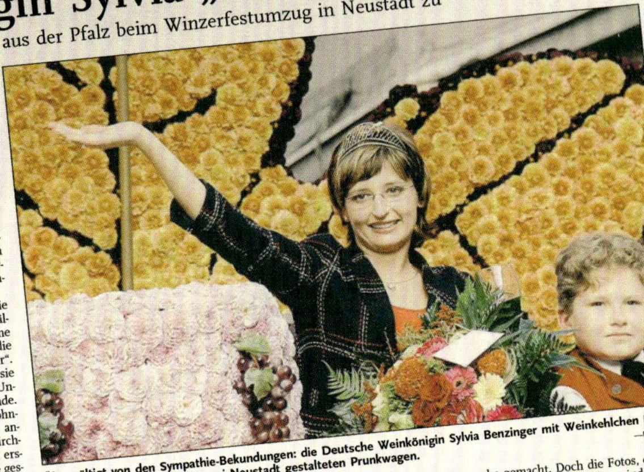
Überwältigt von den Sympathie-Bekundungen: die Deutsche Weinkönigin Sylvia Benzinger mit Weinkehlchen Mike auf ihrem von der Stadtgärtnerei Neustadt gestalteten Prunkwagen. —FOTO: LM

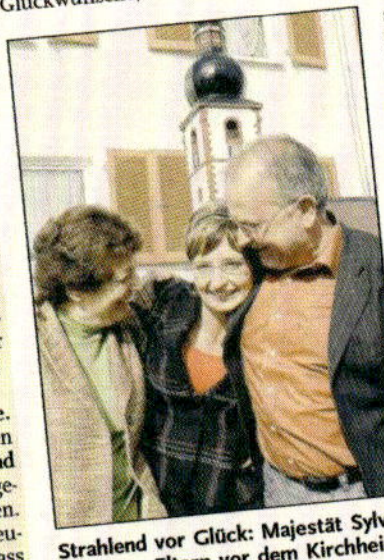
Strahlend vor Glück: Majestät Sylvia mit ihren Eltern vor dem Kirchheimer Umzugswagen. —FOTO: LM

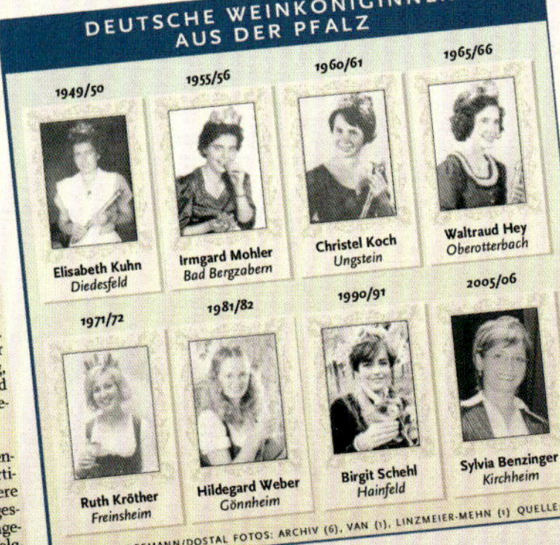
DEUTSCHE WEINKÖNIGINNEN AUS DER PFALZ
1949/50 Elisabeth Kuhn Diedesfeld
1955/56 Irmgard Mohler Bad Bergzabern
1960/61 Christel Koch Ungstein
1965/66 Waltraud Hey Oberotterbach
1971/72 Ruth Kröther Freinsheim
1981/82 Hildegard Weber Gönnheim
1990/91 Birgit Schehl Hainfeld
2005/06 Sylvia Benzinger Kirchheim
GRAFIK: T. HAGEMANN/DOSTAL FOTOS: ARCHIV (6), VAN (1), LINZMEIER-MEHN (1) QUELLE: DWI

Zwischen Rhein und Saar

…inderter Auftragsmord: …iter Mann in Verdacht?

…NHEIM / LUDWIGSHAFEN). Der verhinderte Auftragsmord …einem Manager beim Mannhei… Energieversorger MVV: Gibt es …n einen zweiten Verdächtigen? …h RHEINPFALZ-Informationen …nnte eine weitere Person an dem …nplott beteiligt gewesen sein. Wie …Sonntag Aktuell berichtet, soll sich … stellvertretender MVV-Abtei…ngsleiter von seinem Chef ge…obbt gefühlt haben. Deshalb hat er …em Vernehmen nach zusammen …it einer weiteren Person versucht, …inen Osteuropäer als Killer anzuheu…rn. Der Osteuropäer sei jedoch in ei…em anderen Zusammenhang von …en Ermittlern geschnappt worden …nd habe ausgepackt, heißt es. Da…nach soll es vor etwa zwei Wochen …zu einer filmreifen Festnahmeaktion …im Wohnort des stellvertretenden MVV-Abteilungsleiters im Rhein-Pfalz-Kreis gekommen sein. Bei diesem inzwischen in Untersuchungshaft sitzenden Mann handelt es sich um einen in seinem Wohnort angesehenen Familienvater.

Pfalz kompakt

CDU und SPD weiter zusammen. Die seit März 2002 andauernde Zusammenarbeit zwischen CDU und SPD im **Ludwigshafener** Stadtrat soll fortgesetzt werden. Das bekräftigten die Fraktionen im Vorfeld der heutigen Stadtratssitzung. Damit sind vorerst Spekulationen über die Bildung einer neuen Stadtratsmehrheit aus CDU, FDP und einer fraktionslosen Stadträtin vom Tisch. Durch den Wechsel des Ex-Republikaners Klaus Kiehl in die FDP-Fraktion und den Austritt der ehemaligen Republikanerin Andrea Graf aus ihrer Fraktion, wäre rechnerisch eine knappe Mehrheit für schwarz-gelb möglich gewesen. (mix)

Radfahrer stirbt nach Herzattacke. Vermutlich wegen Herzproblemen ist am Samstag ein Radfahrer in **Bad Dürkheim** von seinem Fahrrad gestürzt und kurz darauf gestorben. Wie die Polizei mitteilte, hatten Zeugen gegen 17.15 Uhr gemeldet, dass der 68-Jährige aus **Ludwigshafen** schwer verletzt und reglos auf der Straße liege. Wiederbelebungsversuche durch den Notarzt seien erfolglos gewesen. Es gebe keine Hinweise auf ein Fremdverschulden. Der Mann habe einen Ausweis bei sich getragen, der auf Herzprobleme hinwies. (swz)

Oberkirchenräte konkurrenzlos. Die beiden Oberkirchenräte Gottfried Müller und Christian Schad werden bei ihrer angestrebten Wiederwahl während der Herbstsynode der Evangelischen Kirche der Pfalz vom 16. bis 19. November keine Gegenkandidaten haben. Dies teilte die Landeskirche in **Speyer** nach Abschluss einer Ausschreibung mit. Der 54-jährige Müller und der 47-jährige Schad wurden 1998 für sieben Jahre gewählt. Müller ist im Landeskirchenrat für das theologische Personal zuständig, Schad für die Bereiche Diakonie und Ökumene und ist zudem Stellvertreter des Kirchenpräsidenten. (epd)

Pfälzer Obst präsentiert. Ein farbenprächtiges Obst- und Traubensortiment (Foto) präsentierten mehrere Pfälzer Obstbaubetriebe bei der gestern in München zu Ende gegangenen Bundesgartenschau. Der erfolgreichste Aussteller war der Apfelhof Emil Hilbert aus Erpolzheim (Kreis

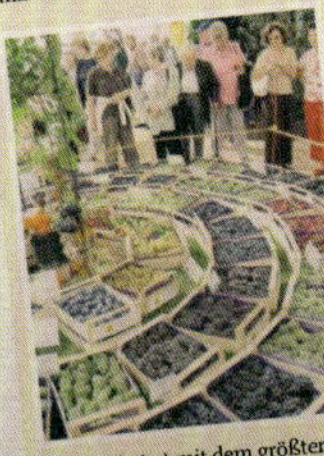

Bad Dürkheim) mit dem größten Sortiment. Er allein heimste 29 Gold-, 30 Silber- und 13 Bronzemedaillen ein. Etwas Außergewöhnliches bot der „Kleinste Weinberg der Welt", ein sechs Jahre alter Bonsaiwingert von Klaus Hettig (Lachen-Speyer… …es Gold und den Eh-

Kommentar

Glück und Erleichterun

Von Martina Röbel

▸ Zur grenzenlosen Freude kommt ein Gefühl tiefer Erleichterung: Die Pfalz kann nicht nur stolz sein auf ihre tolle Deutsche Weinkönigin, sondern auch glücklich, endlich wieder eine Majestät zu stellen. Damit ist sie nun befreit von einem immer belastender gewordenen und allmählich am Image kratzenden Druck. Hatte sich doch von Jahr zu Jahr drängender die Frage gestellt, warum ausgerechnet jenes große Weinbaugebiet, in dem die Idee zur Kür der Weinhoheit einst geboren wurde, so lange nicht mehr zum Zug gekommen war, seit Birgit Schehl aus Hainfeld die Krone 1990 erobern konnte.

Der Glanz des Erfolges der neuen Deutschen Weinkönigin wird im WM-Jahr zweifellos auf ihre Heimatregion abstrahlen.

Dabei sind pfälzische Kandidatinnen seither immer wieder dicht am Thron vorbeigerutscht. Immerhin schafften es einige ins Amt einer Deutschen Weinprinzessin, in dem sich durchaus auch viel Ehre einlegen lässt, wie zuletzt im vergangenen Jahr Hoheit Tina Kiefer aus Roschbach bewiesen hat. Und an den nötigen Voraussetzungen, Repräsentantin der deutschen Winzer zu werden, hat es bestimmt gar keiner der jungen Frauen gemangelt, die kompetent und charmant für die Pfalz ins Rennen um den Ti… gangen sind.

Als Erklärung, w… es für den Sieg nich… te, kann man stets … das viel zitierte f… Quäntchen Glück … manche widrigen … de verweisen. Im … nein darüber zu … oder sich gar noc… gern, ist freilich müßig. Jet… auf den Supererfolg anzust… Sylvia Benzinger erzielte – … sen Glanz zweifellos auf ihr… region abstrahlen wird. Di… dieser souverän agierende… versierten und offen auf … zugehenden „First Lady" … baus werden mit Sicherhe… Pfalz als Tourismusgebi… Werbung für ihre hervorr… wächse zugute kommen.

Die 14 „majestätenlose… vor sieht man am beste… cker und humorvoll wi… Geschäftsführer Detlev … nach der Wahl strahlend … mer wenn's gilt, stellen … sche Weinkönigin – w… Jahr der Wiedervereini… 2006 bei der Fußball-… schendurch, da lasse… anderen mal ran ..."

DAS INTERVIEW

„Jetzt fangen die Rechnereien an"

Joachim Mertes, SPD-Fraktionschef im rheinland-pfälzischen Landtag, zur geplanten Reform der Abgeordneten-Beza…

▸ **Die vier Fraktionen im rheinland-pfälzischen Landtag arbeiten gemeinsam an einer Reform der Abgeordneten-Bezahlung, die erstmals die Abkehr von steuerfreien Pauschalen und staatlicher Altersversorgung vorsieht. Vorbild ist ein Modell aus Nordrhein-Westfalen, bei dem die Abgeordneten bei gleichzeitiger Erhöhung der Diäten für ihre Pension selbst aufkommen müssen. In Mainz ist das Projekt allerdings ins Stocken geraten. Über die Gründe sprach unser Redakteur Winfried Folz mit dem SPD-Fraktionsvorsitzenden Joachim Mertes.**

Herr Mertes, was hindert sie daran, …

Landtags zu wenige Einzahler sind. Wir könnten uns diesem derzeit noch kleinen Versorgungswerk anschließen. Ob das die Lage verbessert, ist noch fraglich. Das muss sorgfältig geprüft werden, und das braucht seine Zeit. Ursprünglich gab es ja Signale, dass alle deutschen Landtage dem Versorgungswerk beitreten würden, was eine tragfähige finanzielle Basis schaffen könnte. Im Moment allerdings sind es nur NRW und Rheinland-Pfalz.

Bröckelt in Rheinland-Pfalz die Front der Reform-Befürworter?

Bröckeln ist der falsche Begriff. Es gibt eine gesunde Skepsis, weil die Abgeordneten befürchten, sich durch einen radikalen Systemwechsel finan…

…rung und Rentenversicherung zu tun. Hier muss vieles bedacht werden. Jeder Mensch, selbst jeder Journalist, würde sagen: Oh, das sollte man sich aber gut überlegen.

Ist der vermutete Nachteil so erheblich, dass eine vernünftige Reform daran scheitern könnte?

Die Frage ist doch, ob die 1500 Euro pro Monat reichen, um am Ende eine angemessene Altersversorgung zu garantieren. Muss der Beitrag höher sein, kann er vielleicht geringer sein? Keiner kann uns das im Moment mit Bestimmtheit sagen, also beraten wir intensiv darüber. Das nächste Problem sind die Werbungskosten. Abgeordnete haben ihre mit dem Beruf verbundenen Kosten bisher über die steuerfreien Pauschalen abgegolten. Künf… …einzeln bei

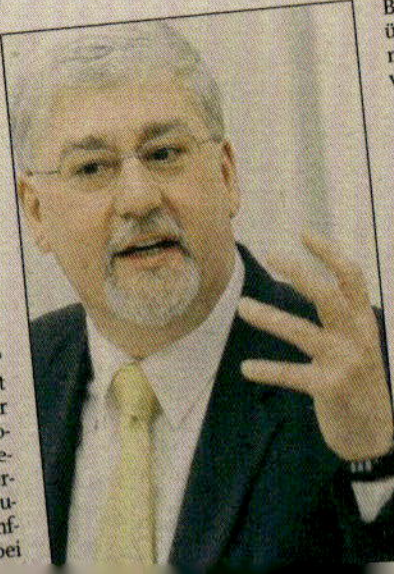

Brezeln besorge, da… über die Steuer … nicht? Nur mal al… vielen.

Das Problem habe… auch geregelt...

Da gibt es aber … fahrung mit un… urteilen. Diese E… Abgeordneten … klären wir jetzt … mit dem Fina… brauchen eine K… form, damit ein… Abgeordneten … ten 100 Prozen…

Glauben Sie, … Legislaturperio… nächsten Jahr… men werden k…

Mit dem Gla… che. Also: I…

Weinköniginnen: Leidenschaft für Rebensaft

Von Martina Röbel

Eine hübsche junge Dame, die mit Krone und im Dirndl ihr Publikum durch ihren reizenden Anblick und einen netten Trinkspruch erfreut: So stellten sich früher viele eine Weinkönigin vor. Doch dieses Bild hat sich längst gewandelt – durch souverän auftretende, wortgewandte und das Traditionsamt auf zeitgemäße Art bekleidende Fachfrauen. „Chapeau", sagt allein angesichts dessen, was Kandidatinnen bei den Majestätenwahlen bieten, auch RHEINPFALZ-Redakteurin Martina Röbel. Nicht nur als Journalistin, sondern ebenso als langjähriges Jurymitglied konnte sie umfassende Eindrücke davon sammeln.

„Un – wer werd's?" Unzählige Male schon bekam sie diese Frage zu hören. Immer im Herbst – in jenen Wochen, in denen die Deutsche und die Pfälzische Weinkönigin neu gewählt werden. Die einen fragen aus persönlichem Interesse, Kolleginnen und Kollegen aber vor allem, weil eine Einschätzung dazu für ihre redaktionelle Planung dienlich sein kann. Denn bereits das Vorbereiten der Berichterstattung erfordert stets ganz speziellen Aufwand. Bevor dazu etwas gesagt werden soll, blenden wir aber erst mal zurück auf die Anfänge der Wahl-Historie.

Geboren wurde die zündende Idee, eine attraktive Werbeträgerin für den Pfälzer Wein zu küren, bekanntlich an der Weinstraße: Der Verleger Daniel Meininger schlug 1931 als Vorsitzender des Verkehrsvereins in Neustadt vor, das schönste Mädchen auf dem dortigen Weinlesefest zur Weinkönigin zu erklären. Mit ihr sollte Reklame gemacht werden für die Erzeugnisse heimischer Winzer, deren Einnahmen seinerzeit oft kaum die Ausgaben deckten. „Krisling" taufte man bezeichnenderweise den neuen Jahrgang. Die künftige Hoheit guckte sich

Die 2009 vorgestellte neue Krone der Pfälzer Weinkönigin.

Sie wurde 1931 zur ersten Pfälzischen Weinkönigin gekürt: Ruth Bachrodt aus der Schuhstadt Pirmasens.

der Vorstand des Verkehrsvereins auf der Tanzfläche im Saalbau aus: die blonde Ruth Bachrodt. Dass die aus der Schuhstadt Pirmasens kommende Auserkorene keinen Bezug zum Weinbau besaß, spielte keine Rolle – zur Vorgabe wurde dies erst später.

Weil es damals nur in der Pfalz eine Weinhoheit gab, konnte sich die Pfälzische zugleich Deutsche Weinkönigin nennen. Bis 1938 wurde das Zepter jährlich an eine andere weitergereicht, nach der Zwangspause durch den Krieg dann 1947 erstmals wieder vergeben. Zwei Jahre später griff die frisch gegründete Deutsche Weinwerbung gerne den Vorschlag der cleveren Neustadter auf, künftig unter Vertreterinnen aller Weinbaugebiete im Lande eine Majestät zu wählen – aber selbstverständlich in Neustadt. So kam's, dass die 1949 dort gerade auf den „Pfälzer Thron" gehobene Elisabeth Kuhn aus Diedesfeld kurz darauf auch zur ersten wirklich überregionalen Deutschen Weinkönigin proklamiert wurde. Deren Krone eroberten danach bis zur „Regentschaftszeit" 2020/21 noch neun weitere Pfälzerinnen. Seit fast 25 Jahren ist „rö" – so lautet das Kürzel der Autorin dieses Beitrags – bei den Wahlen Pfälzischer und Deutscher Weinköniginnen ganz nah dabei. Lernt unterschiedlichste Kandidatinnen kennen, schreibt über deren Vorstellungen, Hoffnungen und Leistungen sowie über deren glühende Fans, sieht die Freudentränen strahlender Siegerinnen ebenso wie Traurigkeit und Enttäuschung in den Augen Unterlegener. Und fühlt sehr oft auch mit. Obwohl man als Jurymitglied in gebotener Weise objektiv bewertet und vergleicht, bangt man letztlich häufig doch mit seiner Favoritin oder seinen Favoritinnen mit, freut sich über Erfolg oder versucht auch manchmal zu trösten.

Oft fehlt tatsächlich nur das viel zitierte Quäntchen Glück im Wettbewerb. Denn das Bewerberinnen-Feld ist inzwischen fast immer sehr dicht, vor allem bei der Wahl der „Deutschen". Da treten amtierende oder vormalige Gebietsweinköniginnen mit entsprechender Erfahrung und oft sogar bereits abgeschlossenem Studium gegeneinander an. Sie sind zudem persönlich schon gereifter, wie auch Susanne Breiling von der Pfalzwein-Werbung bestätigen kann, die seit Langem die Pfälzer Hoheiten betreut und berät – und eine wichtige Ansprechpartnerin für die RHEINPFALZ ist.

Mitunter zeigt mancher sich aber gleich beim ersten Auftritt einer Kandidatin überzeugt: „Die wird's!" Weil sie nicht nur alle nötigen Fähigkeiten als oberste Botschafterin der Winzer besitzt, sondern zudem eine ganz besonders gewinnende Ausstrahlung. Ein Paradebeispiel dafür ist Janina Huhn aus Bad Dürkheim.

Die erste Deutsche Weinkönigin Elisabeth Kuhn beim Weinlesefest-Umzug 1949 in Neustadt.

Janina Huhn aus Bad Dürkheim war für viele auf Anhieb die Favoritin bei der Wahl der Deutschen Weinkönigin 2014/2015.

Wahlabend als journalistische Herausforderung

Mit Spannung erwartet wird jedes Wahlergebnis allemal. Von jenen, die zur aktuellen Information der RHEINPFALZ-Leser beitragen, umso mehr bei zeitlichem Verzug. Mitunter hängt es an wenigen Minuten, ob's noch rechtzeitig reicht zum Fertigstellen der Meldung für die Titelseite, damit sie in allen Ausgaben erscheinen kann, oder um den Endstand in der Titelgeschichte des Neustadter Lokalteils zu haben. Vom Mehraufwand bei einem Pfälzer Triumph im Rennen um das bedeutendste „Weinadelsamt" ganz zu schweigen. Gute Vorbereitung und erprobte Zusammenarbeit der beteiligten Redaktionsmitglieder und Fotografen sind da Gold wert. Erleichternd ist inzwischen, dass bei RHEINPFALZ online – wo es keinen Abgabeschluss gibt – rund um die Uhr das Neueste vermeldet werden kann.

Auf Trab hält einen ebenso die Folgeberichterstattung. Und da kommt es auch mal vor, dass es einem angesichts ungerechter Kritik und irriger Mutmaßungen mancher Zuschauer geradezu ein Herzensbedürfnis ist, per Kommentar dagegenzuhalten. So wie nach der Wahl der Deutschen Weinkönigin 1996/97 – der ersten, bei der „rö" mitvotieren durfte. Da unterstellten etliche unfair, die Sächsin Ines Hoffmann habe die Krone nur einem „Ossi-Bonus" zu verdanken. Die Jurastudentin aus Dresden und Tochter eines Nebenerwerbswinzers hatte jedoch die Jury-Mehrheit insbesondere durch ihre bescheidene, feine Art und geschickte Antworten in der Fachbefragung überzeugt.

Da diese damals noch hinter verschlossenen Türen erfolgte, konnte die Öffentlichkeit sich freilich nur bei der abendlichen Wahlgala einen Eindruck von den Kandidatinnen machen. Doch die hatte damals noch mehr Show-Charakter, war stärker auf Unterhaltung des Publikums ausgelegt als heutzutage. Zwar muss sie nun als Live-Sendung im SWR-Fernsehen auch diesem Anspruch noch gerecht werden, aber für die Bewerberinnen gilt's, ihre fachliche Kompetenz bei schwierigeren Aufgaben zu beweisen. Nachdem bei der Kür der „First Lady der Winzer" ein Vorentscheid zur Bestimmung von sechs Finalistinnen eingeführt wurde, erfolgt die fachliche Prüfung seit 2006 als öffentliche Veranstaltung. Bei der Wahl der Pfälzer Weinkönigin läuft sie weiter juryintern. Nur ein paar kurze Mitschnitte durchs Rhein-Neckar-Fernsehen gewähren den Zuschauern nachträglich kleine Einblicke.

Gerüchte über Gebietsproporz sind widerlegbar

Sich leider hartnäckig haltende und unzutreffende Behauptungen bei der Wahl der „Deutschen" sind auch, dass ohnehin alles abgekartet sei und es einen Gebietsproporz gebe. Doch die über 70 Juroren – eine bunte, wechselnde Mischung von Vertretern der Branche sowie aus Politik und Medien – stimmen sich nicht ab vor der geheimen Wahl, kennen einander größtenteils nicht einmal. Und was die Herkunftsregionen der Majestäten anbelangt, zeigt allein schon deren Auflistung: Die mittlerweile 13 deutschen Weinanbaugebiete kamen in völlig unterschiedlicher Häufigkeit und Reihenfolge zum Zug. Davon zeugt unter anderem, welch lange „Durststrecke" die Pfalz – obwohl die zweitgrößte der Regionen – ab 1991 bei der Titelvergabe durchleiden musste: Nachdem Birgit Schehl aus Hainfeld im Jahr zuvor die begehrte Krone erobert hatte, sollte dies erst 15 Jahre später wieder einer Pfälzerin gelingen: Sylvia Benzinger aus Kirchheim konnte den Bann 2005 brechen. Und die Hochstadterin Katja Schweder schaffte die Sensation, im Jahr darauf ihre Nachfolge antreten zu dürfen. Die pfälzische Erfolgsserie war übrigens eingeleitet worden von Tina Kiefer aus Ransbach, die 2004 Deutsche Weinprinzessin wurde – und als solche legte 2007/2008 die Niederkirchenerin Susanne Winterling ebenfalls Ehre ein für die Region.

Am intensivsten miterlebt hat „rö" alles rund um Katja Schweders Wahl. Dazu fuhr man gemeinsam per Zug nach Dresden, wo das royale Ereignis diesmal ausnahmsweise

Pfälzische Erfolgsserie: Die 57. Deutsche Weinkönigin Sylvia Benzinger aus Kirchheim krönt Katja Schweder aus Hochstadt 2006 bei der ausnahmsweise in Dresden erfolgten Wahl zu ihrer Nachfolgerin.

über die Bühne ging. Es statt am Stamm-Krönungsort Neustadt woanders auszutragen, ist gemäß des Vertrags der Stadt mit dem Deutschen Weininstitut (DWI) als Ausrichter nur ab und zu in Sonderfällen erlaubt. Dass dies auch so bleibt, darauf wurde – nebenbei bemerkt – auch in vielen RHEINPFALZ-Kommentaren schon gepocht.

Tränen der Rührung kamen „rö" insbesondere beim Winzerfestumzug auf dem Deutschen Weinlesefest in Neustadt. Für ein Feature darüber ein Stück des Weges mitzulaufen neben dem Prunkwagen der von Menschenmassen umjubelten neuen Majestät – wie bei den Königinnen Katja und Sylvia der Fall –, das war absolut ergreifend.

Die Frage bleibt: „Un – wer werd's?"

Es macht Spaß zu beobachten und zu erfahren, mit welcher Leidenschaft Winzerrepräsentantinnen im In- und Ausland für Wein und Weinlandschaften werben, innovative Ideen dabei umsetzen und wie gut sie Besuchern von Veranstaltungen ebenso wie ihren Followern auf Social-

Media-Kanälen gefallen. Interessant ist es auch, die weitere Entwicklung ehemaliger Hoheiten zu verfolgen. Das Amt ist häufig Sprungbrett in eine berufliche Karriere. Mit so mancher Ex-Weinkönigin haben Journalisten auch später noch zu tun. Zu den prominentesten Beispielen dafür zählt die zur Bundeslandwirtschafts- und -weinbauministerin aufgestiegene Julia Klöckner.

dabei: Weinköniginnen sind beliebt bei den Verbrauchern und als Vermittlerinnen von Weinwissen und -genuss sehr gefragt. Als charmante Galionsfiguren des deutschen Weinmarketings sind sie einfach unverzichtbar. Nicht wegzudenken ist ebenso das Ritual ihrer Wahl. Weshalb auch weiterhin jeden Herbst in der RHEINPFALZ-Redaktion gefragt werden dürfte: „Un – wer werd's?"

Die spätere Bundeslandwirtschaftsministerin Julia Klöckner zeigte sich als Deutsche Weinkönigin 1995/96 gern auch im schicken Hosenanzug – so wie auf diesem Autogrammkartenfoto.

Winzerfestumzug 2019 mit Anna-Maria Löffler: Die junge Frau aus Haßloch stieg im Herbst 2020 von der Pfälzer Weinkönigin zur Deutschen Weinprinzessin auf.

Die Deutsche Weinkönigin Birgit Schehl überreichte Michail Gorbatschow und seiner Frau Raissa bei deren Besuch 1990 in Deidesheim eine Flasche Beerenauslese des Weinguts von Bassermann-Jordan aus dem Jahr 1931, dem Geburtsjahr des sowjetischen Staats- und Parteichefs.

Zu deren Zeit als Deutsche Weinkönigin 1995/96 war übrigens das Dirndl als Amtsrobe schon nicht mehr üblich. Bei Ortsweinprinzessinnen wird es zwar noch immer gern gesehen, doch zur Kür der höchsten Majestäten treten die Kandidatinnen längst im Business-Outfit oder Cocktailkleid an.

Obwohl sich rund um ihr Amt in all den Jahrzehnten vieles geändert hat, bleibt es

SPORT

MONTAG, 4. MAI 1998

"We are the champions": Die Meister-Kür des 1. FC Kaiserslautern nach dem 4:0-Sieg gegen den VfL Wolfsburg. Es war eine tolle, spontane, überaus stimmungsvolle Party im ausverkauften Fritz-Walter-Stadion auf dem Betzenberg. – FOTO: KUNZ

Ein würdiger Meister

▶ FUSSBALL: Der 1.FC Kaiserslautern hat die Krone verdient

VON UNSEREM REDAKTEUR PETER LENK

▶ KAISERSLAUTERN. Der eigentlich ungleiche Kampf ist entschieden. Der Underdog hat's dem Großkopfeten gezeigt. Die Sympathie in Fußballdeutschland gehört dem 1. FC Kaiserslautern, dem Klub aus der Provinz, die Schadenfreude spürt der FC Bayern München, der Großverein aus der Millionenstadt München. Wir informieren in „Sonntag Aktuell".

Die „Kleinen" haben's den Millionären rechts und links von der Isar gezeigt. Haben unter Beweis gestellt, daß in unserem von der Mark regierten Gesellschaft eben nicht nur die Marie den Lauf des Erfolges bestimmt. Meister wird nicht der, der die teuersten Profis beine verpflichtet, sondern der, in dessen Mannschaft die Mischung aus Charaktere, die Könner, die Zuträger stimmt, der auch den passenden Trainer besitzt. Der 1.FC Kaiserslautern ist, und da befindet sich auch keine bayerische Maus einen Faden ab, nicht glücklich Titelträger geworden, der 1.FCK ist ein würdiger Meister.

Eine Meisterschaft, die sich, und das hört sich möglicherweise verrückt an, nach dem ersten Spieltag leise angedeutet hat, als der Aufsteiger in München mit 1:0 gewonnen hatte. „Wir haben uns gesagt, wer bei den Bayern gewinnen kann, der gewinnt überall in der Bundesliga", verdeutlichte der Däne Michael Schjönberg noch einmal die Stimmungslage in der Rehhagel-

Samstag, 17.16 Uhr: Freude pur auf dem Betzenberg. Trainer Otto Rehhagel und sein „nordischer Held" Michael Schjönberg lebten die Titelfreude aus.

Truppe nach dem Husarenstreich am 2.August 1997. Das 1:0 verursachte einen Selbstbewußtseinsschub, den das Team wohl über die gesamte Spielzeit spürte. Auch auf dem Betzenberg ging die hochgelobte bayerische Armada mit 0:2 unter. Zwei Siege im internen Duell, ein weiterer Beweis dafür, daß der Titelgewinn verdient ist.

Im Verlauf der Rückrunde vergaben die Münchner, die eigentlich erst an einem echten Kontrahenten aus der Pfalz mit neun Punkten Vorsprung entwischt war, danach beste Möglichkeiten aufzuschließen. Allerdings, die Schwäche der Männer um Trainer Giovanni Trapattoni entschied sich die Mannschaft, die auch mit Abstand die fairste im gesamten 18er Feld war. 47 Gelbe Karten, eine Gelb-Rote, kein einziger Platzverweis, die beeindruckende Fairness-Bilanz dürfte für einen Meister einmalig sein.

Der vorletzte Spieltag, der Tag der Entscheidung, spiegelte die Auseinandersetzung zwischen dem 1.FCK und dem FC Bayern München überaus anschaulich wider. Der eine holte das Dreipunkte-Pack durch einen überzeugenden 4:0-Erfolg gegen den vom Abstieg gefährdeten VfL Wolfsburg, die anderen schaffte mit Ach und Krach ein Pünktchen durch ein torloses Unentschieden gegen den MSV Duisburg, der in der Tabelle jenseits von Gut und Böse stand. Auch dieser Fernvergleich unterstreicht: Die Rehhagel-Schützlinge sind hochverdient Deutscher Fußball-Meister geworden. Sie ließen sich auch vom verbalen Störfeuer aus München, das letztlich nicht sonderlich beeindrucken, den Reaktionen waren meist meisterlich.

Mit Fritz Walter im „Meisterfieber"

▶ FUSSBALL: Wie Axel Roos den Titel erlebte

VON UNSEREM REDAKTEUR WOLFGANG KREILINGER

▶ KAISERSLAUTERN. Das „Meisterfieber" kam am Freitag. Eine Grippe legte Axel Roos flach. Der Schattenmann war nicht im Trainingslager, um die Kollegen nicht anzustecken. Die Temperatur stieg in der Nacht auf über 39 Grad. Am Samstag morgen mußte Otto Rehhagel ohne seinen Dauerläufer planen.

Er hat in 19 Jahren FCK viel erlebt, der dienstälteste Profi vom Betzenberg. Die 90 Minuten von Samstag waren die nervenaufreibendsten seiner Karriere. Während der Kollegen um den Titel spielten, hütete Roos das Bett. Wie oft er die Handynummer von Ehefrau Regine anwählte, die im Stadion saß, weiß er nicht mehr. Im Fernsehen lief Premiere, die Konferenzschaltung vom Fernduell. Wenn die Bayern vor einen Strafraum kamen, schoß der Adrenalinspiegel nach oben.

In der Halbzeit brauchte der Stammspieler, der in dieser Saison bislang nur im Heimspiel gegen Duisburg gefehlt hatte, Aufmunterung und Beistand. Axel Roos wählte die Nummer von Fritz Walter. Doch dem großen „Sohn" des Vereins ging es auch nicht besser. Walter-Ehefrau Italia wimmelte ab. Der Fritz habe Fieber und könne schlafen gelegt, sie dürfe ihn erst nach dem Schlußpfiff wecken. Das sei fest versprochen. Dem Vernehmen nach soll sich Fritz Walters Erkältung nur 17.15 Uhr schlagartig gebessert haben.

So blieb dem Weltmeister von 1954 die hektische Schlußphase von Duisburg erspart. Premiere übertrug nur noch aus dem Wedaustadion. Und als Mario Basler in der 85 Minute einen Freistoß um ein Haar in den Winkel gezirkelt hatte, konnte es Axel Roos nicht mehr mitansehen. Fernseher aus, Wecker an, eingestellt auf viertel nach fünf. Roos saß alleine in der Küche und wartete auf den Klingelton. Als es soweit war, stürzte er gradaus an den Fernseher und sah die Jubelbilder aus dem Fritz-Walter-Stadion. Das Fieber war wie weggeblasen. Regine Roos holte ihren Axel für das Meisterschaftsessen in Hochspeyer ab. Stunden später im Cafe am Markt meldete sich das Fieber zurück.

„Seht her, ein Absteiger." Ein Aussspruch, der nie fiel. Ein Gedanke, den im Kopf des sensiblen Profis aber stets abrufbar war. Der Makel, jener Mannschaft angehört zu haben, die einmal die Erstklassigkeit verspielt hatte, saß für Roos besonders tief. Wenn die Kollegen wieder in ihre Heimat in allen Teilen Deutschlands und Europas zurückgekehrt waren, dann wollte der Pfälzer aus Überzeugung immer noch in diesen Landstrich leben. Zweimal Pokalsieger, zweimal Meister – Axel Roos ist der erfolgreichste FCK-Spieler aller Zeiten. Seit Samstag heißt es: „Seht her, ein Meister."

Let's go Betze!

Karlsberg und die Fans gratulieren zur Deutschen Meisterschaft.

Der FCK:
Ein Mythos, der nicht sterben darf

Von Horst Konzok

In 75 Jahren RHEINPFALZ-Geschichte hat der 1. FC Kaiserslautern viele Schlagzeilen geschrieben, manche Sonderseite gefüllt. Seit einigen Jahren sind es aber meist Schreckensnachrichten, die vom „Berg der Berge" kommen. Am 2. Juni 2020 ist der FCK 120 Jahre alt geworden. Über dem „Betze", dem einstmals höchsten Fußball-Berg Deutschlands, kreist der Pleitegeier.

Die Fans halten dem FCK die Treue, auch wenn es schwierig wird.

Wie das Planinsolvenzverfahren endet? Schuldenschnitt? Rettung? Oder fahren die Roten Teufel wirklich zur Hölle? Der FCK – ein Mythos, der nicht sterben darf!

Tradition schießt keine Tore, Tradition lässt sich auch nicht endlos verzinsen, wenn die Führung eines Vereins versagt, wenn Krisenmanager zu Totengräbern werden, Heilsbringer als Profilneurotiker entlarvt werden. Oder wenn der Erfolg – wie die sensationelle deutsche Meisterschaft 1998, als der FCK als Bundesliga-Aufsteiger zum Titel stürmte – die Macher zu halsbrecherischen Abenteuern verführt ...

Den Ruhm des FCK, den großen Namen des Vereins, verdankt er seinem Ehrenspielführer: Fritz Walter, der am 31. Oktober 2020 100 Jahre alt geworden wäre, prägte den Verein wie kein zweiter Spieler, wie keine andere Persönlichkeit. Er war Kopf und Herz der Walter-Elf, die 1951 und 1953 deutscher Meister wurde. Er, das Vorbild für Generationen, machte den FCK zum Markenzeichen. Fritz Walter – das Gesicht des Vereins! Fritz Walter – der Kapitän für Deutschland!

Am 30. Juni 1951 gewann der 1. FC Kaiserslautern das Finale um die deutsche Meisterschaft gegen Preußen Münster vor 107.000 Zuschauern im Berliner Olympiastadion. „Fiffi" Gerritzen hatte die Preußen in Führung gebracht, doch Ottmar Walter drehte die Partie durch seinen Doppelschlag. Trainer Richard Schneider vertraute folgender Mannschaft: Karl Adam, Herbert Rasch, Werner Liebrich, Werner Kohlmeyer, Horst Eckel, Fritz Walter, Ernst Liebrich, Heinz Jergens, Ottmar Walter, Bernhard Fuchs und Werner Baßler.

Zwei Jahre später folgte das zweite Meisterstück der Lauterer – wieder mit Richard Schneider auf der Trainerbank: Am 21. Juni 1953 bezwang der FCK vor 80.000 Zuschauern im Berliner Olympiastadion im Endspiel den VfB Stuttgart mit 4:1 durch Treffer von Fritz Walter, Karl Wanger, Erwin Scheffler und Willi Wenzel. Für den VfB hatte Leo Kronenbitter getroffen (21.). Die Meistermannschaft: Willi Hölz, Werner Kohlmeyer, Werner Liebrich, Horst Eckel, Ernst Liebrich, Otto Render, Fritz Walter, Ottmar Walter, Erwin Scheffler, Willi Wenzel und Karl Wanger.

Geschichten rund um die RHEINPFALZ

Fritz Walter prägte den Verein wie kein Zweiter.

Fünf Lauterer Weltmeister

Fritz Walter war einer der besten Fußballer, die die Welt je sah. Ein torjagender Spielmacher, ein Mensch, der sein Talent mit großem Fleiß und unglaublichem Ehrgeiz pflegte. Er schoss mehr als 1000 Tore in seiner Laufbahn! Fritz Walter – der Künstler, der Ballkünstler. Er hat stets hart für seinen Sport gearbeitet. Eine Einstellung, die ihn zum Nationalspieler, zum Kapitän der Nationalmannschaft aufsteigen ließ, die Fritz Walter am 4. Juli 1954 im Wankdorf-Stadion zu Bern zum Weltmeistertitel, zu jenem unvergesslichen 3:2 gegen Ungarn führte. Ein Triumph auf dem grünen Rasen, der das nach dem verlorenen Zweiten Weltkrieg am Boden liegende Land beflügelte, den oft darbenden Menschen das Selbstwertgefühl zurückgab, den Deutschen eine neue Identität verlieh: Die Helden von Bern stehen für die Wiederauferstehung eines Volkes. Die Helden von Bern, von Toni Turek bis zu Hans Schäfer, vom Torwart bis zum Linksaußen, stehen für das neue Deutschland. Neben Fritz Walter bildeten vier weitere Lauterer das Gerüst der Weltmeistermannschaft: Horst Eckel, Werner Liebrich, Werner Kohlmeyer und Ottmar Walter.

„Man muss mit dem Herz dran glauben", gab der große Mann des deutschen Fußballs Einblick in seine Philosophie. Sie half ihm, mit 34 Jahren Weltmeister zu werden. Wenige Wochen nach dem 1:5 mit dem FCK verlorenen Endspiel um die deutsche Meisterschaft gegen Hannover 96 gab der schon abgeschriebene „ausgebrannte, alte Mann" die Antwort auf dem Platz. Die Helden von Bern – Helden für die Ewigkeit.

1963 gehörte der FCK zu den 16 Gründungsmitgliedern der Bundesliga – obwohl der Glanz der goldenen Ära, die die Walter-Elf geprägt hatte, verblasst war. Abstiegskampf war immer wieder angesagt. Der FCK schien unabsteigbar – bis 1996.

Der FCK schrieb aber auch Geschichte mit besonderen Spielen. So am 20. Oktober 1973, als die Münchner Bayern nach 57 Spielminuten auf dem „Betze" durch Tore von Bernd Gersdorff (3. und 12.) sowie Gerd Müller (36., 57.) schon 4:1 führten und dann untergingen: In den letzten 32 Minuten schossen die Lauterer sechs Tore, berauscht feierten sie den 7:4-Triumph. Seppl Pirrung traf gleich dreimal, Herbert

Empfang für die Helden von Bern, allen voran für Fritz Walter, in Kaiserslautern 1954.

Laumen (2), Klaus Toppmöller und Ernst Diehl machten das Schützenfest perfekt.

Nach einem 1:3 im Viertelfinal-Hinspiel des Uefa-Cups bei Real bebte der „Betze" am 17. März 1982. Real ging unter, der FCK spielte wie im Rausch: 5:0! Friedhelm Funkel (2), Hannes Bongartz, Norbert Eilenfeldt, der auch schon im Hinspiel getroffen hatte, und Reiner Geye machten die Sensation perfekt. Das hatte was von Fußball-Wunder! Auf der Lauterer Bank: Kalli Feldkamp. Der Motivationskünstler hatte aus dem Bundesliga-Mitläufer eine Spitzenmannschaft geformt. Mit Könnern wie Ronnie Hellström, Günter Neues, Hans-Peter Briegel, mit Bongartz, Geye und Funkel. Feldkamp ging – kam im Februar 1990 zurück, wurde zum Retter im Abstiegskampf und führte den FCK eine Woche nach dem Happy End in Berlin zum ersten Gewinn des DFB-Pokals. Im fünften Anlauf holten die Lauterer am 19. Mai 1990 mit einem 3:2 gegen Werder Bremen erstmals den Cup. Bruno Labbadia (2) und Stefan Kuntz schossen die Roten Teufel in Berlin zum Sieg.

Ein Jahr später war der FCK Deutscher Meister – die Mannschaft um Kapitän Stefan Kuntz, mit dem Weltklasse-Libero Miroslav Kadlec, begeisterte mit Willenskraft und einem Kollektiv. Im Europapokal der Landesmeister schien wieder eine magische Nacht zu folgen: Nach dem 0:2 im Hinspiel hatten die Roten Teufel am 6. November 1991 gegen den FC Barcelona 3:0 geführt, ehe Bakero in der Nachspielzeit traf. Aus der Traum!

Erst Aufstieg, dann Meisterschaft

Am 25. Mai 1996, eine Woche nach dem Abstieg in die Zweite Bundesliga, schoss Martin Wagner das goldene Tor für den FCK im DFB-Pokal-Finale gegen den Karlsruher SC. Wenige Wochen später löste Otto Rehhagel Eckhard Krautzun als Trainer ab – eine unglaubliche Erfolgsgeschichte nahm ihren Lauf.

Wiederaufstieg 1997, Meister 1998, Einzug ins Champions-League-Viertelfinale. Doch der traumhafte Erfolg verführte die Macher. Sie verloren die Bodenhaftung. „Wir wollen dauerhaft mit dem FC Bayern auf Augenhöhe spielen", proklamierte Jürgen Friedrich, als Vorstandsboss der Architekt des Wiederaufstiegs, hehre Ziele. Teure Stars wie Djorkaeff und Basler kamen, der Mannschaftsgeist wich Söldnertum, Verträge mit doppeltem Boden brachten Staatsanwälte auf den Plan, der Trainerstuhl wurde zum Schleudersessel. Mit der WM-Bewerbung samt Ausbau des Stadions für die WM 2006 übernahm sich der FCK, zumal der sportliche Erfolg ausblieb.

Steuernachzahlungen in Millionenhöhe, Punktabzug, die Fast-Pleite. René C. Jäggi, der Schweizer Sanierer, verkaufte das Stadion, um den Bankrott abzuwenden. Sportliche Substanz wurde verscherbelt. Die horrende Stadionmiete drohte, den Verein nach dem Abstieg 2006 aufzufressen.

Am 11. April 2008 kehrte Ex-Torjäger Stefan Kuntz als Vorstandschef zurück zu seiner großen Fußball-Liebe. Alles schien gut zu werden: Wiederaufstieg 2010 mit Trainer Marco Kurz, Bundesliga-Siebter 2011, aber 2012 der dritte Abstieg. 2013 scheitert der FCK in der Relegation. Zwei vierte Plätze folgen. Der Sturz des Aufsichtsratschefs Dieter Rombach Ende 2015 hat die Demission Kuntz' im Januar 2016 zur Folge. Danach geht es rasend schnell bergab: 2018 steigt der FCK in die Dritte Liga ab. Die Mission Wiederaufstieg scheitert. Die Ausgliederung der Profiabteilung bringt nicht den erhofften schnellen Erfolg – nicht sportlich, nicht wirtschaftlich. Patrick Banf tritt als Aufsichtsratschef ab, Sportchef Martin Bader muss gehen, Finanzchef Michael Klatt kommt mit seinem Abgang dem Rauswurf zuvor. Der FCK zeigt sich gespalten. Im Dezember 2019 übernimmt Markus Merk mit seinem Team die Führung. Doch schon sechs Monate später ist das Team kein Team mehr. Senator Jörg Wilhelm erweist sich als Spaltpilz. Der Führungsstreit eskaliert mitten im Ringen um die Sanierung. Der FCK – ein Mythos kämpft ums Überleben.

Welch ein Triumph: Stefan Kuntz präsentiert 1991 die Meisterschale.

Welch ein Kontrast zu dem Jubel von 1991: Stefan Kuntz auf der FCK-Versammlung nach dem Abstieg 2012.

Fassungslosigkeit und Trauer nach dem Abstieg aus der Ersten Bundesliga 2006: FCK-Fan in Wolfsburg.

Auf Du und Du mit Fritz Walter

FCK-Legende Fritz Walter war nicht nur ein brillanter Fußballer, sondern auch und vor allem ein sehr sympathischer Mensch. Der langjährige Leiter der RHEINPFALZ-Sportredaktion, Horst Konzok, hatte das Glück, den Ausnahmesportler recht gut kennenzulernen. Die erste Begegnung, da erinnert sich Konzok – damals 14 Jahre alt und fußballverrückt – noch ganz genau, war am 31. Oktober 1970 in Kaiserslautern. Fritz Walter feierte seinen 50. Geburtstag, und der damalige Ministerpräsident von Rheinland-Pfalz, Helmut Kohl, überreichte dem Fußballspieler das Bundesverdienstkreuz. Das Bundesligaspiel seines Vereins, das das Geburtstagskind auf dem „Betze" an diesem Tag zu sehen bekam, endete mit einem 0:0 gegen den 1. FC Köln. Unter den Balljungen, so Konzok, war der damals achtjährige Markus Merk. Alle drei – Merk, Walter und Kohl – sollten Konzok durch sein Berufsleben begleiten.

Im Jahr 2000, kurz vor Walters 80. Geburtstag, hatte Konzok einen Termin mit der FCK-Legende in dessen Haus in Enkenbach-Alsenborn. „Fritz Walter kam im Bademantel zur Tür", erinnert sich Konzok, „und entschuldigte sich. Er hatte den Termin völlig vergessen". Das Interview fand dennoch statt. Allerdings bestand Walter darauf, geduzt zu werden, was Konzok – voller Ehrfurcht vor dieser Fußballgröße – aber nicht über die Lippen brachte. Daraufhin habe Walter gesagt: „Ohne Du kein Interview." Daher habe sich Konzok schließlich zu einem schüchternen „Hallo Fritz" durchgerungen. Dieser habe sich daraufhin ausgeschüttet vor Lachen und gemeint: „Ganz gut für den Anfang." Das auf eine halbe Stunde angesetzte Interview dauerte geschlagene drei Stunden.

Erinnerungen von Horst Konzok

Mit Franz Beckenbauer unter der Dusche

Der 20. Oktober 1973 war ein ganz besonderer Tag: für die Fans der 1. FC Kaiserslautern und für Michael Grohmann, damals noch Volontär bei der RHEINPFALZ. Sportredakteur Volker Schroeter hatte den 24-Jährigen mit zu einem Bundesliga-Spiel auf den „Betze" geschleppt, zu einem Spiel, das in die Fußballgeschichte eingehen sollte. Mit dem Kollegen saß Grohmann damals auf der Pressetribüne und musste sich die gönnerhaften Kommentare der Mitarbeiter anderer Zeitungen anhören: „Ihr Pfälzer schlagt euch ja nicht schlecht", habe ein bayerischer Journalist zur Halbzeitpause – da stand es 1:3 für den Verein aus München – zu den RHEINPFALZ-Kollegen gesagt. Aber eine Chance hätten die Lautrer keine, habe er dann noch hinzugefügt. „Als es dann in der zweiten Halbzeit auf einmal 4:4 stand, dachte ich, das Stadion platzt", erinnert sich Grohmann. Am Ende siegte der FCK 7:4. Eine Sensation. Doch nicht nur die blieb Grohmann im Gedächtnis. Dass Kollege Schroeter mit ihm im Schlepptau nach dem Abpfiff in die Umkleidekabinen der Bayern stürmte und die völlig frustrierten Spieler Franz Beckenbauer und Uli Hoeneß noch unter der Dusche interviewte, so etwas erlebt man wahrlich nur einmal.

Erinnerungen von Michael Grohmann

Hoeneß (links) und Beckenbauer nach dem WM-Sieg 1974 in München. Im Jahr zuvor verloren die beiden mit Bayern München gegen den 1. FCK – und wurden von RHEINPFALZ-Mitarbeitern unter der Dusche interviewt.

DIE RHEINPFALZ – WIR LEBEN PFALZ

Verantwortung für 21 Einrichtungen
Das pfälzische Parlament

Sonderbeilage – September 2016

200 1816–2016 BEZIRKSTAG

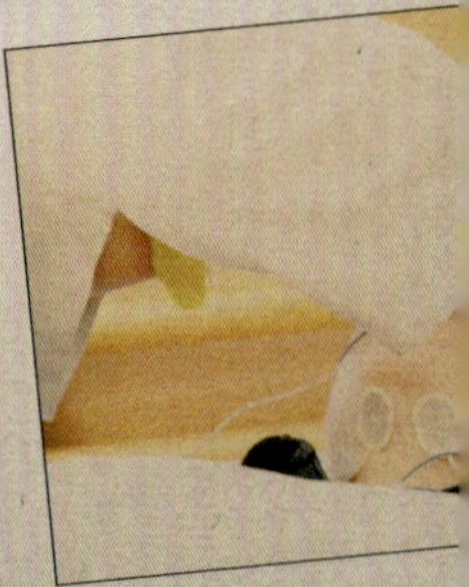

Napoleons Erbe:
Der Bezirksverband Pfalz
Von Dagmar Gilcher

„Napoleon ist an allem schuld" – das war der Titel einer heute fast vergessenen Filmkomödie, deren gesellschaftspolitische Spitzen die Herrschenden 1938 gar nicht mochten. Der Autor Curt Goetz musste ins Exil, der Film wurde verboten, der Titel jedoch zum geflügelten Wort. Aber auch wenn Napoleon nicht an allem und gewiss nicht allein schuld ist: Daran, dass die Pfalz innerhalb des Bundeslandes Rheinland-Pfalz heute so ist, wie sie ist – mit dem Bezirksverband Pfalz und einem von den Pfälzern frei gewählten Parlament, dem Bezirkstag –, hat der selbsternannte Kaiser der Franzosen einen nicht geringen Anteil.

Extrem kurz gefasst: Ohne Napoleons Eroberungsdrang nach Westen hätte es kein französisches Département du Mont Tonnerre gegeben, das den territorialen Flickenteppich geistlicher wie weltlicher Herrschaften auf dem Territorium der heutigen Pfalz beendete. Auch keinen Code civil, die 1804 eingeführten Gesetze, die allen Bürgern vor Gericht die gleichen Rechte zusicherten und die erst 1901 vom Bürgerlichen Gesetzbuch abgelöst wurden. Auch kein Königreich Bayern mit einem Pfälzer (Maximilian Joseph von Pfalz-Zweibrücken) von Napoleons Gnaden auf dem Thron, der rechtzeitig die Seiten wechselte und vom Wiener Kongress seine pfälzischen Stammlande zugesprochen bekam. Und somit auch keinen späteren Bezirkstag, kein Parlament der Pfälzer, das 2016 seinen 200. Geburtstag feierte.

Der Kaiser der Franzosen: Dass die Pfalz heute so ist, wie sie ist, das geht auch auf Napoleon (1769–1821) zurück.

Dieser Bezirkstag, der als „Landrath des Rheinkreises" am 6. Dezember 1816 erstmals zusammentrat, war noch längst kein frei gewähltes Parlament. Dafür mussten die Pfälzer (und Pfälzerinnen) noch 103 Jahre, einen Weltkrieg und eine Revolution abwarten, erst 1919 durften sie alle ihre

Der Bezirkstag der Pfalz feierte 2016 seinen 200. Geburtstag. Unser Foto zeigt die Wahl des Bezirkstagsvorsitzenden 2014 auf dem Hambacher Schloss.

Vertreter in das jetzt „Kreistag" genannte Parlament wählen. Im 1806 geschaffenen und 1816 um das linksrheinische Stammland des Herrschers Maximilian erweiterten Königreich Bayern hieß „Landrath", was zu Zeiten des von Napoleon geschaffenen Donnersberg-Departments (Département du Mont Tonnerre) Conseil général, Generalrat, genannt wurde. Verfolgt man die Geschichte noch weiter zurück, entdeckt man zusätzliche Indizien dafür, dass es sich beim Bezirkstag der Pfalz tatsächlich um eine Art pfälzisch-bayerisch-französische Koproduktion handelt, zu deren Werden viele beitrugen, allen voran aber einer: Als „Erfinder" der Bezirke als moderne Verwaltungseinheiten, wie sie zuerst in Rheinbayern und später im ganzen Königreich eingeführt wurden, gilt Maximilian Graf Montgelas, 1759 in München geboren, mit Vorfahren aus Savoyen, ausgebildet unter anderem in Nancy und Straßburg, Anhänger der Ideen der französischen Aufklä-

Dieser Ruf verhallte ungehört. Die Pfälzer entschieden sich 1956 nicht für eine Rückkehr nach Bayern.

rung und bereits in Diensten des aus Mannheim nach München berufenen Kurfürsten Karl Theodor stehend. 1787, am Hof des Herzogtums Pfalz-Zweibrücken, entwarf Montgelas bereits einen Plan zur Modernisierung des Kurfürstentums Bayern. Nicht dessen Erbe, Karl II. August, mit dem er vor den französischen Revolutionstruppen nach Mannheim floh, sondern dessen jüngerer Bruder Maximilian Joseph, mit dem Montgelas 1791 im preußischen Ansbach Exil fand, sollte sie dann durchführen. Montgelas, ein bayerischer Patriot, der französisch sprach, schrieb und dachte, der vor der französischen Revolutionsarmee floh und Frankreich dennoch als Verbündeten gegen den Zugriff der Habsburger auf Bayern sah: Das weckte Misstrauen, vor

Maximilian Graf Montgelas sah Frankreich als Verbündeten, um den habsburgischen Zugriff auf Bayern abzuwehren.

allem beim Kronprinzen, dem späteren König Ludwig I. Als Montgelas 1817 zum Rücktritt gezwungen wurde, hatte er jedoch die Grundlagen für eine moderne Staatsverwaltung schon geschaffen.

Genau genommen existieren die darin festgelegten acht bayerischen Bezirke noch heute: Oberbayern, Niederbayern, Oberfranken, Mittelfranken, Unterfranken, die Oberpfalz, Schwaben und eben Rheinbayern. Nur, dass Rheinbayern, ab 1838 amtlich „Pfalz" genannt, seit einer 1956 – wegen Desinteresse der befragten Bevölkerung – nicht durchgeführten Volksabstimmung endgültig dem neu geschaffenen Bundesland Rheinland-Pfalz zugeschlagen wurde. Auch das war übrigens auf französische Veranlassung zustande gekommen. Mit einer, wie manche im Norden des Landes bösartig sagen, „Extrawurst der Pfälzer aus bayerischen Tagen" – was, wie wir gesehen haben, historisch doch arg verkürzt ist. Fest steht, dass die Existenz des Bezirksverbands Pfalz mit seinem demokratisch gewählten Parlament – dem Bezirkstag – in der Landesverfassung verankert ist. Wer sie – was nichtsdestoweniger hin und wieder geschah und wohl auch weiter geschehen wird – infrage stellt, muss mit heftigem Widerstand rechnen. Bislang sind alle diesbezüglichen Versuche jedenfalls bereits in ihren Anfängen gescheitert.

Das hat nun nichts mit der Tatsache zu tun, dass die administrative Gliederung der Pfalz seit nunmehr 75 Jahren deckungsgleich ist mit dem Verbreitungsgebiet ihrer Tageszeitung, der RHEINPFALZ (wenngleich auch deren Existenz auf französische Behördenbeschlüsse zurückzuführen ist). Die Tageszeitung schaut schon aus Prinzip den Regierenden kritisch auf die Finger. Da sei nur kurz an die aufmüpfigen und so gar nicht königstreuen Zweibrücker Juristen, an Philipp Jakob Siebenpfeiffer, an das Hambacher Fest von 1832 und an die 1848er-Revolutionäre erinnert.

Streiter für Pressefreiheit: Philipp Jakob Siebenpfeiffer (1789–1845).

Der amerikanische Blogger und Journalist Glenn Greenwald hatte die Snowden-Papiere veröffentlicht. Im Saalbau Homburg erhielt er dafür 2015 den Siebenpfeiffer-Preis.

Was einst französisches Département oder bayerischer Bezirk war, ist dann im Lauf der Zeit durch Kriegsfolgen (die Saarpfalz nach dem Ersten Weltkrieg) oder Verwaltungsreformen (Bad Münster und Ebernburg) in der zweiten Hälfte des 20. Jahrhunderts geschrumpft. Einige Landkreise und Städte fielen an die saarländischen oder rheinhessischen Nachbarn. Fest steht jedoch, dass ein seit napoleonischer Zeit mehr oder minder gleichbleibendes administratives Gebilde die Pfälzerinnen und Pfälzer zusammengeschweißt hat. Manche mögen es Heimatgefühl nennen, andere sprechen auch von Identität. Diese freilich lässt sich nicht per Verwaltungsbeschluss verordnen, sondern entsteht in einem lange andauernden und sich fortwährend verändernden Prozess. Und an diesem sind neben Gesetzestexten noch viele andere Faktoren beteiligt, die das Leben der Menschen ausmachen: ihre Gesundheit, ihre Versorgung, ihre Bildungsmöglichkeiten und das, was sie an Natur und Kultur umgibt. Wie's der Zufall will, sind genau dies die Dinge, um die sich heute der Bezirksverband Pfalz kümmert. Wäre das Pfalztheater in Kaiserslautern ein Stadttheater, seine Tage wären längst gezählt. Mit dem Bezirksverband als Rechtsträger und somit finanziert durch alle pfälzischen

Das Historische Museum der Pfalz in Speyer ist weit über die Grenzen der Region hinaus bekannt für seine außergewöhnlichen Sonderausstellungen.

Städte und Landkreise (sowie Kaiserslautern selbst und das Land Rheinland-Pfalz) ist sein Bestehen seit 1968 gesichert. Das Museum Pfalzgalerie, ebenfalls in Kaiserslautern, das Historische Museum der Pfalz in Speyer und das Institut für pfälzische Geschichte und Volkskunde in Kaiserslautern sind Einrichtungen des Bezirksverbands. Weitere Museen wie das Dynamikum in Pirmasens, das Pfalzmuseum für Naturkunde in Bad Dürkheim

Alle auf Abstand: Eröffnung der Saison 2021 des Pfalztheaters Kaiserslautern im Herbst 2020.

oder das Deutsche Schuhmuseum in Hauenstein werden vom Bezirksverband gefördert. Die Meisterschule für Handwerk in Kaiserslautern und das Pfalzinstitut für Hören und Kommunikation in Frankenthal sind Bildungseinrichtungen für die Region, das Pfalzklinikum für Psychiatrie und Neurologie in Klingenmünster hat mittlerweile auch an anderen Orten Außenstellen. Und zuletzt hat der Bezirksverband auch den Naturpark Pfälzerwald unter seine Fittiche genommen.

Nicht immer, wenn über Theaterpremieren und Ausstellungen, über die Arbeit der Psychiatrie oder neue Wege bei der Arbeit mit beeinträchtigten Menschen oder die Ansiedlung von Luchsen im Pfälzerwald zu berichten ist, wird der Bezirksverband Pfalz erwähnt, jener Kommunalverband, um den manch Auswärtiger die Pfalz beneidet und der als Erbe napoleonischer wie bayerischer Zeit ein gerüttelt Anteil daran hat, dass sich in der Pfalz bei allen Unterschieden so etwas wie eine regionale Identität entwickelt und erhalten hat. „Bayern ist vielleicht das einzige deutsche Land, dem es … gelungen ist, ein wirkliches und in sich selbst befriedigtes Nationalgefühl auszubilden", soll der Preuße Otto von Bismarck 1865 gesagt haben. Die Pfalz als Teil Bayerns hat sich ihren Teil genommen, ihn mit französischem Esprit ergänzt und möglicherweise noch mit Weck, Worscht und Woi sowie einer revolutionären Prise Hambacher Fest gewürzt. Unwahrscheinlich, dass sich Pfälzerinnen und Pfälzer dieses demokratische Erbe nach über 200 Jahren wieder nehmen lassen.

Das Pfalzinstitut für Hör- und Sprachbehinderungen in Frankenthal ist eine der Einrichtungen des Bezirksverbands. Hier führen dessen Schüler auf der Werkstattbühne des Pfalztheaters 2011 das Theaterstück „Ende gut – alles gut, ein Krimi" auf.

Neumayer-Büste im Park des Pfalzmuseums für Naturkunde in Bad Dürkheim. Georg von Neumayer (1826–1909) war Geophysiker und Polarforscher. Er wurde in Kirchheimbolanden geboren.

DIE RHEINPFALZ

Einzelpreis: DM 1.20

Unabhängige überparteiliche Zeitung

tag, 2. Oktober 1982
gang 38, Nr 228

P 58 99 A

MITTELHAARDTER RUNDSCHAU

Helmut Kohl ist neuer Bundeskanzler

Vom Bundestag nach großer Debatte mit 256 von 495 Stimmen gewählt - „Vor geistig moralischer Herausforderung"

ONN (dpa/ddp). Der CDU-Vorsitzende Helmut Kohl ist am Freitag von der uen Regierungskoalition aus CDU/CSU und FDP im Bundestag zum sech- en Kanzler der Bundesrepublik gewählt worden. Nach seiner Ernennung rch Bundespräsident Carstens wurde Kohl am Abend von Bundestagspräsi- ent Stücklen vereidigt.

n der geheimen Abstimmung über das onstruktive Mißtrauensvotum zum Sturz on Bundeskanzler Helmut Schmidt er ielt Kohl sieben Stimmen mehr als die er orderliche absolute Mehrheit von 249 Ab- geordneten. 256 von 495 anwesenden voll- stimmberechtigten Parlamentariern gaben dem 52jährigen bisherigen Oppositionsfüh- rer ihre Stimme. 235 stimmten gegen ihn, vier enthielten sich der Stimme. Die neue Koalition verfügt insgesamt über 279 voll stimmberechtigte Parlamentarier, so daß Kohl rein rechnerisch aus diesem Lager 23 Stimmen nicht bekommen hat. Bei einer Probeabstimmung in der FDP hatten sich am Dienstag 18 Abgeordnete gegen die Wahl Kohls und zwei für Enthaltung ent- schieden. Nachdem Bundestagspräsident Richard Stücklen den Wahlausgang ver- kündete hatte, ging der ehemalige Kanzler Schmidt auf seinen Nachfolger zu und gra- tulierte ihm mit einem kurzen Hände- druck.

Kohl will künftig eine „Politik der Mitte" betreiben. Er wolle auch darauf achten, daß „nicht neue Gräben" im Lande geschaffen wurden, sagte Kohl, der mit Hilfe einer Mehrheit in der FDP-Fraktion den bisheri- gen Bundeskanzler Schmidt (SPD) stürzte.

Die Bundesrepublik stehe eher vor einer „geistig-moralischen Herausforderung" als vor einer ökonomischen, meinte Kohl un- mittelbar nach der Wahl. Vor Journalisten sagte er, das Erste und Wichtigste sei, mit möglichst vielen Gutwilligen die Verhält- nisse zu normalisieren. Wenn auf die mora- lische Kraft gebaut werde, sei er sicher, daß man es schaffe.

Der neue Kanzler bekräftigte, daß er Neuwahlen im nächsten Jahr herbeiführen wolle. Er sei ganz sicher, daß er das Votum des Wählers nicht zu fürchten habe. Diese Neuwahlen könnten auf einem verfas- sungsrechtlich korrekten Weg herbeige- führt werden.

Jetzt sei der Weg „endlich frei für den politischen Neubeginn" den das Volk brau- che, telegrafierte der CSU-Vorsitzende Strauß von Bayern aus an Kohl. Geschlos- sen und entschlossen, nüchtern und uner- schrocken müßten nun sichere Grundlagen für die Zukunft „durch eine illusionslose, ehrliche und überzeugende Politik" ge- schaffen werden.

Kohl erhielt seine Ernennungsurkunde als Bundeskanzler etwa eine Stunde nach seiner Wahl von Bundespräsident Car stens. Sein Kabinett soll am Montag offi- ziell vorgestellt und vereidigt werden. Der Bundespräsident hatte kurz vor der Ernen- nung Kohls Schmidt und den anderen SPD-Ministern die Entlassungsurkunden ausgehändigt. Die erste rein sozialdemo- kratische Bundesregierung der Bundesre- publik war zwei Wochen im Amt.

Der Bundespräsident, der Kohl „Glück und Erfolg" wünschte, würdigte bei Schmidt die für das deutsche Volk geleiste- ten Dienste. Mit großem persönlichen Ein- satz und ohne Rücksicht auf seine Gesund- heit habe der bisherige Kanzler sich den drängenden Aufgaben gewidmet. Schmidt habe sich auch als Staatsmann in der Welt hohe Achtung erworben. Der Bundespräsi- dent erkannte auch die besonderen Ver- dienste eines jeden einzelnen Ministers an, sie führen kommissarisch bis zur Ernen- nung ihrer Nachfolger die Amtsgeschäfte weiter.

Im Bundestag überreichte Bundespräsi- dent Stücklen Kohl ein Originalexemplar des Grundgesetzes und forderte ihn zur Ei- desleistung auf, für die der neue Kanzler die religiöse Eidesformel wählte. Der Bun- destagspräsident dankte Kohl danach und wünschte ihm Gottes Segen. Unter dem Beifall seiner Parteifreunde nahm Kohl anschließend zum ersten Mal auf der Re- gierungsbank Platz.

Die Wahl Kohls zum Bundeskanzler be- deutet für den rheinland-pfälzischen Mini- sterpräsidenten Vogel (CDU) einen Neube- ginn, keinen Übergang. In einem Interview mit der Mainzer „Allgemeinen Zeitung" meinte Vogel, Kohl habe ein ungewöhnlich schweres Erbe übernommen. Man müsse schon auf den Beginn der Bundesrepublik zurückgehen, um eine vergleichbare schwierige Situation zu finden.

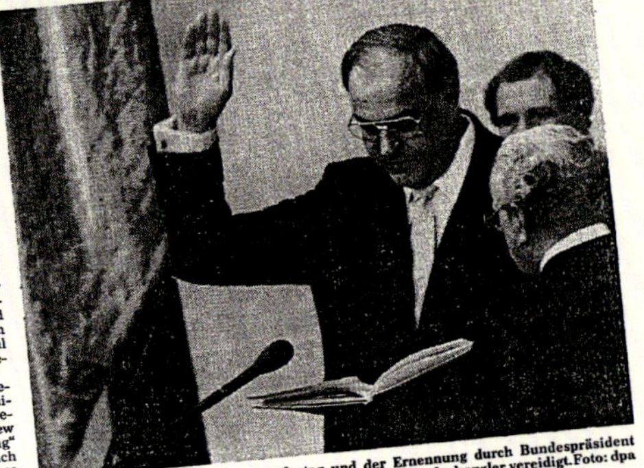

Nach seiner Wahl durch den Bundestag und der Ernennung durch Bundespräsident Carstens wurde Helmut Kohl im Bundestag als neuer Bundeskanzler vereidigt. Foto: dpa

HEUTE

Zum Kanzlerwechsel

FRITZ SCHLOSSARECK
Regierung auf Zeit (Seite 2)

KLAUS HOFMANN
Zum Dirigieren berufen Helmut Kohl will weder Übergangskanzler noch Überkanzler sein. (Seite 3)

HERBERT KELLER
GÜNTER BOHLEY
Vom Mittelläufer bei „Gut Holz" bis zum Bundeskanzler. (Seite 3)

PETER GARTZ
Der schleichende Abschied der SPD von der Macht Versuch einer Bilanz von 13 Jahren sozialdemokratisch geführter Politik. (Seite 4)

FRANK J. EICHHORN
KLAUS HOFMANN
Union will Kohl in Ludwigshafen feiern. (Seite 4)

Wechsel der FDP und seine Rechtfertigung

Bundestagsdebatte über das Konstruktive Mißtrauensvotum - Unterschiedliche Positionen

BONN (dpa/ddp). In einer lebhaften Bun- destagsdebatte vor dem mit Spannung er- warteten Mißtrauensvotum zur Ablösung von Bundeskanzler Schmidt durch den bisherigen Oppositionsführer Kohl haben am Freitag Spitzenpolitiker der drei Frak- tionen ihre unterschiedliche Positionen zum geplanten Regierungswechsel erläu- tert.

Zuvor hatte Bundeskanzler Schmidt in ei- ner Erklärung der Union und der FP die moralische Rechtferzigung zum Wechsel abgesprochen: „Ihre Handlungsweise ist legal, aber sie hat keine innere, keine mo- ralische Rechtfertigung" sagte Schmidt. Mehr als drei Viertelder Bürger sei für Neuwahlen und empfänden den geplanten Wechsel als Vertrauensbruch. Gleichzeitig bezweifelte der Kanzler die Ehrlichkeit der Ankündigung von CDU/CSU und FDP am 6. März nächsten Jahres Neuwahlen her beiführen zu wollen. Er argumentierte, daß Bundespräsident Carstens verfassungs- rechtliche Bedenken gegen die Neuwahl- Verabredung zwischen Kohl und FDP-Chef Genscher zum Ausdruck gebracht habe und daß in der Koalitionsvereinbarung kein einziges Wort über Neuwahlen zu fin- den sei. Kohls wahrheitswidrige Parole vom „Staatsnotstand" solle davon ablen- ken, daß ihm sofortige Neuwahlen uner wünscht seien.

Schmidt forderte Kohl auf: „Bitte erklä- ren Sie heute dem Bundestag und damit dem ganzen Volk ohne Wenn und Aber, daß wir am 6. März einen neuen Bundestag wählen und auf welche Weise sie die Auflö- sung des heutigen Bundestages zu diesem Zwecke herbeiführen werden." Wenn Kohl heute eine solche Erklärung unterlasse, ge- fährde er damit die Glaubwürdigkeit von CDU/CSU und FDP insgesamt. „Diese drei Parteien wollen sich im Bundeshaus in Bonn weit entfernt von der Stimmung im Lande zu einem Manöver einigen, das von unseren Bürgern weit überwiegend mißbil- ligt wird." Dieser Regierungswechsel be- rühre die Glaubwürdigkeit der demokrati- schen Institutionen.

Der FDP und insbesondere Parteichef Genscher lastete der Regierungschef an, seit August vorigen Jahres zielstrebig und schrittweise von allen früheren Erklärun- gen für die Fortsetzung der SPD/FDP-Ko- alition abgerückt zu sein. Schmidt sagte, seine Aufforderung, sich zur Koalition zu bekennen, habe die FDP mit fadenscheini- gen Erklärungen beantwortet. „Über viele Jahre werden die Bürger dieses Verhalten nicht vergessen." Gleichwohl bekräftigte Schmidt seine politische und persönliche Verbundenheit mit vielen FDP-Politikern, mit denen er seit 1969 an der Seite der SPD-Führer Willy Brandt und Herbert Wehner zusammengearbeitet habe. „Die hier gewachsenen politischen und mensch- lichen Gemeinsamkeiten können durch taktische Wendemanöver nicht ungesche- hen gemacht werden." (Fortsetzung auf Seite 2).

Erwägungen über eine Grundgesetzänderung

BONN (ddp). In der neuen Regierungsko- alition wird eine Grundgesetzänderung mit dem Ziel erwogen, dem Bundestag das Recht zur Selbstauflösung zu verschaffen. Wie der innenpolitische Experte der Freien Demokraten Hirsch, sowie der stellvertre- tende CDU-Vorsitzende Biedenkopf am Freitag erklärten, halten sie einen entspre- chenden Schritt für diskutabel. Beide Poli- tiker betonten aber, der Bundestag könne ihrer Auffassung nach auch über die Ver trauensfrage des Kanzlers oder seinen Rücktritt zur Auflösung und zu anschlie- ßenden Neuwahlen kommen. Hirsch be- tonte, er habe keine rechtlichen Bedenken, eine Neuregelung, wonach der Bundestag sich mit einer Zweidrittel-Mehrheit selbst auflösen können soll, schon bis zum ge- planten Auflösungstermin im Januar vor zunehmen. Politisch könnten dagegen al- lerdings Bedenken erhoben werden, wei ein solches Verfahren in den Geruch eine Einzelfall-Regelung kommen könne. Auc Biedenkopf sagte, man solle schon jetz über eine solche Grundgesetzänderun nachdenken.

Möllemann Staatsministe im Auswärtigen Amt

BONN (ddp). Neuer Staatsminister im A wärtigen Amt wird der FDP-Bundesab ordnete Jürgen Möllemann. Das gab FDP-Vorsitzende Genscher am Freitag der FDP-Bundestagsfraktion bekannt, zu einer kurzen Sitzung zusammengek men war. Er ist Nachfolger von Hilde Hamm-Brücher. Der zweite Staatsmin im Außenministerium wird von der gestellt. Das Amt übernimmt der bish außenpolitische Sprecher der CDU/ Fraktion, Alois Mertes.

Ausland reagiert abwartend auf den Wechsel

Reagan zuversichtlich - Paris besorgt um gemeinsame Währungspolitik - Fragen in Brüssel

BONN (rpf). Mit gemischten Gefühlen rea- gierte das Ausland auf die gestrige Wahl Helmut Kohls zum neuen Regierungschef der Bundesrepublik. Dies meldeten über- einstimmend die RHEINPFALZ-Korres- pondenten aus Paris und London sowie vom Brüsseler Sitz von Nato und Europä- ischer Gemeinschaft.

US-Präsident Reagan erwartet eine ebenso enge Zusammenarbeit mit dem neuen Bundeskanzler wie mit dessen Vorgänger. Er freue sich auf die Zusammenarbeit mit Kohl, den er bereits mehrmals getroffen habe. Ähnliches war aus dem amerikani- schen Außenministerium zu hören. Wie bisher solle das Schwergewicht auf enge Konsultationen „über alle vor uns liegen- den Themen" gelegt werden.

Das Pariser Regierungslager um den so- zialistischen Präsidenten Mitterand konnte dagegen seine Besorgnis nicht verbergen, daß die deutsch-französische Achse vor al- lem in der Wirtschafts- und Währungspoli- tik nun unter Druck geraten könne. Den Bonner Machtwechsel werteten Pariser Kommentatoren als eine „schlechte Nach- richt"

Auch bei den Brüsseler EG-Behörden wurden gestern viele Fragen nach der künftigen deutschen Europapolitik gestellt. Da die Bundesrepublik zum Januar 1983 turnusgemäß für sechs Monate den EG- Vorsitz übernimmt, befürchtet man in Brüssel eine eingeschränkte Handlungsfä- higkeit der Bonner Vertreter in den EG- Gremien im nächsten Frühjahr, wenn es beim Wahltermin des 6. März bleibt.

Aus dem Nato-Hauptquartier Shape bei Brüssel hieß es, daß der nun erwartete wirtschaftliche Aufschwung die Bundesre- publik eher in die Lage versetzen würde, ihre Nato-Pflichten zu erfüllen. Keinerlei Entlastung erwartet man bei der Nato hin- sichtlich des europäischen Streits mit den USA über die sowjetische Erdgasleitung. Insgesamt wird jedoch eine stärkere Ver- ständigungsbereitschaft der neuen Regie- rung gegenüber den USA vermutet.

Die konservative britische Regierung hat dem neuen Bundeskanzler unmittelbar nach seiner Wahl ein Glückwunschtele- gramm gesandt. Ein Sprecher erklärte, es werde keine Änderungen in den Beziehun- gen der beiden Länder geben. Zurückhal- tend haben die britischen Medien den neuen Bundeskanzler vorgestellt.

Die deutsche Industrie vertraut auf die Kraft der neuen Bundesregierung zur schrittweisen Wiedergesundung der Wirt- schaft. Dies teilte der Präsident des Bun- desverbandes der Industrie, Rodenstock, in einem Glückwunschtelegramm mit. Der Bundesverband deutscher Banken stellte nach dem Mißtrauensvotum fest, damit sei eine Phase der politischen Ungewißheit be- endet. Auch der Zentralverband des Deut- schen Handwerks sieht nun eine Chance für einen grundsätzlichen Neubeginn.

Für die Börse kam Bonner Abwahl zu spä

Die Hoffnungen des Berufshandels noch während der Börsenzeit eine scheidung in Bonn falle, wurden g enttäuscht. Die Wahl von Bundesk Helmut Kohl erfolgte erst nach En Börsenzeit. Der Frankfurter Aktie hatte entsprechend einen wechse Verlauf und schloß gestern uneinh In New York notierte der Dow Jone In- dustriewerte) um 13 Uhr Ortszeit m (Vortagesschluß 896,25 minus 10,02)

Lahnstein hat Bedenken gegen „Zwangsanleihe"

BONN (ddp). Gegen die von der CDU/CSU und FDP geplante Einführung einer „Zwangsanleihe" für Besserverdienende hat Bundesfinanzminister Lahnstein ver fassungsrechtliche Bedenken geäußert. In einer am Freitag in Bonn veröffentlichten Erklärung meinte Lahnstein, eine solche Maßnahme könne sich nicht auf das Grundgesetz stützen, das dem Gesetzgeber die Möglichkeit entweder zu Steuererhö- hungen oder zur Erhebung von einer Inve- stitionshilfeabgabe zugestehe. Die Zwangs- anleihe sei aber weder eine Steuer, da sie zurückgezahlt werden soll, noch eine Inve- stitionshilfeabgabe, da sie nicht in einen besonderen Fond fließen solle, sondern viel- mehr zur Deckung des Bundeshaushalts diene. Auch der beabsichtigte Verwen- dungszweck, die Förderung des Wohnungs- baus, ist für Lahnstein verfassungsrecht- lich bedenklich. Wohnungsbau sei Aufgabe der Bundesländer

„Kleiner SPD-Parteitag"

BONN (dpa). Die SPD bereitet jetzt die Weichenstellung für ihre politische Arbeit als Oppositionspartei im Bundestag vor. Der Parteivorsitzende Brandt kündigte am Freitag vor der SPD-Bundestagsfraktion für den 19. November die Einberufung ei- ner Bundeskonferenz voraussichtlich nach Kiel an. Für diesen „kleinen Partei- tag" auf dem die wesentlichen SPD-Gre- mien vertreten sein sollen, werden der Par- tei- und der Fraktionsvorstand nach Anga- ben Brandts eine programmatische Platt- form erarbeiten. Sie soll sich auf die vom ehemaligen Bundeskanzler Schmidt am Freitag vor dem Bundestag dargelegte Zwölf-Punkte-Erklärung und die Parteibe- schlüsse stützen.

Bundesverband Druck lehnt IG Druck-Forderungen ab

WIESBADEN (dpa). Der Bundesverband ... Forderungen der zentralen ... Papier

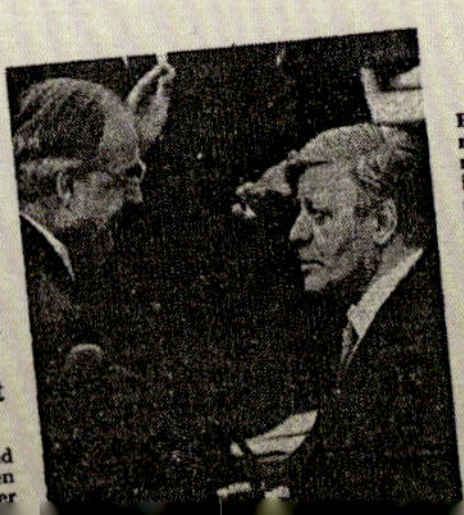

Abschied von der Truppe

Schmidt fordert von Moskau Zeichen des Friedenswillens

BONN (dpa). Helmut Schmidt hat bei sei- nem Abschiedsbesuch im Verteidigungs- ministerium die Sowjetunion aufgefordert, ihrer Verantwortung als Weltmacht ge- recht zu werden, sich in der Rüstung zu mäßigen, Abrüstung vertraglich zu verein- baren und den Menschen in West- und Osteuropa ein Zeichen zu geben, daß Frie- den und Freiheit eine Zukunft haben.

Schmidt war kurze Zeit nach dem gelun- genen konstruktiven Mißtrauensvotum auf die Hardthöhe gefahren. Schmidt, der von 1969 bis 1972 das Verteidigungsministe- rium leitete, sagte in seiner Abschiedsrede weiter, Friedenspolitik durch Fähigkeit zur Verteidigung und Bereitschaft zur Verstän- digung sowie vertragliche Rüstungsbegren- zungen und Abrüstung seien in unserer ... Gebote. Die Bundeswehr ... des Ost- ... fühle sich der Bundeswehr in dieser Stunde genauso verbunden wie vor einem Vierteljahrhundert, als man über den Auf- bau der Streitkräfte nachgedacht, disku- tiert und ihre verfassungsrechtliche Ein- ordnung in den Staat erarbeitet habe. Er habe seinerzeit als Verteidigungsminister „in diesem Amt tiefe Befriedigung gefun- den und mit Freude die Bundeswehr ge- führt" Schmidt erinnerte daran, daß er als erster SPD-Bundestagsabgeordneter eine Wehrübung gemacht, als Parlamentarier an den Fundamenten für die Bundeswehr mitgearbeitet habe und später erster sozi- aldemokratischer Bundesverteidigungsmi- nister war. Heute könnten die Deutschen stolz auf die Streitkräfte sein, die im Bünd- nis geachtet und auch vom Warschauer Pakt anerkannt seien.

Schmidt schritt nach seiner Rede zusam- men mit Verteidigungsminister Apel und ... Jürgen Brandt die ... ab, die

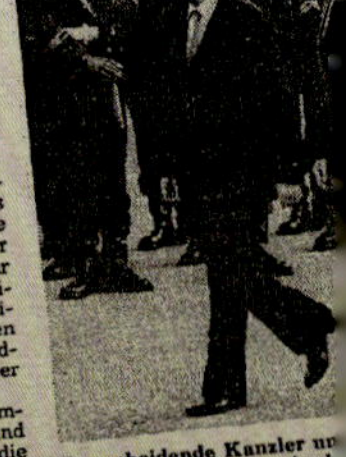

Der scheidende Kanzler m... ...minister Hans Apel

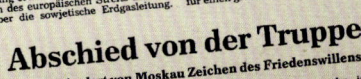

Der Pfälzer Riese:
Helmut Kohl und die RHEINPFALZ

Von Michael Garthe

Es ist eine im wahrsten Sinne des Wortes spannungsgeladene Geschichte: Helmut Kohl und die RHEINPFALZ.

Der Ludwigshafener Kohl, Jahrgang 1931, kam schon Anfang der 1950er-Jahre als blutjunger Mann in Berührung mit der Tageszeitung für die Pfalz. Der gebürtige Friesenheimer war in der eben gegründeten Jungen Union, der Jugendorganisation der CDU, in Ludwigshafen aktiv.

Der Friesenheimer Helmut Kohl machte sein Abitur am heutigen Max-Planck-Gymnasium. Das Klassenfoto, aufgenommen Ende der 40er-Jahre, zeigt ihn ganz hinten in der Mitte.

Die im September 1945 in Neustadt gegründete RHEINPFALZ etablierte sich da gerade neu in Ludwigshafen, baute ihr Pressehaus in der Amtsstraße. Kohl suchte Kontakt zur Presse – und bekam: zu essen. Kohl, so beschreiben es Zeitzeuginnen, war immer hungrig. Denn es gab nicht so viele Nahrungsmittel damals, und der junge Mann hatte wenig Geld. Die Damen im Fernschreibraum der RHEINPFALZ aber hatten immer etwas übrig für Kohl und seine jungen Freunde. So kam er fast jeden Abend. Einmal begegnete er dort dem Gründungsverleger Josef Schaub. Auch der spendierte ihm so manche Mahlzeit. Kohl hat sich daran immer gerne erinnert.

Helmut Kohl machte schnell politische Karriere: Stadtrat in Ludwigshafen, Landtagsabgeordneter in Mainz, dort bald Vorsitzender der CDU-Fraktion. Die RHEINPFALZ hatte immer etwas zu berichten. Kohl war umtriebig, streitbar und stets auch im Einsatz für seine Heimatstadt. Er verstand es, sich in Szene zu setzen. Für Ludwigshafen, die graue Großstadt am Rhein, war das vorteilhaft. Ein gutes Verhältnis zwischen Kohl und der RHEINPFALZ-Redaktion schien in beider Interesse zu sein. Überdies hatte die RHEINPFALZ zu jener Zeit den Ruf, so wie Kohl katholisch und konservativ zu sein. In manchen Kreisen nannte man sie die „Schwarzkattel", was Bezug nahm auf eine damalige Bistumszeitung, aber auch etwas mit dem Gasthaus „Schwarzer Kater" in Neustadt zu tun hatte,

Helmut Kohl war umtriebig, streitbar und immer im Einsatz für sein Ludwigshafen. Unser Foto zeigt ihn 1961 auf dem Parkfest im Ebertpark.

in dem sich Verlagsleitung und Redaktionsmitglieder in der Gründungszeit der Zeitung nach Feierabend gerne trafen. Aus dem Ruf der Zeitung glaubte Kohl ableiten zu können, dass es eine immerwährende Sympathie zwischen ihm und der pfälzischen Tageszeitung geben müsse.

Die „Schwarzkattel" wird zur weltoffenen Zeitung

Noch bevor Kohl in der Landespolitik aufstieg, hatte Josef Schaub die RHEINPFALZ schon zu einer der großen regionalen Tageszeitungen in Deutschland gemacht. Ihre Bedeutung verschaffte ihr Zugang zur nationalen und internationalen Politik. Chefredakteur Walter Hück gehörte zu den wenigen Journalisten regionaler Tageszeitungen, die Konrad Adenauer 1955 nach Moskau begleiten konnten und miterlebten, wie der Bundeskanzler die deutschen Kriegsgefangenen heimholte. Die RHEINPFALZ konnte sich bald Korrespondenten an den Brennpunkten internationaler Politik leisten: Paris, London, Washington, Moskau ... Schritt für Schritt wurde aus der „Schwarzkattel" eine weltoffene Zeitung, die dem Anspruch in ihrem Titel, „unabhängig und überparteilich" zu sein, gerecht wurde. Helmut Kohl freilich meinte, die Zeitung seiner Heimatstadt müsse ihn stets mit landsmannschaftlicher Sympathie verfolgen. Das konnte nicht gutgehen.

Kohl, der in der persönlichen Begegnung, je nach Laune und Interesse, charmant oder distanziert sein konnte, suchte wie zum Gründungsverleger Josef Schaub auch die Nähe zu dessen Nachfolger Dieter Schaub. Dabei überspannte er den Bo-

Besuch beim Ministerpräsidenten in Mainz, vermutlich 1976: der neue RHEINPFALZ-Chefredakteur Fritz Schlossareck, Verleger Dieter Schaub und der scheidende Redaktionschef Walter Hück bei Helmut Kohl (von links).

gen mit schikanösen Bemerkungen. Dieter Schaub sagt, seitdem habe er ein „gebrochenes Verhältnis" zu Helmut Kohl gehabt. Dessen Leistung als Kanzler der deutschen Einheit und als Förderer der Einigung Europas erkenne er aber an.

Dieter Schaub ließ die Redaktion von seinem gebrochenen Verhältnis zu Kohl nichts spüren. Das Auf und Ab in der Beziehung zwischen Kohl und der RHEINPFALZ wurde aber zum Dauerzustand. Chefredakteur Fritz Schlossareck musste die Redaktion immer wieder gegen die Kritik des Kanzlers verteidigen. In Kohls zweiter Amtszeit als Bundeskanzler verschlechterte sich das Verhältnis des CDU-Vorsitzenden zu seinem Generalsekretär Heiner Geißler, dem Abgeordneten der Südpfalz im Bundestag. Beide suchten in dieser Phase auch die RHEINPFALZ als Bühne für ihre Selbstdarstellung, und beide waren sauer, weil die RHEINPFALZ ihnen diese Bühne nicht bot.

Heftige Angriffe wegen kritischer Berichterstattung

Als Ende der 1980er-Jahre die Bürgerschaft der DDR gegen ihren Staat aufbegehrte und den Mauerfall herbeiführte, erwies sich Kohl als großer Stratege, der mit außergewöhnlichem politischen Geschick die Gunst der Stunde nutzte und die staatliche Wiedervereinigung durchsetzte.

Der Kanzler der Einheit in der Redaktion in Ludwigshafen: Verleger Dieter Schaub und Chefredakteur Fritz Schlossareck sprechen 1990 mit Helmut Kohl (von links).

Helmut Kohl auf dem Höhepunkt seiner Karriere: Auftritt im Bundestagswahlkampf 1990, im Jahr der Wiedervereinigung.

Die RHEINPFALZ hatte damals den Vorteil, bei allen wichtigen politischen Verhandlungen in Moskau, in Washington, in Brüssel, in Paris, in London und auch bei den „privaten" Terminen Kohls mit seinen Staatsgästen in Ludwigshafen-Oggersheim oder Speyer unmittelbar dabei sein und berichten zu können. Zugleich aber gab es immer wieder heftige Angriffe des Kanzlers gegen die Zeitung seiner Heimat, etwa weil diese auch die kritischen Positionen des damaligen SPD-Kanzlerkandidaten Oskar Lafontaine zu Kohls Vereinigungspolitik ausführlich darstellte. Kohl scheute sich nicht, direkt im Büro des Bonner Korrespondenten oder bei diesem zu Hause anzurufen und loszupoltern.

Helmut Kohl setzte die RHEINPFALZ immer wieder, ähnlich wie den „Spiegel" oder den „Stern", auf seinen persönlichen Index und verweigerte jede Auskunft, jedes Interview. Das änderte sich aber jedes Mal vor Wahlen, ob zum Landtag, zum Bundestag oder zum Europaparlament. Da versuchte er dann doch, über die RHEINPFALZ Botschaften an die Wählerschaft zu senden.

Mit der lokalen und regionalen Nähe Kohls zur RHEINPFALZ haben so manche Medien erklärt, dass 1990 die RHEINPFALZ die damals größte Regionalzeitung der DDR, die „Freie Presse" in Chemnitz, nur dank des Kanzlers Hilfe habe erwerben können. Das ist eine Legende. Kohl selbst hat dem widersprochen, ohne bei diesen Medien Glauben zu finden. Ausschlaggebend aber ist: Dieter Schaub hat eine wie auch immer geartete Einflussnahme Kohls bei seinem Kauf der „Freien Presse" nicht gebraucht und auch nicht gewollt. Der RHEINPFALZ-Verleger hat schlicht und einfach deutlich mehr Geld geboten für diese Zeitung als die Mitbewerber, nämlich 192 Millionen D-Mark, und deshalb den Zuschlag erhalten.

Geschichten rund um die RHEINPFALZ

Helmut Kohl brachte die internationale Politik in die Pfalz. Unser Foto zeigt den rheinland-pfälzischen Ministerpräsidenten Bernhard Vogel, Bundeskanzler Helmut Kohl mit Ehefrau Hannelore sowie US-Präsident Ronald Reagan mit Ehefrau Nancy (von links) 1985 auf dem Hambacher Schloss.

1994 hat es Helmut Kohl nach zwei vergeblichen Versuchen aufgegeben, die RHEINPFALZ weiter per Anruf bei der Chefredaktion in irgendeiner Weise beeinflussen zu wollen. Er hat nach seiner Wahlniederlage 1998 sogar seinen Frieden mit der Zeitung seiner Heimat gemacht – was uns damals fast überrascht hat. Als die RHEINPFALZ Ende 1999 ihr Buch zur Jahrtausendwende – „Die Pfalz im 20. Jahrhundert" – publizierte, war der Kanzler der Einheit sogar bereit, es auf dem Hambacher Schloss vorzustellen. Es war ein harmonischer Abend mit ihm, der Verlegerfamilie Schaub, der Chefredaktion und vielen Gästen. 14 Tage später kam die Parteispendenaffäre Kohls ans Licht. Als die RHEINPFALZ kurz darauf kommentierte, Kohl müsse die Spender nennen und die Wahrheit sagen, reagierte er empört. Er ließ kaum eine Gelegenheit aus, die RHEINPFALZ öffentlich zu beschimpfen. Er lese sie nur noch wegen der Todesanzeigen, sagte er dann. 2010 hat Maike Kohl-Richter das RHEINPFALZ-Abonnement der Kohls gekündigt.

Die offizielle Verabschiedung Kohls als Bundeskanzler 1998 vor dem Speyerer Dom.

Im November 1999 wurde das RHEINPFALZ-Buch „Die Pfalz im 20. Jahrhundert" auf dem Hambacher Schloss vorgestellt. Helmut Kohl (Mitte, mit Chefredakteur Michael Garthe, links, und Verleger Thomas Schaub) hielt die Laudatio.

Die Geschichte der Beziehung zwischen Kohl und der RHEINPFALZ ist spannungsgeladen. Aber das ist letztlich eine Nebensächlichkeit. Helmut Kohl war ein politischer Riese, ein heimatverliebter europäischer Weltbürger. Er war einer der bedeutendsten europäischen Staatsmänner des 20. Jahrhunderts. So hat ihn die RHEINPFALZ stets gewürdigt.

Helmut Kohl, der Gurkendieb

„Der Fernschreibraum lag neben meinem Arbeitszimmer, alle Türen standen offen, und so sah ich fast jeden Abend meinen Mit-Volontär Gerd Brenner, Mitglied der Jungen Union und ewig hungrig, zusammen mit seinem Freund Helmut Kohl in den Fernschreibraum wandern. Dort lasen die beiden dann die eingegangenen Nachrichten. Auf dieses Duo war ich nicht besonders gut zu sprechen. (...) Mir war nämlich bei einer meiner allerersten Reportagen über eine Gurkenfabrik in Altrip ein Messingfässlein Gurken geschenkt worden – für mich ein riesengroßes Problem: War ich jetzt etwa bestochen worden? Ein Gurkenfass war in einer Zeit, in der alle Welt Hunger hatte, ein bemerkenswertes Geschenk. Mein Chef Hermann Knoll beschied, die Diskussion sei überflüssig, weil ich das Gurkenfass ja bereits angenommen hätte, und befahl Gerd Brenner, es über eine Leiter-Treppe auf den Speicher über unser Großraumbüro zu stellen. Wir wollten die Gurken beim nächsten Redaktionsfest verzehren. Ich war unbändig stolz, dass ich, die kleine Volontärin, zur Verköstigung der Redaktion etwas beizusteuern hatte. Das nächste Fest kam an den Himmel, Gerd Brenner wurde auf den Speicher geschickt – und kam mit dem leeren Gurkenfass zurück. In dem Fässlein schwappte nur noch der Essig. Mein Mit-Volontär beichtete daraufhin, er und „der Kohle Helle" hätten das Gurkenfass aus lauter Hunger geplündert.
Erinnerungen von Ulla Hofmann

Helmut Kohl als junger Mann im Garten eines Freundes in Ludwigshafen.

Helmut Kohl gratuliert Herbert Müller (links) 1970 zum 70. Geburtstag. Der gelernte Schriftsetzer Müller, der 1945/46 die Lokalredaktion Ludwigshafen der RHEINPFALZ mitaufbaute, saß zuerst für die KPD, nach seinem Parteiwechsel 1949 dann für die SPD im Ludwigshafener Stadtrat. Müller hatte im Dritten Reich Widerstand geleistet und dafür zwei Jahre im KZ Dachau gesessen. Die beiden so gegensätzlichen Politiker Kohl und Müller hegten offenbar großen gegenseitigen Respekt. Der SPD-Landtagsabgeordnete soll, so wird gemunkelt, 1969 bei der Wahl des CDU-Mannes Kohl zum Ministerpräsidenten diesem seine Stimme gegeben haben.

Journalist undercover:
Des Kanzlers kleinster Leibwächter

Von Horst Konzok

10. November 1990: Helmut Kohl, „der Kanzler der Einheit", empfängt den Mann in der Pfalz, der die Wiedervereinigung erst möglich machte: Der sowjetische Staatspräsident Michail Gorbatschow und seine Frau Raissa werden in Speyer, Deidesheim und Ludwigshafen von Tausenden euphorisch gefeiert. Ich bin zu der Zeit stellvertretender Leiter der RHEINPFALZ-Lokalredaktion Ludwigshafen und erlebe den Besuch Gorbatschows aus nächster Nähe – für einen Tag im Kreis der Personenschützer des Kanzlers. Und das kam so: Kohl ist lange über Kreuz mit der Lokalredaktion. Irgendwie aber mag er mich. „Sie sind zwar ein Roter, aber schreiben können sie …", lobt er eines Tages. Ich bin überrascht. Die Stimmung ist umgeschlagen: „Ich werf' ihnen auch mal einen Stein in den Garten. Wollen sie bei Gorbatschow ganz nah dabei sein?" Und ob!

RHEINPFALZ-Redakteur Horst Konzok konnte, als Leibwächter Kohls getarnt, den Staatsbesuch Gorbatschows hautnah miterleben.

Die Sicherheitsbeamten und den Kanzler verbindet große Vertrautheit. „Der beste Kenner der Ludwigshafener Kneipen", sagt Kohl lachend, als er den Leiter des Kommandos vorstellt. Mit meinen neuen „Kollegen" geht's vom Speyerer Flugplatz zum Dom. Wir verstehen uns. Der Kanzler und der hohe Gast fahren in einem Reisebus. „Leg den Zahnstocher in die Mitte", sagt einer der Beamten lachend mit Blick auf ein Maschinengewehr im Heck der Karosse. Die Jungs sind nett – und spüren meine Unsicherheit. Die Blicke gehen immer wieder zum Bus. „Wo sitzt der Dicke?" Sie vertrauen mir. „Kein Wort über Sprüche …" Im Dom, wo Bischof Schlembach „zwei Staatsmänner, die unermüdlich einer neuen Friedensordnung dienen", begrüßt, ist mein Platz direkt hinter dem Kanzler-Paar – Hannelore Kohl drückt mir die Hand. Ihr Lächeln besitzt Strahlkraft: „Das ist doch jetzt sehr schön …"

„Heimat ist ein Wort, das keine Übersetzung kennt", sagt Helmut Kohl. „Heimat ist, wo unsere Eltern geboren sind, wo sie leben oder begraben sind", philosophiert Gorbatschow. Vor dem Dom – ein Menschenmeer. „Wir machen die Kette", ordnet der Sicherheitschef an – erste kritische Momente. Die Stimme verrät Entschlossenheit. Wir haken uns ein, um die Ehepaare Kohl und Gorbatschow zu schützen. „Die Russen wissen nicht, dass du Journalist bist. Das hätten die nie zugelassen", mahnt der Einsatzleiter zur Diskretion. Die Sowjets schauen böse – die drängelnden Menschen wirken bedrohlich auf sie, Gorbis Bad in der Menge ist seinen Leibwächtern unheimlich. Ob sie ahnen, dass irgendwas mit Kohls mit Abstand kleinstem Leibwächter nicht so ganz stimmt? Gott sei Dank wohl nicht.

In Deidesheim muss wieder die Kette gebildet werden – die Menschen drängen, alle wollen Michail und Raissa sehen. Sternekoch Manfred Schwarz verwöhnt die Gäste im „Deidesheimer Hof" – auch mit Saumagen. Gorbatschow fühlt sich an die Küche seiner kaukasischen Heimat erinnert. Fotografieren dürfen im Restaurant nur Mitarbeiter des Bundespresseamtes – und ich. Nervös, weil ich mit einem angeblich „idiotensicheren" Apparat unseres Fotografen Bernhard Kunz mein Erstlingswerk fabrizieren muss. Es geht gut …

Kohls kleinster Leibwächter, links hinter dem Kanzler, bei der Pressekonferenz vor dem Bungalow in Oggersheim.

Dann geht's zum Kanzler-Bungalow nach Ludwigshafen. So viele Menschen wird die Marbacher Straße nie wieder sehen. Ein furchtbares Gedränge. Die Kette muss wieder her. Im Wohnzimmer sprechen Kanzler und Staatspräsident miteinander – nur eine Dolmetscherin ist dabei. „Mach dich bemerkbar", hat mich Kohl ermutigt, Laut zu geben. Ich bin unschlüssig. Soll ich? Soll ich nicht? Ich muss! „Klingel doch …", rät der Chef der Sicherungsgruppe. Gesagt – getan. Walter Neuer, der Leiter des Kanzlerbüros, ein „Sir" – weißes Haar, elegant im Nadelstreifen –, ist nicht amüsiert über die Störung. Da fliegt die Wohnzimmertür auf. „Wo ist eigentlich der Konzok?" Kohl stellt mich als Fußballexperten vor, Gorbatschow ist entzückt. Vor dem Bungalow wird Regierungssprecher Johnny Klein alsbald verkünden, „dass die internationale Pressekonferenz wegen wichtiger politischer Gespräche etwas später beginnt". Am Ende steht das „Bekenntnis zu einer vertrauensvollen deutsch-sowjetischen Zusammenarbeit". „Das freundschaftliche Verhältnis erleichtert das Lösen schwieriger Probleme", bilanziert der Kanzler – „Helmut" dankt „Michail".

„Sagen Sie den Lesern Ihrer Zeitung Dankeschön für die Begeisterung, für die Gefühle", sagt Gorbatschow. Auch Raissa grüßt die Pfalz und die Pfälzer via RHEINPFALZ: „Ich bedanke mich für die hervorragende Gastfreundschaft. Die Gefühle der Menschen waren überwältigend, das Essen hervorragend."

Um 18.15 Uhr fliegt der Präsident mit Raissa samt Gefolge ab Worms nach Moskau. Meine „Kollegen" verabschieden mich: „Bis nächste Woche bei George Bush …"

Ich fahre mit den Kohls, chauffiert von Ecki Seeber, der treuen Seele, zurück nach Oggersheim. Hannelore Kohl hat noch einen Wunsch, den ich dieser so besonderen, klugen Frau gerne erfülle. Es ist eine Art Notlüge. Die Kanzler-Gattin ist aufgewühlt, bewegt von „einem besonderen Tag für Deutschland", euphorisiert, glücklich und müde, ausgelaugt. Für ein zugesagtes Telefonat mit einem Radiosender fühlt sie sich außerstande. Ich spreche mit dem Redakteur. „Frau Kohl ist unpässlich …"

INDUSTRIEKARTE DER PFALZ

ENTWORFEN UND HERGESTELLT VON SÜDWESTDEUTSCHLANDS GRÖSSTER TAGESZEITUNG

»DIE RHEINPFALZ«

FABRIKATIONSZWEIGE

- Schnittholz u.dgl.
- Möbel
- Stühle
- Fenster, Türen
- Körbe u. Spankörbe
- Keltern, Pressen
- Fässer u. Bottiche
- Karosserien u. Wagenbau
- Papier- u. Pappe-Erzeugn.
- Papier- u. Pappe-Verarbeitung
- Bücher, Druckerei
- Zeitungen
- Emailschilder
- Webwaren, Garne, Watte
- Kleider
- Wäsche u. Strümpfe
- Verbandsstoffe
- Handschuhe
- Leder- u.Lederverarbeit.
- Schuhe
- Gummi, Kunststoffe
- Glaswaren
- Porzellan, Keramik
- Diamantschliff
- Nahrungs- u. Genussmittel
- Tabak u. Tabakwaren
- Sekt, Wein
- Bier u. Mälzerei
- Mehl u. dgl.
- Rübenzucker
- Kalk
- Steinbrüche
- Dachziegel, Bausteine
- Feuerfeste Steine
- Kies u. Sand
- Schilfmatten
- Chemie
- Eisenguß
- Maschinen u. Apparatebau
- Eisenkonstruktionen
- Schiffsbau
- Metallwaren
- Draht, Drahtgeflecht
- Armaturen
- Turngeräte
- Entlüftungsapparate
- Glühbirnen, Elektrogeräte u. Apparate

Zeitreise: 70 Jahre pfälzische Industriegeschichte

Von Jürgen Eustachi

Jahrzehntelang hing sie kaum beachtet in der RHEINPFALZ-Wirtschaftsredaktion.

Seit 1950, als die Karte mit den Pfälzer „Fabrikationszweigen" entstand, hat die deutsche Wirtschaft sechs Rezessionen überstanden. Sie wird auch die Corona-Krise bewältigen. Haushaltsnähmaschinen aus Kaiserslautern, Kleidungshersteller – vieles ist Vergangenheit. Wörth stand für Kies. Lastwagen wurden noch nicht gebaut. Aber Chemie gab es in Ludwigshafen schon lange.

Die Chemiefabrik in Ludwigshafen, die Nähmaschine in Kaiserslautern, der Schuh in Pirmasens und die Weinflasche in Neustadt: Das sind die Branchensymbole, die ins Auge springen. Die Chemie in Ludwigshafen und der Wein in Neustadt und entlang der Deutschen Weinstraße sind noch da. Aber die große Nähmaschine, die auf der RHEINPFALZ-Industriekarte von 1950 für Pfaff stand, ist fast völlig verschwunden durch den Wirtschaftswandel in der Pfalz. Auch vom großen Schuh in Pirmasens ist wenig übrig geblieben. Und die Bergwerke und Edelstein-Schleifereien in der Westpfalz gibt es nicht mehr.

Einen Anspruch auf Genauigkeit erhebt die Karte nicht. In der Legende der „Fabrikationszweige" – welch schönes Wort – tauchen 47 Symbole auf. Doch nicht alle auf der Karte platzierten Bildchen werden dort aufgelöst: Etwa eine Ladenwaage in Ludwigshafen, ein Mieder in Landau oder Herrenbekleidung in Waldmohr. Ramstein, Enkenbach und Landau sollten sich selbst erklären, hat sich der Grafiker vielleicht gedacht. Oder er hat die Auflösung vergessen. Wie dem auch sei, die Karte, die wir jetzt leicht überarbeitet veröffentlichen, lädt ein zu einer Zeitreise durch 70 Jahre Pfälzer Wirtschaftsgeschichte.

Viel Wirtschaftswachstum gab es seit 1950 in Deutschland und in der – heute noch – stark industriell geprägten Pfalz. Mit einer Wachstumsrate von 12,1 Prozent war 1955 das stärkste Wirtschaftswunderjahr. Sechs Rezessionen gingen bisher über das Land. Den stärksten Einbruch gab es mit einem Rückgang des Bruttoinlandsprodukts um 5,6 Prozent im Wirtschaftskrisenjahr 2009. Die Corona-Pandemie tötet Menschen und bedroht wirtschaftliche Existenzen. Aber auch diese Krise wird überwunden werden.

Nur der Wandel sei beständig, war und ist immer wieder von den Chefs der BASF zu hören, die in Ludwigshafen das größte Chemie-Areal der Welt betreibt. Dennoch ist es bemerkenswert, wie stark die 1865 gegründete „Fabrik" die Position des mit weitem Abstand größten industriellen Arbeitgebers behauptet. Die BASF wurde nach langen Verhandlungen um die Entflechtung der – 1925 durch den Zusammenschluss großer deutscher Chemiekonzerne entstandenen – IG Farben 1952 wiedergegründet. Der Standort Ludwigshafen zählte damals knapp 26.500 Mitarbeiter. Der Höchststand wurde 1990 mit rund 59.000 Beschäftigten erreicht. Es folgte eine lange Phase mit drastischem Stellenabbau, die 2009 beim Stand von gut 36.000 Jobs endete. Im Jahr 2020 arbeiteten am BASF-Standort knapp 40.000 Beschäftigte.

Vom zweitgrößten industriellen Arbeitgeber der Region, dem Daimler-Konzern, ist auf der alten Karte noch nichts zu sehen. Die Stuttgarter starteten ihre Produktion im Lkw-Werk im südpfälzischen Wörth 1963 zunächst recht bescheiden. 2020 bietet das weltweit größte Lkw-Montagewerk weit mehr als 10.000 Jobs. 1990 nahm Daimler das globale Ersatzteilelager in Germersheim in Betrieb. Dem Logistikcenter werden 3100 Beschäftigte an mehreren Standorten zugerechnet, 2600 davon direkt in der Germersheimer Zentrale. 1966 wurde der Opel-Standort in Kaiserslautern gegründet. In Glanzzeiten zählte die Fabrik 6000 Mitarbeiter. Im Jahr 2020 gibt es noch 1500 Beschäftigte. Doch Ende 2019 genehmigte die EU-Kommission staatliche Fördermittel für den Bau von Batteriezellen-Fabriken. Am Opel-Standort werden mit einer Milliardeninvestition 2000 Stellen in einem neuen Werk geschaffen, das Batteriezellen für Elektroautos herstellen wird.

Der stellvertretende Hauptgeschäftsführer der Pfälzer Industrie- und Handelskammer, Jürgen Vogel, weist darauf hin, dass die Wirtschaftsstruktur der Pfalz alles andere als homogen ist. Im Lauf der Jahrhunderte hätten sich durch die Trennung von Rheinebene und Pfälzerwald zumindest zwei Teilregionen entwickelt. Auch wegen der guten Verkehrsanbindung entlang des Rheins sei die Vorderpfalz stark industrialisiert. Der Anteil der Industrie an der Wertschöpfung liege bei fast 48 Prozent. In der Westpfalz seien es nur knapp 31 Prozent.

Der Abzug großer Teile der US-Streitkräfte, der Niedergang der Textilindustrie und des Haushaltsnähmaschinen-Standorts Pfaff trafen Kaiserslautern schwer. Die US-Militärs haben in der Westpfalz seit den 1980er-Jahren bei deutschen Zivilangestellten mehr als 10.000 Stellen gestrichen, sind aber immer noch ein wichtiger Wirtschaftsfaktor und beschäftigen schätzungsweise noch 6000 deutsche Mitarbeiterinnen und Mitarbeiter.

Der 1848 in Kaiserslautern – zunächst als Musikinstrumentenbauer – gegründete Nähmaschinenhersteller Pfaff beschäftigte in den besten Zeiten Ende der 1980er-Jahre weltweit über 10.000 Mitarbeiter, bis zu 7000 davon am Stammsitz. Nach mehreren Eigentümerwechseln, Konkurs- und Insolvenzverfahren wurde die Produktion 2009 vom großen alten Pfaff-Gelände ins Industriegebiet Nord verlagert. Die heutige Pfaff Industriesysteme und Maschinen GmbH mit rund 210 Beschäftigten gehört seit 2013 zur chinesischen Nähmaschinen-Gruppe Shang-Gong mit Sitz in Schanghai.

Zu den einst großen Pfälzer Firmennamen, die in den Sog des Strukturwandels gerieten, zählt neben dem früheren Frankenthaler Bodenbelagshersteller Pegulan, der Ludwigshafener Aluminiumhütte Alcan oder dem Ludwigshafener Pumpenhersteller Halberg auch die Kammgarnspinnerei Kaiserslautern. Das 1857 gegründete Unternehmen ging 1981 – mit damals noch knapp 700 Beschäftigten – pleite.

In Nischen überleben Spezialfirmen

Die klassische Herstellung von Kleidung ist weitgehend nach Asien abgewandert. In der Pfalz vertreten sind hoch spezialisierte Textilhersteller, etwa die 1903 gegründete Karl Otto Braun GmbH

& Co. KG (KOB) in Wolfstein (Landkreis Kusel), die sich als Weltmarktführerin für spezielle medizinische Textilien bezeichnet. In einer Edelnische behaupten sich Hersteller von Maßbekleidung wie in der Südpfalz die Rieder Maßmanufaktur Schrittenloher GmbH in Herxheim oder Hemden-Humbert in Lustadt. Durch die hohe Forschungsintensität rund um die Universität Kaiserslautern ist der radikale Strukturwandel der Region teilweise abgepuffert worden. Im Umfeld der Forschungseinrichtungen sind erfolgreiche IT-Unternehmen gegründet worden. Dazu zählen Firmen wie Insiders Technologies, Digital Devotion Group, Human Solutions oder auch das Entwicklungszentrum des Landmaschinenherstellers John Deere.

Die Schuhproduktion in der Westpfalz ist so gut wie verschwunden. Unser Foto von 1950 zeigt eine Werkshalle von Peter Kaiser in Pirmasens. Die Schuhmarke gibt es seit 1838. Sie ist eine der ältesten der Welt.

Ähnlich wie die Textilindustrie ist auch die Schuhindustrie aus Deutschland und Europa weitgehend nach Asien abgewandert. Schwer von diesem Strukturwandel getroffen wurde die Region Pirmasens. 1960 arbeiteten dort knapp 30.000 Beschäftigte in 300 Leder- und Schuhfabriken. Heute sind es noch 2000 Mitarbeiter in 20 Betrieben.

Bemerkenswert sei, dass der Stellenabbau in der Pfälzer Industrie inzwischen gestoppt sei, sagte Jürgen Vogel von der IHK vor dem Ausbruch der Corona-Krise. Von 1991 bis 2006 ist die Anzahl der Beschäftigten in der Pfälzer Industrie um 82.587 auf 154.910 gesunken. In dieser Zeit hat allein die BASF in Ludwigshafen 20.000 Stellen abgebaut.

Doch in den vergangenen zehn Jahren war das produzierende Gewerbe in der Pfalz ein stabiler Arbeitgeber. Die Anzahl der Industriebeschäftigten nahm zuletzt sogar wieder zu.

Zu einer Boomregion hat sich die Südpfalz entwickelt. Und zwar nicht nur wegen der Ansiedlung des Daimler-Lkw-Werks in Wörth. Sondern auch, weil im Umfeld des Karlsruher Instituts für Technologie (KIT) und der Hochschule Karlsruhe viele neue und rasant wachsende Hochtechnologie-Firmen an den Start gegangen sind. Die 1994 von Michael Englert gegründete und inzwischen zu Bosch gehörende Softwarefirma ITK Engineering GmbH in Rülzheim zum Beispiel hat weltweit rund 1300 Mitarbeiter. 2020 sind es in der Rülzheimer Zentrale 600 – das sind 200 mehr als Anfang 2018.

DIE RHEINPFALZ

Jahrgang 4 — Sonderausgabe

Unabhängige überparteiliche Zeitung für Politik, Kultur, Wirtschaft, Heimat und Sport

Die Pfalz trauert mit Ludwigshafen

Schwere Verluste beim Explosionsunglück in der Badischen Anilin- und Sodafabrik — Schätzungsweise 100 Tote und 1000 Verletzte

Ein schwarzer Tag

Am Mittwochnachmittag ist Ludwigshafen am Rhein, durch den Krieg schon in eine Ruinenstadt verwandelt und an den äußersten Rand der Not gebracht, erneut von einem schweren Unglück heimgesucht worden, dessen Ausmaß sich bis zur Stunde nur erst übersehen läßt. Die Geschichte der Stadt ist ohnehin durch eine Reihe von Katastrophen gekennzeichnet, von denen die bekannteste die Explosion im Jahre 1921 über 500 Tote forderte und am Samstag, den 15.30 Uhr wurde die Stadt wiederum durch einige kurz aufeinanderfolgende schwere Explosionen erschüttert, die sich auf dem Fabrikgelände der Badischen Anilin- und Sodafabrik ereigneten und leider sehr schwere Menschenverluste gefordert haben.

Die ganze Pfalz, die fast aus allen Gegenden dorthin ihre Arbeiter schickt, steht unter dem Eindruck der neuen Katastrophe. Es ist, als ob sich

---

Sonderausgabe der „Rheinpfalz" zugunsten der Ludwigshafener Opfer

Diese Sonderausgabe der „Rheinpfalz" mit einer Auflage von 75000 wird zum Preise von 20 Pfennigen je Stück abgegeben. Den Gesamterlös stellt die „Rheinpfalz" ohne Abzug zur Linderung der ersten Not in Ludwigshafen zur Verfügung.

Schicksal gegen die fleißige Stadt verschworen hätte, um den Schlag auf Schlag zu versetzen. Am Mittwochabend warteten sehr viele Familien diesseits und jenseits des Rheines vergeblich auf die Heimkehr ihrer Ernährer, die in ihrer Arbeitsstätte einem grausamen Schicksal zum Opfer gefallen sind, unsere Teilnahme den pfälzischen Heimatfamilien wendet sich in erster Linie, darüber hinaus aber allen pfälzischen und südwestdeutschen zu.

Die Badische Anilin- und Sodafabrik hat mit ihrer 20 000 Mann Belegschaft die größte Industriebetrieb der gesamten französischen Zone und hat demensprechend auch großes Anteil am wirtschaftlichen Wiederaufbau des Landes. Wie weit sich das Unglück auf die Fortsetzung des Gesamtbetriebes auswirkt, läßt sich bis zur Stunde nicht beurteilen, sicher werden aber durch den großen Umfang der Zerstörungen Stockungen im Betrieb unvermeidlich sein. Auch unter diesem Gesichtspunkt bedeutet das Ludwigshafener Unglück eine schwere Einbuße, in erster Linie aber sind es die Menschenleben und die Schäden in der Gesundheit, die die Hilfsbereitschaft aller wecken müssen, die auch nur einigermaßen dazu in der Lage sind. Einzelnen steht nicht aber jetzt schon, daß schließen sei, weil es hier auch von der Hilfsbereitschaft nicht viel zu beschließen sei, weil es hier auch hier wieder doppelt gibt, wer schnell gibt.

Wenn eine der engen Verbundenheit der beiden Schwesterstädte Mannheim und Ludwigshafen noch hätte unterstrichen werden können, so ist sie dieses Jahr gewesen. Nicht nur, daß Mannheim durch die Druckwelle der Explosion ebenfalls hart in Mitleidenschaft in Ludwigshafen gezogen wurde und die vielen in Mannheim, die in Ludwigshafen beschäftigt sind, unter den Opfern des Unglücks befanden, so war die von der Mannheimer Seite unmittelbar nach der Zusammenarbeit der beiden Städte über alle Grenzen hinweg sichtbar. Nur das führende der Kraftwagen in Mannheim und der Krankenhäuser Mannheims eine knappe Stunde nach der Katastrophe standen, auch die erste Hilfe der amerikanischen Besatzungsmacht über die Behelfsbrücke, die sofort einsetzende Hilfsmahnungen der französischen Militärregierung ergänzte, in den herankommenden Pionierkompanien mit Ärzten und Personal der Sanitätswagen mit Ärzten und Personal dokumentierte den Menschlichen eine derartige Haltung, die von der schwergeprüften Ludwigshafener Bevölkerung dankbar anerkannt wird.

In Frankenthal

Frankenthal (Eig. Bericht). In Frankenthal, das durch seine räumliche Nähe mit Ludwigshafen eng verbunden ist und wo die Erinnerung an das Opfer Unglück noch lebendig ist, machte die tiefste Katastrophe in Ludwigshafen besonders tiefen Eindruck. Viele Frauen standen am Bahnhof, als der 1/4 16-Uhr-Zug einlief, der die ersten Verletzten brachte, die den Kopf getroffen waren und Schnittverletzungen aufwiesen und begaben sich z. T. ins Krankenhaus zur Behandlung.

Das Städtische Krankenhaus wurden bis zum Abend 50 Verletzte eingeliefert, von denen drei gestorben sind. Der größte Teil der Verletzten konnte nach der ersten ärztlichen Hilfe nach Behandlung entlassen werden.

Die Katastrophe in der Anilin

Ludwigshafen a. Rh., 29. Juli (Eig. Bericht). Im Werk Ludwigshafen der Badischen Anilin- und Sodafabrik, dem Stammwerk der ehemaligen I. G.-Farben, ereignete sich gestern um 15.43 Uhr eine folgenschwere Explosion, die große Teile des Ludwigshafener Betriebs in Mitleidenschaft zog. Eine ungeheure Detonationswolke von etwa einem Kilometer Höhe stand sofort über der Schadensstelle.

Das Zentrum der ersten Explosion befand sich im Bau 14, der kaum 200 m vom Hauptverwaltungsgebäude entfernt liegt. Durch die Flammengewalt wurde ein Gasometer in die Luft geschleudert und ein Bezirksleiter und ein Gasometer in die Luft gerissen sein. Die eigentliche Ursache der ersten Explosion ist bis zur Stunde noch nicht geklärt.

Unbekannte Ursache

Man vermutet in sachverständigen Kreisen, daß eine sogenannte Gasraumexplosion, zurückzuführen an in Brand geratene Dämpfe, die in Bau 14 in lagernden, hochexplosiven und hochbrennbaren Stoffen (Nitrobenzol und Chlordathyl) entstanden sei.

Die Flammen griffen in Sekundenschnelle auf die benachbarten Gebäudekomplexe über. Bei diesen handelt es sich vorwiegend um Farbenbauten, d. h., sie dienen der Produktion von Anilinfarben. Im Umkreis von etwa einem halben Quadratkilometer befinden sich, in der Luft und stand innert halber weniger Minuten in lichten Flammen. Alle in jenen Gebäuden in diesem Zeitpunkt anwesenden Arbeiter und Angestellten wurden von den Trümmern ihrer zusammenstürzenden Gebäude begraben. Durch umhergeschleuderte und weiterliegende brennende Flüssigkeiten entstanden auch in den weiterentfernten Fabrikanlagen erhebliche Gebäudeschäden.

In nächster Nähe der Hauptkatastrophenstelle befand sich die Schlosserei, in der in der Regel etwa hundert Schlosser und Schweißer beschäftigt sind. Diese müssen sich zum Zeitpunkt der Explosion in dem Gebäude befunden haben. Da die Schlosserei noch in Flammen stand und mit den Bergungsarbeiten die hier nicht begonnen werden konnte, steht es bisher nicht fest, daß die größte Zahl der in den Trümmern begrabenen Personen sich unter den Trümmern befindet. Die bis zur Mittwochnacht sichtlich erst auf 40 zu beziffernde Leichen angegeben wurde, noch wesentlich erhöhen.

Ein Glücksfall war es, daß zur Zeit der Explosion etwa 600 Betriebsvertrauensleute im Versammlungsraum der Anilinfabrik zu einer Betriebsversammlung teilnahmen, die also dort an der eigentlichen Gefahrenstelle befanden; denn an derfalls wäre die Zahl der Toten noch wesentlich erheblich größer gewesen.

In der Stadt Ludwigshafen selbst ist es nicht so, wie die ersten Gerüchte nach dem Unglück besagen. Wohl stürzten beachtliche Häuser ein. Der größte Teil der Fensterscheiben wurde sogar im weiteren Umkreis, so auch noch in Mannheim, zertrümmert. Auch zahlreiche Dächer wurden durch das Unglücksstätte abgedeckt und in der Nähe der gewaltigen Luftdruck abgedeckt und in der Nähe zerrissen. In einer ganzen Reihe von Wohnungen zerstört, so daß viele Familien obdachlos wurden. Die Straßen im Zentrum der Stadt waren bis zu einigen Stunden nach der Katastrophe menschenleer.

Spendet für Ludwigshafen!

Die Stadt Ludwigshafen am Rhein – schon durch den Krieg eine der am schwersten zerstörten deutschen Städte – ist durch eine Explosion auf dem Werksgelände der Badischen Anilin- und Sodafabrik am Nachmittag des 28. Juli 1948 erneut schwer getroffen worden. Bei der bedrängten wirtschaftlichen Lage, in der sich aus Land und die Stadt Ludwigshafen befinden, wird es der Hilfe von außen bedürfen – in erster Linie der Pfälzer selbst – ohne Ansehen des Standes bedürfen, um die Schäden und Verluste, die vor allem an Leben und Gesundheit entstanden sind, auch nur einigermaßen zu heilen.

Nach der Währungsreform ist dem Hilfsvermögen der in erster Linie in Frage kommenden Körperschaften und Organisationen ein enger Rahmen gezogen. Hier muß die Hilfe der Allgemeinheit einspringen.

Zehntausende von Pfälzern sind durch die Arbeit ihrer Familienangehörigen in der Badischen Anilin- und Sodafabrik aufs engste mit dem größten Industrieunternehmen in der französischen Zone verbunden. Alle Pfälzer empfinden darüber hinaus die „Anilinfabrik" – deren Schlote das Gesicht der Landschaft am Rhein prägen – als ein Stück ihrer selbst, auf das sie mit Recht immer stolz gewesen sind.

„Die Rheinpfalz" ruft, vorerst ohne amtlichen Auftrag, aber in der Überzeugung, daß sofortige Hilfe gerade in schwerster Zeit gefällig werden muß, die gesamte pfälzische Bevölkerung zu einer Spende für die Opfer und Hinterbliebenen der Katastrophe vom 28. Juli auf und bittet alle besten Kräfte sich zu beteiligen.

„Die Rheinpfalz" eröffnet die Liste mit einer Spende von vorerst 5000.— Deutsche Mark und bittet alle Pfälzer, die dazu in der Lage sind, eine Einzahlung auf Sonderkonto „Spende Ludwigshafen" der „Rheinpfalz" bei der Rheinischen Kreditbank in Neustadt a. d. Hdt. und deren Filialen.

„Die Rheinpfalz" wird sich sofort mit den in Frage kommenden Stellen in Verbindung setzen, um die Spenden dem gedachten Zweck zuzuführen.

Die Not in Ludwigshafen ist augenblicklich am größten. Das gilt es zu bedenken. Wir hoffen, daß die Pfälzer angesichts dieser Katastrophe im Beispiel großer Selbstlosigkeit geben.

jedoch waren Tausende in den Zugangsstraßen zur BASF und auf dem Wege oder hatten sich wie schon erwähnt, vor dem Verwaltungsgebäude eingefunden. Von der Explosion dürften etwa 30 Prozent des Ludwigshafener Werkes betroffen sein. Die Explosionswirkung war in den Orten bis zur Haardt und bis zum Odenwald spürbar.

Kurze Zeit, nachdem in Neustadt die Katastrophe bekannt war, begaben wir uns nach Ludwigshafen. Bereits auf der Hinfahrt sahen wir hoch über Ludwigshafen die ständig wachsende Rauchpilz stehen, der ständig neue Wolken gebildet wurde, und vor allem beim Betreten der Innenstadt erreichten, machte sich ein süßlicher Karbolgeschmack bemerkbar, der in Augen und Nase drang. Durch alle Luftsperrkordons erreichten wir das Werk. Die Uhr am Hauptportal war um 15.43 Uhr stehengeblieben, dem Zeitpunkt der Explosion. Hinter den Absperrlinien der Polizisten standen Hunderte von Menschen, die nicht allein aus Neugier erschienen waren, sondern die um das Leben weiterer Angehöriger bangten.

Hilfe von allen Seiten

Hinter dem großen Verwaltungsgebäude das schwer mitgenommen wurde — in erster Moment gewann man den Eindruck, als wenn ein gewaltiger Orkan hindurchgetost wäre — boten sich dem Auge Ärzte aus Mannheim, Neustadt, Kaiserslautern, Worms und andere Orte, selbst eine Stunde nach dem Unglück bereits stachen sie nach einer Stunde nach dem Unglück bereits in einem der Städte der Umgebung mit etwa Feuerwehren aus den Städten der Umgebung zu stehen, um die gewaltigen Brände zu bekämpfen. Personen- und Lastkraftwagen schufen eine ständige Verbindung mit den Krankenhäusern der Umgebung, durch die geborgenen Verletzten besonders nach Art des Falles in den eindsatzfähigsten Krankenhäuser verbracht werden konnten. Besonders hervorzuheben ist der Einsatz französischer und amerikanischer Besatzungstruppen, die in den Arbeiten nach den unmittelbaren Reibungsarbeiten teilnahmen. Mitten im Vorhof der IG stand ein Lautsprecherwagen, von dem aus alle Arbeiten dirigiert wurden. Das deutsche Rote Kreuz, unzählige Schwestern, Sanitäter waren an der Arbeit.

Rund um den Brandherd

KvK. Ein Mitglied der Redaktion der „Rheinpfalz" hatte Gelegenheit, den Schauplatz des tragischen Unglücksfalls in Ludwigshafen wenige Stunden nach dem Geschehen zu besuchen. Graue Rauchschwaden umgaben das ganze Gelände, brennender Dunst verwehrte fast das Atmen noch und über Gerölle, Schutt, Eisenträger, meterhoho Betonblöcke, die vor Papier geborstenen wie Korken zum Herde der fürchterlichen Katastrophe. Scheinwerfer blitzten auf. Die fahlbaren Akkumulatoren spendeten gespenstiges Licht, in deren Schein rußgeschwärzte Männer sich wie möglich heranarbeiten. Mit grauen Gasmasken, um an Kommandos herangebracht. Von uns immer und wieder fiel krachend ein Stück einer Mauer in sich zusammen. Barrikaden schalten, und immer und wieder fiel krachend ein gleich türmten sich die Trümmerhände.

Der enge Kreis, der zur Besichtigung zugelassen war, wurde nicht nur auf das ungewöhnliche Dunst nach Schwefel und Chloroform fast behäubt, sondern auch die der Herzen krampften sich daß beim Anblick, der sich ihnen eifrig bot. Tragbahre über Tragbahre stand bereit und Männer wie Frauen arbeiteten den Schweißerfellen mit Preßluftbohren, um einen Toten nach dem anderen, den unter dem Schutt begraben lag, freizulegen, und deutsche Sanitätermannschaften lösten sich im Dienste der Bergung ab, um die Verunglückten zu pflegen. Unermüdlich im Kampf mit Blut und Verzweiflung. Selbst alten, am Kampf und Blut gewohnt französische Soldaten versagte die Sprache beim Anblick des Grauens. Manche der Toten kennen sich noch nicht zur Erkennungsmarke identifizieren werden. Deutsche Geistliche, französische, und amerikanische Feldprediger waren bereit, zu den Toten den letzten Liebesdienst zu erweisen.

Während unseren Rundganges leiten uns deutsche Polizisten und französische Feldgendarme und geleiten uns zur Vorsicht, weil jeden Augenblick die eine oder andere Wand zusammenbrechen kann. Bei der Hauptunglücksstelle türmt sich, etwa 20 m Höhe, grauenerregend, ein mächtiger Block aus schwerem Eisenteil, in den uns die Kulisse zu später. Aber diese Kulisse hat ein Gewicht von hunderten, ober tausenden von Tonnen und an geringere der Gewalt des Zusammenbruchs, der zu den in den Gebäuden arbeitenden griffen hat.

Unser Redaktionsmitglied hatte Gelegenheit, Leiter der Roten Kreuz-Kolonne Ludwigshafen, Schmitt, zu interviewen. Er erzählte uns, daß schon manche der Katastrophe bedürften ähnlicher Art gemacht habe und daß er allen ungefährten Katastrophen habe bisheriges Zahl der Toten so ungefährte bewegt. Die genaue Zahl der Toten angestiegen werden kann, stützte aus, daß 100 Tot und die Zahl der Verletzten an die 1000 betragen dürfe. Die beinahe ausdrückliche Vermutung, insoferne zuverlässig. Er hätte auf Grund der betonten Zeitungen gesagt: Unglücke ist außergewöhnlich groß. Er erinnerte nicht zu Unrecht an 1921, wo 600 Toten nochso gering. Zahl von 500 bis 600 Toten absolut unmöglich sei. Herr Schmitt führte uns, da sein Jahre Erwachsener daß einer Stunde und am ähnlichen Unglück am 29. Juli, an einem ähnlichen Unglück am Werke geschehen sei, dem damals 19 Tote zum Opfer fielen. Die Feier zum Tot hat habe den Gedanktag geweiht. Es ist nun schwer die Stimmung in den düsteren und drückenden Atmosphäre der Kirche zu klären.

Ein tiefer Kummer stand auf dem Lobe der am Rote-Kreuz-Kolonne Ludwigshafen, denn es war vor wenige Augenblicken, nach der ganzen Zusammenstellung, als Schmitt erst 18 Gas, daß er nicht nur vor wenige Minuten nach sich gewaltsam gelaut hatte, daß er nur gerade von der schnell die Schnelligkeit war in der Kiloniendienst dankbar ihrer Kolleginnen, als gefahrten, die uns in den üblichen Tagen der Kolleginnen waren, er äußerten sich dankbar über die Zahl der Aufstände des Zusammenspielens.

Die Einsatzkommandos

Man kann diese Arbeit der Einsatzkommandos mit wenigen Worten nicht abtun. In der Hitze der sich entwickelnden giftigen Gase, mitten unter nachstürzenden Mauern und Konstruktionen gaben sie das Letzte her, um verschütteten Kameraden im Todeszenit der Uebelkeit zu helfen, oder um die unglücklichen Todesopfer zu bergen. Die Feuerwehren, die seit Beginn der Explosion zur Stelle waren, arbeiteten noch mitten in der Nacht.

Spät in der Nacht, als wir noch in Ludwigshafen unterwegs waren, konnten wir eine Szene beobachten, die charakteristisch ist für die gesamte Katastrophe. Drei Leute, Großmutter, Mutter und Kind waren unterwegs, da sie von einem schweren Orkan gefaßt mit der Explosion wirklich kamen ein Mann mit nächtlichen Mit Gesicht und verbundenem Arm. Aufgeschwärten Gesicht und verbundenem Arm. Er war der Vater des Kindes, der kaum seiner Frau, den Menschen, die sich so retten, ihnen die Tränen in den Augen und alle waren überglücklich, einen liebgewonnenen Menschen zuhaben.

M. F.

Telegramm General Königs

General König beauftragte den Herrn Gouverneur der Pfalz, Brozen-Favereau, den deutschen Behörden und dem Oberregierungspräsidenten zum deutschen Oberbürgermeister von Ludwigshafen seine aufrichtige teilnehme auszusprechen. — General König unterstrich ebenfalls seine tiefempfundene Teilnahme den Opfern und dem Schmerz aller Betroffenen. — Er hat alle erforderlichen Schritte unternommen, um das Schicksal der Betroffenen zu lindern und der Bevölkerung von Ludwigshafen zu helfen.

In diesem Zusammenhang erklärt der Herr Gouverneur Brozen-Favereau, daß er selbst alle erforderlichen Schritte zur Linderung der Notlage unternehmen wird.

Wenn die BASF hustet:
Vom Umgang mit dem Chemieriesen
Von Ulrike Minor

Die Zentrale der RHEINPFALZ ist in der Ludwigshafener Innenstadt beheimatet, direkt an der Fußgängerzone und in unmittelbarer Nähe der zahlreichen Baustellen der Stadt – Baustellen im wörtlichen wie übertragenen Sinn: Hochstraßen und Rathaus, Geschäftsleerstände, Abrisse und Neubauten, um nur einige Schlagworte zu nennen. Und nur wenige Kilometer entfernt ist ein gewichtiger Nachbar zu finden: die BASF. Größtes zusammenhängendes Chemie-Areal der Welt mit einer Fläche von zehn Quadratkilometern, Weltkonzern, Global Player, Arbeitgeber für Zehntausende im näheren und weiteren Umfeld.

lung. Nein, die BASF, die die Entwicklung Ludwigshafens ebenso wie die des weiten Umfelds geprägt hat und noch immer prägt, ist auf vielfältige Art und Weise Thema für die RHEINPFALZ, auch und gerade für die Ludwigshafener Lokalredaktion und ihre Arbeit. Spendenprojekte und das vielfältige Kulturprogramm des Konzerns, die Gastronomiebetriebe des Unternehmens oder das Kellereifest, große und kleine Bauvorhaben, aber auch Unfälle, Unglücke, gar Katastrophen – der Chemieriese in der Nachbarschaft hat die RHEINPFALZ-Redaktion in den vergangenen 75 Jahren immer wieder beschäftigt.

Im guten alten Papierarchiv der Ludwigshafener Lokalredaktion – längst abgelöst vom elektronischen Archiv, aber immer noch gerne genutzt für einen Blick in

Blick auf das Werksgelände der BASF: Die Industrieansiedlung ist eine Stadt in der Stadt.

Das Papierarchiv der Lokalredaktion Ludwigshafen birgt sage und schreibe 110 Mappen zum Thema BASF.

Ein solches Schwergewicht vor der Haustür spielt zwangsläufig eine wichtige Rolle in der Berichterstattung einer Regionalzeitung. Nicht nur, was den eigentlichen Wirtschaftsjournalismus betrifft – mit seinen Bilanzen und Konjunkturprognosen, mit Investitionszahlen und Arbeitsplatzentwick-

„historische" Berichterstattung oder zur Aufbewahrung von gedruckten Unterlagen – hängen alleine rund 110 Archivmappen in zwei großen Schiebern mit dem Aufdruck „BASF". Das geht von A wie Acetylenanlage bis W wie Wohnen – die umfangreiche Tätigkeit der Wohnungsbaugesellschaft

Geschichten rund um die RHEINPFALZ

der BASF. Sachgebiete B wie Betriebsrat, K wie Kläranlage oder W wie Wirtschaftsbetriebe sind darunter. Geschäftsberichte und Bauprojekte. Eher alltägliche Themen, die die Redaktion und die Leserschaft beschäftigen und weit über das Leben in der Stadt und ihrer Umgebung hinaus eine Rolle spielen. Man denke nur an den großen Anteil an Pendlern, die aus der näheren und weiteren Umgebung in die „Anilin" fahren. Der Berufsverkehr und die Lastwagenkolonnen sind da immer wieder einmal Thema.

Doch fast 20 Mappen in diesen Schiebern befassen sich mit Unglücken, Bränden, Störfällen und Ähnlichem. Das ist nicht irgendwelchem vordergründigen Sensationsjournalismus geschuldet. Wenn es in der BASF kracht, hat das meistens Außenwirkung. Das geflügelte Wort, „wenn die BASF hustet, hat die Pfalz die Grippe", ist nicht von der Hand zu weisen und bezieht sich nicht nur auf die Wirtschaftskraft des Unternehmens und seiner Mitarbeiter.

Die Explosionskatastrophe von 1948

Noch nicht einmal drei Jahre war die RHEINPFALZ auf dem Markt, als über die BASF und Ludwigshafen eine Katastrophe hereinbrach. Es war Mittwoch, der 28. Juli 1948, „ein samtzarter Sommertag", wie der spätere Bonner Korrespondent der RHEINPFALZ, Klaus Hofmann, in seinen Erinnerungen schrieb. Um 15.43 Uhr zerriss eine Explosion einen mit 30 Tonnen Dimethylether gefüllten Kesselwagen, der in der prallen Hitze auf dem Werksgelände der BASF stand. Eine noch viel gewaltigere Explosion folgte, als das restliche Gas aus dem Kessel mit einem Schlag ausströmte.

Nach der Explosion eines Kesselwagens auf dem Werksgelände im Jahr 1948 sah es Zeitgenossen zufolge aus wie nach einem Bombenangriff.

Das Unglück forderte 207 Todesopfer. 3818 Menschen wurden verletzt. Im weiten Umkreis sanken Gebäude in sich zusammen. Auf dem Werksgelände war die Zerstörung groß, aber es wurden auch 3122 Wohngebäude in den umliegenden Stadtteilen beschädigt.

Neben vielen Helfern eilten auch Pressevertreter zum Unglücksort, und die Ludwigshafener Redaktion war am nächsten

Bei dem Unglück starben 207 Menschen, 3818 wurden verletzt.

dran. Schon am folgenden Nachmittag erschien eine mit schwarzem Trauerrand versehene zweiseitige Sonderausgabe der RHEINPFALZ mit dem Titel „Die Pfalz trauert mit Ludwigshafen" mit Berichten aus erster Hand, Stimmungsbildern, Reaktionen aus der Bevölkerung, aus Politik und Wirtschaft sowie der Beschreibung der beispiellosen Hilfswelle. Und mit einer ersten Totenliste. Der Erlös der Sonderausgabe wurde den Familien der Opfer gespendet.

Bis in den nächsten Vormittag hinein hatten die Redakteure recherchiert und aktualisiert. Klaus Hofmann schilderte vor Jahren die Umstände der Arbeit: „In der engräumigen Lokalredaktion der RHEINPFALZ in der Amtsstraße (das große Verlagshaus wurde erst 1951 eingeweiht) klingelte Tag und Nacht das Telefon. Nachrichtenagenturen und Journalisten aus aller Welt stöberten nach Details. Oder entwarfen wirre Theorien von einer verschleierten Atomexplosion, gar der Produktion von Zyklon B als faschistisches Massenvernichtungsmittel. (…) Die Lokalredakteure kannten die Fakten genauer. Sie verwiesen auf die Zuverlässigkeit ihrer eigenen Recherchen. Die Zeitung vor Ort war um einwandfreie Dokumentation bemüht. Sie musste nichts dementieren."

Dioxin – in den 1950er-Jahren war dieser Begriff weitgehend unbekannt, bis zur Katastrophe von Seveso war es noch lange hin. Und dass es am 17. November 1953 in der BASF einen Unfall mit dem gefährlichen Gas gegeben hatte, hat man erst lange nicht erkannt, hat die Öffentlichkeit erst spät erfahren. Eine Reihe von Arbeitern erkrankte an Chlorakne, einer starb an den Folgen. Beschäftigt hat das auch die RHEINPFALZ noch nach Jahrzehnten. So ging es 40 Jahre später in der Berichterstattung zum Beispiel um Entschädigungen für die 254 betroffenen Mitarbeiter, oder etwa darum, dass der Schutt aus dem abgerissenen Unglücksgebäude auf der Insel Flotzgrün im Rhein gelagert worden war.

Fünf Tote im Landeshafen Nord

In jüngster Zeit haben erneut zwei Unglücke die Schlagzeilen und die Arbeit in der Redaktion beherrscht: die Explosion einer Hochdruckgasleitung an der Bahnlinie zwischen den Ludwigshafener Stadtteilen Oppau und Edigheim am 23. Oktober 2014, die zwei Menschenleben und viele Verletzte forderte sowie Millionenschaden an der angrenzenden Wohnbebauung anrichtete, und zwei Jahre später die Detonation einer Gasleitung bei Arbeiten an einer Rohrleitungstrasse im Landeshafen Nord am 17. Oktober 2016. Hier waren fünf Todesopfer zu beklagen. Ganz nah dran – zwangsläufig – war die RHEINPFALZ auch hier.

Glücklicherweise sind Unglücke und Un-

Im Landeshafen Nord detonierte 2016 eine Gasleitung bei Arbeiten an einer Rohrleitungstrasse. Zwei Arbeiter starben.

Geschichten rund um die RHEINPFALZ

Mit dem Anilinzug zur Arbeit in die BASF. Dieses Foto stammt aus dem Jahr 1951.

fälle bei dem Chemieriesen zwar spektakulär und leider folgenreich, aber nicht die Regel. Es gibt eine Menge Berührungen im Redaktionsalltag mit dem Weltkonzern. Wobei das nicht immer so war. In den Nachkriegsjahren war das Interesse der BASF-Verantwortlichen an Öffentlichkeitsarbeit nicht besonders groß – davon kann Ulla Hofmann berichten. Die Mannheimerin war in den 50er- und 60er-Jahren Redakteurin in der Lokalredaktion Ludwigshafen, und auf den Lokalseiten fand zu dieser Zeit auch weitgehend die Berichterstattung über die BASF statt. Einen Wirtschaftsteil heutigen Zuschnitts gab es noch nicht. „Firmen hatten damals nur selten eine Pressestelle", erinnert sich Ulla Hofmann, „wenn man etwas hörte, ging man an Ort und Stelle und sah dort zu, wie man weiterkam". Die BASF hatte zwar eine Pressestelle, mit gerade mal einem Mann besetzt, „aber sie galt als Presse-Abwehrstelle". Die Folge: „Wir schrieben wenig über dieses für Ludwigshafen so wichtige Unternehmen." Das habe sich erst geändert, als Bernhard Timm, von 1965 bis 1974 Vorstandsvorsitzender der BASF-AG, in die Vorstandsetage einzog. Er habe Öffentlichkeitsarbeit fest in der BASF installiert. Mitte der 60er-Jahre gab es auch Grund zum Feiern für das Unternehmen und Interesse an Werbung in eigener Sache: Die BASF feierte 1965 ihren 100. Geburtstag. Die RHEINPFALZ-Lokalredaktion stellte zu diesem Anlass eine gut 20-seitige großformatige Sonderbeilage zusammen.

„Englischer Herrenclub" in der BASF

Aktualität in der Berichterstattung – nicht nur über die BASF – war lange Zeit nicht Maß aller Dinge. Das konnte sie auch nicht sein, waren die Produktionsbedingungen einer Zeitung doch kompliziert und langwierig, schnelles Reagieren damit kaum möglich. So erinnert sich Ulla Hofmann daran, dass BASF-Bilanzpressekonferenzen, die um 17 Uhr begannen, bis in die 70er-Jahre hinein nicht mehr am folgenden Tag ins Blatt kamen. „Bei diesen Bilanzkonferenzen in Ludwigshafen ging es zu wie in einem englischen Herrenclub. Man traf sich im Kaminzimmer des Gesellschaftshauses der BASF, Neuankömmlinge wurden vorgestellt, die etwa 30 Journalisten, die sich alle kannten, unterhielten sich gepflegt, begaben sich anschließend zur Konferenz in den Nebenraum und aßen nach der Konferenz mit dem Vorstand ebenso gepflegt zu Abend. Geschrieben wurde am nächsten Vormittag. Das änderte sich erst mit der Internationalisierung des Wirtschaftslebens und dem stärkeren Interesse der amerikanischen Nachrichtenagenturen an der deutschen Wirtschaft. So konnte es vorkommen, dass der Bericht über die BASF-Bilanz anderntags im ‚Wallstreet Journal' stand, aber nicht in den deutschen Zeitungen. Die rasche Einsicht sowohl der deutschen Wirtschaftsjournalisten als auch der BASF-Pressestelle, dass dies so nicht bleiben konnte, brachte sehr schnell das Ende der Bilanzpressekonferenzen um 17 Uhr, und damit auch das Ende des englischen Herrenclubs im BASF-Casino."

Es ist heute kaum zu glauben, aber Ulla Hofmann zufolge war es auch die BASF, die den Redakteuren ökologische Aspekte näher brachte: „Das Wort Umweltschutz hörten wir Journalisten erstmals in den 60er-Jahren." Damals sei die BASF mit einer Ansiedlung in den USA am Widerstand von Umweltschützern gescheitert. Albert Oeckl, Pressesprecher der BASF, habe den deutschen Journalisten erläutern müssen, was dieser neue Begriff Umweltschutz bedeute.

Bis heute umstritten:
Der Abriss des BASF-Hochhauses

Dass die BASF zum Stadtbild gehört, ist unübersehbar. Dass viele Ludwigshafener aber auch durchaus mit Herzblut an dem einen oder anderen Bauwerk hängen, hat sich an der Diskussion um das Friedrich-Engelhorn-Hochhaus gezeigt.

Einst das höchste Gebäude der Bundesrepublik und mit seiner auffälligen Architektur Wahrzeichen der Stadt, wurde das 1957 erbaute und unter Denkmalschutz stehende Hochhaus nach der Jahrtausendwende ein Sanierungsfall. 2013/14 wurde es abgerissen. Und es rauschte im Blätterwald. Neben Journalisten der RHEINPFALZ haben sich auch viele, viele Leser zu Wort gemeldet und Briefe geschrieben, meist mit Argumenten für den Erhalt des Bauwerks. Vergebens. Der von der BASF ursprünglich angekündigte Ersatzbau an dieser prominenten Stelle wurde nicht realisiert.

Dass das Friedrich-Engelhorn-Hochhaus, ein unter Denkmalschutz stehendes Wahrzeichen der Stadt Ludwigshafen, abgerissen wurde, hat viele RHEINPFALZ-Leser empört.

eute mit großem
...ortteil

RHEINPFALZ

Einzelpreis: DM 1.30

Mehr als 30 Tote bei Flugtag-Katastrophe

Nach Zusammenprall in der Luft italienisches Flugzeug in Zuschauer gestürzt – Mindestens 270 Verletzte – Panik in Ramstein

MSTEIN (wop/hwm/dpa). 34 Tote und mindestens 270 zum Teil schwer Ver-zte forderte der Absturz dreier Flugzeuge gestern beim Flugtag in Ramstein. e Maschinen einer italienischen Kunstflugstaffel rasten bei einem Schau-g um 15.40 Uhr in der Luft ineinander, eines der brennenden Wracks stürzte 0 Meter südöstlich des Towers in die Zuschauermenge. Der Pressesprecher er Kreisverwaltung Kaiserlautern, Vollmer, sagte am Abend, daß von den erletzten „mit Sicherheit" noch einige sterben würden, „denn es sind sehr chwere Verletzungen".

ie Opfer der Katastrophe werden in sie-en Krankenhäusern versorgt. In Ret-ungswagen, aber auch in amerikanischen Bussen wurden die Verletzten in die Kran-kenhäuser gebracht, allein 24 in die Unfall-klinik Ludwigshafn, viele andere in die Krankenhäuser Kaiserlautern, Homburg, Kusel und das US-Hospital in Landstuhl.

Meldestelle eingerichtet

Auf dem Flughafen in Ramstein ist noch gestern abend eine Meldestelle eingerichtet worden, bei der sich Angehörige von Vermißten erkundigen können. Diese Meldestelle ist unter der Rufnummer 0 63 71 / 4 44 71 / 72 zu erreichen.

Erschüttert zeigten sich die Politiker von dem Unglück. „Dies wird Konsequenzen haben" stellte Ministerpräsident Bernhard Vogel fest. „Nie wieder eine Flugschau", sagte der Landrat des Kreises Kaiserslautern, Rudolf Tartter.

Leitartikel zu der Katastrophe von Ramstein auf Seite 2, weitere Berichte auf den Seiten 3 und 4.

Bei der letzten Attraktion der Flugschau, einem Staffelflug der italienischen Gruppe „Frecce Tricolori" (Dreifarbige Pfeile) mit zehn Maschinen passierte das Unglück. Drei Maschinen vom Typ „Aermacchi MB-339A" streiften sich, explodierten und gingen in einem Feuerball auf, der mitten in die Zuschauermenge raste. Ein Regen von Metallsplittern ging auf die Menschen nieder, die etwa 500 Meter vom Tower entfernt standen – ganz nahe am Geschehen. Die Druckwelle, so schildern Augenzeugen, zerfetzte mehrere Zuschauer, das brennende Wrack tötete eine Reihe anderer Besucher des Flugtages. Schreiende, lichterloh brennende Menschen wälzten sich am Boden. In Panik stürzten die Zuschauer weg von der Unglücksstelle – sie überrannten Verletzte und Kinder. Chaos herrschte auf dem Flugplatz. Die zweite Maschine prallte auf das Flugfeld, die dritte in einen nahegelgenen Wald. Alle drei Piloten kamen ums Leben.

Beim Roten Kreuz Kaiserslautern-Land liefen die Rettungsaktionen Minuten nach dem Unglück an. Alle Hilfsorganisationen waren vertreten, zahlreiche Feuerwehreinheiten und die Kreispolizei halfen, die Verletzten zu bergen, zu versorgen und zu den Krankenhäusern in der Umgebung zu bringen. Mit Hubschraubern wurden die Menschen, die schwerste Verbrennungen aufwiesen, zur Unfallklinik in Oggersheim, in Unikliniken geflogen. Die Rettungsdienste waren mit allen verfügbaren Wagen und Kräften im Einsatz, Retter aus allen Richtungen der Pfalz kamen zu Hilfe. Vorwiegend junge Leute und Kinder sind unter den Verletzten und Toten; Verbrennungen höchsten Grades auch im Gesicht erschweren die Identifikation. Eine Sonderkommission der Kriminalpolizei hatte die Aufgabe, in den Krankenhäusern die Personalien der Verletzten aufzunehmen, eine Liste zu erstellen. Bis gestern abend stand die genaue Zahl der Verletzten noch nicht fest.

Auf dem Flugplatz und bei den Krankenhäusern liefen die Drähte heiß: Viele suchten nach ihren Angehörigen, die den Flugtag besucht hatten. Selbst Amerikaner, die in Ramstein arbeiten und deren Kinder den Flugtag besucht hatten, mußten an den Toren auf Nachricht warten – eingelassen wurden sie nicht, denn der Flugplatz wurde unmittelbar nach dem Unglück hermetisch abgeriegelt.

Dem erst rund zwei Wochen amtierenden Kommandeur der gastgebenden 316. Luftdivision, Brigadegeneral Lawrence E. Boese, stand das Entsetzen ins Gesicht geschrieben.

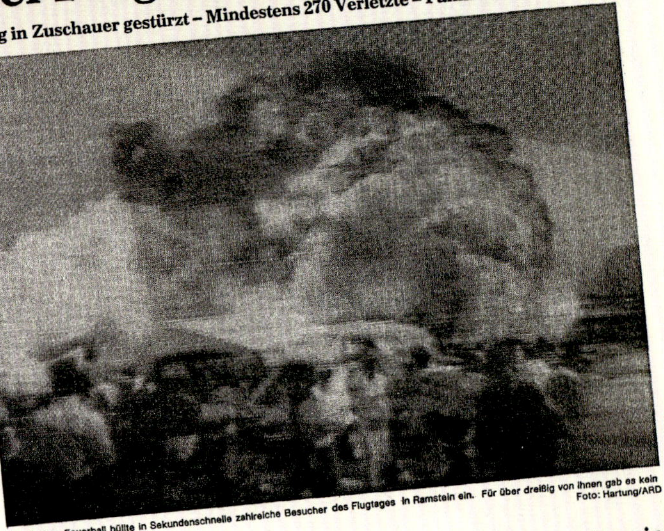

Ein riesiger Feuerball hüllte in Sekundenschnelle zahlreiche Besucher des Flugtages in Ramstein ein. Für über dreißig von ihnen gab es kein Entkommen. Foto: Hartung/ARD

Trauer und Empörung nach dem Unglück

Vogel kündigt Untersuchung an – Scharping fordert Verzicht – Scholz sagt Bundeswehrschau ab

KAISERSLAUTERN/LUDWIGSHAFEN/ BONN (rpf). Tiefe Betroffenheit, aber auch Empörung darüber, daß der Flugtag in Ramstein trotz vorangegangener Mahnung und Proteste dennoch veranstaltet wurde, herrschte gestern bei Politikern und in der Bevölkerung nach der Katastrophe der Flugschau auf dem Militärflughafen.

Bundesverteidigungsminister Scholz hat als erste Reaktion den für den 25. September von der Bundeswehr geplanten Flugtag in Lechfeld bei Augsburg abgesagt. Er empfahl den Alliierten, sich dieser Maßnahme anzuschließen. Scholz äußerte sein tiefes Mitgefühl für die Angehörigen der Opfer. Die Grünen kündigten unterdessen an, Scholz werde sich im Parlament für die Tragödie von Ramstein zu verantworten haben, da er „alle Warnungen leichtfertig ignoriert" habe. Noch am Freitag sei Scholz eindringlich aufgefordert worden, den Verzicht auf diese Flugübungen anzuordnen.

Bundeskanzler Kohl, der gestern abend kurz in seinem Privathaus in Ludwigshafen-Oggersheim zu erreichen war, gab auf Anfrage der *Rheinpfalz* keine Stellungnahme ab, weil er – wie er sagte – zu diesem Zeitpunkt noch keine vollständigen Informationen über die genaue Sachlage hatte. Kohl kündigte an, er werde sich heute in Bonn zu der Absturz-Katastrophe äußern.

Der SPD-Verteidigungsexperte Kolbow forderte Verteidigungsminister Scholz auf, militärische Flugtage in der Bundesrepublik ab sofort abzuschaffen. Das gleiche forderte der saarländische SPD-Innenminister Läpple. Auch das SPD-Präsidium betonte, das Unglück zeige erneut die Problematik von Flugschauen.

Den Verletzten und Angehörigen der Toten zu helfen, stehe im Vordergrund, betonte gestern abend Ministerpräsident Bernhard Vogel beim Gespräch mit der *Rheinpfalz*. Er sprach von einem grauenhaften, schweren Unglück. Er sei sofort, als er von dem Unfall erfahren habe, mit dem Hubschrauber nach Ramstein geflogen, sagte Vogel, der eine Untersuchung der Ursache ankündigte. Das Unglück „wird Konsequenzen haben müssen", erklärte er.

„Unfaßbar", drückte Innenminister Rudi Geil seine Stimmung aus. Mit Entsetzen habe er die Absturzstelle gesehen, sagte Geil, der den Flugtag etwas früher verlassen hatte, um 15.55 aber wieder mit dem Hubschrauber von Koblenz aus nach Ramstein flog. Katastrophalarm habe er nicht ausgelöst, „weil genügend Rettungsmannschaften vor Ort waren", erklärte Geil gegenüber der *Rheinpfalz*. Und zur umstrittenen Flugschau an sich: „Wenn so viele Unbeteiligte gefährdet sind, dann kann ich eine solche Veranstaltung nicht mehr empfehlen. Ich halte sie für nicht mehr verantwortbar."

Der SPD-Landesvorsitzende Scharping appellierte nach der Katastrophe an Landesregierung und Verteidigungsministerium, „mit dem lebensgefährlichen Unsinn militärischer Flugschauen endgültig Schluß zu machen". Der Rat der Stadt und der Kreistag des Landkreises Kaiserslautern hätten in den vergangenen Jahren vergeblich einen Verzicht auf die Ramsteiner Mammutveranstaltungen gefordert. „Mußte es erst zu dem schrecklichen Ereignis kommen, damit die Verantwortlichen ein Einsehen erlangen?", fragte Scharping. Zuvor hatte er beim Anti-Flugtag der SPD im westpfälzischen Otterberg den US-Streitkräften „Ignoranz und Arroganz" vorgeworfen und ein totales Tiefflugverbot sowie eine Änderung des Nato-Truppenstatuts verlangt (siehe auch Seite „Südwestdeutsche Zeitung").

„Es wird keine Flugschau mehr geben", stellte der Landrat des Kreises Kaiserslautern, Rudolf Tartter, fest. Er hatte den Absturz von der Ehrentribüne aus miterlebt. Ebenso Regierungspräsident Dr. Paul Schädler, der keine Worte fand. Dem erst rund zwei Wochen amtierenden Kommandeur der gastgebenden 316. Luftdivision, Brigadegeneral Lawrence E. Boese, stand das Entsetzen ins Gesicht geschrieben. „Wir haben alles im Vorfeld getan, was wir tun konnten. Die italienische Staffel setzte sich aus den erfahrensten Piloten der italienischen Luftwaffe zusammen." Die Staffel fliege das fragliche Manöver schon seit ihrer Gründung 1960. Zwei Untersuchungskommissionen, eine italienische und eine amerikanische, seien eingesetzt. Auf die Frage, ob denn der Abstand zwischen den Flugvorführungen und der Zuschauermenge nicht zu gering gewesen sei, erklärte er, der vorgeschriebene Sicherheitsabstand von 1500 Fuß (etwa 500 Meter) sei eingehalten worden. Es gebe keinen Hinweis darauf, daß die italienische Staffel diesen nicht eingehalten habe. Auch die Höhe, in der die Staffel ihr Manöver durchflog, sei nach Angaben ihres Leiters absolut im Rahmen des Normalen gewesen.

„Das muß das Ende des Flugtages mit Flugschau sein", stellte Kaiserslauterns Oberbürgermeister Theo Vondano fest, während die SPD-Bundestagsabgeordnete Dr. Rose Götte erklärte, es sei „gräßlich, daß die Warnungen der SPD vor den Flugvorführungen sich auf diese Weise als richtig erweisen mußten". Die SPD und die Grünen kündigten gestern Initiativen im Landtag gegen solche Veranstltungen an.

Der FDP-Landesvorsitzende Rainer Brüderle sprach sich für ein „Ende aller militärischen Proz-Veranstaltungen" aus. Der FDP-Verteidigungsexperte Feldmann bezeichnete derartige Flugtage als „absolut verzichtbar".

Italiens Ministerpräsident de Mita beauftragte den italienischen Botschafter in Bonn damit, den deutschen Behörden sein Mitgefühl wegen der „schrecklichen Katastrophe" zum Ausdruck zu bringen.

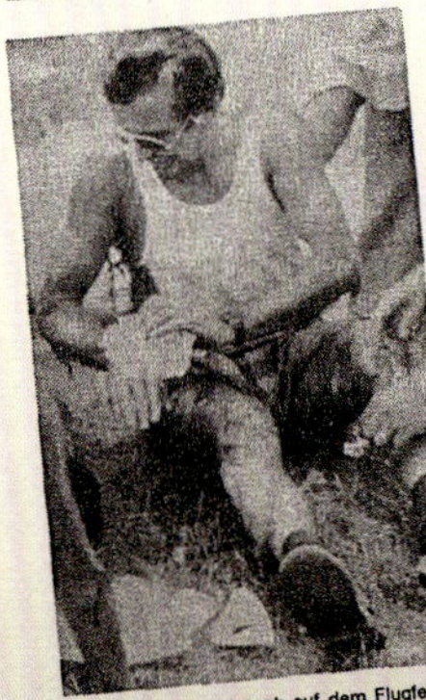

Ein Verletzter wird noch auf dem Flugfeld in Ramstein von Zuschauern und Sanitätern notdürftig versorgt. Foto: Leppla

Absturz auch bei Flugtag in Belgien

BRÜSSEL (ap). In Belgien hat sich gestern zum zweiten Mal innerhalb von nur drei Wochen bei einer Flugvorführung ein tödlicher Absturz ereignet. Wie die Polizei mitteilte, stürzte ein finnisches Flugzeug vom Typ Redigo bei einer militärischen Luftschau ab, wobei der Pilot den Tod fand. Der Absturz ereignete sich auf dem 110 Kilometer nordöstlich von Brüssel gelege... Kleine Bro...

SPD ringt um klaren wirtschaftspolitischen Kurs

Vogel warnt vor Kontroverse mit Gewerkschaften – Conradi kritisiert Parteitagsvorbereitung

BONN/MÜNSTER (dpa). Im Vorfeld des morgen in Münster beginnenden SPD-Bundesparteitages hat sich der innerparteiliche Streit um die künftige SPD-Wirtschaftspolitik der Sozialdemokraten weiter zugespitzt.

Gestern abend trat das SPD-Präsidium in Münster zu letzten Vorbereitungen zusammen. SPD-Chef Vogel zeigte sich dagegen zuversichtlich, daß der Parteitag „Kompetenz und Konzepte" der SPD auf wirtschaftspolitischem Gebiet deutlich machen werde. In Münster gehe es bei der Wirtschaftspolitik um ein Kernstück eines künftigen SPD-Regierungsprogramms, sagte Vogel. Er warnte Sozialdemokraten ... sich in eine ...

Der Vorsitzende der IG Chemie-Papier-Keramik und SPD-Bundestagsabgeordnete Rappe sagte, die Partei mache sich in der Wirtschaftspolitik selbst unglaubwürdig. Sie brauche endlich ein schlüssiges wirtschaftspolitisches Konzept und könne es sich nicht leisten, mit vielen Zungen zu reden. IG-Metall-Chef Steinkühler sagte, die Gewerkschaften könnten mit dem Leitantrag zur Wirtschaftspolitik in der jetzigen Fassung „durchaus leben". Von SPD-Vorstandsmitglied Rot angekündigte Versuche, den Leitantrag „zuzuspitzen", müßten aber verhindert werden. Nach Steinkühlers Meinung verfügt die SPD derzeit über keine „wirtschaftspolitische Persönlichkeit", mit der sie die nächsten Wahlen gewinnen könne.

... unterdessen, die SPD ... zialen Kräfte zusammenzuführen, dies müßten auch die Gewerkschaften einsehen. Für die nächsten Jahre sei entscheidend, wie die Investitionen der Unternehmen drastisch gesteigert werden könnten. Dazu gehöre auch, den Anpassungsprozeß in der Industrie zu akzeptieren. Ähnliches sagte der frühere SPD-Wirtschaftsminister Schiller. Er wünschte sich von dem Parteitag ein „gestrafftes wirtschaftspolitisches Programm" mit mehr marktwirtschaftlichen Elementen.

Der Chef der SPD-Kontrollkommission, der Bundestagsabgeordnete Conradi, übte am Sonntag scharfe Kritik an der Arbeit der Antragskommission. Das unter Leitung des stellvertretenden Parteivorsitzenden Lafontaine zusammengestellte Antragsbuch werde eher zur Verwirrung des Parteitages beitragen, sagte Conradi.

Sechs DDR-Bürger in Ständiger Vertretung

BERLIN (ap). Der Versuch von sechs DDR-Bürgern, durch eine Besetzung der Bonner Ständigen Vertretung in Ost-Berlin eine Ausreise in den Westen zu erzwingen, ist gescheitert. Nachdem sich zumindest einige der Besetzer drei Tage lang in dem Gebäude aufgehalten hatten, teilte die Vertretung gestern mittag mit, die sechs Personen hätten die Mission wieder verlassen. Ihnen habe die DDR Straffreiheit, aber nicht die Ausreise zugesichert. Wie verlautete, waren in den vergangenen Monaten mehrfach ausreisewillige DDR-Bürger in die Vertretung in der Hannoverschen Straße eingedrungen, doch seien diese Fälle geräuschlos abgewickelt worden.

In der Erklärung der Ständigen Vertretung der Bundesrepublik hieß es: „Di... sechs DDR-Bürger, die sich vorübergehen... in der Ständigen Vertretung aufhielten, ha... ben das Gebäude verlassen. Sie haben vo... den DDR-Behörden Straffreiheit zuges... chert bekommen. Eine Zusage auf Ausrei... wurde nicht gegeben." Die Gruppe, zu d... einige Personen aus Jena gehörten, verli... das Gebäude zwischen 11.15 und 12 U... Zumindest einige von ihnen waren s... Donnerstag abend in dem Gebäude.

Seehundsterben vermutlic... durch Infektionskrankhe...

HANNOVER/KIEL (dpa). Das unvern... dert andauernde Seehundsterben in ... Nordsee wird vermutlich von einer In... tionskrankheit mit bakterienähnlichen ... kroorganismen verursacht. Wie ein ... cher der Tierärztlichen Hochschule ... nover mitteilte, seien in weißen Blu... perchen toter Robben Mikroorgani... nachgewiesen worden, die nicht den ... zuzuordnen sind. Viren und Mycopla... das sind ebenfalls kleinste Krankheit... ger wie Bakterien, seien gefunden w... Außerdem waren die Tiere von ... Darm- und Lungenwürmern sowie ... befallen.

Töpfer gibt gegebenenf... auch Weisung für Kal...

HAMBURG (dpa). Bundesumweltr... Töpfer hat gestern noch einmal u... chen, daß er keine Sicherheitsb... beim Wiederanfahren von Brokd... In einem Interview des Südwestfu... digte Töpfer zugleich an, daß ... Schnellen Brüter in Kalkar geneh... rechtlich ebenso verfahren wolle... Fall Brokdorf: Die Anlage werde i... gehen, wenn keine Gefahr für Me... Umwelt bestehe. Die Hamburger ... ternative Liste (GAL), die Grüne... wig-Holsteins, Robin Wood und a... ganisationen haben unterdessen ... zu einer Blockade am Kern... Brokdorf aufgerufen.

Die Gewinnzahl...

34. Ausspielung. Lotto: 9, 17, 2... Zusatzzahl: 31. Toto: 1, 1, 1, 0, 0... 1. 6 aus 45. 4, 13, 35, 43, 44, 45. 9. Rennquintett. Rennen A: 15, ... nen B: 24, 22, 25. Spiel 77: 5 83... Gewähr)

Flugtag-Katastrophe von Ramstein: Alle im Krisenmodus

Von Jürgen Müller

Der 28. August 1988: Das ist der Tag, an dem ich den besten Einfall meines Lebens hatte – nämlich, eine halbe Stunde vor dem Ende des Flugtages die Air Base Ramstein zu verlassen. Ich wollte auf keinen Fall in endlose Staus geraten, wenn 350.000 Flugtag-Besucher die Heimfahrt antreten. In der Redaktion in Kaiserslautern wartete eine Menge Arbeit auf mich: Ich sollte nicht nur über diese umstrittene Großveranstaltung der US-Luftwaffe berichten. Darüber hinaus wurde von mir ein Leitartikel dazu erwartet.

Nachdem die Jets der italienischen Kunstflugstaffel Frecce Tricolori zusammengestoßen waren, stürzten sie brennend in die Zuschauermenge.

Gegen 15.30 Uhr an jenem sonnigen Spätsommersonntag verließ ich einen ganz normalen Flugtag ohne auch nur einen Hauch von Zwischenfall. Das sollte sich in der nächsten halben Stunde grundlegend ändern. Meine Entscheidung, den letzten Programmpunkt zu schwänzen, hat mir den stressigsten Arbeitstag meines Berufslebens beschert. Einerseits. Andererseits hat sie mir womöglich das Leben gerettet. Denn von dort, wohin kurz vor 16 Uhr ein Jet in die Besuchermenge stürzte und ein Blutbad anrichtete, hatte auch ich die atemberaubenden Showeinlagen der Piloten verfolgt.

Dazu gehörte jener US-Offizier, der nur wenige Meter über dem Boden seinen F-16-Kampfjet steil aufgerichtet hatte. So, als würde er in jedem Moment mithilfe seines kraftstrotzenden Triebwerkes fast senkrecht zum Himmel hochjagen. Stattdessen paradierte der Mann, auf dem Abgasstrahl seines Düsenjägers reitend, vor den Zuschauern über die Rollbahn. Dabei fand er noch Zeit zu grüßen. Die Zuschauer waren begeistert.

Kaum in der Kaiserslauterer Redaktion in der Pariser Straße angekommen, klingelte das Telefon. Am anderen Ende meldete sich ein atemloser Hans-Jürgen Vollmer: „Komm schnell, es ist was Furchtbares passiert, viele Tote." Ohne eine Reaktion abzuwarten, legte Vollmer, damals Pressesprecher der Kaiserslauterer Kreisverwaltung, auf. In Zeiten, in denen es kein E-Mail, keine SMS und erst recht kein Handy gab, war selbst ein so knapper Anruf Gold wert.

Jetzt war Tempo angesagt: Als Erstes die Redaktionszentrale in Ludwigshafen, wo wie in all den anderen RHEINPFALZ-Redaktionen sonntags mit stark reduzierter Mannschaft gearbeitet wird, vorgewarnt, dass in Ramstein etwas Fürchterliches passiert sei. Dass die bisherige Planung für die Montagausgabe ein Fall für den Papierkorb sei. Und dass ich jetzt versuchen werde, wieder auf den Flugplatz zu kommen, um mehr zu erfahren. Schon unterwegs bekam ich eine Ahnung vom Ausmaß des Unglücks: Militärlaster, auf deren offener Ladefläche offensichtlich verletzte Menschen transportiert wurden, kamen mir entgegen. Am Flugplatz eingetroffen, war schon ein ganzes Stück vor dem Tor mit dem Auto kein Weiterkommen mehr. Der Rückreiseverkehr, den ich unbedingt hatte vermeiden wollen, strömte mir nun mit Macht entgegen.

Nach dem Unglück riegelten die Amerikaner die Air Base Ramstein vollständig ab.

Bei dem Unglück während des Flugtages in Ramstein starben 70 Menschen, etwa 1000 Frauen und Männer trugen zum Teil schwere Verletzungen davon.

Deshalb das Auto abgestellt und losgerannt. Menschen, die den Flugplatz zu Fuß verlassen hatten, angesprochen, was denn passiert sei. Die einen reagierten auf meine Fragen aggressiv, warfen mir Sensationsjournalismus vor. Was hätten sie wohl gesagt, wenn am nächsten Tag nichts über die Katastrophe in der Zeitung gestanden hätte? Die anderen wollten nur weg, gaben mir aber ein paar Informationsbrocken: Mehrere Jets der italienischen Kunstflugstaffel Frecce Tricolori waren in der Luft zusammengestoßen, ihre brennenden Trümmer mitten in die Zuschauermassen eingeschlagen.

Am Tor der Air Base eingetroffen, war kein Weiterkommen mehr. Dort, wo die Besucher am Morgen freundlich durchgewinkt worden waren, standen nun US-Wachleute in schwarzen Uniformen. Sie wiesen jeden ab, der hinein wollte. Wer sich nach dem Schicksal seiner Angehörigen erkundigte, wurde an ein Informationscenter auf dem Flugplatz verwiesen. Dort könne er in einigen Stunden nachfragen. Also wieder zum Auto zurück und in die immer noch schier endlose Schlange von Abreisenden, nun wieder in Richtung Kaiserslautern, eingereiht. Die Minuten zogen sich wie Stunden, die Zeit bis zum Redaktionsschluss schien zwischen den Fingern zu zerrinnen.

In der Kaiserslauterer Redaktion läuteten die Telefone Sturm. Flugtag-Besucher berichteten von ihren traumatischen Erlebnissen. Von der Hitze der Feuerwalze, die sich ihren Weg durch die Menge gebahnt und Campingstühle, Hamburgerbude und Menschen verschlungen hatte. Das Landstuhler St. Johannis-Krankenhaus ist die Klinik, die der Katastrophe am nächsten lag. „Die Opfer haben vor allem Brandwunden", hieß es dort. Bei manchen Männern seien die Bärte auf der Haut geschmolzen, hingen die Turnschuhe in Fetzen von den Füßen. Einige Patienten trafen mit faustgroßen Brandwunden ein, bei anderen war die Haut blau-schwarz verkohlt. Bei manchen Frauen waren die Strumpfhosen wie eine zweite Haut angelötet. Aus all diesen Mosaiksteinchen musste ich bis zum Abend ein Gesamtbild für die Montagausgabe schreiben.

In der Redaktionszentrale in Ludwigshafen hatte an jenem Sonntag unter anderem Arno Becker, damals Redakteur in der Wirtschaftsredaktion und heute Korrespondent in Mainz, Dienst im Politik-Ressort. Er bearbeitete Wirtschaftsnachrichten sowie die Seite 3, die Hintergrundberichten und Reportagen vorbehalten ist. Schon nach meinem ersten Anruf um kurz nach 16 Uhr aus der Kaiserslauterer Lokalredaktion stand für Becker fest: Dieser Arbeitstag wird sehr viel länger als üblich dauern. Ohne zu zögern bat er deshalb seine Frau, das geplante Abendessen mit Freunden abzusagen.

Das RHEINPFALZ-Team funktioniert in der Krise

Kollegen, die an jenem Tag Dienst in Ludwigshafen hatten, erinnern sich anerkennend, wie souverän und unaufgeregt Günter Krall diese besondere RHEINPFALZ-Ausgabe managte. Als Chef vom Dienst liefen bei ihm die Fäden zusammen, sowohl was das Redaktionelle als auch die Absprachen mit der Technik anging. Er reservierte die Seiten 1 und 3 nahezu komplett für das Thema Ramstein und organisierte eine zusätzliche Seite.

Redakteurinnen und Redakteure, die an diesem Sonntag in Ludwigshafen ohnehin Dienst hatten, sprach Krall an, ob sie zusätzliche Aufgaben übernehmen könnten. So rief Hermann Motsch – damals Ludwigshafener Landkreis-Redaktion, heute Wirtschaftsredakteur – in Oggersheim bei Bundeskanzler Helmut Kohl an. Der erwies sich als nicht sehr gesprächig: Er habe noch keine vollständigen Informationen, werde sich deshalb erst am Montag in Bonn äußern. Zusätzlich verfasste Motsch einen Überblick über die fast drei Dutzend Abstürze von Militärflugzeugen in Rheinland-Pfalz während der vergangenen Jahre.

Arno Becker übernahm es, einen Bericht über die zahlreichen Unglücksfälle bei Flugvorführungen zusammenzustellen. Auch Kollegen, die eigentlich frei hatten, boten spontan Hilfe an. Hartmut Rodenwoldt

Ein Militärflugzeug über dem Rathaus Kaiserslautern. Auch heute noch beschleicht so manchen bei solch einem Anblick ein mulmiges Gefühl.

Geschichten rund um die RHEINPFALZ

Schon vor der Katastrophe hatte sich Protest gegen die Flugschauen geregt. Bürgerinitiativen und Friedensaktivisten protestierten dagegen.

etwa, damals Redakteur in der Südwest-Redaktion und heute Korrespondent in Berlin, erfuhr zu Hause durchs Fernsehen von der Katastrophe. In der Redaktion eingetroffen, arbeitete er die Vorgeschichte des Flugtages auf. Kritiker vor allem aus den Reihen von SPD und Grünen, aber auch von der Evangelischen Kirche der Pfalz hatten seit Jahren einen Verzicht auf die waghalsigen Flugvorführungen gefordert. Ihnen hatten einige CDU-Politiker Antiamerikanismus vorgeworfen und die Bürger stattdessen dazu aufgerufen, durch einen Besuch der Flugschau ihre Verbundenheit mit den US-Streitkräften zu demonstrieren.

Zudem hatte sich im Vorfeld des Flugtages von 1988 ein erhebliches Protestpotenzial aufgestaut. Seit Jahren beklagten Bürger den Lärm, der von den Militärjets ausging. Acht große Flugplätze waren damals in Rheinland-Pfalz in Betrieb – heute sind es noch drei. Das Bundesland galt als „Flugzeugträger der Nato" und die Ramsteiner Air Base war die europäische Kommandozentrale. Nicht wenige Bürger empfanden die massenhaften Tiefflugübungen als Lärmterror. Hinzu kam im ersten Halbjahr 1988 eine Absturzserie von F-16-Jagdbombern. Also von jenem Flugzeugtyp, der beim Flugtag so eindrucksvoll im schrägen Paradeflug präsentiert worden war. Dabei hatten keineswegs nur rheinland-pfälzische Oppositionspolitiker angesichts der Abstürze dafür plädiert, die F 16 bis zur Klärung der Unfallursachen beim Flugtag am Boden zu lassen. Vergeblich.

Auch nach der Flugtag-Katastrophe mit ihren 70 Todesopfern ließen einige wenig Fingerspitzengefühl erkennen. Bundesverteidigungsminister Rupert Scholz fiel nichts Besseres ein, als zu betonen, dass

Eine US-Militärmaschine startet von der Airbase Ramstein, die einer der wichtigsten Stützpunkte der USA in Europa ist.

das Ramsteiner Unglück mit der Tiefflug-Problematik nichts zu tun habe. Und die US-Luftwaffe ließ schon am Tag nach der Katastrophe ihre Jets wieder ausschwärmen. Dabei hatte die Feuerwalze von Ramstein den Menschen schlagartig vor Augen geführt, welche Gefahren von militärischen Liegenschaften ausgehen können. Von denen gab es zu dieser Zeit Hunderte in Rheinland-Pfalz – neben Flugplätzen, Kasernen und Wohnsiedlungen auch Raketenbasen, Atom- und Chemiewaffenlager.

Die Lehren aus der Katastrophe

Den Leitartikel übernahm am Abend des Flugtages dankenswerterweise Chefredakteur Fritz Schlossareck: „Das Unglück von Ramstein, das ein weiteres Glied einer ganzen Kette solcher Unglücksfälle darstellt, sollte Anlass sein, Wert und Unwert solcher Flugtage zu überdenken, neue Formen für sie zu finden." Nach 1988 wurden in Ramstein keine Flugtage mehr veranstaltet. Und es gab noch weitere Konsequenzen: Hunderte von Verletzten waren am Unglückstag unkoordiniert und teilweise unversorgt in die Kliniken transportiert worden. Damit wurde die Katastrophe in die nächstgelegenen Krankenhäuser verlagert: Ihr Personal wurde an jenem Sonntag regelrecht überrollt. Die Erfahrungen von Ramstein verhalfen dem Konzept des „Leitenden Notarztes" zum Durchbruch. Zudem setzte sich die Erkenntnis durch, dass nicht nur körperliche, sondern auch seelische Wunden behandelt werden müssen. Auch bei traumatisierten Helfern und Hinterbliebenen.

Die Namen der deutschen Opfer stehen auf diesem Gedenkstein außerhalb des Stützpunkts. Auf der Basis durften die Angehörigen keine Gedenkstätte einrichten.

Überlebende und Angehörige der Opfer haben sich zusammengeschlossen. Hier begehen sie 2018 in der Pfarrkirche Ramstein den 30. Jahrestag des Unglücks.

Wie Kaiserslautern auf die Terroranschläge reagiert – Lok...

DIE RHEINPFALZ

PFÄLZISCHE VOLKSZEITUNG

...ittwoch ...2. September 2001 ...ahrgang 57 ...r. 212

D 5897 Einzelpreis DM 2.00

BRENNPUNKT-SEITEN

Terrorattacke auf die USA

Zu der katastrophalen Anschlagserie auf World Trade Center, Pentagon und US-Außenministerium lesen Sie heute in der RHEINPFALZ zwei Brennpunkt-Seiten – mit Berichten unter anderem zu folgenden Themen:

Leitartikel: Apokalyptisch —*Seite 2*
Augenzeugen berichten —*Seite 3*
New Yorks Wahrzeichen —*Seite 3*
Wie die USA reagieren —*Seite 3*
US-Einrichtungen im Visier —*Seite 4*
Drahtzieher des Terrors —*Seite 4*
Chaos an den Börsen —*Wirtschaft*

NOTTELEFON

Der Krisenstab des Auswärtigen Amtes hat nach den Terroranschlägen in den USA für Angehörige eine Nottelefonnummer eingerichtet:

01888 17 4600

AKTUELL NOTIERT

Eichel räumt Probleme beim Sparen ein

BERLIN (ap). Bundesfinanzminister Hans Eichel hat zum Auftakt der Beratungen über den Haushalt des Wahljahres 2002 erstmals Probleme eingeräumt, seinen Sparkurs zu halten. Es werde schwierig, die geplante Nettokreditaufnahme von 41,3 Milliarden Mark zu schaffen, erklärte der SPD-Politiker gestern vor dem Bundestag. Er gab zu, dass die dem Etat zu Grunde gelegten Prognosen zu Konjunktur und Arbeitsmarkt wahrscheinlich nach unten korrigiert werden müssen.

—*Bericht und Kommentar Seite 2*

HEUTE

Deutsche Autobauer bleiben weltweit gut in Fahrt —*Wirtschaft*

Landschaftsmalerei aus fünf Jahrhunderten in Bonn —*Kultur*

Erik Zabel holt sich seine dritte Vuelta-Etappe —*Sport*

Höchste Ehre für Pfälzer Feuerwehrmann —*Südwest*

Krankenpfleger gesteht 27 Tötungsdelikte —*Zeitgeschehen*

Viele Neuheiten auf der IAA in Frankfurt —*Ratgeber Verkehr*

BÖRSEN

Dax: 20 Uhr	4273,53 (-396.60)	
Dow Jones: 14 Uhr	Kein Handel (---)	
Euro: Referenzkurs	0,8964 \$ (-0,0083 \$)	

DAS WETTER

MI	DO	FR	SA
15° / 9°	18° / 9°	18° / 10°	17° / 10°

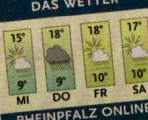

RHEINPFALZ ONLINE

Beispiellose Terrorserie in den USA mit tausenden Toten schockt die Welt

Zwei Passagierflugzeuge rasen ins World Trade Center – Nato in Alarmbereitschaft – Flüge in die USA abgesagt

NEW YORK/WASHINGTON (rhp). Bei der schwersten Serie von Terroranschlägen in der Geschichte sind gestern in den USA vermutlich tausende Menschen getötet und verletzt worden. Bei Attentaten wurden sowohl das Finanzzentrum New York als auch die politische Zentrale Washington getroffen. Die US-Streitkräfte weltweit wurden in höchste Alarmbereitschaft versetzt. Über die US-Hauptstadt Washington wurde der Ausnahmezustand verhängt. Als Drahtzieher der Anschläge wurde der Moslemextremist Osama Bin Laden verdächtigt.

Innerhalb weniger Minuten rammten gestern zwei entführte Passagierflugzeuge die Zwillingstürme des New Yorker World Trade Center, das später vollständig in sich zusammenstürzte. Augenzeugen zufolge raste auch in das US-Verteidigungsministerium bei Washington ein Flugzeug. Kurz darauf stürzte bei Pittsburgh eine Boeing 757 ab. Sie sollte offenbar den Landsitz des US-Präsidenten, Camp David, treffen.

Wie viele Menschen bei dem Anschlag ums Leben kamen, war gestern Abend noch unklar. New Yorks Bürgermeister Rudolph Giuliani sprach von einer „gewaltigen Zahl“ an Toten. In den Gebäuden des World Trade Centers arbeiten täglich rund 50.000 Menschen.

Viele Leute rannten in Panik durch die Straßen New Yorks. Sirenen der Krankenwagen heulten. Die Kliniken wurden vom Ansturm der Verletzten überrollt. Bürgermeister Giuliani ordnete die Evakuierung von Süd-Manhattan an und rief die Bürger auf, sich in Sicherheit zu bringen. Über dem Finanzdistrikt hing eine Hunderte Meter hohe Rauch- und Staubwolke. Die Gebäude der Vereinten Nationen wurden vorsorglich geräumt. Vor dem Außenministerium in Washington explodierte ferner eine Autobombe. In der Nähe des Weißen Hauses gab es einen Brand. Daraufhin wurden die Mitarbeiter im Präsidentensitz evakuiert. Auch andere Regierungsgebäude in der Hauptstadt wurden geräumt.

Die Fluggesellschaft American Airlines teilte mit, in ihren beiden Maschinen hätten sich insgesamt 156 Passagiere befunden. In den anderen beiden Flugzeugen der Gesellschaft United Airlines hätten insgesamt 110 Menschen gesessen.

Der erschütterte US-Präsident Bush sprach von einem schweren Moment für Amerika. „Der Terrorismus gegen unsere Nation wird nicht siegen“, sagte er. Die Verantwortlichen für die Anschlagsserie würden gejagt.

In US-Regierungskreisen hieß es, einige Anzeichen sprächen dafür, dass mit Osama Bin Laden oder mit seiner Organisation El Kaeda in Verbindung stehende Personen für den Anschlag verantwortlich sein könnten. Es sei aber noch zu früh für eine Schuldzuweisung. Israelische Sicherheitsexperten nannten Bin Laden, aber auch Iran oder die Hisbollah als mögliche Urheber der Anschläge. Die radikal-islamischen Taliban in Afghanistan wiesen die Überlegungen zurück, der von ihr beschützte Bin Laden könnte hinter den Anschlägen stecken.

Mit Entsetzen und Empörung reagierte die Welt auf die Anschläge. Die Europäische Union verurteilte sie scharf und rief die Außenminister der 15 Mitgliedstaaten zu einer Sondersitzung heute nach Brüssel. Die Nato-Zentrale in Brüssel rief den höchsten Alarmzustand aus. Der russische Präsident Putin sprach von einem „terroristischen Akt“. Er berief sein Sicherheitskabinett zu einer Krisensitzung ein.

An Trauergottesdiensten in München und Berlin nahmen tausende Menschen teil. Vor der US-Botschaft in Berlin versammelten sich Menschen zu spontanen Trauerbekundungen. Einige legten Blumen nieder.

In den Gebäuden des World Trade Centers waren zahlreiche Mitarbeiter deutscher Firmen beschäftigt. Nach Angaben der Allianz arbeiteten etwa 400 Beschäftigte des Versicherungskonzerns in den Bürotürmen. Die Deutsche Bank unterhielt vier Büroetagen. Beide Unternehmen gingen davon aus, dass ihre Mitarbeiter evakuiert worden seien. Rheinland-pfälzische Einrichtungen in den USA sind von den Terroranschlägen offenbar nicht betroffen, ergab eine Umfrage bei den Ministerien in Mainz.

Als Reaktion auf die Anschläge haben Fluglinien auf der ganzen Welt ihre Flüge in die USA abgesagt, zurückbeordert oder umgeleitet. Auf europäischen Flughäfen kam es dadurch zu massiven Behinderungen. Gestern Abend war nicht absehbar, wann die geschlossenen Flughäfen in den USA wieder angeflogen werden können.

Die internationalen Finanzmärkte haben mit dramatischen Kursausschl[ä]gen auf den Terror reagiert. An de[n] europäischen Aktienbörsen brach[en] die Kurse zeitweise um rund zehn P[ro]zent ein. Der Dollar verlor rund [...] Prozent zum Euro. Die Preise für [...] und Gold zogen dramatisch an.

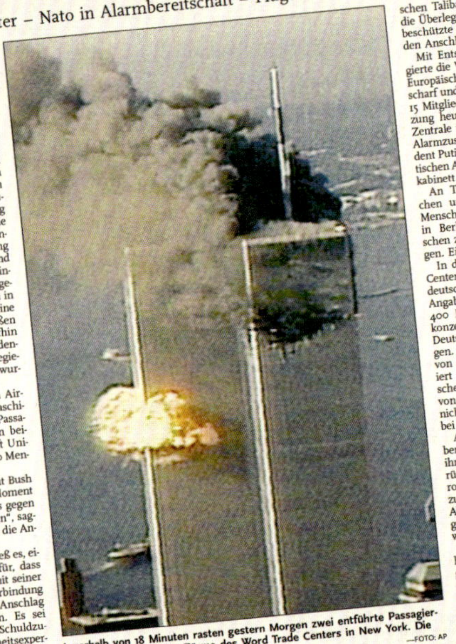

Innerhalb von 18 Minuten rasten gestern Morgen zwei entführte Passagierflugzeuge in die beiden Türme des Word Trade Centers in New York. Die beiden Türme stürzten später ein. —FOTO: AP

DER TERRORANGRIFF AUF DIE USA

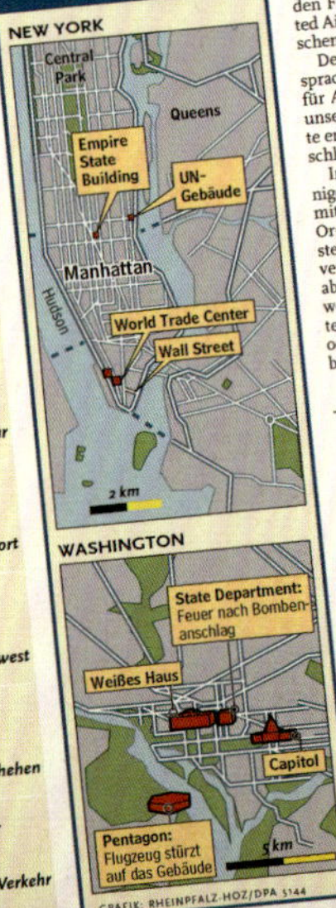

GRAFIK: RHEINPFALZ-HOZ/DPA 5144

„Kriegserklärung an die zivilisierte Welt“

Bundessicherheitsrat nach Anschlägen zusammengerufen – Rau: Dieser Tag hat die Welt verändert

BERLIN/MAINZ (bah/wif). Entsetzt reagierte die Bundesregierung auf die Terroranschläge in den USA. Das ist eine „Kriegserklärung gegen die gesamte zivilisierte Welt“, sagte Bundeskanzler Schröder in Berlin.

Der Kanzler war am Nachmittag vom Lagezentrum im Bundeskanzleramt über die Anschläge informiert worden und hat den Bundessicherheitsrat für eine erste Lagebeurteilung zusammengerufen. Die Anteilnahme aller Deutschen „gilt den Opfern und den Angehörigen aller Opfer“, sagte Schröder anschließend in einer kurzen Erklärung vor der Presse.

„Dieser Tag hat die Welt verändert“, sagte Bundespräsident Rau, der sich zu einem Staatsbesuch in Finnland aufhielt. Heute will Rau nach Deutschland zurückkehren.

Der Schutz der Ministerien und des Reichstags ist verstärkt worden. An die Berliner Polizeibeamten im Regierungsviertel wurden Maschinenpistolen ausgegeben. Die US-Botschaft wurde mit einem Panzerwagen gesichert. Der Bundestag unterbrach sofort seine Haushaltsberatung. Besuchergruppen mussten das Kanzleramt verlassen. Alle Fahnen wehten auf Halbmast. Bundeskanzler Schröder will heute um neun Uhr eine Regierungserklärung abgeben. Danach soll der Sicherheitsrat erneut zusammentreffen.

Der Schutz amerikanischer, britischer und israelischer Einrichtungen im ganzen Land sei verstärkt worden. Zum Oberbefehlshaber der US-Streitkräfte in Europa ist ein Verbindungsbüro eingerichtet worden. Verschärft worden sind die Kontrollen an den zwölf Flughäfen in Deutschland.

Schröder sagte gestern Abend nach einem Treffen mit den Fraktions- und Parteichefs in Berlin, nach jetzigem Erkenntnisstand gebe es in Deutschland „keinen Anlass zu weitergehender Beunruhigung“. Die Sicherheitskräfte täten „über das notwendige Maß hinaus“ ihre Pflicht. Der Koordinator der deutsch-amerikanischen Zusammenarbeit, Voigt, forderte, die europäische Zusammenarbeit im Kampf gegen den Terrorismus zu verstärken. Der Angriff richte sich nicht nur gegen die USA, sondern gegen alle [...]kratischen Staaten.

Der rheinland-pfälzische Mi[...]präsident Beck zeigte sich in [...] tief erschüttert über die Terrora[...]ge, die er aufs Schärfste veru[...] Beck, der zurzeit Bundespräsi[...]hannes Rau vertritt, hat für [...] Trauerbeflaggung im ganzen [...] geordnet. Er verfolgte in de[...]kanzlei die Ereignisse über da[...]hen. Das Sommerfest des Mi[...]sidenten wurde abgesagt.

Die Wolkenkratzer in Fran[...]ten nach dem Willen der [...] Landesregierung heute mö[...] schlossen bleiben. Zudem [...] Wiesbaden die International[...]bilausstellung abzusagen.

Israel sperrt Luftraum für ausländische Flugzeuge

Tausende Palästinenser feiern die Terroranschläge

JERUSALEM (afp/ap). Israel hat den USA nach den verheerenden Anschlägen Hilfe bei der Aufklärung angeboten. Tausende Palästinenser im Westjordanland haben unterdessen die Terroranschläge gefeiert.

Mit seiner „großen Erfahrung mit Terrorismus“ werde sein Land die USA unterstützen, sagte ein Sprecher des israelischen Ministerpräsidenten Scharon gestern Abend. Israel hat gestern Nachmittag seinen Luftraum gesperrt. Die meisten Angestellten der israelischen Botschaften und Konsulate in der ganzen Welt wurden nach Hause geschickt.

Bereits kurz nach den Anschlägen [...] laut, dass für die Anschläge nur Osama Bin Laden verantwortlich sein könne. Der Chefredakteur der arabischen Zeitung „El Kuds“ berichtete, Bin Laden habe vor drei Wochen einen „entscheidenden Angriff“ gegen die USA angekündigt.

Palästinenserpräsident Arafat verurteilte die Terroranschläge: „Wir waren völlig geschockt.“ Die Meldung eines arabischen TV-Senders, dass die radikale „Demokratische Front für die Befreiung Palästinas“ (DFLP) die Anschläge verübt habe, wies ein Sprecher der Gruppe zurück. Die extremistische Palästinenserorganisation „Islamischer Dschihad“ hat die Anschlagsserie als Folge der Nahost-Politik Washingtons bezeichnet. Gleichzeitig verurteilte sie „das Töten unschuldiger Menschen“.

ZWISCHEN RHEIN UND SAAR

US-Streitkräfte igeln sich in Kasernen

Strenge Kontrollen und scharfe Sicherheitsvorkehrungen angeordne[t]

RAMSTEIN/HEIDELBERG (jüm). Die US-Streitkräfte in Rheinland-Pfalz haben auf die Terroranschläge mit drastisch verschärften Sicherheitsvorkehrungen reagiert. Zusätzlich hat der Mainzer Innenminister Zuber die Polizei zum Schutz aller US-Einrichtungen mobilisiert.

Bis zu den Attacken galt für die US-Kasernen die niedrigste „Bedrohungslage Alpha“: Wer Militärgelände betreten wollte, wurde mit einem kurzen Blick auf den Ausweis durchgewunken. Danach kletterte die Lagebeurteilung um drei Grade auf „Delta“, die bisher höchste verhängte Alarmstufe überhaupt. Deutsche Zivilbeschäftigte müssen daher strenge Kontrollen einkalkulieren, wenn sie heute an ihre Arbeitsplätze zurückkehren. Die Polizei rechnet als Folge mit Staus und Verkehrsstörungen in der Umgebung der Liegenschaften.

„Die Sicherheit der Soldaten und Familien hat Top-Priorität“, hieß es gestern Abend im US-Armeehauptquartier in Heidelberg. Dort wie in der europäischen Luftwaffenzentrale in Ramstein wollte man die getroffenen Maßnahmen nicht näher beschreiben. Die US-Soldaten und ihre Angehörigen verfolgten völlig geschockt die Nachrichten aus der Heimat: „Unsere Gebete sind bei den Opfern und ihren Freunden“, sagte ein Major gegenüber der RHEINPFALZ.

„Alle US-Einrichtungen im Land, ganz gleich, ob Kasern[...] oder Wohngebiet, erfahr[...] besonderen Raum- u[...]schutz“, ordnete der rhe[...]sche Innenminister Wa[...] Die Zufahrten würden [...] die Gebäude besond[...] Auch jüdische Einric[...]den verstärkt beobach[...]

Mit dem Schutz d[...] Fluglätze in Ramstein [...]lem wurden Einheit[...]schaftspolizei betrau[...] unterstützen damit [...] und massiven Eigen[...]nahmen der US-Strei[...]lich stünden das So[...]mando und die Sp[...] Führer „Gewehr bei[...]

Attentat auf die Zwillingstürme: Redaktion in Schockstarre

Von Hartmut Rodenwoldt

Der 11. September 2001: Meine Gedanken gehen spazieren. Nein, sie sind nicht bei den Planschbeckenfotos von Verteidigungsminister Rudolf Scharping und der Gräfin Pilati – publiziert, während zur selben Zeit Bundeswehrsoldaten in Mazedonien den brüchigen Frieden sichern. Die zum Politikum gewordene Affäre des liebestollen Ministers schleppt sich nun schon seit knapp drei Wochen dahin. Scharping ist uneinsichtig. Er will von den Fleischtöpfen der Macht nicht lassen. Die Sache nervt.

Bei der Etateinbringung von Bundesfinanzminister Hans Eichel im fernen Bonn will sich auch kein Spannungsbogen einstellen. Wie auch? „Herr Präsident! ... Der Haushaltsplanentwurf für das Jahr 2002 ist der letzte in dieser Wahlperiode, der auch in dieser Wahlperiode noch voll wirksam wird." (Lachen bei der CDU/CSU – Hans Michelbach [CDU/CSU]: Der letzte dieser Regierung!) – „Wir wollen mal sehen, ob Sie am Ende auch noch so lachen wie jetzt am Anfang", sagt Hans Eichel, die bebrillte Büroklammer, im Bundestag.

Meine Gedanken gehen spazieren. Weg vom Hamsterrad, das der Tag verspricht. Routine ist der natürliche Feind des Journalismus.

Die Blicke kleben am Fernseher

Man irrt sich mehrfach im Leben. Routine? Es ist so gegen 15 Uhr. Manche Menschen sind Bildermenschen. Auch bei mir gehen Erinnerungen mit konkreten Bildern einher. Dieses Bild brennt sich mir ein: Politikchef Hans-Jürgen Reinhard, genannt „Hannes", sitzt am Schreibtisch, gebeugt über vier weiße DIN-A4-Seiten. Auf ihnen soll die Planung für die nächste Ausgabe entstehen. Die Seiten sind leer.

Wir, das Politikressort, oder besser: der Teil, der da ist, steht im Halbkreis hinter Reinhard, die Blicke kleben am Fernseher.

Um 14.46 Uhr deutscher Zeit prallte ein Flugzeug in den Nordturm, um 15.03 Uhr ein weiteres in den Südturm.

In einer Endlosschleife die Rauchfahnen über dem Nordturm des World Trade Centers in New York. Um 14.46 Uhr war American-Airlines-Flug 11, eine Boeing 767, dort eingeschlagen. Oder die Endlosschleife, wie sich United-Flug 175 um 15.03 Uhr in den Südturm bohrt.

Der funktional eingerichtete Büroraum mit der laufenden Nummer B 206 in der Ludwigshafener Amtsstraße füllt sich mit Beklemmung, mit einer Art Überwältigung, mit Fassungslosigkeit, ja, und später auch mit düsterer Vorahnung: Es wird Krieg geben. Die USA werden unbarmherzig zurückschlagen. Es ist das erste Mal, dass die USA auf ihrem „home territory", im eigenen Land, angegriffen werden.

In der RHEINPFALZ vom 13. September wird Karl Lamers, der außenpolitische Sprecher der CDU/CSU-Bundestagsfraktion, im Interview sagen: „Das Bewusstsein der USA ist geprägt durch die historisch einmalige Erfahrung der Unverwundbarkeit über nahezu 200 Jahre." Die Attentäter würden in den Rauchschwaden über New York und Washington das Dämmerlicht der westlichen Dominanz sehen. Nun, ganz richtig ist das nicht. Die Attentäter sind tot, das ist sofort klar. Aber sie haben Helfer, es gibt Drahtzieher, Finanziers, Sympathisanten. Weltweit. Viele von ihnen sehen tatsächlich das „Dämmerlicht der westlichen Dominanz" über New York. Einen guten Monat später geht die US-Zeitschrift „Newsweek" der Frage nach: „Why do they hate us?" (Warum hassen sie uns?).

Eigentlich müssen Journalisten in solchen epochalen Momenten einfach nur funktionieren. Die Lage emotionslos erfassen, zielgerichtet planen, rasch umsetzen. Das ist ihr Job. Behaupten sie denn nicht ohne Unterlass, sie seien Bojen inmitten der reißenden Informationsflut, würden ordnen, auswählen, übersetzen und ihren Lesern Orientierungshilfen geben?

Bilder wie diese haben sich unauslöschlich ins Gedächtnis eingegraben – bei allen, die den 11. September 2001 erlebt haben.

Das Ausmaß der Zerstörung war unvorstellbar.

In diesen Minuten gegen 15 Uhr funktionieren wir nicht. Es läuft keine gut geölte Maschine an. Wie auch? „Es ist schwer, Worte, gar Bewertungen für ein Ereignis zu finden, das den düsteren Schein des Apokalyptischen hat", wird es am nächsten Tag im Leitartikel von Chefredakteur Michael Garthe heißen.

Wir stehen immer noch im Halbkreis um „Hannes" Reinhard herum. Die Politikredakteurin Anne-Susann von Ehr weist auf das Spruchband hin, das am unteren Rand des Fernsehers läuft: In Washington sei wohl auch das Pentagon angegriffen worden. Ich raune ungläubig „Quatsch! Das kann doch gar nicht sein!" Doch. Das kann nicht nur sein, das ist auch so.

Wir starren. Um uns herum Tohuwabohu. Der Anschlag hat sich herumgesprochen auf dem Gang. Kollegen aus anderen Ressorts kommen und gehen. Sie rufen, fragen, äußern sich, geben Erklärungen ab, hilflose. Es ist laut, alles geht durcheinander. Früher, als er noch im Dienst war, hat Altkollege „Hannes" Barth in Situationen von, sagen wir milde, großer Unübersichtlichkeit gelegentlich gezischt: „Da müsste mal der Fuchs in den Hühnerstall springen ..."

Journalisten sind auch nur Menschen – ihrer gelegentlichen Selbstwahrnehmung zum Trotz.

Die Tür ist zu – und endlich läuft der Laden

Es springt kein Fuchs in den Hühnerstall. Aber einer macht die Tür zu. Das ist die beste Idee des Nachmittags. Nun ist das Politikressort unter sich.

„Tür zu" – eine kleine Handlung mit großer Wirkung. Ruhe kehrt ein, und mit ihr das strukturierte Denken und Handeln. Kollege Barth meldet sich aus dem Ruhestand. Er will beitragen – mit seinem Wissen über den internationalen Terrorismus. Einmal Journalist, immer Journalist. Mainz-Korrespondent Winfried Folz bietet Unterstützung an. Aufgaben werden verteilt. Politikredakteurin Monika Lauer wird beauftragt, Bilder für die nächste Ausgabe zu sichten. Es wird Kontakt zu Auslandskorrespondenten aufgenommen: „Was könnt ihr liefern?" Und alle versuchen, fortan ruhig und strukturiert der unfassbaren Materialflut Herr zu werden, die die Nachrichtenagenturen ins System schwemmen.

„Tür zu. ... Das Politikressort ist unter sich" – diese unbedeutende Handlung

Geschichten rund um die RHEINPFALZ

Feuerwehrleute, Polizisten und viele freiwillige Helfer wuchsen an diesem Tag über sich hinaus. Einige bezahlten ihren Einsatz mit ihrem Leben.

Um 16.17 Uhr im Bundestag zu Bonn. Vizepräsidentin Anke Fuchs sagt: „Meine Damen und Herren, (...) angesichts der Dramatik der Ereignisse schließe ich die Sitzung. Für den heutigen Tag beenden wir unsere Debatte. (...) Mehr sage ich nicht, weil mir die Worte fehlen."

Der Politikerin Fuchs fehlen die Worte. Wir haben bis gegen 23 Uhr Abertausende auf vier Seiten platziert. Fertig. „Ein irrer Tag", staunt Redaktionsassistentin Ines Hensel noch heute. Keine Spur von Hamsterrad oder Routine.

Für die Amerikaner geschah an diesem Tag das Undenkbare: Sie wurden auf heimischem Territorium angegriffen.

mit großer Wirkung ist gleichsam symbolisches Spiegelbild der redaktionellen Arbeitsorganisation: dezentral, keine Führung par ordre de mufti. Lokalredaktionen und Ressorts arbeiten weitgehend eigenverantwortlich. Das lässt Delegation von Verantwortung kaum zu – Delegation auf „die da oben", auf die nächste Hierarchie-Ebene. Im Vergleich zu anderen Pressehäusern führt die RHEINPFALZ-Chefredaktion eher an langer Leine. Was – ein bisschen Nähkästchenplauderei darf sein – manchen Redaktionsleiter gelegentlich etwas eigenwillig nach der russischen Redensart handeln lässt: „Der Himmel ist hoch, und der Zar ist weit." Aber das alles ändert sich gerade.

Wie regiert eine Zeitung angemessen auf Katastrophen und Attentate?

Manöverkritik am nächsten Tag. Manchen Kollegen ist die Aufmachung zu „brav", sind die Motive der Bilder zu ähnlich. Eine größere

Es wird Krieg geben. Das wurde Beobachtern an diesem Tag klar.

Überschrift wäre dem Ereignis angemessen gewesen, heißt es. Andere halten dagegen: „Wir sind doch keine Boulevard-Zeitung."

Die Redaktion tut sich traditionell schwer mit Blattkritik. Journalisten sind zuweilen eitel und pfauenhaft. Aber ganz unabhängig davon: Die erste Ausgabe nach einem Großereignis fällt in der RHEINPFALZ-Berichterstattung häufig zurückhaltend aus.

Beispielsweise am 29. April 1986: Drei Tage nach der Reaktorkatastrophe von Tschernobyl vermeldet die RHEINPFALZ auf der Titelseite zweispaltig und nüchtern: „Reaktorunglück in der UdSSR". Dagegen füllen „Bild" und andere Regenbogenblätter wie die österreichische „Kronen-Zeitung" schon an jenem 29. April den Boulevard mit ihrem Geschrei.

Kaum anders beim schlimmsten Zugunglück in der Geschichte der Bundesrepublik mit 101 Toten am 3. Juni 1998 in Eschede: Am Tag darauf ist der Unfall zwar Aufmacher auf Seite 1 der RHEINPFALZ, wird dann aber auf die letzte Seite, ins „Zeitgeschehen", verbannt.

Aber ebenso regelmäßig läuft in den Tagen danach eine gut geölte Ressortmaschine an. Produzieren, produzieren, produzieren.

Selbst die hochheilige Mittagsroutine im Politikressort wird eine Zeit lang durchbrochen. Statt irgendwo in der Ludwigshafener Fußgängerzone gemeinsam zu Mittag zu essen, was den umtriebigen früheren Sportchef Horst Konzok gelegentlich lärmend zum Spott veranlasste, nun gingen die „Redaktionsbeamten" zu Tisch, versammeln wir uns nach diesem 11. September 2001 täglich im Büro von „Hannes" Reinhard. Speisen zum Mitnehmen werden verzehrt. Und zwischen den Bissen lassen wir unsere Gedanken spazieren gehen, so „links an der Sonne vorbei" (Zitat Paul Kaps, früherer stellvertretender Chefredakteur der RHEINPFALZ). Wir wollen den Tag, „der die Welt verändert hat" (Zitat Bundespräsident Johannes Rau), gut und angemessen aufarbeiten.

„Ground Zero" wurde das Gelände, auf dem die Zwillingstürme zuvor gestanden hatten, nach den Attentaten genannt. Heute gibt es dort eine Gedenkstätte.

Berlin für Obama ein heißes Pflaster

Die deutsche Politik ganz kurzärmelig: Bei 35 Grad fallen die Sakkos der Minister, auch US-Präsident Obama macht sich locker. Der Pariser Platz vor dem Brandenburger Tor ist voll weißer Hemden und Strohhüte. Vor dieser Kulisse kündigt Obama eine weitreichende Abrüstungsinitiative an. Wird der Gast aus Amerika damit im Gedächtnis der Deutschen bleiben?

VON WINFRIED FOLZ, BERLIN

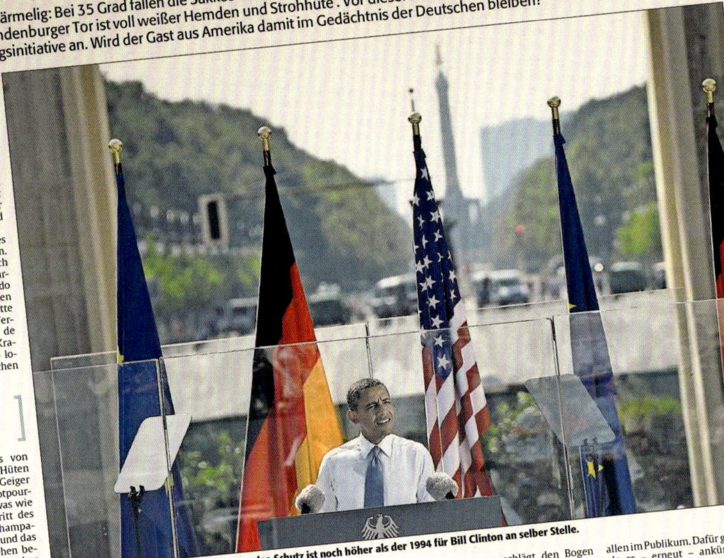

Sicherheit geht vor: Barack Obamas Panzerglas-Schutz ist noch höher als der 1994 für Bill Clinton an selber Stelle. FOTO: AFP

Sicherheit geht vor, Sicherheit ist das Wichtigste: Wer auch immer sich in Berlin-Mitte bewegt, kann an diesem Tag Geschichten von sich ständig wiederholenden Kontrollen erzählen. „Jedes Mal wurde meine Tasche leichter", klagt ein Pressefotograf, „erst nahmen sie mir meine Wasserflasche, dann meine Sonnencreme." Jetzt sitzt er wie rund 6000 andere auch in der prallen Sonne am Pariser Platz – und schwitzt, dienstlich quasi.

Andere schwitzen auch, könnten es sich aber durchaus leichter machen. Innenminister Hans-Peter Friedrich behält jedoch wacker seinen schwarzen Anzug an, Außenminister Guido Westerwelle hat immerhin seinen Sakko abgelegt, aber die Krawatte noch fest am Kragen gebunden. Verteidigungsminister Thomas de Maizière ist kurzärmelig, ohne Krawatte, aber mit Panama-Hut. So locker hat man die Riege der deutschen Minister noch selten gesehen.

> David Garrett geigt. Statt Champagner gibt es Wasser und zwar kanisterweise.

Die Atmosphäre hat etwas von Rennbahn: Damen mit großen Hüten wippen zur Musik von Star-Geiger David Garrett, der mit einem Potpourri aus Rock und Klassik so etwas wie das Vorprogramm zum Auftritt des Präsidenten gestaltet. Statt Champagner gibt es aber nur Wasser, und das reichlich. Große Kanister stehen bereit, Helfer füllen Becher um Becher und bringen sie unter die Leute. Auch Basketballstar Dirk Nowitzki dankt für den erfrischenden Trunk, eine junge Frau mit chinesischem Fächer wedelt ihm Luft zu.

Die Attraktion des Tages kommt dann zu Fuß: Von einem Seitenflügel des Brandburger Tores nähern sich US-Präsident Barack Obama, Kanzlerin Angela Merkel und Berlins Regierender Bürgermeister Klaus Wowereit. „O-ba-ma", skandieren die Schüler der Berliner John-F.-Kennedy-Schule, die im Laufe der nächsten Stunde noch für gute Stimmung sorgen werden. Sie jubeln oft und gerne, wenn andere nur klatschen. Dafür winkt ihnen Obama nicht nur einmal herzlich zu. Die Unbefangenheit passt nicht ganz zu dem, was man oben auf den Dächern des Hotels Adlon und der US-Botschaft erkennen kann: Soldaten, die den Platz mit Ferngläsern beobachten, und Scharfschützen, die auf dem Boden liegen und durch das Zielfernrohr starren. Keiner weiß, wie viele von ihnen man nicht sieht, obwohl sie trotzdem da sind.

Auf dem Podium schützt eine schusssichere Glaswand die Redner, amerikanische und deutsche Fahnen rahmen das Brandenburger Tor ein – die Ostseite, also jene Seite, die einst Obamas Vor-Vorgänger Ronald Reagan nicht betreten durfte, weil sie DDR-Staatsgebiet war. „Herr Gorbatschow, reißen Sie diese Mauer nieder", rief Reagan damals aus, und niemand glaubte, dass es einmal so weit kommen würde. Daran erinnern jetzt alle, hier auf der Ostseite, in deren Richtung auch die Bronze-Pferde der Quadriga reiten. Die Symbolkraft des Ortes wirkt. Für die Kanzlerin erfüllt sich zudem ein kleiner Traum: wunderbare Bilder mit Obama für den eigenen Wahlkampf.

Zuvor schon haben Wowereit und Merkel an die zuverlässige Unterstützung der Amerikaner erinnert, direkt nach dem Krieg, während des Kalten Krieges, in den Tagen, als die Mauer fiel, und auch danach. Als die in der DDR aufgewachsene Merkel an den Fall der Mauer erinnert und die Hilfe der Amerikaner lobt, sieht Obama darin eine Aufforderung Merkels, nun zum Pult zu kommen. „Not yet!" (Jetzt noch nicht!) ruft ihm die noch nicht am Ende ihrer Rede angekommene Kanzlerin amüsiert zu, und Obama setzt sich lachend wieder hin.

Solche Szenen gelten im Umfeld der Kanzlerin als Beleg, dass das Verhältnis der beiden – anders als kolportiert – kein schlechtes sei. Dass Merkel Obama vor seiner Nominierung zum Präsidentschaftskandidaten der Demokraten vor fünf Jahren einen Auftritt am Brandenburger Tor verwehrte, hat Obama als Politikprofi längst überwunden, sofern es überhaupt Verwerfungen gegeben haben sollte. Heute sind sie „per Du", der Präsident begrüßt Merkel mit Wangenküsschen und berührt sie sanft am Arm. Ob solche Gesten wichtig sind? Sie werden jedenfalls peinlichst genau registriert. Im politischen Alltag zählt das persönliche Verhältnis durchaus etwas, wie man seit der Ära Kohl-Mitterrand weiß. Wie Obama seine Gastgeberin einschätzt, sagt er gleich im ersten Satz seiner Rede: „Ich danke Ihnen, Kanzlerin Merkel, für Ihre Führungsrolle, Ihre Freundschaft und das Vorbild ihres Lebenslaufs – von der Kindheit im Osten zum Regierungsoberhaupt eines freien und vereinigten Deutschland."

Natürlich vergisst Obama nicht die Rede von US-Präsident John F. Kennedy vor fast genau 50 Jahren vor dem Schöneberger Rathaus. Sein berühmter Satz „Ich bin ein Berliner", den Obama auch auf Deutsch zitiert, sei aber nicht das einzige gewesen, was Kennedy gesagt habe. Es sei auch um die Idee von Freiheit und Frieden gegangen. Obama schlägt den Bogen von der deutsch-deutschen Geschichte zu aktuellen Fragen – und lässt kaum eine aus: Kampf gegen Terrorismus, atomare Abrüstung, Bedrohung durch den Klimawandel, Kampf gegen die Wirtschaftskrise, Bedeutung des transatlantischen Bündnisses für Europa. Als der Präsident ankündigt, die USA würden die Zahl ihrer strategischen Atomwaffen um bis zu ein Drittel verringern, ist der Applaus verhalten. Soll man ihm das glauben?, scheint die Menge zu fragen, so viel ist schon versprochen worden, ohne dass es erfüllt wurde. Zudem: Was kann ein Präsident ausrichten, der schon in seiner zweiten und damit letzten Amtsperiode ist?

> Unerwartet deutlich fordert Obama gleiche Rechte für Homosexuelle.

Eher überraschend ist ein Passus in der Rede Obamas, in dem er den Freiheitsbegriff auch auf Homosexualität ausdehnt. Solange Schwule und Lesben nicht unbeschwert leben könnten, dürfe man sich nicht zufrieden geben. Applaus gibt es dafür nicht von allen im Publikum. Dafür gibt es Jubel, als er – erneut – ankündigt: „Wir müssen Guantánamo schließen." Zum umstrittenen Internetüberwachungsprogramm „Prism" sagt Obama kein Wort, aber er sagt, dass man auch Freiheit opfern müsse, um Sicherheit zu bekommen.

In der vorausgegangenen Pressekonferenz im Kanzleramt ist der US-Präsident bei diesem Punkt dagegen sehr ausführlich gewesen. „,Prism' hat Leben gerettet", sagt Obama auf die Frage von Journalisten und widerspricht Meldungen, die US-Spionage greife in die Privatsphäre Unbeteiligter ein. Merkel pflichtet ihm bei: „Wir haben wichtige Informationen von den USA bekommen, ich erinnere nur an die Sauerlandgruppe." Allerdings müsse die Verhältnismäßigkeit gewahrt bleiben, die Balance. „Wir haben sehr lange darüber gesprochen." Schließlich, so die Kanzlerin, sei das Internet „Neuland". Diese Sichtweise finden viele kurios, manche jedoch auch geradezu naiv, da das Internet schon gut zwei Jahrzehnte zum Alltag gehört. Die Netzgemeinde jedenfalls reißt ab diesem Zeitpunkt Witze über die Kanzlerin und deren „Neuland-Entdeckung".

Zur Sache: Es menschelt

US-Präsidentengattin Michelle Obama hat während ihres Besichtigungsprogramms in Berlin lebhaftes Interesse für die Präsentationen der jüngeren deutschen Geschichte gezeigt. Besonders beeindruckt war die First Lady, die von ihren beiden Töchtern begleitet wurde, offenbar von dem Foto einer Flucht aus der DDR und von dem „Mauer-Panorama" am früheren Grenzübergang Checkpoint Charlie.

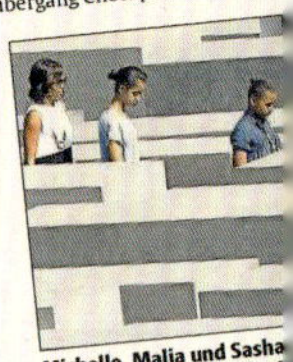

Michelle, Malia und Sasha Obama im Labyrinth des [...]locaust-Mahnmals. FOTO[...]

Das von dem Künstler Yadegar [...] geschaffene „Mauer-Panorama" [...] das Alltagsleben auf beiden S[...] der Berliner Mauer. „Es hat wi[...] gemenschelt", berichtete Asisi [...] dem hohen Besuch. „Es war ein[...] gelöste Atmosphäre, wir habe[...] eine Stunde miteinander ge[...] Um die strengen Vorgaben des [...]kolls habe sich keiner gescher[...] Asisi. Er hoffe, dass die Oba[...] bendige Eindrücke von der Z[...] Teilung Berlins mitnähmen.

Mit von der Partie am Che[...] Charlie waren neben den T[...] Malia (14) und Sasha (12) [...] Halbschwester des Präsiden[...] ma Obama, die in Deutschl[...] diert hat, sowie der Mann [...] deskanzlerin Angela Merk[...] der Chemieprofessor Joachi[...]

Zu Beginn des Besichti[...]gramms hatte Michelle O[...] Holocaust-Mahnmal besu[...] standen die Gedenkstätte [...]nauer Straße und das Rei[...]bäude auf dem Programm.

Nach dem dicht gedräng[...]programm endete der B[...] gestern bei einem Dinner [...] Familie Obama mit Kanz[...] Merkel und ihrem Mann [...]gerie von Schloss Charlot[...]chelle Obama erschie[...] schulterfreien silb[...] Abendkleid zum Abe[...] Kanzlerin trug weißen [...]ger Hose, die Herren Sm[...]

Nach der herzliche[...] mit Wangenkuss vers[...] Vier im Schloss. Gelad[...]treter aus Politik, Ku[...] Wirtschaft. (afp)

Bundesverfassungsgericht auf der Anklagebank

Streit um Exklusivvertrag mit Datenbank-Anbieter

VON URSULA KNAPP, KARLSRUHE

Das Bundesverfassungsgericht, das allerhöchste deutsche Gericht, steht höchstselbst vor dem Kadi. Der Streit um Exklusivrechte an Karlsruher Urteilen geht in die nächste Runde.

Ausgerechnet der Hüter des Grundgesetzes, das Bundesverfassungsgericht, soll das Gebot der Gleichbehandlung verletzt haben. Das Karlsruher Gericht gibt seine Urteile und Beschlüsse bislang nämlich nur an die juristische Datenbank Juris weiter, und zwar kostenlos. Dagegen klagt ein Wettbewerber, der die Dokumente ebenfalls haben will – sie aber nicht bekommt.

Was noch misslicher ist als die Klage selbst: Das Bundesverfassungsgericht hat den Prozess vor dem Verwaltungsgerichtshof Baden-Württemberg verloren. Jetzt ruft Karlsruhe die letzte Instanz an, das Bundesverwaltungsgericht in Leipzig. Was anfangs wie ein kurioses Scharmützel aussah, wächst sich damit zum veritablen Rechtsstreit aus.

Juris, das ist eine Datenbank, die [...] Bundesjustiz[...]de dann die Juris-GmbH gegründet, die zu über 95 Prozent dem Bund gehörte. Kein Wunder, denn damals kostete Juris viel und brachte wenig ein. Das ist inzwischen anders. Für Anwälte und Unternehmen ist Juris unverzichtbar geworden.

Juris verdient inzwischen Geld, und das Unternehmen gehört auch nicht mehr allein dem Staat. Im Jahr 2001 verkaufte der Bund fast die Hälfte seiner Anteile und hält nur noch 50,01 Prozent. Diese Teil-Privatisierung schafft nun rechtliche Probleme. Denn schon lange vor dem Einstieg der privaten Eigner, im Jahr 1991, verpflichteten sich die Bundesgerichte zur Zusammenarbeit mit Juris.

Als 2009 ein Mitbewerber ebenfalls eine juristische Datenbank aufbauen wollte und dieselben Dokumente anforderte, lehnte das Gericht ab und verwies auf seinen Exklusiv-Vertrag. Nun begann der Klageweg. Während das Verwaltungsgericht Karlsruhe noch pro Bundesverfassungsgericht entschied, änderte der Verwaltungsgerichtshof in Mannheim das Urteil im Mai ab. In deutlichen Worten bescheinigte der VGH den Bundesverfassungsrichtern, dass sie den Mitbewerber in seinem Recht auf Gleichbehandlung verletzten. Exklusivverträ-[...]

Die Furcht vor immer neuen Fragen

NSU-Prozess in München: Das Verfahren könnte sich noch jahrelang hinziehen

VON STEFAN GEIGER, MÜNCHEN

Am zwölften Verhandlungstag des Münchner NSU-Prozesses ist es so weit: Die Ahnung, dass der Prozess gegen die Mitglieder des Nationalsozialistischen Untergrunds lange, sehr lange dauern könnte, bekommt neue Nahrung.

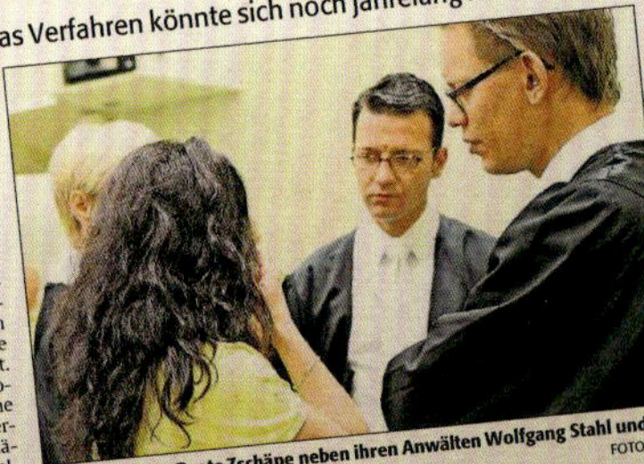

Die Angeklagte Beate Zschäpe neben ihren Anwälten Wolfgang Stahl und Wolfgang Heer (rechts). FOTO: DPA

Elf Tage lang hatten sich alle Verfahrensbeteiligten ziemlich professionell verhalten in diesem so wichtigen Strafprozess, wo es um zehn Morde der rechten Terrorgruppe NSU geht. Außerdem um zwei, inzwischen womöglich drei Bombenanschläge, eine Brandstiftung und etliche Raubüberfälle. Gerade Vertreter der Nebenkläger hatten kluge, wichtige und zielführende Fragen gestellt. Aber gestern hoben einige überforderte Nebenkläger-Anwälte zu Fragen an, die sie so nicht stellen sollten, nach der Strafprozessordnung so wohl auch nicht stellen durften: Suggestivfragen, unpräzise Fragen, emotional aufgeladene Fragen.

Es passiert, was in solchen Fällen passieren muss: Die Verteidiger der fünf Angeklagten beanstanden diese Fragen. Es kommt zu Wortwechseln zwischen Anwälten, zu Unterstellungen, zu einer Unterbrechung. Der Vorsitzende Richter Manfred Götzl greift ein, wird erkennbar nervös, auch ein [...] Dabei hatte Götzl die[...] dass die Verhandlung überhaupt so weit voran gekommen ist.

Immerhin so weit. Denn schon wenige Wochen nach Beginn zeigt sich, dass dieser Prozess lange dauern wird, wenn kein Wunder geschieht noch viel länger als die ursprünglich prognostizierten zweieinhalb Jahre.

Dabei ist der aufzuklärende Sachverhalt, so furchtbar die angeklagten Taten auch sind, jedenfalls im Vergleich zu großen Wirtschaftsstrafprozessen noch übersichtlich. Der Prozess leidet aber unter den neuen Strukturen, mit denen der Gesetzge[ber ...] stärken woll[te ...] dass derartige Großverfahren kaum noch zu handhaben sind. Was auch zum Nachteil der Opfer gerät.

Mit so vielen Nebenklägern hatte niemand gerechnet, als das Gesetz formuliert worden ist. Und das Verfahren ist diesmal auch noch mit völlig überzogenen Erwartungen belastet, mit der Hoffnung, nicht nur die Schuld der Angeklagten, sondern gleich auch noch die historische Wahrheit aufklären zu können.

Sechs Verhandlungstage dauerten die Aussage und die anschließende Befragung eines einzigen Angeklagten: Carsten S.. Dabei ist er gar nicht [...] beschuldigte. Es kostet frei[...]lich seine Zeit, wen[...] wälte, die die Nebe[...] Gelegenheit haben [...] stellen. Richter Gö[...] aus, was passieren [...] nur einige der An[...] zum Widerspruch [...] Fragen stellen. Da[...]mung jedes einz[...] 600 Zeugen länge[...]ern. Dann wird G[...] einem Lacher s[...] gleichen können [...]tionen allzu rasc[...]

Die Angeklagt[...] ihre Sicht der D[...] beginnt der krä[...] viele Monate [...] durch die Tiefe[...]prozesses, die [...] eben auch sc[...] an die Wahrhe[...]

Carsten S. [...] einen entsche[...]pfosten für di[...] den Mitange[...] stark belaste[...] dargestellt, a[...]rungsfigur i[...] im Unterstü[...]risten. Beate [...]rin, nicht n[...] Mörder ang[...] nicht weite[...]teil. Ob Zs[...] Anklage m[...] eben doch [...] war, ist [...] Punkt des [...] es am End[...]

Korrespondentenleben: Rendezvous mit der Weltpolitik
Von Winfried Folz

„Aus eigener Anschauung" berichten – das ist laut Lehrbuch der Job des Journalisten. Nichts ersetzt den unmittelbaren Eindruck, kein „Tagesschau"-Bericht, kein „Youtube"-Video. Zum ersten Mal bewusst wurde mir das beim Besuch des US-Präsidenten George Bush senior 1990 in Speyer. Viele Jahre vor den Terroranschlägen vom 11. September 2001 waren die Sicherheitsvorkehrungen zwar streng, aber nicht über-

George Bush senior mit Kohl in Speyer: Der Andrang war riesig, trotz des schlechten Wetters.

bordend wie 2013, als Barack Obama nach Berlin kam. In Speyer sah ich US-Präsident Bush senior aus nächster Nähe, er stand neben Helmut Kohl, der in diesen Zeiten seinen Staatsgästen stets den Dom zeigte. An diesem Tag im November war die Weltpolitik in die kleine Stadt am Rhein gekommen, und ich junger Volontär, der gerade die Uni verlassen hatte, durfte dabei sein.

Kohl dankte Bush für das Ja der USA zur deutschen Wiedervereinigung, die nur wenige Wochen zuvor endgültig durch den Einheitsvertrag besiegelt worden war. Bush seinerseits warb um Unterstützung für seine Politik am Persischen Golf, wo er dem irakischen Diktator Saddam Hussein ein Ultimatum gestellt hatte, sich aus dem besetzen Emirat Kuwait zurückzuziehen. Für mich war das höchst aufregend. Ich staunte über die scheinbare Lässigkeit der US-Security, obwohl in Speyer seit Tagen Heerscharen von auffällig nervösen Menschen unablässig Vorbereitungen rund um den Dom trafen. Am Abend vor Bushs Auftritt stand ich vor der Bühne, auf der das bekannte eckige US-Präsidentenpult noch in Folie gehüllt war, und lauschte dem Soundcheck. Aus den Lautsprechern klang Stings Protestsong gegen den einst von Amerika unterstützten chilenischen Diktator Pinochet, „They Dance Alone". Seltsam, dass man sich an so etwas noch erinnert.

Bill Clinton, Meister der Selbstinszenierung

Bush beeindruckte mich durch die Klarheit seiner Ansprache. Doch niemand verstand die Selbstinszenierung besser als Bill Clinton, Bushs Nachfolger. Im Mai 1999 kam er in das Aufnahmelager für Kosovo-Flüchtlinge in Ingelheim. Ich war gerade ein paar Wochen Landeskorrespondent in Mainz, und Clintons Besuch werde ich nie vergessen. Zum einen, weil ich versucht hatte, auf verschlungenen Pfaden in jene Wohnbaracke zu gelangen, in der Clinton mit einer geflüchteten Familie sprach, lediglich von drei US-Fernsehsendern

Geschichten rund um die RHEINPFALZ

Bill Clinton (Mitte, mit dem rheinland-pfälzischen Ministerpräsidenten Kurt Beck und Bundeskanzler Gerhard Schröder, rechts) versprach an diesem Tag im Aufnahmezentrum Ingelheim den Flüchtlingen, dass sie in ihre Heimat zurückkehren würden.

Eisige Atmosphäre bei Treffen mit George W. Bush

Schröders Tiefpunkt in Bezug auf US-Präsidenten war jedoch seine Begegnung mit Clintons Nachfolger George W. Bush im Jahr 2005. Auch für mich war dieses Treffen in Mainz das schwierigste überhaupt. Die Stadt war komplett abgeriegelt, weshalb ich die Nacht davor auf der ungemütlichen Couch im Mainzer RHEINPFALZ-Büro in der Steingasse verbrachte. Die Vermieterin des Büros, die Chefin einer alteingesessenen Mainzer Bäckerei, war wütend. Sie durfte wie alle anderen in der Innenstadt ihren Laden nicht öffnen. „Weesche dem Kerl do!", schimpfte sie. Schon am frühen

beobachtet. Kaum war ich ein paar Meter den Flur entlanggeschlichen, nahmen mich zwei Security-Schränke beidseitig hoch und beförderten mich wieder vor die Tür, ohne dass ich noch einen Fuß auf den Boden setzen konnte. „Don't do this again", brummte einer. Ich gehorchte.

Der zweite Grund ist die Art, wie Clinton später in der Pressekonferenz sprach. Er wirkte tief berührt von den Berichten der Kosovaren, die unter der Grausamkeit der Serben litten. Die Frauen zückten ihre Taschentücher, und Clinton sprach von herzzerreißenden Schicksalen. Er rief den Kosovo-Albanern zu: „Sie werden nach Hause zurückkehren – sicher und frei." Er sagte es in diesem unnachahmlichen Clinton-Timbre, voller Empathie und Ergriffenheit. Die Flüchtlinge standen auf und applaudierten herzlich. Bundeskanzler Gerhard Schröder, selbst ein begnadeter Selbstdarsteller, blieb an diesem Tag gänzlich im Schatten Clintons.

Morgen zogen die ersten Demonstranten lautstark gegen den „Kriegstreiber Bush"

George W. Bush mied bei seinem Besuch die direkte Begegnung mit der Bevölkerung. Unser Foto zeigt ihn (rechts) im Mainzer Gutenberg-Museum zusammen mit Kanzler Schröder (links) und dessen Ehefrau Doris.

am Büro vorbei. Journalisten mussten sich Stunden vor dem Eintreffen des Gastes aus Amerika im Hof des Kurfürstlichen Schlosses akkreditieren. Es war ein kalter Tag mit Schneeschauern, so kalt wie die Atmosphäre zwischen Bush und Schröder. Beide hatten nicht die gleiche Wellenlänge gefunden, und in den Augen Bushs hatte Schröder seine „uneingeschränkte Solidarität" mit den USA nach den Anschlägen vom 11. September nie eingelöst. In der Pressekonferenz am Nachmittag sah man in den Gesichtern der beiden, dass bei ihnen auf absehbare Zeit keine tiefe persönliche Freundschaft erblühen würde. Weil der Andrang der Journalisten so riesig und das Pressezentrum zu klein war, bot ich einigen Kollegen einen Platz am Konferenztisch im RHEINPFALZ-Büro an. So voll war es dort noch nie. Am nächsten Tag sah ich im Fernsehen, wie Bush bei seiner nächsten Station in Bratislava ein Bad in der Menge nahm. In Mainz hatte dagegen kein Bürger vor die Tür gedurft. Das war Bushs Rache an den Deutschen.

Barack Obama hemdsärmelig vor dem Brandenburger Tor

Barack Obama begegnete ich dreimal: in Dresden, in Berlin vor dem Brandenburger Tor und zum Ende seiner zweiten Amtszeit auf Abschiedstour im Kanzleramt bei Angela Merkel. Am riskantesten war für die Sicherheitsleute sein Auftritt 2013 unter freiem Himmel auf dem Pariser Platz im Herzen der Hauptstadt. Wir Journalisten mussten uns im Bundespresseamt einfinden, wurden durch verschiedene Körperscanner gejagt und danach durch die Tiefgarage in einen Kleinbus geschleust. Der Wagen wurde von von außen versiegelt, offenbar um zu verhindern, dass während der Fahrt jemand zu- oder ausstieg. Danach fuhren wir die paar Hundert Meter zum Brandenburger Tor, wo wir zur Pressetribüne geleitet wurden. Die Berliner Innenstadt war rote Zone, jeder unserer Schritte geschah unter Aufsicht. Obama selbst sprach hinter einer riesigen Panzerglasscheibe. Er startete eine Charmeoffensive, schließlich waren kurz zuvor die geheimen Abhöraktionen des US-Geheimdiensts NSA bekannt geworden, die auch das Handy der Kanzlerin betrafen. Als Obama in der brütend heißen Juni-Sonne sein Jackett auszog, sollte das wohl symbolisieren: Unter Freunden könne man auch etwas lockerer sein. Und zum vorerst letzten Mal hörte man aus dem Mund eines US-Präsidenten folgende Worte: dass Deutschland ein „entscheidender Partner" für die USA sei.

Mit Obama schloss sich der Kreis der Präsidenten-Besuche seit Bush senior. Es

Die Deutschen liebten diesen US-Präsidenten: Barack Obamas Auftritt vor dem Brandenburger Tor war für die Sicherheitsleute jedoch ein Horror.

waren historische Wegmarken: von der Wiedervereinigung über den Krieg im Balkan und die Folgen der Terroranschläge vom 11. September wieder zurück zur deutschen Einheit, was dadurch dokumentiert wurde, dass Obama der erste US-Präsident war, der auf der Ostseite des Brandenburger Tores sprach.

Die Lokalausgaben der RHEINPFALZ

1. Ludwigshafener Rundschau
2. Frankenthaler Rundschau
3. Speyerer Rundschau
4. Mittelhaardter Rundschau
5. Bad Dürkheimer Zeitung
6. Unterhaardter Rundschau
7. Pfälzer Tageblatt
8. Pfälzische Volkszeitung
9. Westricher Rundschau
10. Donnersberger Rundschau
11. Zweibrücker Rundschau
12. Pirmasenser Rundschau

Verwurzelt in der Pfalz: Unsere Lokalredaktionen im Porträt

Bad Dürkheim: Kleinstes Team stemmt größtes Weinfest

Von Julia Plantz

„Wie viele Tage sind es noch?" Wenn der Sommer zu Ende geht, dann hören wir in der Lokalredaktion oft diesen Satz. Es ist ein gut gepflegtes Klischee innerhalb der gesamten RHEINPFALZ-Redaktion: Womit beschäftigen sich die Dürkheimer tagein, tagaus? Natürlich: mit dem Wurstmarkt! Und wie bei jedem Klischee ist etwas Wahres daran. Das größte Weinfest der Welt ist tatsächlich des Dürkheimers liebste Beschäftigung – da bilden wir keine Ausnahme. Es gibt aber natürlich viel mehr, was es allmorgendlich zu besprechen gibt, wenn sich die Dürkheimer Lokalredaktion zur ersten Konferenz trifft. Die Versammlung passt an einen kleinen Tisch. Mit gerade einmal fünf Personen, verteilt auf vier Stellen, ist das Team kleiner als alle anderen RHEINPFALZ-Lokalredaktionen.

Bei solchen Konferenzen wird der Tag geplant. Längst hat auch hier die Digitalisierung Einzug gehalten. Über Jahre schaute die Redaktion in ein dickes Buch, in dem sich die Seiten wellten, um sich einen Überblick zu verschaffen. Heute sehen die Redakteurinnen und Redakteure in einen Onlinekalender. Während früher die wichtigste Frage war, welcher Text wo im Blatt stehen soll, geht es heute vor allem darum, wann der Text über ein Thema aus der Kurstadt oder den Verbandsgemeinden Freinsheim und Wachenheim online geht. Weinstraßentourismus, Weinbau und neue Bauprojekte stehen im Fokus des lokalen Interesses. Vier Jahre lang schaute die Redaktion auch immer mit einem Auge auf Amerika. Was

Rieslingwanderweg und Saumagentour: Kallstadt, das zur Ausgabe Bad Dürkheim gehört, ist nicht nur der Geburtsort des Großvaters von Donald Trump. Der Ort hat vor allem touristisch viel zu bieten.

Präsident Donald Trump sagte und machte, war auch lokal interessant, schließlich ist dessen Großvater in Kallstadt (Verbandsgemeinde Freinsheim) geboren. Besucht hat Trump Kallstadt allerdings nie.

Nach der Konferenz geht's dann ans eigentliche Arbeiten. Die Redakteurinnen und Redakteure in Bad Dürkheim sind Allrounder, denn in einem kleinen Team muss jeder alles bearbeiten können.

Die Lokalredaktionen

Der Wurstmarkt aus der Vogelperspektive.

Fotografin Monika Franck ist seit 1976 dabei und kennt noch die Zeiten, als die Dürkheimer Lokalredaktion nicht mehr als ein Hinterzimmer war. 1980 emanzipierten sich die Bad Dürkheimer von der Neustadter Lokalredaktion. Dort waren sie von 1967 bis 1980 angegliedert. Wieder allein, wurde die Kurstadt-Ausgabe größer und größer. Und hat inzwischen eigene Räume. Diese tauscht sie alljährlich im September gegen einen noch schöneren Ort. Richtig, den Dürkheimer Wurstmarkt. Dann werden bei Schorle und Wurst mit Politikern und anderen Persönlichkeiten die Themen locker aufgearbeitet. Eine ganz normale Konferenz ist das zwischen den Feiernden zwar nicht. Interessante Themen sind der Lokalredaktion auf diesem Wege aber schon zu Ohren gekommen. Nicht nur deshalb zählt sie schon wieder die Tage bis zum Fest.

Alljährlich organisiert die Redaktion den Benefizlauf an den Bad Dürkheimer Salinen.

Donnersberg: Wiedervereinigung im Jahr 2016

Von Thomas Behnke

Der April 2016 ist ein wichtiges Datum in der Geschichte der „Donnersberger Rundschau": Seither gibt es die Lokalausgabe aus einem Guss, erstellt an zwei Standorten, aber von einem gemeinsamen Team. Gewagt hat den Schritt Sebastian Stollhof, der kurz zuvor in Kirchheimbolanden Lokalchef geworden war. Gewagt? Ja, es war ein Wagnis. Denn zum schwierigen Erbe der Gründung des Donnersbergkreises 1969 zählen politische Rücksichten und Empfindlichkeiten in den Altlandkreisen Kirchheimbolanden und Rockenhausen, aus denen der neue Landkreis zusammengeschmiedet wurde. Immerhin, die Zusammenlegung der zuvor eigenständigen Redaktionen, durchaus von Skepsis begleitet, verlief deutlich weniger schmerzhaft und gab der Ausgabe mit ihren zuvor kleinen Teams einen deutlichen Schub.

Zu dieser Zeit hatte die RHEINPFALZ für ihr Anliegen, Zeitung für die Pfalz zu sein, bereits seit gut sieben Jahrzehnten journalistisch Flagge rund um den Donnersberg gezeigt. Am 19. April 1947 erschien erstmals ein eigenständiger Kirchheimbolander Lokalteil. Rockenhausen folgte etwa fünf Wochen später. An einen Donnersbergkreis dachte noch niemand, als die Zeitungspioniere vor und hinterm Berg – wo das jeweils ist, hängt bis heute vom Standort ab – das Nachrichtengeschäft ankurbelten. Von deren Alltag in der Nachkriegszeit ist nicht viel überliefert, immerhin manch Anekdotisches. So weiß die Fama von vierbeiniger Unterstützung in der Kirchheimbolander Redaktionsstube, sollen doch der erste Redakteur Helmut Wolfgang Köhler nicht ohne seinen Kater, sein Mitarbeiter Horst Worch nicht ohne seinen Hund dort erschienen sein.

Liesel Heise aus Kirchheimbolanden machte international Schlagzeilen als die womöglich älteste Stadträtin der Welt. Bei ihrer Wahl 2019 war sie 100 Jahre alt.

Als kleine Außenposten waren die Donnersberger Lokalredaktionen für junge Journalisten eher Durchgangsstationen, entsprechend häufig wechselten die Chronisten des Zeitgeschehens. Manche, die länger da waren, sind im Gedächtnis geblieben, Friedrich Landmann etwa, von 1966 bis 1970 und von 1975 bis 1991 Lokalchef in Kibo, oder Norbert Knoll, der von 1968 bis 1977 in Rockenhausen tätig war und mit Landmann aus den sehr gegensätzlichen Blickwinkeln der Altlandkreise Rockenhausen und Kirchheimbolanden deren Verschmelzung zum ungeliebten Donnersbergkreis Ende der 60er-Jahre begleitete.

Der Donnersbergkreis hat auch Talente in die RHEINPFALZ eingespielt. Mitte der 70er-Jahre startete hier ein Schülerzeitungsredakteur des Nordpfalzgynasiums namens Horst Konzok als freier Mitarbeiter seine Karriere, um später – nach kurzem, aber markantem Gastspiel als Lokalchef – dem überregionalen Sportteil der RHEINPFALZ 25 Jahre mit großem Erfolg seinen Stempel aufzudrücken. Die lange Reihe der Redakteure in diesen Jahrzehnten weist auch früh die Namen von Frauen auf. Dass die unvergessene Hedi Nist in den späten 60er, frühen 70er Jahren noch mit dem Ausspruch „Unter einer Frau arbeite ich nicht" konfrontiert wurde, zeigt, dass sich auch in Redaktionen der gesellschaftliche Fortschritt mitunter schwertut. Zugeschrieben wird der Ausspruch Gustav Andraschko – der sich mit seinen Kochrezepten in der Zeitung den Spitznamen „Gulaschko" erwarb. Als Barbara Till die Redaktion leitete (1994 bis 2015), war sie längst nicht mehr die einzige Chefin einer Lokalredaktion.

Zu tun gab es immer reichlich. Industrieansiedlungen. Die Kreisreform und ihre langen Nachwehen. Der Dauerstreit um den Bau einer Kreismülldeponie. Der Bau der Autobahn A 63. Die Jahrhunderthochwasser an der Alsenz 1992 und 2000, die Unwetterkatastrophe, die 2014 im Moscheltal Millionenschäden verursachte. Die zähe Fusion der Verbandsgemeinden Rockenhausen und Alsenz-Obermoschel zur VG Nordpfälzer Land. Und natürlich die Begleitung der zahllosen Projekte und Prozesse, die aus dem Donnersbergkreis werden ließen, was er heute ist. Den neuen politischen Gegebenheiten im vergrößerten Landkreis entsprach die RHEINFALZ mit der Bildung der „Donnersberger Rundschau" im Jahr 1970. Der Kirchheimbolander Lokalteil war zuvor einige Jahre lang Teil einer Ausgabe „Unterhaardt – Nordpfalz". Die beiden Lokalredaktionen der Donnersberger Rundschau arbeiteten indes noch jahrzehntelang eigenständig.

Verändert hat sich natürlich die technische Seite der Arbeit. Wer E-Mail und Internet gewöhnt ist, mag sich kaum noch vorstellen, wie Zeitung gemacht wurde, als auf den Schreibtischen klobige Bakelit-Telefone

Der Donnersberg mit Adlerbogen: Die RHEINPFALZ-Ausgabe ist nach dem einstigen Vulkan benannt. Magma gespuckt hat der Donnersberg allerdings nie.

mit Wählscheibe und schwere Schreibmaschinen der Stand der Technik waren und die Redakteure das Ergebnis ihrer Arbeit – bearbeitete Bilder und Texte, Layouts – für den Weg zur Setzerei und Druckerei einem Kurier, der Bahn, manchmal auch einem Taxi anvertrauten. Es soll übrigens vorgekommen sein, dass eine solche Sendung auch mal in Ludwigshafen am Bodensee ankam.

Frankenthal:
Mehr als Landgericht und JVA
Von Jörg Schmihing

Ein Kollege hat Frankenthal einmal nicht besonders schmeichelhaft als „Landgericht mit angeschlossener Wohnbebauung" charakterisiert. Und tatsächlich ist die 50.000-Einwohner-Stadt immer wieder Schauplatz spektakulärer Strafprozesse um Verbrechen, die in der Region und darüber hinaus Schlagzeilen gemacht haben. Aber Frankenthal ist natürlich viel mehr als nur der Ort im weiten RHEINPFALZ-Land, wo Richter die bösen Buben aburteilen und sie vielleicht sogar noch direkt in die hiesige Justizvollzugsanstalt einfahren lassen. Die Stadt hat eine große Industriegeschichte und ist bis heute Stammsitz des Pumpen- und Armaturenkonzerns KSB. Die Stadt hat eine lebendige Musik- und Kulturszene: Grabowsky und Anonyme Giddarischde – diese beiden Bands kennt fast jeder Weinfestbesucher. Die Stadt hat

Die erste Frankenthaler RHEINPFALZ-Geschäftsstelle in der Bahnhofstraße.

Als im September 1980 große Mengen an Erdgas aus einem durch Bohrarbeiten entstandenen Leck strömten, half der legendäre Feuerwehrmann „Red" Adair, den Untergrundspeicher wieder abzudichten.

über Jahrzehnte immer wieder mit den Hockeystars der TG Frankenthal in den höchsten deutschen Spielklassen mitgemischt. Und die Stadt ist in jedem Frühsommer an einem verlängerten Wochenende Schauplatz der mit bis zu 200.000 Besuchern größten Straßenparty der Pfalz, des Strohhutfestes.

All diese Aspekte (klein-)städtischen Lebens sind natürlich Thema in der Lokalausgabe „Frankenthaler Zeitung". Aktuell sechs Redakteure berichten – unterstützt von freien Mitarbeitern – über das Geschehen in Stadt, Land, Kultur und Sport. Sehr wahrscheinlich ist die Frankenthaler diejenige RHEINPFALZ-Lokalredaktion, die am häufigsten umgezogen ist: Seit 1947 haben die Kollegen an sechs Standorten gearbeitet: in einer ehemaligen Sattler- und Polsterwerkstatt, einem früheren Hotel, einer umgebauten Kneipe, am längsten in einem Geschäftshaus in der August-Bebel-Straße und nach einem kurzen Intermezzo nun schon gute zehn Jahre in der Glockengasse.

Die Lokalredaktionen

Im Landgericht Frankenthal finden immer wieder spektakuläre Prozesse statt, wie der um den Babymord von 2016.

Wo auch immer die Redaktion gerade arbeitete und wer sie damals leitete: Jede Zeit hat ihre Anekdoten. Besonders bildreich plaudert Klaus Rhode – Lokalchef von 1972 bis 1995 – aus seinem Journalistenleben: von aufschlussreichen Telefonaten mit Ministerpräsidenten und der Begegnung mit dem texanischen Super-Feuerwehrmann „Red" Adair, der im Herbst 1980 den Erdgasausbruch an einem unterirdischen Speicher gestoppt hatte. Rhodes Nachfolgerin Eva Klag-Ritz erinnert sich mit gemischten Gefühlen an ihren Start in Frankenthal, der vom lärmenden Vierbeiner des damaligen Oberbürgermeisters und einer in der Folge frostigen Beziehung zwischen Zeitung und Verwaltung geprägt war. Und Thomas Brückelmeier – bis 2015 Leiter der Redaktion – bezeichnet zwei Geschichten als besonders emotional: eine erfolgreiche Spendenaktion für einen schwer krebskranken Jungen sowie eine mehrstündige Geiselnahme.

Im Jubiläumsjahr der RHEINPFALZ steckt Frankenthal gerade mitten in der Suche nach seinem Weg in die Zukunft: als Industriestadt, als Wohnort. Und ein bisschen landespolitischer Glanz strahlt aus Mainz hierher: Zwei der Spitzenkandidaten für die Landtagswahl 2021 kommen aus Frankenthal – von wegen „Landgericht mit angeschlossener Wohnbebauung"!

Das Strohhutfest zieht Menschen aus der ganzen Region an.

Germersheim: Zwischen Tradition und Moderne
Von Michael Gottschalk

Nein, in der RHEINPFALZ-Lokalredaktion Germersheim wird kein altbackener Journalismus von anno dazumal konserviert. Im Gegenteil. Neues ausprobieren, Veränderungen umsetzen, das wird hier seit Jahren gepflegt – so manche Tradition aber auch. Jugendstil in seiner schönsten Form, das findet man in und an dem wunderschönen alten Gebäude in der Fischerstraße, das die Redaktion zu Beginn dieses Jahrtausends bezogen hat. Vielleicht ist es auch diese Atmosphäre, die immer wieder zu guten Ideen für spannende Geschichten inspiriert. Oder auch die Tatsache, dass das Redaktionsteam, in dem es früher häufig Wechsel gab, mittlerweile seit rund zwei Jahrzehnten nahezu unverändert zusammenarbeitet.

Zuvor war die Redaktion in der Sandstraße angesiedelt, über der ehemaligen Konditorei Müller. Zu der gehörte auch ein Café, wo die Kollegen sich regelmäßig mit leckeren Tortenstücken, Pralinen und in der Weihnachtszeit mit Lebkuchen versorgten. Davor hatte die Redaktion in der Marktstraße gearbeitet.

In den vergangenen 75 Jahren hat sich nicht nur die Redaktion, sondern auch die Stadt des Flieders, wie Germersheim einst genannt wurde, stark verändert. Früher gab es eine Innenstadt mit zahlreichen gut gehenden Geschäften, deren Einzugsgebiet bis über den Rhein ins Badische reichte. Insbesondere am Dreikönigstag strömten die liebevoll als „Geelfießler" bezeichneten Nachbarn scharenweise in die Stadt. Einheimische, sofern sie nicht zu Hause blieben, fanden kaum noch einen Parkplatz, geschweige denn, dass sie noch eines der speziellen Sonderangebote ergattern konnten. Mit dem Erblühen der großen Läden

Schon 1835 wurde in Germersheim erstmals eine Zeitung herausgegeben.

auf der grünen Wiese zwischen Zentrum und Industriegebiet ging es mit der Innenstadt bergab. Jahrelang wurde über die Schließung von Traditionsgeschäften und über immer mehr Leerstände berichtet. Eine Entwicklung, der die Stadt vor eineinhalb Jahren mit der Eröffnung des Fachmarktzentrums in der ehemaligen Stadtkaserne versuchte Einhalt zu gebieten. Die Innenstadt soll nun wieder zum Einkaufsmagneten werden.

Apropos Kasernen: Fünf gab es einmal. Eine ist geblieben, vor den Toren der einstigen Garnisonsstadt Germersheim. Diese Entwicklung sorgte auch für reichlich Lesestoff in der Zeitung. Denn mit den Soldaten ging auch Kaufkraft verloren. Andererseits hat die Konversion, die Umwandlung militärischer in zivile Flächen, Germersheim ein neues, sympathisches Gesicht verliehen. Auf den einstigen Kasernenflächen ist ein Park entstanden, und besagtes Fachmarktzentrum. Zuvor für die Öffentlichkeit unzugängliche Festungsgebäude und ihre Katakomben bieten Vereinen und zahlreichen kulturellen Veranstaltungen ein Dach über dem Kopf. Und auf dem Gelände der ehemaligen Stengelkaserne entsteht ein neues Wohnquartier.

Ausgiebig zu berichten gibt es auch über die Industrie, die sich längst nicht mehr nur auf die Kreisstadt konzentriert. Hier sei an das weltweit größte Lkw-Montagewerk in Wörth erinnert. In der Stadt gibt es eine Außenstelle der Lokalredaktion Germersheim. Insbesondere von Wörth aus werden auch die Entwicklungen zum Bau der geplanten zweiten Rheinbrücke genau beobachtet und beschrieben.

Zu den Taktgebern im Landkreis gehört Kandel schon lange und seit einigen Jahren auch Rülzheim, wo sich in Sichtweite der B 9 zahlreiche innovative Unternehmen angesiedelt haben, die Arbeitsplätze schaffen. Die also dafür sorgen, dass der Landkreis zwischen Rhein und Reben, wo auch Bier gebraut wird, nicht zuletzt seine Schulinfrastruktur kräftig ausbaut. Alles Themen, von den Freizeitmöglichkeiten einmal ganz zu schweigen, über die die RHEINPFALZ tagtäglich informiert, damit ihre Leser wissen, was läuft.

Die RHEINPFALZ-Sommertour führte 2012 mit dem Rad unter anderem nach Neupotz.

Diese Entwicklungen sorgten und sorgen dafür, dass immer wieder Promis in den Kreis kommen. In den 90er-Jahren stattete Helmut Kohl der Stadt einen Wahlkampfbesuch ab, in der seine Ehefrau Hannelore einst studierte. Und seit in der Südpfalz-Kaserne die Grundlagenausbildung für alle Soldaten der Luftwaffe, die in den Auslandseinsatz gehen, angeboten wird, waren fast alle Verteidigungsminister hier zu Gast.

Grünstadt:
Vorreiter in Familienfreundlichkeit
Von Ursula Schramm

Reine Männersache war in Grünstadt das Zeitungsmachen in den ersten 25 Jahren. Nicht nur in der Redaktion saß keine Journalistin, auch unter den freien Mitarbeitern gab es keine Frau, erinnert sich der spätere Chef vom Dienst und stellvertretende Chefredakteur Günter Krall, der von 1965 an drei Jahre Lokalredakteur an der Unterhaardt war. Erst ab 1972 gab es hier eine Kollegin.

Das erste Domizil der RHEINPFALZ in Grünstadt befand sich in der Buchhandlung Schöner-Bauer, in der Hauptstraße 2.

Angefangen hat die RHEINPFALZ im April 1947 ganz klein als Ein-Mann-Redaktion und Untermieterin in einer Buchhandlung. Gestartet wird mit einer Seite in der Gemeinschaftsausgabe „Unterhaardt-Nordpfalz" für Grünstadt und Kirchheimbolanden. Zwei Jahre später folgen die Lokalausgabe „Grünstadter Nachrichten" und ein Umzug. Die RHEINPFALZ ist jetzt Mieterin im Elternhaus von Walter Hück,

Bockenheim, wo alljährlich der Mundartdichterwettstreit stattfindet, ist eine der Gemeinden, die von der Redaktion Grünstadt betreut werden.

dem späteren Chefredakteur. Als verantwortlich steht im Impressum Karl Sander (1901 bis 1973), der bis 1934 schon für die „Grünstadter Zeitung" tätig war, die im Sommer-Verlag erschien. Sander setzte auch kulturelle Akzente, war Mitgründer des Grünstadter Kulturvereins und förderte das Theater im Evangelischen Gemeindehaus von Eisenberg. Verstärkung gab es für ihn erst 1959: Günter Bohley (1932 bis 1998) begann in Grünstadt seine Arbeit als Redakteur, folgte Sander 1965 als Redaktionsleiter.

17 Jahre lang hatte Bohley, ein guter Netzwerker, seinen Arbeitsplatz in der Grünstadter Redaktion, die Ende der 1960er-Jahre ein Haus weiter in eigene Räume umzog. Eine ereignisreiche Zeit: Eisenberg erhielt Stadtrechte, in Grünstadt wurde das Kreiskrankenhaus gebaut, die

Vororte wurden eingemeindet und die Fußgängerzone wurde errichtet. 1976 wechselte Bohley dann in die Lokalredaktion Ludwigshafen, die er von 1985 bis zu seinem Ruhestand 1992 leitete.

Peter Blandfort (1938 bis 2015) kam in den 70er-Jahren von Bad Dürkheim als Lokalchef nach Grünstadt. Große Veränderungen standen an. Zeitung wurde bald am Bildschirm gemacht. Der technische Wandel stresste die Redaktion, die ab 1980 wieder ein Zwei-Mann-Betrieb war, nachdem sich die einzige Redakteurin in die Familienpause verabschiedet hatte. Ein reines Männerprodukt war die „Unterhaardter Rundschau", wie die Ausgabe seit 1970 heißt, trotzdem nicht mehr. Bei den freien Mitarbeitern tummelten sich inzwischen auch einige Frauen.

Am längsten war Klaus Stemler Chef, er leitete die Redaktion 31 Jahre lang. In seiner Zeit legte das Blatt an Umfang zu, und aus der Zwei-Mann-Redaktion wurde ein Vierer-Team. Im Frühjahr 1994, als es die vierte Stelle gab, übernahm die kleine Redaktion Vorreiterfunktion. Chefredakteur Michael Garthe, gerade ins Amt gekommen, zeigte sich familienfreundlich: Die neue Stelle teilten sich nun zwei Frauen mit Kindern. Bisher waren die Kolleginnen als freie Journalistinnen tätig gewesen. Da die Teilzeitregelung funktionierte, setzte sich das Modell schließlich in der gesamten Redaktion durch.

Die Grünstadter Männerriege wurde im Jahr 1985 allein von der Sekretärin durchbrochen: Gerd E. Abel, Michael Reuter, Karin Brunßen und Peter Blandfort (von links).

Grünstadt ist eine sympathische Kleinstadt, und journalistisch ein interessantes Pflaster.

Gut ein Vierteljahrhundert später, arbeiten RHEINPFALZ-weit von 175 Redaktionsmitgliedern 48 in Teilzeit, darunter 15 Männer. Die Grünstadter Redaktion hat mit Kathrin Schnurrer erstmals eine Chefin, die viereinhalb Planstellen teilen sich drei Frauen und drei Männer.

Kaiserslautern: Paradiesische Zustände in der Barbarossastadt

Von Hans-Joachim Redzimski

Der Kaiserslauterer, der schwärmerisch über seine Stadt schreibt oder spricht, der wird gerne Paul Münch, den Heimatdichter, zitieren. Paul Münch, der als Lehrer in der Stadt Kaiser Barbarossas wirkte, hat das Paradies in der Pfalz ja in Kaiserslautern verortet. Plakativer, persönlicher kann man der Landschaft, der Stadt keine Liebeserklärung machen! Wer als Journalist in Kaiserslautern tätig ist, berichtet freilich weniger aus dem Himmelreich denn aus dem irdischen Leben. Und das ist vielfältig in der Stadt, die sich Großstadt und Oberzentrum einer ganzen Region nennen darf.

Es ist viel Arbeit für die zweitgrößte Lokalredaktion der RHEINPFALZ. Hier pulsiert das Leben, mehr als in vielen anderen Teilen der Pfalz. Wirtschaftlich, kulturell, gesellschaftlich, sportlich. Kaiserslautern bietet außergewöhnliche Firmen, die als sogenannte hidden (versteckte) Champions Marktführer in der Welt sind, eine Kulturszene zum Fingerlecken, Sport in sagenhafter Breite und auf beachtlichem Niveau, ein gutes Leben mit dem Pfälzerwald vor der Haustür. Und natürlich auch die Schattenseiten einer Großstadt. Wer als Journalist in Kaiserslautern tätig sein darf, und das ist eine Ehre, der hat alle Möglichkeiten.

Die Welt zu Gast in Kaiserslautern: Australische Fußballfans feiern während der WM 2006 auf dem Stiftsplatz.

Das Landesgartenschau-Gelände war früher eine Industriebrache.

Unvergesslich für die Lokalredaktion in Kaiserslautern: ihr mehrwöchiger Tag- und Nacht-Einsatz bei der Fußball-Weltmeisterschaft im Jahr 2006, die Kaiserslautern auf den Kopf gestellt hat – und die Redaktion mit. Und schon früh eine modernere Art der Arbeitsteilung, den „Redaktionsdesk",

Die Lokalredaktionen

Das neue RHEINPFALZ-Gebäude und Ansichten aus der Westpfalz zierten den Kalender von 1952.

kreiert hat, der sich nun langsam überall durchsetzt. Das WM-Café der RHEINPFALZ am Schillerplatz, Vorläufer von bisher 15 Sommerredaktionen der Lokalredaktion, wurde zum Promi-Treff. Selbst der US-Botschafter in Deutschland ließ sich in den exklusiven Korbmöbeln nieder, umringt von unzähligen Leibwächtern und Kameras.

Ach ja, manchmal wurde der Alltag der Lokalredaktion dann doch noch zum Paradies auf Erden. Als der 1. FC Kaiserslautern mit seinen Titelgewinnen die Stadt in den siebten Fußballhimmel schoss – und wir alle Deutscher Meister waren. Und auch, als die Landesgartenschau im Jahr 2000 eine Industrie- und Landschaftsbrache in ein Postkartenidyll inmitten der Stadt verwandelte.

Josef Schaub (vorn) begutachtet die Arbeiten in der Druckerei in Kaiserslautern Anfang der 50er-Jahre.

Kusel:
Ins Amt geküsst
Von Wolfgang Pfeiffer

573 Quadratkilometer Fläche, 70.500 Einwohner, 98 selbstständige Ortsgemeinden, die zwischen 46 und 5600 Bewohner zählen: Die bloßen Zahlen zum Verbreitungsgebiet der „Westricher Rundschau" lassen erahnen, dass Zeitungmachen in der kleinen Kreisstadt Kusel und dem gleichnamigen Landkreis durchaus eine Herausforderung ist. Denn hier steppt nicht tagtäglich der Bär, hier liefert nicht das tägliche Geschehen pausenlos Schlagzeilen in die Redaktionsbüros. Großereignisse oder Sensationen sind eher die Ausnahme.

Mit Nils Nager eröffnen Chefredakteur Michael Garthe und die Kuseline Hannah Decker 2012 den RHEINPFALZ-Wandertag.

Die Burg Lichtenberg ist Wahrzeichen des Kuseler Landes.

Dies soll nun nicht heißen, dass hier gar nichts Spektakuläres passiert. Ein Mann, der seine Frau mit einem Bügeleisen erschlägt, ein junger Mann, der in der Schule seine Ex-Freundin bedroht und sich dann selbst erschießt, immer wieder große Sprengstofffunde bis hin zum berüchtigten „Pulver-Kurt" – selbst im ruhigen Westrich bleibt die Redaktion nicht davon verschont, sich um größere Kriminalfälle zu kümmern. Oder um Unglücksfälle wie einen Blitzschlag aus heiterem Himmel in einen Sportplatz, infolgedessen Dutzende Kinder, die dort gerade trainieren, verletzt werden.

Doch meistens geht es beschaulich zu im Musikantenland, aus dem täglich fast 20.000 Menschen pendeln, um ihr täglich Brot zu verdienen, weil die Region strukturschwach ist, die Kommunen überschuldet sind und es hier nur wenige größere Arbeitgeber gibt. Daher richtet die RHEINPFALZ ihr Augenmerk auch sehr stark auf die Umgebung, berichtet aus Kaiserslautern und Homburg ebenso wie aus St. Wendel und Bad Kreuznach. Die Redaktion ist ebenso mobil, wie ihre Leser es sind.

„Pulver-Kurt" aus Meisenheim hielt mit seiner Sammelleidenschaft für Sprengstoff 2011 Polizei und Bevölkerung in Atem.

Und natürlich ist sie stolz darauf, seit inzwischen 43 Jahren alljährlich die Kuseline zu küren, die Repräsentantin für Stadt und Landkreis Kusel, die stets beim größten Volksfest der Region, der Kuseler Herbstmesse, ins Amt geküsst wird. Feiern gehört im Westrich dazu – ebenso wie eine große Nähe zwischen der Zeitung und den Menschen. Diese Nähe muss man aushalten können und wollen, weil kaum etwas unbeobachtet bleibt; weil man jenem, über den man schreibt, schon am nächsten Morgen in der Bäckerei begegnen kann. Die Nähe ist Chance und Herausforderung zugleich für eine Tageszeitung. Und genau das bereitet Freude – selbst wenn nicht tagtäglich die Schlagzeilen auf den Schreibtisch flattern.

Landau:
Französisches Flair
Von Herbert Dähling

Landau ist schon etwas Besonderes: Zentrum der Südpfalz mit mediterranem Flair in unmittelbarer Nachbarschaft zu Frankreich und mit französischer Vergangenheit. Letztere ist allgegenwärtig in der Stadt, in der heute neun Redakteurinnen und Redakteure für gut 40.000 Leser der Print-Ausgabe (oder sogar mehr als dreimal so viele, wenn man alle Nutzer der Ausgabe rechnet) und viele weitere im Netz verfolgen, was in Landau und der Südpfalz geschieht. An Berichtenswertem mangelt es nicht. Kultur und Wirtschaft florieren, das politische Geschehen lässt keine Langeweile aufkommen. Das liegt unter anderem an der rasanten Stadtentwicklung in Landau, die den Bau eines komplett neuen Stadtviertels erforderlich macht, wie auch an der politischen Konstellation mit einer großen Koalition im Stadtrat, die von den Grünen als größter Fraktion angeführt wird und neue Akzente setzen will. Aber auch die sich rasch füllenden und wachsenden Gewerbegebiete sorgen immer wieder für interessante Themen.

Die Landauer RHEINPFALZ-Ausgabe, die es schon seit dem 11. Mai 1946 gibt, war immer etwas Besonderes. Das belegen unter anderem die Erinnerungen von Paul Kaps, Redakteur der ersten Stunde bei der RHEINPFALZ. Sein Südpfalz-Kollege Hans Ostermaier habe an heißen Tagen bevorzugt in seiner Wohnung gearbeitet, in der Badewanne. Auf einem Querbrett habe die Schreibmaschine ihren Platz gefunden.

Den Publikumsverkehr habe Ostermeier durch die geschlossene Badezimmertüre abgewickelt, ist bei Kaps zu lesen.

Nicht alltäglich ist auch die Konkurrenz, gegen die sich die Landauer Lokalausgabe von Anfang an behaupten musste. Am 14. Juli 1949, an Frankreichs Nationalfeiertag, beschlossen vier Landauer, an die Tradition des „Pfälzer Anzeigers" anzuknüpfen und wieder ein Lokalblatt herauszugeben. Trotz des symbolischen Zeitpunkts verweigerte die französische Besatzungsmacht die Lizenz. Diese hatte sie vier Jahre zuvor schon der RHEINPFALZ erteilt, ein zweites Blatt war nicht erwünscht. Als „Vorderpfälzer Tageblatt" und offizielle „Lokalausgabe" der in Bad Kreuznach erscheinenden „Rheinisch-Pfälzischen Rundschau" erschien die Zeitung dennoch ab 1. September 1949. Bald schon selbständig und seit 1954 „Pfälzer Tageblatt" genannt, behauptete sich das Blatt bis 1971. Dann wurde es von der RHEINPFALZ aufgekauft. Die Kollegen des „Tageblatts", unter ihnen der spätere Landauer Lokalchef Herbert Dähling, wurden übernommen und residierten von nun an mit den RHEINPFALZ-Kollegen in der Königsstraße 50, direkt über dem Tivoli-Kino.

Wegen der Konkurrenzsituation hatten bei der RHEINPFALZ schon von 1950 bis 1961 eigene Ausgaben für Landau/Bad Bergzabern und Landau/Germersheim existiert. Seit kurzem gibt es wieder eigene Ausgaben für die Weinstraße und für die Südpfalz. Das heißt, dass im Landkreis Germersheim Stadt- und Kreisseiten Germersheim vorne liegen, während in

Begegnung in Landau: Herbert Dähling (links) erinnert sich heute noch gern an sein Gespräch mit der viele Jahre in Neustadt-Königsbach lebenden und 1989 verstorbenen Sopranistin Erika Köth.

Landau und dem Kreis Südliche Weinstraße die dortigen Seiten am Anfang der Ausgabe stehen. Inhaltlich sind beide Ausgaben deckungsgleich.

Die Lokalredaktion Landau hat bereits 2019 einen „lokalen Desk" eingerichtet. Das heißt, je zwei, manchmal auch drei, Redaktionsmitglieder gestalten und redigieren als Blattmacher gemeinsam alle Seiten der Ausgabe (bis auf den Sport), die übrigen Kolleginnen und Kollegen haben als Reporter den Rücken frei zur Recherche und zum Schreiben. Vorteil dieser Arbeitsweise sind mehr eigene Beiträge und eine bessere Qualität. Das Modell ist Zug um Zug von allen anderen Lokalredaktionen übernommen worden. Nun gehen die Lokalredaktionen Landau und Germersheim einen weiteren Schritt und bilden einen gemeinsamen Produktionsdesk, um noch mehr Synergien zu nutzen.

Ludwigshafen: Das Flaggschiff

Von Michael Schmid

Als die RHEINPFALZ am 29. September 1945 zum ersten Mal erschien, lag Ludwigshafen in Trümmern. Mit der Zeitung gewann die vom Krieg schwer getroffene Stadt ihre Stimme zurück. Ludwigshafen und Neustadt waren die ersten Erscheinungsorte. Für Verleger Josef Schaub war klar, dass Ludwigshafen als größte Stadt und Industriezentrum der Pfalz ein eigenes Presse-Erzeugnis brauchte.

Die ersten Jahre waren hart. „Ein ständig puffender Sägemehlofen und selbst in Stutzhandschuhen frierende Finger, die auf typenschwachen Schreibmaschinen klapperten, erzeugten eine eigenartige Redaktionsmelodie", erinnert sich Klaus Hofmann, der in der Ludwigshafener Redaktion 1948 als Volontär begann und es im Laufe seines Berufslebens bis zum Korrespondenten in der damaligen Bundeshauptstadt

Vor dem Umzug der Druckerei nach Oggersheim: Wenn die Rotation anlief, habe der Boden in der Redaktion gebebt, erinnern sich ältere Kollegen.

Bonn bringen sollte. Die Ernährungslage in der Nachkriegszeit war in Ludwigshafen schwierig, und auch den Journalisten knurrte oft der Magen. Gut, dass Feuilletonredakteur Fritz Staudinger ausgebildeter Tenor war und Operettenarien in Gasthäusern sang. „Die abgehärmte Redaktion verdankte ihm mitunter eine Sondervesper", erinnerte sich Hofmann.

Die Lokalredaktion Ludwigshafen verbrachte nach Anfängen in der Ebertstraße die ersten Jahre im Waldkirch-Gebäude in der Amtsstraße. 1951 wurde gegenüber das neue Pressehaus eröffnet, dort wo heute noch der Hauptsitz der Zeitung ist. Der Umzug verschaffte der Redaktion bessere Arbeitsbedingungen. Die Druckerei befand sich zu diesem Zeitpunkt im Pressehaus. Noch heute zeugen die hohen Einfahrten in den Hof und dicke Geschossdecken davon, dass hier in der Amtsstraße nicht nur Texte geschrieben wurden, sondern von Setzern und Druckern eine Zeitung mit handwerklichem Können erstellt wurde.

Die katastrophale Verkehrssituation in der Stadt wurde sogar auf „Dubbegläsern" verewigt.

In den 1950ern gab es die „Ludwigshafener Rundschau" in zwei getrennten Ausgaben, eine für die Stadt und eine für den Landkreis Ludwigshafen. Ab Mai 1963 erschien schließlich eine gemeinsame Ausgabe für Stadt und Land – mit einer Ausnahme: In Schifferstadt gab es seit 1950 ein eigenes Redaktionsbüro. Dort wurde eine eigene Seite für die größte Kommune im Kreis erstellt, welche für mehr als vier Jahrzehnte die zweite Stadt-Seite in der „Rundschau" ersetzte.

Konzert zu Corona-Bedingungen: Die Stuttgarter Saloniker spielen im August 2020 auf einem Floß im Schwanenweiher des Ebertparks.

Im Vergleich zu heute sehen die damaligen Zeitungsausgaben der „Ludwigshafener Rundschau" ungeordneter aus. Die Berichterstattung aus Ludwigshafen dominierte alles, beim Sport ging's hauptsächlich um die Fußballer des SV Südwest, andere Sportarten landeten nur selten im Blatt. „Stiefmütterlich war das Platzangebot für die Kreisgemeinden oder gar die Mannheimer Belange", erinnerte sich der spätere Lokalchef Günter Bohley. Mit einem neuen Layout wurde mehr Ordnung ins Blatt gebracht, die Seiten nach Stadt- und Kreisbeiträgen, Sport- und Kulturartikeln getrennt.

Die Stadt Ludwigshafen verändert ständig ihr Gesicht. Unser Foto zeigt den Berliner Platz, im Hintergrund der Rhein.

Die Ludwigshafener Lokalredaktion hat in den vergangenen Jahrzehnten viele Personalwechsel erlebt, aber alle Redakteure der „Loka LU" wussten, dass ihre Ausgabe am Unternehmenssitz das lokaljournalistische Flaggschiff der RHEINPFALZ war und ist. Hier wurden neue Formate ausprobiert, wurden Service und Lesernähe großgeschrieben. Die Anzahl der Journalisten ist gewachsen im Laufe der Jahre: Heute schreiben 14 Redakteure und etwa 80 freie Mitarbeiter für die „Ludwigshafener Rundschau". Sie ist neben Kaiserslautern die größte Lokalredaktion der Zeitung. Das Ludwigshafener Team hat in den vergangenen Jahren durchschnittlich 2500 Printseiten im Jahr produziert – das größte Pensum aller Lokalausgaben.

Ludwigshafen selbst ist für die Journalisten immer wieder eine Herausforderung. Die Stadt verändert stetig ihr Gesicht. Zuerst wurde die „autogerechte Stadt" konzipiert mit einem damals europaweit einzigartigen Hochstraßensystem. Der Hauptbahnhof war dabei im Weg und wurde kurzerhand verlegt. Die Innenstadt wurde komplett umgekrempelt. Das Rathaus-Center und neue Plätze entstanden. Die Stadt rückte mit Wohngebieten und einem Einkaufszentrum an den Rhein. Heute stehen mit dem Wiederaufbau der Hochstraße Süd sowie dem Rückbau der Hochstraße Nord und dem Bau einer ebenerdigen Stadtstraße als Ersatz wieder riesige Bauprojekte an. Hinzu kommt noch der Blick auf das Geschehen in der Nachbarstadt Mannheim und in den Rhein-Pfalz-Kreis, den „Gemüsegarten Deutschlands". Mit den „Eulen" gibt es eine Bundesliga-Handballmannschaft, die der Lokalsport in ihrer Entwicklung eng begleitet. Auch das Kulturangebot ist mit dem Ludwigshafener Pfalzbau, dem Filmfestival auf der Parkinsel, dem Mannheimer Nationaltheater, dem „Capitol" und der SAP-Arena sowie den großen Museen in den beiden Städten riesig.

Die Nähe zur BASF ist ein ganz besonderer Faktor. Die Ludwigshafener erwarten, dass ihre Zeitung ihnen erklärt, was im weltgrößten Chemiewerk passiert. Katastrophen wie die Explosion einer Ferngasleitung 2014 oder das Unglück im Industriehafen 2016 bedeuteten auch für die Ludwigshafener Redaktion den Ausnahmezustand. Gearbeitet wird dann bis spät in die Nacht – so lange, bis alle Berichte im Internet veröffentlicht sind und im Oggersheimer Druckzentrum die Zeitungen über die Rotationsmaschinen flitzen.

Neustadt:
Die Keimzelle der RHEINPFALZ
Von Wolfgang Kreilinger

Arbeiten, wo andere Urlaub machen oder ihre Freizeit verbringen, am Übergang vom Pfälzerwald zur Rheinebene: ein Privileg der Mitglieder der Neustadter Lokalredaktion. Die Mittelhaardter Rundschau wird an einem historischen Standort geplant und meistens auch geschrieben. In der Kellereistraße stand im 13. Jahrhundert das Kurfürstliche Schloss. 1892 ging das Gelände in den Besitz der Pfälzischen Verlagsanstalt über.

Winkelige Gassen und alte Häuser in der Neustadter Kellereistraße: Als die RHEINPFALZ-Zentrale von hier weg- und nach Ludwigshafen umzog, waren die Redakteure wenig begeistert.

Schon 60 Jahre früher war es der Journalist Philipp Jakob Siebenpfeiffer gewesen, der vom nahen Marktplatz mit seinen Anhängern zum Hambacher Schloss marschierte, wo eine der ersten Großkundgebungen auf deutschem Boden überhaupt stattfand. 30.000 Oppositionelle forderten unter anderem die Freiheit der Presse.

Das Hambacher Schloss gilt deshalb als die Wiege der deutschen Demokratie. Bundespräsidenten sind dort sozusagen Stammgäste. Und am 8. Mai 1985 hielt US-Präsident Ronald Reagan an der historischen Stätte seine Rede an die Jugend. RHEINPFALZ-Redakteure waren dabei – Seite an Seite mit der Weltpresse.

Die RHEINPFALZ war schon immer dabei, wenn es in Neustadt etwas zu feiern gab.

Häufig Kulisse für Staatsgäste und Polit-Prominenz (hier Bundespräsident Frank-Walter Steinmeier, 2018): Das Hambacher Schloss gilt als Wiege der deutschen Demokratie.

Weil es noch kein Internet gab, wurde am Nachmittag des 23. November 1980 eine Sonderausgabe der RHEINPFALZ verteilt. In der Nacht davor war der Saalbau in Flammen aufgegangen, damals wie heute einer der größten Veranstaltungsorte der Pfalz. Die Krönungsstätte der Deutschen Weinkönigin musste natürlich wieder aufgebaut werden.

Glücksfall für die Neustadter Sportredakteure war der überraschende Besuch von Formel-1-Weltmeister Keke Rosberg im Rathaus 1994. Die Rennsportlegende suchte ein Grundstück in der Nähe des Hockenheimrings. Die Stadt empfing das Team Rosberg im Gewerbegebiet Nachtweide mit offenen Armen und stand damit Pate für eines der erfolgreichsten Teams der Deutschen Tourenwagenmeisterschaft. Auch Sohnemann Nico Rosberg, der ebenfalls zur Formel-1-Weltmeisterschaft fuhr, wird in Neustadt ab und zu gesehen.

Die Redaktion liegt mitten in der Fußgängerzone, was den Charme hat, ganz nah an den Menschen zu sein. Von den offenen Türen der Redaktion profitieren beide Seiten: Leser und Schreiber. Der Blick aus dem Fenster der Redaktion fällt stets auf den Klemmhof, jene Problemimmobilie, die 1974 auf dem Schwemmsand des Speyerbachs gebaut wurde. Mit der Folge, dass 2009 aus den 90 Wohnungen mehr als 300 Menschen für sieben Wochen ausquartiert werden mussten,

Der Klemmhof war lange Zeit die Neustadter Problemimmobilie und Dauerthema für die Lokalredaktion.

weil der Wohn- und Geschäftskomplex einsturzgefährdet war. Ein Großereignis, bei dem Medien aus ganz Deutschland bei der RHEINPFALZ abschrieben.

Bleibt noch, mit einem Vorurteil aufzuräumen. Es ist nicht so, dass Journalisten in der Weinhauptstadt nur bei einem Glas Riesling gute Einfälle haben. Aber die Lebensqualität in der Stadt liegt über dem Durchschnitt. Schließlich hat Neustadt ja auch die meisten Sonnenstunden in der Pfalz.

Pirmasens: „Hooriche" für die Prominenz

Von Peter Rojan

Dass Gäste zu Gesprächen in die Redaktion kommen, das ist unser Alltag. Sie kommen zu Fuß, mit dem Auto, manchmal auch mit dem Fahrrad. Selten wird dazu die komplette Straße vor der Redaktion gesperrt. Selten, aber es kommt vor. So wie am 22. Oktober 2018. Der Redaktionsgast, der sich für den frühen Nachmittag angekündigt hatte, hielt uns schon Tage vorher auf Trab. Aus der Zentrale in Ludwigshafen wurden Stühle herbeigeschleppt, um unseren Besprechungsraum wohnlicher zu gestalten (leider wurden sie später wieder weggekarrt). Und die Polizei stattete uns einen Besuch ab, um sich davon zu überzeugen, dass wir harmlos sind und unserem Gast nichts antun. Dann, um 14.15 Uhr, bog das erste Polizeimotorrad in die Schachenstraße ein, schwarze Limousinen fuhren vor, stoppten vor dem Rheinberger-Gebäude, einer ehemaligen Schuhfabrik, in der unsere Redaktion untergebracht ist. Der Bun-

Viele Jahre lang residierten Redaktion, Anzeigenabteilung und Geschäftsstelle der RHEINPFALZ in Pirmasens im Haus von Rudolf Zoller, Ecke Haupt- und Bahnhofstraße.

despräsident stieg aus. Frank-Walter Steinmeier nahm sich während seiner Rundreise durch die Südwestpfalz Zeit für ein mehr als einstündiges Redaktionsgespräch in den Räumen der RHEINPFALZ. Seine Eindrücke: Die Region ist keineswegs abgehängt, die Menschen sind optimistisch gestimmt, und „Hooriche mit Specksoß", die ihm in Bottenbach serviert wurden, gehen immer.

wie mit der RHEINPFALZ. Die Stadt hat sich nach dem Absturz der Schuhindustrie und dem Wegzug der amerikanischen Streitkräfte neu erfunden, die Lokalredaktion, die 1947 fast ohne freie Mitarbeiter mit einer Seite aus Pirmasens startete, liefert heute täglich im Schnitt sechs Lokalseiten mit Nachrichten und Geschichten aus der Stadt Pirmasens, weiten Teilen des Landkreises Südwestpfalz, aus dem Sport und

Im Gespräch über die Südwestpfalz: Im Oktober 2018 besuchte Bundespräsident Fank-Walter Steinmeier die Redaktion Pirmasens.

Als es noch keine Wahlergebnisse online gab: Gedränge vor der Redaktion in der Wahlnacht, vermutlich in den 60er-Jahren.

Die Eindrücke von Paul Kaps gut 70 Jahre vorher waren gänzlich andere. Kaps war im Frühjahr 1947 von Walter Hück, dem späteren Chefredakteur der RHEINPFALZ, nach Pirmasens geschickt worden, um hier eine Redaktion aufzubauen. „Über Trampelpfade ging es durch Trümmerschluchten", schildert Kaps seine Ankunft in dem Buch „Die Presse ist an allem schuld". Und „Hooriche mit Specksoß", daran war erst gar nicht zu denken. „Wohin ich auch kam, reckten die Wirte resignierend die Arme gen Himmel und beteuerten, selbst gerade die eigene Familie durchbringen zu können."

Seitdem ist viel passiert, mit Pirmasens

der Kultur. Acht Redakteurinnen und Redakteure organisieren und produzieren die „Pirmasenser Rundschau" und beliefern die Onlinekanäle der RHEINPFALZ. Unterstützt werden sie von über 50 freien Mitarbeitern.

Übrigens: Pirmasens war natürlich schon anderen prominenten Politikern eine Reise wert. Beispielsweise den Bundeskanzlern Angela Merkel, Gerhard Schröder und Helmut Kohl. Oder den Bundespräsidenten Theodor Heuss, Gustav Heinemann und Roman Herzog. Nur dass für die keine Stühle aus Ludwigshafen herbeigeschleppt wurden. Weil sie die RHEINPFALZ-Lokalredaktion nicht besuchten.

Speyer:
Die Welt trifft sich in der Domstadt
Von Patrick Seiler

Der Speyerer Dom steuert auf sein „1000-Jähriges" zu. Aber auch das Druckgewerbe in der Stadt des Doms hat mit mehr als 500 Jahren eine lange Tradition. Und bis heute ist Speyer eine Pressestadt. Mit einer katholischen und einer evangelischen Kirchenzeitung, mit einem großen Verlag für Publikumszeitschriften – und natürlich mit der RHEINPFALZ.

Chefredakteur Michael Garthe (rechts) 2017 bei der Aktion „Die Pfalz liest für den Dom" zusammen mit dem ehemaligen rheinland-pfälzischen Ministerpräsidenten Bernhard Vogel (Mitte).

Sieben Redakteure und mehr als drei Dutzend freie Mitarbeiter berichten heute für die RHEINPFALZ aus Speyer und dem Umland. Im Vergleich dazu lassen sich die Anfänge sehr bescheiden an. Ende 1945 war auch personell Aufbauarbeit gefragt, denn politisch unbelastete Fachleute der schreibenden Zunft waren knapp.

Gefüllt wurde ungefähr eine halbe Seite des gemeinsamen Lokalteils Neustadt/Speyer/Landau. In der ersten Ausgabe vom 29. September 1945 gab es noch keine Speyerer Lokalnachrichten, dafür aber in der zweiten vom 3. Oktober in der Rubrik „Speyergau – Germersheim". Es ging um die Umbenennung von Straßen und Plätzen, die Namen von Nazis trugen, sowie um protestantische Kirchenmusik. Drei Tage später waren Fahrraddiebstähle Thema. Das sind sie übrigens heute noch. Später gab es für das Lokale die etwas sperrige Überschrift „Allerlei aus der Domstadt – Was der Speyerer Chronist zu melden weiß". Zwischenzeitlich stand auch „Speyerer Neueste Nachrichten" über dem Lokalteil, bevor dieser dann zur „Speyerer Rundschau" wurde.

Nach dem Umzug vom ersten Domizil im Bereich des heutigen Kornmarkts ging es in die Wormser Straße, wo eine der vornehmsten Aufgaben der Redaktionssekretärin darin bestand, mit aus dem Keller geholtem Brennstoff den Kohleofen zu befeuern. Monika Kneifeld, von 1967 bis 2014 die rechte Hand der Redaktion, weiß noch davon zu berichten. Ähnlich lange wie sie war der 2018 verstorbene Gerd Lenhart als Redaktionsleiter in der Verantwortung. Räumlich folgten zwei andere Standorte in der Ludwigstraße, erst 2008 wurde das heutige Domizil in der Heydenreichstraße 8 bezogen. Das Gebäude war einst städtisches Waisenhaus mit Wurzeln in der Renaissance.

Die Stadt der Kirchen, der Kultur, der Schulen und des Sports bietet ein reiches Feld für Berichterstattung. Dass Speyer seit der 2000-Jahr-Feier 1990 und seit Helmut

Große Begeisterung: Im Juli 1997 besuchte der spanische König Juan Carlos (Zweiter von links) die Stadt Speyer und den Dom.

Zweibrücken: In der Pfalz ganz vorn
Von Georg Altherr

Zweibrücken ist eine Stadt der Superlative. In der Pfalz liegt Zweibrücken ganz vorn. Egal ob man von New York, Lissabon, Paris oder Homburg-Einöd auf die Pfalz blickt: zuerst kommt Zweibrücken. Bei Zweibrücken stand bis 1793 das größte Schloss Europas, heute steht bei Zweibrücken das größte Fabrikverkaufszentrum Deutschlands. Die wichtigsten Könige Schwedens

Das größte Fabrikverkaufszentrum Deutschlands gibt es in Zweibrücken.

Kohls Staatsbesuchen gefühlt von der Provinz- zur Weltstadt wurde, tat ein Übriges. Die Weltpolitik kam zuletzt 2017 anlässlich der Beisetzung des Altkanzlers nach Speyer – und natürlich aktuell in die Zeitung.

Apropos aktuell: Von Karl Brill, der 1951 seinen Dienst als Redaktionsleiter angetreten hatte, ist ein Beschwerdebrief an die Chefetage in Ludwigshafen aus dem Jahr 1952 überliefert, dass er oftmals kaum vor 2.30 Uhr in der Nacht, keinesfalls aber vor 22 Uhr seinen Heimweg aus der Redaktion antreten könne. Er beklagte einen „Raubbau seiner gesundheitlichen und psychischen Kräfte". Da half auch die Johannisbeermarmelade nichts, die ihm seine Gattin zur Stärkung mitgegeben hatte. Die Marmelade soll einmal im Schrank vergessen worden sein, bis sie in Gärung überging und auslaufende rote Substanz die Kollegen kurzzeitig eine Bluttat befürchten ließ.

waren Zweibrücker. Bayerns erster König war ebenfalls ein Zweibrücker – und damit auch alle fünf folgenden. Ja, auch der Märchenkönig Ludwig II. Selbst Barack Obama hat Vorfahren aus dem Herzogtum Pfalz-Zweibrücken. Goethe flanierte durch das herzogliche Zweibrücken und empfand die Stadt dabei wie Klein-Paris, besonders hatten es ihm „Kleidung und Betragen der Einwohner, besonders der Frauen und Mädchen" angetan. Heinrich Heine schrieb über die Stimmung in Deutschland im Vormärz des 19. Jahrhunderts dies: „Man glaubte ganz sicher, dass die deutsche Revolution in Zweibrücken beginnen würde, und alles war dort reif zum Aufbruch."

Das mit der deutschen Revolution klappte dann doch nicht. Aber eines klappte: In Zweibrücken begann der Kampf um die Presse- und Meinungsfreiheit in Deutschland. In Zweibrücken gründete sich der „Deutsche Preß- und Vaterlandsverein". Dieser Verein hatte die Idee für das Hambacher Fest und organisierte es 1832 auch. Die Zweibrücker waren also schon immer kleine Revoluzzer. Und so blieb dem ersten Verleger der RHEINPFALZ, Josef Schaub, gar nichts anderes übrig, als auch in Zweibrücken im Mai 1947 eine Lokalredaktion zu gründen und mit der „Zweibrücker Rundschau" eine Lokalausgabe herauszugeben. Anfangs werkelten die Redakteure tagsüber im Nebenzimmer der „Drumme Wertschaft". Bevor es Abend wurde, mussten sie raus, denn dann wurde das Nebenzimmer für die Zecher gebraucht.

Zweibrücken war auch der Vorposten der RHEINPFALZ direkt an der Grenze zum Saargebiet, das damals noch unter französischer Verwaltung stand. Josef Schaub kannte die Saarpfalz sehr gut, hatte er doch vor dem Zweiten Weltkrieg in der Gegend für Zeitungen gearbeitet und mit seiner Familie dort gewohnt. Dieter Schaub, sein Sohn, stellte noch 1990 angehenden Volontären aus der West- und Saarpfalz beim Vorstellungsgespräch diese Prüfungsfrage: „Wie spricht man denn Bexbach korrekt aus?" Nur wer „Betschbach" antwortete, wurde eingestellt.

Land unter: Beim Hochwasser 1993 (im Hintergrund das Zweibrücker Schloss) wurde auch die RHEINPFALZ-Redaktion in Mitleidenschaft gezogen.

Die Zweibrücker RHEINPFALZ wechselte ihr Domizil im Laufe der Jahrzehnte vielmals. Über das Haus in der Fußgängerzone, in dem heute das Spielwarengeschäft Cleemann zu finden ist, ging es über repräsentative Räume am Hallplatz in die Rosengartenstraße, wo man bis heute über der Post täglich digital und gedruckt Zeitung macht. Mittlerweile werkelt in Zweibrücken die einzige Lokalredaktion der RHEINPFALZ, die sich noch echter Konkurrenz erwehrt, denn in Zweibrücken erscheint auch der „Pfälzische Merkur", der zur „Saarbrücker Zeitung" gehört. Im Laufe der Jahre hat die RHEINPFALZ dem „Merkur" zwar das Wasser ziemlich abgegraben. Aber die Konkurrenz lebt noch – und für echte Zeitungsmacher gibt es nichts Schöneres, als die eigene Arbeit täglich mit dem Produkt der anderen zu vergleichen. Das gilt auch für viele Zeitungsleser: Die messen täglich, wer besser ist und vorne liegt. Das spornt an.

LANGSAMES INTERNET: TIPPS, WAS MAN TUN KANN — WIRTSCHAFT

DIE RHEINPFALZ

Pfälzische Volkszeitung

Dienstag, 29. September 2020 | Jahrgang 76 | Nr. 227

D 5897 | Einzelpreis € 2,

SPORT
Rhein-Neckar Löwen gehen hoffnungsfroh in die Saison

Zu Gast gestern bei der RHEINPFALZ: Löwen-Kapitän Uwe Gensheimer, Trainer Martin Schwalb, Geschäftsführerin Jennifer Kettemann, Sportchef Oliver Roggisch und Pressesprecher Christopher Monz (von links) – befragt unter anderem von Udo Schöpfer (vorne). FOTO: MORAY

LUDWIGSHAFEN. Besuch in den Redaktionsräumen der RHEINPFALZ in Ludwigshafen: Ein Tag vor dem Europa-League-Rückspiel beim 1. FC Kaiserslautern Gespräch am Sonntag für fast alle FCK-Funktionäre. Nach einer Wochbordnung der Rhein-Neckar Löwen Rede und Antwort. „Wir gehen hoffnungsfroh in die neue Saison. Man merkt jetzt auch, dass wir ein gemeinsames Bild hinbekommen", betonte Trainer Martin Schwalb. Am Donnerstag starten die neue Handball-Bundesliga-Saison. „Die Löwen starten zunächst noch ohne Publikum. „Wir wollen unbedingt Zuschauer in der Halle haben. Dafür kämpfen wir", erklärte Geschäftsführerin Jennifer Kettemann. Auch für Sportchef Oliver Roggisch ist der Kiel der Titelfavorit. |sol

AUS DER PFALZ
K will sich am Dienstag zur nerdiskussion äußern

e Zukunft beim FCK wird ge- Boris Schommers. FOTO: MORAY

UTERN. Am Tag nach dem 0:3-Niederlage des Drittliga-Aufsteiger Türkgücü München beim 1. FC Kaiserslautern Gespräche am Sonntag für fast alle leb- und ideenlose Auftritt der Mannschaft sorgte am Sonntag für Club-Funktionäre. Nach einer Woche zuvor ausgebohrt vom Wunsch von FCK-Trainer Martin Wagner nach einem UMgebung von Trainer Boris Schommers – eine öffentliche Stellungnahme entbrannt war, hatten viele erwarten und gesagt sich aber auch, dass die Bilanz des Trainers, sowie man gehört. Doch die blieb aus, stattdessen gab es gestern nach der Sitzung selbst am den Trainer. Schommers soll am Dienstag erfolgen. „Es ist lange nicht über den Trainer zu diskutieren, sondern über die eigene Nase packen", so schließliger am Sonntag nach den Spielen gegen „Magenta Sport". Schommers nannten „schwache" Spiele haben wir gravierende Fehler haben wir auch am Dienstag und mehr gemacht." Er analysierte seiner Mannschaft die Partie. Auch als Sportdirektor Boris Notheis der letzten Saison betont, ein Spieler der den Liga sein zu wollen. Die Bilanz nach zwei Spieltagen: null Punkte. |ssl

WETTER
den, dann trocken

18° 18°
DO FR

Auch die Pfalz erscheint auf Atommüllkarte

Große Teile Deutschlands sind für ein Endlager mit hochradioaktivem Abfall nach geologischen Kriterien grundsätzlich geeignet. Der lange als Standort favorisierte und zugleich heftig umkämpfte Salzstock Gorleben aber ist nicht darunter.

BERLIN. Insgesamt weisen nach Erkenntnissen der Bundesgesellschaft für Endlagerung (BGE) 90 Gebiete in der Bundesrepublik günstige geologische Voraussetzungen für ein Endlager auf, in das hochgiftige und stark radioaktive Produkte Hunderttausende Jahre möglichst sicher eingeschlossen werden können. Die Suche fängt aber nun erst richtig an, es gibt noch keine Vorentscheidung für einen Standort.

Theoretisch käme auch ein Gebiet in Rheinland-Pfalz in Betracht, das sich in einem Streifen von Oppenheim (bei Mainz) über Alzey durch den Pfälzerwald bis Lambrecht erstreckt. Nach dem Bericht ist ein Anteil von 54 Prozent der Landesfläche Deutschlands als sogenanntes Teilgebiet ausgewiesen. Diese Gebiete lassen eine günstige geologische Situation mit Blick auf die Lagerung hochradioaktiver Abfälle erwarten. Die meisten Teilgebiete liegen in Bayern, Niedersachsen, Baden-Württemberg, Schleswig-Holstein, Brandenburg und Sachsen-Anhalt. Auch die Stadtstaaten Bremen, Hamburg und Berlin sind dabei.

Aus dem Rennen ist der Salzstock Gorleben in Niedersachsen. Gorleben war zu einem Symbol der Anti-Atomkraft-Bewegung geworden. Nach langem Ärger um Gorleben war die Endlager-Suche komplett neu gestartet worden, das Gesetz dazu gibt es seit 2013. Der Salzstock wurde aufgrund geologischer Män- geln ausgeschlossen. Endlager für leicht- oder mittelschwer strahlenden Atommüll gibt es schon länger. Doch bestehende Lager wie die Asse kämpfen vielfach mit Problemen wie Einsturzgefahr oder Wassereinbrüchen.

Nach Ansicht der BGE erlaubt die Geologie in Deutschland in jedem Fall den Bau eines Endlagers. „Die Geologie ist von Nord bis Süd und Ost bis West so günstig, dass sich ein Standort wird ermitteln lassen", sagte BGE-Geschäftsführer Stefan Studt am Montag in Berlin.

Bayerns Ministerpräsident Markus Söder (CSU) kritisierte, dass der Salzstock Gorleben aus dem Verfahren herausgenommen wurde. Der Zwischenbericht stieß in München auf große Skepsis. Von Bayern gebe es im Verfahren jetzt „keine Totalblockade", der Freistaat werde das Verfahren aber „sehr konstruktiv und kritisch begleiten", sagte Söder in München.

Im Vorfeld hatten die bayerische und die sächsische Landesregierung erklärt, ihre Bundesländer seien für ein Endlager nicht geeignet. Bundesumweltministerin Svenja Schulze (SPD) pochte in Berlin auf den „strikt wissenschaftlichen" Charakter des Auswahlverfahrens. In keinem Schritt dürften nun „politische Motive der Endlagersuche beeinflussen". |dpa/afp/bil

LEITARTIKEL SEITE 2
BLICKPUNKT SEITE 3

75 Jahre: Die RHEINPFALZ feiert Geburtstag

Zum Wohl. Wir stoßen heute an auf 75 Jahre RHEINPFALZ, natürlich mit Pfälzer Wein. So wie Gründungsverleger Josef Schaub und die Fürstin Begum Aga Khan (unser Foto), die 1958 zu Besuch ins Pressehaus nach Ludwigshafen kam. Dass die RHEINPFALZ so schnell nach Zeitung für die Pfalz werden sollte, hat in den Herbsttagen des Jahres 1945 kaum jemand zu hoffen gewagt. Der Zweite Weltkrieg war gerade mal seit vier Monaten vorbei und Deutschland lag in Trümmern. Der französische Besatzer war es zu verdanken, dass die Pfalz am 29. September 1945 schon wieder eine Zeitung hatte. Den Franzosen ließen erstaunlich schnell wieder Pressezeugnisse in ihrer Zone zu. Aber es war auch das Werk der „Gründerväter" um Josef Schaub. Ihnen war klar: Sollte Deutschland als demokratischer Staat eine Chance haben, dann brauchte es eine freie, demokratische Presse. Zum 75. Geburtstag der RHEINPFALZ schenken wir Ihnen, unseren Leserinnen und Lesern, eine 64 Seiten starke Jubiläumsbeilage, in der wir den Weg der Zeitung nachzeichnen. Wir erzählen Geschichten übers Zeitungmachen und über die Menschen rund um die Zeitung, mal lustig, mal skurril, mal nachdenklich, hoffentlich stets interessant. |büt

BEILAGE 75 JAHRE RHEINPFALZ FOTO: HEINRICH

Merkel warnt vor steigenden Fallzahlen

Die Bundesregierung ist wegen der Entwicklung der Corona-Infektionen besorgt und ruft zur Vorsicht auf

BERLIN. Vor den nächsten Beratungen mit den Bundesländern über die Corona-Krise am Dienstag hat Kanzlerin Angela Merkel (CDU) vor einem deutlichen Anstieg der Ansteckungszahlen in Deutschland gewarnt.

Wenn dies sich wöchentlich so weiterentwickeln würde wie bisher, werde es zu Weihnachten 19.200 Neuinfektionen am Tag geben, sagte Merkel am Montag nach Angaben aus Teilnehmerkreisen in einer Videokonferenz des CDU-Präsidiums. Die Kanzlerin habe die hochrechnen lassen, wenn es einen exponentiellen Verlauf geben würde, hieß es. Bei der Videokonferenz zwischen Merkel und den Länderchefs soll es um Maßnahmen gegen die steigenden Infektionszahlen gehen, mit Blick auf die anstehende kalte Jahreszeit. Priorität hätten Schulen, die Kindertagesstätten und die Wirtschaft, sagte Merkel.

Bayerns Ministerpräsident Markus Söder (CSU) plädierte am Montag wie zuvor schon Nordrhein-Westfalens Ministerpräsident Armin Laschet (CDU), für eine Art Corona-Warnampel. Notwendig sei ein einheitliches, verbindliches, verhältnismäßiges und verlässliches Regelwerk, das dann in ganz Deutschland gelte, sagte Söder. Sein Konzept für eine Ampel sieht vor, dass bei Überschreiten bestimmter Infektionszahlen eine auf Gelb oder Rot springen würde und entsprechende Maßnahmen greifen würden – wie Tests für Risikogruppen, weniger Zuschauer bei Sportveranstaltungen, weniger Teilnehmer bei privaten Veranstaltungen oder eine verschärfte Maskenpflicht an öffentlichen Plätzen.

Die rheinland-pfälzische Ministerpräsidentin Malu Dreyer (SPD) sprach sich für „ein Alarmsystem aus, das einen dezentralen Ansatz für Kreise und Städte verfolgt". Wissenschaftliche Erkenntnisse sollten vom Bund gebündelt werden. In der konkreten Anwendung brauche man in den Ländern dann die notwendige Flexibilität. „Wenn in München die Infektionszahlen durch die Decke gehen, brauchen wir in Mainz, Koblenz oder Ludwigshafen keine Maskenpflicht auf öffentlichen Plätzen."

Unterdessen nimmt der sorglose Umgang mit Präventionsmaßnahmen zu. So ergab laut einer Erhebung des Hamburg Center for Health Economics der Universität Hamburg nur noch 45 Prozent der Menschen in Deutschland, dass sie Abstandsregeln beachten. Nur 39 Prozent halten sich demnach an die empfohlene Handhygiene. |dpa/afp

Brexit: Ultimatum der EU verpufft

BRÜSSEL. Die Europäische Union will trotz britischer Verstöße gegen das gültige Brexit-Abkommen weiter mit London an geplanten Handelspakt arbeiten. Dies machte EU-Kommissionsvizepräsident Maros Sefcovic am Montag deutlich. Er ließ damit das Ultimatum zum Abkehr von der Vertragsverletzung auslaufen, das die Briten offenbar nicht ernst nehmen. Die britische Regierung habe keine Absicht zum Einlenken erkennen lassen, sagte Sefcovic. Der London eine Frist bis diesen Mittwoch gesetzt hat, die umstrittenen Klauseln zurückzunehmen. Nach dem britischen EU-Austritt Ende Oktober soll ein Handelsabkommen stehen, um die Wirtschaftsbeziehungen ab 2021 zu regeln. |dpa

Kritik an Plan zur Kürzung von EU-Geldern

Vorschlag der Ratspräsidentschaft zum Umgang mit Rechtsstaats-Verstößen verärgert Parlamentarier

BRÜSSEL. Im Streit um die geplante Bestrafung von Verstößen gegen die Rechtsstaatlichkeit innerhalb der EU hat die deutsche Ratspräsidentschaft einen Kompromissvorschlag vorgelegt. Er stößt allerdings im Europaparlament auf Empörung.

Der Vorschlag sieht unter anderem vor, den Geltungsbereich für den sogenannten Rechtsstaatsmechanismus im Vergleich zum Ursprungskonzept deutlich einzuschränken. Kürzungen von EU-Finanzhilfen wären nur nach der Feststellung möglich, dass Verstöße gegen die Rechtsstaatlichkeit direkte Auswirkungen auf den Umgang mit Geld der EU haben. Mit dieser Regelung würde es nicht einmal Konsequenzen haben, Zudem sollen die Abstimmungshürden für den Beschluss von Strafmaßnahmen erhöht werden. Demnach soll die EU-Kommission Mitgliedstaaten erst dann Mittel kürzen können, wenn mindestens 15 Mitgliedstaaten sich dafür aussprechen. Die grüne Europaabgeordnete Daniel Freund sagte: „Damit macht man ganze Rechtsstaatsverfahren kaputt". Wenn es in der Vergangenheit darum gegangen sei, ein EU-Land zu sanktionieren, habe es dafür auch bis auf die nötigen Mehrheiten gegeben. Kritisiert wird auch, dass die deutsche Ratspräsidentschaft Verstöße gegen die Pressefreiheit nicht als Grund für Rechtsstaatsverfahren aufführt.

Ein hochrangiger EU-Diplomat rechtsstaatliche Bedingungen geknüpft werde.

Der Vorschlag der deutschen Ratspräsidentschaft muss nun eine Mehrheit unter den Mitgliedstaaten finden, 15 von 27 müssen dafür sein, 65 Prozent der EU-Bevölkerung ausmachen.

Brisant ist das Thema vor allem, weil ohne Einigung auf den Rechtsstaatsmechanismus eine Blockade des langfristigen EU-Haushalts und des europäischen Corona-Konjunkturprogramms droht. Länder wie Polen und Ungarn haben nach Angaben aus EU-Kreisen durchblicken lassen, dass sie Beschlüsse nicht zu wollen. „Russland hat die Mög-

Berg-Karabach: Dutzende Tote

BAKU/ERIWAN. Bei neuen Gefechten in der Unruheregion Berg-Karabach zwischen den verfeindeten Nachbarn Armenien und Aserbaidschan sind mehrere Dutzend Menschen getötet worden. Die Anzahl der Toten auf armenischer Seite sei auf 58 gestiegen, bestätigte das Verteidigungsministerium in Eriwan am Montag. Demnach starben am zweiten Tag der Gefechte 42 Armenier. Die armenische Militär sprach von Dutzenden Toten auf aserbaidschanischer Seite. Eine Bestätigung aus Baku gab es nicht.

Russland kündigte an, vermitteln zu wollen. „Russland hat die Mög-

inpfalz.de/rheinpfalz

213

Ausblick

Die Zeitung der Zukunft
Von Holger Martens

1945 ging die RHEINPFALZ mit vier gedruckten Seiten an den Start. 75 Jahre später versuchen Medienforscher, Medienmanager und Internetgrößen zu ergründen, wie lange wir noch gedruckte Zeitungen lesen werden. Ich bin überzeugt: Auch noch in vielen Jahren werden Menschen die RHEINPFALZ auf Papier lesen können. Aber sie werden sie beispielsweise auch auf der Internetseite lesen oder in der RHEINPFALZ-App anhören. Der Journalismus bedient sich jeder dieser Technologien mit wachsender Routine und wird deshalb besser, vielleicht besser als je zuvor. Aus dem vermeintlichen Zweikampf der Technologien – auf der einen Seite die altehrwürdige gedruckte Zeitung, im Verlag sagen wir Print, auf der anderen Seite die Online-Nachrichtenangebote – ist einträchtiges Miteinander geworden.

Wichtiger als die Frage „Print oder Online" ist heute die Diskussion über die Zukunft des unabhängigen Journalismus geworden. Die gegenseitige Abhängigkeit von gedruckter Zeitung und Online-Nachrichten wird immer deutlicher. Der Kampf um Werbegelder, die zunehmend an die großen Internet-Plattformen Google, Facebook und Amazon fließen, stellt Verlage ebenso vor finanzielle Herausforderungen wie die steigenden Kosten für die Zustellung der Zeitung. Guter Journalismus ist und bleibt menschengemacht und benötigt eine solide finanzielle Basis, gerade auch zur Wahrung seiner Unabhängigkeit. Die gedruckte Zeitung und ihre Qualität waren und bleiben noch für lange Zeit Grundpfeiler für regionalen Qualitätsjournalismus.

Holger Martens ist seit 2014 Geschäftsführer der RHEINPFALZ.

Die RHEINPFALZ ist eine der erfolgreichsten Regionalzeitungsmarken Deutschlands. Bei der Suche nach den Erfolgsfaktoren stößt man auf zwei entscheidende Punkte. In Gebieten mit einem starken Gemeinschaftsgefühl ist die Regionalzeitung wichtigster Kommunikator dieser Gemeinschaft. Die Pfälzer und ihre RHEINPFALZ, da passt wenig dazwischen. Als Hamburger kann ich mir ein solches Urteil erlauben. Dazu ein Verleger, der die Qualität des Journalismus als Wert in jede wichtige Entscheidung zur Zukunft des Verlagsunternehmens einfließen lässt.

Unser Motto – wo RHEINPFALZ draufsteht, muss auch RHEINPFALZ-Qualität drin sein, egal ob Print oder Online – haben wir immer im Hinterkopf.

Die RHEINPFALZ soll immer noch besser werden, auf allen Kanälen. Damit die Leser noch überzeugter sind, dass sie die RHEINPFALZ gedruckt, als E-Paper oder auf www.rheinpfalz.de online dabei unterstützt, besser zu leben. Weil wir mit unseren Nachrichten und Informationen dem Wahrheitsanspruch der Leser gerecht werden und weil sich jeder in der Pfalz als Mitglied seiner regionalen Gemeinschaft mit der RHEINPFALZ wohler fühlt. Wir wollen mit neuen Inhalten überraschen, ohne das Vertraute zu vernachlässigen. Das ist der selbst gesetzte Anspruch an unser Tun.

Umgekehrt garantieren unsere Leserinnen und Leser und unsere Werbekunden die im Grundgesetz verankerte Pressefreiheit, indem sie unsere Arbeit wertschätzen. Diese Verbundenheit ist Motivation und Triebkraft, allen Pfälzerinnen und Pfälzern weiterhin die RHEINPFALZ als wichtigstes journalistisches Medium für die Region zu liefern, egal ob täglich gedruckt oder jederzeit online.

Ausblick

Die Zeitung – gestern, heute, morgen
Von Michael Garthe

Chefredakteur Michael Garthe, hier 2008 im Gespräch mit dem Stabhochspringer Raphael Holzdeppe, ist davon überzeugt, dass Qualitätsjournalismus eine unverzichtbare Voraussetzung für funktionierende Demokratie ist.

Nichts ist so alt wie die Zeitung von gestern. Denn was gestern noch aktuell und neu war, ist heute bekannt und morgen vielleicht schon Vergangenheit. Aber nicht nur inhaltlich ist Zeitung ein fortlaufender Prozess der Erneuerung. Auch organisatorisch, gestalterisch und technisch muss die Zeitung sich ständig wandeln, um auf der Höhe der Zeit und im Wettbewerb der Medien konkurrenzfähig zu sein.

Die 75-jährige Geschichte der RHEINPFALZ ist eine des beständigen Wandels, eine der nahezu pausenlosen Modernisierung. Die große Kunst ist es dabei, die Leserschaft diesen unablässigen Wandel nicht immer zu spüren zu lassen, sondern ihr, so gut es geht, eine vertraute Ordnung und Gestaltung zu bieten. Tägliches Lesen ist leichter und attraktiver, wenn es ein Prozess des Gewohnten ist. Im digitalen Zeitalter ist es eine besondere Herausforderung für Verlage, ihren Lesern und Kunden auch online ein vertrauenerweckendes und vertrautes Informationsangebot zu machen. Die Marke, in unserem Falle also die Marke RHEINPFALZ, muss klar erkennbar sein und sie muss die Ansprüche und Erwartungen der Nutzer erfüllen. Die gedruckte Zeitung und ihr digitales Angebot müssen denselben Qualitätsansprüchen und Werten gerecht werden. Das ist gar nicht so schwierig, wie es aufgrund der auf den ersten Blick so großen Gegensätzlichkeit beider Kanäle erscheint.

Es gibt Konstanten, die in unserer journalistischen Arbeit über die Jahrzehnte gültig sind: von den Anfängen 1945 über die lange Zeit des Bleisatzes, während der computergestützten elektronischen Produktion bis heute in die Ära der webbasierten Arbeitsweise, die sich schneller weiterentwickelt als die früheren Produktionsmethoden. Diese Konstanten sind: unser publizistisches Selbstverständnis und unser journalistisches Handwerk. Sie machen unsere Produkte wertstabil.

Unser publizistisches Selbstverständnis

Wir wissen: Wir sind keine Missionare, keine Besserwisser. Nicht Verändern oder gar Beeinflussen ist unser Auftrag, sondern Informieren, Erklären und Einordnen. Wir haben keine parteiischen Absichten. Wir sind nicht die vierte Gewalt im Staate, auch wenn das beharrlich behauptet wird. Wir haben eine Wächter- und Kontrollfunktion. Mit unseren Meinungsangeboten wollen wir zur Meinungsbildung beitragen – nicht mehr und nicht weniger.

Informierte und meinungsfreudige Menschen sind besser zur gesellschaftlichen Teilhabe befähigt und sie sind unabdingbar für eine freie, demokratische Gesellschaft. RHEINPFALZ-Redakteurinnen und -Redakteure wollen mit ihrer Arbeit dazu beitragen, dass Frieden, Freiheit, Demokratie, Menschenrechte, Gerechtigkeit und Allgemeinwohl bewahrt und gestärkt werden. Das ist ein hoher Anspruch. Wer sich aber am Beginn des dritten Jahrzehnts im 21. Jahrhundert in der Welt umschaut, sieht häufiger als etwa noch zur Jahrtausendwende: Wo Meinungs- und Pressefreiheit eingeschränkt werden, da verlieren Demokratien an Liberalität und Humanität. Und wo die Freiheit der Rede und der Presse ganz unterdrückt wird, sind Autokraten und Despoten am Werk.

Presse- und Meinungsfreiheit sind in vielen Ländern eingeschränkt, so auch in Russland. Unser Foto zeigt eine Pressekonferenz von Russlands starkem Mann, Wladimir Putin. Kritische Fragen sind hier unerwünscht und sehr selten.

Freiheit und Demokratie müssen unmittelbar erfahrbar sein, dann sind sie lebendig und werden von der Bürgerschaft verteidigt. Die RHEINPFALZ will, dass die Pfälzerinnen und Pfälzer gut informiert und meinungsfreudig sind. Sie will dazu beitragen, dass wir in unserer Heimat eine offene, menschliche Gesellschaft haben, in der die Bürger gerne leben und sich geborgen fühlen. Das wollten unsere Vorgänger in Verlag und Redaktion gestern, das wollen wir heute und das wird das Ziel unserer Nachfolger in der Zukunft sein.

Unser journalistisches Handwerk

Wer den Beruf des Redakteurs ausübt, braucht das Talent zum Schreiben und Sprechen und muss das journalistische Handwerk beherrschen. Das Handwerk erlernt man in der Ausbildung, und man muss sich immerfort weiterbilden, weil neue Medien und Produkte dazukommen. Für die RHEINPFALZ gelten fünf Qualitätsgebote: Richtigkeit, Bedeutsamkeit, Exklusivität, gutes Handwerk und Attraktivität.

Zur Richtigkeit zählt, dass wir uns der Wirkung unserer Arbeit bewusst sind und keinen falschen Eindruck erwecken, dass wir ein vollständiges Bild des Geschehens vermitteln und uns nicht nur auf eine Quelle stützen, dass wir sorgfältig recherchieren und kritisch prüfen.

Bedeutsamkeit heißt, dass wir diskutieren und entscheiden, welche Themen wichtig sind und sie nach Wichtigkeit ordnen. Regionaler Bezug und Aktualität machen Themen bedeutsamer.

Exklusivität erreichen wir mit eigenen Geschichten und mit mehr Informationen zu einem Sachverhalt, als andere Medien sie bieten.

Gutes Handwerk heißt, wir schreiben verständlich, meiden Fremdwörter, Jargon und Abkürzungen. Wir streben stilistische Vielfalt an und trennen zwischen Nachricht und Meinung.

Attraktivität stellen wir her, wenn unsere Artikel die Leser treffen, fesseln oder anrühren.

Gutes Handwerk war auch immer die verlegerische Anforderung in der 75-jährigen Geschichte der RHEINPFALZ und sie wird es genauso bleiben in der Zukunft unseres Medienhauses. Doch es gibt wiederkehrende und sich wandelnde Sünden und Bedrohungen des Journalismus.

Die richtigen Fragen stellen und zuhören können als wichtiges Handwerkszeug von Journalisten: Unser Foto von 2017 zeigt den Zweibrücker Lokalchef Georg Altherr im Gespräch mit dem Arzt und CDU-Landtagsabgeordneten Christoph Gensch.

Sieben Sünden der Presse

Nicht immer werden Journalisten ihrer Verantwortung gerecht. Deshalb ist ihr Ansehen mal besser und mal schlechter. Das Urteil wechselt in immer kürzeren Abständen, denn der wachsende Konkurrenzdruck zwischen den

Medien begünstigt journalistische Fehlleistungen und im Zeitalter der sozialen Netzwerke wird die öffentliche Debatte immer emotionaler. Für sieben Sünden ist der Journalismus anfällig:

Erste Sünde: Die Unabhängigkeit riskieren

Das höchste Gut der Journalisten ist seine Unabhängigkeit von parteiischer und ökonomischer Einflussnahme. Doch die Verlockungen sind groß: Politiker geben Journalisten, die ihnen gewogen sind, mehr Informationen als anderen, lassen sie näher an sich heran. Behörden, Parteien und Verbände kommen nicht nur ihrer Informationspflicht nach. Sie betreiben auch Informationspolitik – gegenüber Journalisten, manchmal sogar mithilfe der Journalisten. Wirtschaftsunternehmen versuchen auf vielfältige Weise, Journalisten für sich und ihre Produkte einzunehmen.
Die Unabhängigkeit des Journalisten ist nicht erst perdu, wenn er erpressbar oder bestechlich geworden ist. Er muss jeder einseitig interessengeleiteten Einflussnahme auf seine Arbeit widerstehen können.

Wo Meinungs- und Pressefreiheit eingeschränkt werden, da verlieren Demokratien an Liberalität und Humanität, sagt Michael Garthe.

Zweite Sünde: Nachricht und Meinung miteinander vermischen

Wer Nachricht und Meinung nicht erkennbar trennt, sondern miteinander vermischt, der manipuliert und missioniert die Leser. Die Politikwissenschaftlerin Gesine Schwan sagt: „Wer Tatsachen für Meinung ausgibt und umgekehrt und so die Trennungslinie zwischen Tatsachen und Meinungen verwischt, praktiziert bereits eine Form der Lüge."

Dritte Sünde: Kritiklosigkeit

Zu viele Journalisten geben sich mit der Verlautbarung dessen zufrieden, was andere gesagt haben, und damit, einfach nur wiederzugeben, was geschehen ist. Dabei sind doch Skepsis und Kritikfähigkeit als Instrumente der Erkenntnis unersetzlich. Nicht glauben, sondern verstehen, sich nicht täuschen lassen, sondern begreifen, bezweifeln und hinterfragen, das ist das Geschäft des Redakteurs.

Vierte Sünde: Quotenjournalismus

Quotenjournalisten konzentrieren sich in ihrer Berichterstattung nicht auf das, was ist, sondern auf das, von dem sie annehmen, dass es besonders viele Leser findet. Sie verzerren die Wirklichkeit, indem sie weglassen, was die Menschen angeblich nicht interessiert. Die Folge sind oberflächliche Schaufenster-Produkte, die allenfalls unterhalten, aber nichts erklären.

Fünfte Sünde: Sensationsgier

Sensationsjournalismus buhlt marktschreierisch um Kunden. Jeder Skandal, auch wenn er gar keiner ist, jedes Unglück, jeder Tabubruch kommt da gelegen. Nicht erklären und aufklären zu wollen, ist der Antrieb dieses Journalismus, sondern Sensationsgier, sowie das Trachten, jemanden an den Pranger zu stellen und einen Schuldigen zu präsentieren. Leider ist es so, dass jeder Skandal, auch der nur vermeintliche, seine Gläubigen findet, genauso wie der Verkehrsunfall eine Heerschar an Gaffern. In den sozialen Netzwerken ist das tagtäglich zu beobachten.

Muss jede Aussage wiedergegeben werden, nur weil sie provoziert und Quoten verspricht? Der Umgang mit den Twittertiraden Donald Trumps war nicht einfach und wurde in der RHEINPFALZ-Redaktion kontrovers diskutiert.

Sechste Sünde: Fehler

Journalisten machen zu viele Fehler. Angefangen von einfachen Rechtschreibfehlern über falsche Grammatik bis hin zu Recherchefehlern aus mangelnder Sorgfalt oder wegen zu großen Zeitdrucks.

Siebte Sünde: Rechtsverstöße

Die Pressefreiheit findet ihre Grenzen in anderen Rechten, etwa dem auf Schutz der Persönlichkeit, des Eigentums oder dem Jugendschutzgesetz. Die Bereitschaft, diese Rechte bewusst zu verletzen, sei es durch Schmähtexte, Paparazzi-Fotos oder durch Hausfriedensbruch, schadet der Glaubwürdigkeit der Presse schwer.

Sieben Bedrohungen der Presse

Erste Bedrohung: Zensur
Wenn Politiker, Funktionäre oder Manager selbst bestimmen wollen, wer über sie berichtet und wem sie Auskunft geben, oder wenn Behördenleiter sich weigern, ihrer Informationspflicht nachzukommen, ist das versuchte Zensur. Nichts anderes ist es, wenn Sicherheitsbehörden etwas geheim halten, obwohl es daran ein klares öffentliches Interesse gibt, oder wenn Agenturen von Künstlern die Fotografen von Veranstaltungen ausschließen und selbst bestimmen wollen, welche Fotos veröffentlicht werden.

Zweite Bedrohung: Der Informationsschutz wird missachtet
Es gibt einen rechtlich abgesicherten Informationsschutz für Journalisten und für deren Informanten. Wenn Redaktionsräume ohne richterlichen Beschluss durchsucht werden, Recherchematerial beschlagnahmt wird, Journalisten gar in Untersuchungshaft genommen werden, gerät die Pressefreiheit in Gefahr. Dies gilt nicht weniger, wenn Journalisten in ihrer Arbeit behindert werden oder wenn gar Gewalt gegen sie angewendet wird.

Der Journalist als Hassobjekt: Spätestens seit Beginn der Pegida-Demonstrationen 2014 wird der Presse pauschal unterstellt, sie lüge und manipuliere – weil Informationen, die nicht ins eigene Weltbild passen, nur falsch sein können.

Dritte Bedrohung: Ökonomische Abhängigkeit
Medienhäuser, deren Existenz von wenigen Anzeigenkunden abhängig ist oder die im Besitz von Konzernen aus anderen Branchen sind, können für Gefälligkeitsjournalismus und einseitige Werbung anfällig werden.

Vierte Bedrohung: Verlegerische Einseitigkeit
Verleger, die ihre Redaktionen zwingen, einseitige oder parteiische Positionen zu vertreten, gefährden deren Unabhängigkeit und Glaubwürdigkeit. Das schadet letztlich auch dem ökonomischen Interesse des Verlages.

Fünfte Bedrohung: Die Entwertung des Urheberrechts
Das Internet ist groß geworden mit dem schier unendlichen Kopieren und kostenlosen Verbreiten von Originaltexten und -bildern. Wenn geistiges Eigentum nicht

mehr geschützt ist und Urheber kein Einkommen mehr mit ihren Texten oder Fotos erzielen, hat der Beruf des Journalisten keine Überlebenschance. Uniformität der Information ist eine der Folgen.

Sechste Bedrohung: Der Bildungsverlust
Ein Rückgang der Allgemeinbildung hat zur Folge, dass weniger gelesen wird. Je weniger gebildet ein Volk ist, umso geringer sein Bedürfnis nach Information, Erklärung und Meinung.

Siebte Bedrohung: Der Egoismus der Leser
Je individueller die Erwartungen der Leser an die Presse sind, desto schwerer hat sie es, als Überblicksmedium ihren Lesermarkt zu halten. Je mehr Redaktionen auf die Einzelinteressen von Lesern eingehen, umso uninteressanter wird die Zeitung – in Print und digital – für die Allgemeinheit.

Was bleibt und was bleiben muss, damit das Medienhaus RHEINPFALZ auch nach 75 Jahren seiner Existenz eine gute Zukunft hat: das publizistische Selbstverständnis bewahren, das journalistische Handwerk beherrschen, die Sünden des Journalismus vermeiden und den Bedrohungen des Journalismus widerstehen. Wenn das gelingt, wird man sehen: Die Zukunft der Zeitung ist digital, aber die gedruckte Zeitung wird viel länger quicklebendig bleiben, als heute viele denken.

Freiheit und Demokratie erfahrbar machen: Vor der Europawahl 2014 versammelten sich RHEINPFALZ-Mitarbeiter zu einem gemeinsamen Foto, mit dem sie die Leser zum Wählen aufforderten.

Chronologie: Die Geschichte der RHEINPFALZ seit 1945

Wilde Zeiten (1945 bis 1947)

1945
8./9. Mai: In Deutschland und Europa ist der Zweite Weltkrieg zu Ende.
10. September 1945: Josef Schaub erhält von der französischen Besatzungsmacht den Auftrag, einen Verlag zu gründen; er hatte schon seit Ende August ein „Bulletin d'Information du Gouvernement Militaire de Hesse-Palatinat" herausgegeben.
21. September: Im Beisein eines Vertreters der Besatzungsmacht findet sich das Redaktionskollegium zu seiner Gründungssitzung zusammen.

29. September: Die RHEINPFALZ erscheint ab jetzt zweimal wöchentlich für die Landkreise Bad Bergzabern, Frankenthal, Kirchheim-Bolanden, Landau, Ludwigshafen, Neustadt und Speyer. Führende Köpfe sind Josef Schaub (Verlag), Arthur Lenk (Finanzen), Hans Wipprecht (Technik), Michael Nagel (Rotation) und Franz Xaver Resch (Setzerei). Chefredakteur wird Edmund Kroneberger. Sitz des Verlages ist bis Oktober 1951 Neustadt, danach Ludwigshafen, gedruckt wird anfangs in Lambrecht. Startauflage: 52.000 Exemplare.
16. Oktober: Verleger Heinz Rohr startet in Kaiserslautern mit der „Pfälzischen Volkszeitung", Auflage 40.000 Exemplare.

1946
März: Ernst Johann wird neuer Chefredakteur.
Eigene Seiten für Sport, Radio und „Fragen der Zeit" erscheinen.

1947
Neustrukturierung der Presse in der französischen Zone: Die „Pfälzische Volkszeitung" in Kaiserslautern stellt wegen Entzug des Papierkontingents durch die Franzosen ihr Erscheinen ein.
20. Mai: Die RHEINPFALZ gibt es nun in der gesamten Pfalz; sie trägt jetzt die Zeile „Unabhängige, überparteiliche Zeitung" im Titel.
31. Mai: Anlässlich des Abschieds von Presseoffizier Capitaine Camille Flunkert erarbeitet die Redaktion einen Sonderdruck „Flunkereien".
Nach der ersten Landtagswahl in Rheinland-Pfalz richtet die RHEINPFALZ anfangs in Koblenz und dann in Mainz eine Landesredaktion ein.
Oktober: Die Auflage liegt bei 220.000 Exemplaren.
18. Dezember 1947: Die „Rheinpfalz-Verlags- und Druckerei-GmbH" mit Sitz in Neustadt, Kellereistraße 12-16, wird gegründet, veröffentlicht am 30. April 1948 in den Amtlichen Mitteilungen der Provinzialregierung Pfalz.

Aufstieg zur Zeitung für die Pfalz (1948 bis 1964)

1948
20. Juni: Nach der Währungsreform in den drei Westzonen haben die Deutschen dort wieder eine stabile Währung, die D-Mark.
28. Juni: Neuer Chefredakteur wird Kunz von Kaufungen – auf Veranlassung der französischen Besatzungsmacht.
28. Juli: Zur Explosionskatastrophe in der BASF in Ludwigshafen gibt es eine Sonderausgabe mit einer Auflage von 75.000 Exemplaren.
29. Juli: Die RHEINPFALZ erscheint dreimal die Woche mit zwölf Lokalausgaben, anfangs mit vier, später mit sechs Seiten Umfang.
9. August: Der Verlag gibt eine montags erscheinende Sportzeitung heraus, die ab 1951 „ASZ-Sportblatt" heißt.
18. Dezember: Die RHEINPFALZ startet einen vergeblichen Versuch der bundesweiten Verbreitung. Die Werbeaktion beginnt in München.
Die RHEINPFALZ baut ein Korrespondenten-Netz auf: Journalisten berichten jetzt aus Mainz, Paris und München.

1949
16. Mai: In der französischen Zone wird der Papiermarkt freigegeben.
24. Mai 1949: Die Bundesrepublik wird gegründet.
25. Mai: Erstmals erscheint die Wochenendbeilage „Pälzer Feierowend", eine „kleine Hauspostille für besinnliche und heitere Stunden".
1. November: Die „Pfälzische Volkszeitung" in Kaiserslautern erscheint wieder, von 1952 an erhält sie ihren Mantel vom „Vorderpfälzer Tageblatt", Landau.
1. Oktober: Die RHEINPFALZ gibt es nun an jedem Werktag.
1. Oktober: In Landau erscheint das „Vorderpfälzer Tageblatt" (Startauflage 4000 Exemplare), von Mai 1954 an „Pfälzer Tageblatt".
17. November: „Ludwigshafener Neuer Lokalanzeiger – Pfälzer Abendzeitung" heißt die Abwehrmaßnahme des Verlags gegen die Konkurrenzzeitung „General-Anzeiger", die im Waldkirch-Verlag am 1. Dezember erstmals erscheint.
Ende des Jahres: Die RHEINPFALZ hat inzwischen 13 Lokalausgaben.

1950
Die RHEINPFALZ verlegt ihren Druckort von Lambrecht nach Ludwigshafen und Kaiserslautern, am 1. Januar wird erstmals in Ludwigshafen und am 21. Juli erstmals in Kaiserslautern gedruckt.
25. Februar: Die „Pfälzer Abendzeitung", die später in „5-Uhr-Blatt" umbenannt werden soll, erscheint nun pfalzweit.
1. Juni: Der „General-Anzeiger" in Ludwigshafen geht in den Besitz der RHEINPFALZ über und wird mit dem „Lokalanzeiger" vereinigt.

1951
1. August: Chefredakteur Kunz von Kaufungen scheidet nach heftigem internen Streit aus. Ihm folgt Walter Hück, zuvor Ressortleiter für Innenpolitik. Ihm zur Seite stehen als Stellvertreter Wilhelm Dautermann und Richard Gayring. Letzterer wird bald dar-

auf Leiter des Sportressorts, Dautermann Chefredakteur des „General-Anzeigers", des „5-Uhr-Blatts" und von 1953 an auch der „Pfälzischen Volkszeitung".
4. August: Das neue Pressehaus in der Ludwigshafener Amtsstraße wird seiner Bestimmung übergeben.

1952
Oktober: Erstmals erscheinen die „Pfälzischen Heimatblätter" als vierzehntägige Beilage mit historisch-wissenschaftlichem Inhalt.

1953
1. August: Der RHEINPFALZ-Verlag übernimmt mehrheitlich die „Pfälzische Volkszeitung" in Kaiserslautern
RHEINPFALZ-Landeskorrespondent Paul Kaps wird wegen „Gefährdung der Sicherheit des Saargebietes" aus der von Frankreich verwalteten Region ausgewiesen.

1954
Seit 21. Dezember: erscheint in Kaiserslautern für die in der Pfalz stationierten US-Soldaten eine englischsprachige Ausgabe, der „Rhinepfalz Observer". Sie wird im September 1955 wegen Vertriebsproblemen eingestellt.

1955
Januar: In St. Ingbert, im von Frankreich verwalteten Saargebiet erscheint die „Westpfälzische Rundschau".
Im Februar 1956 folgt im saarpfälzischen Homburg eine weitere Lokalausgabe.

1958
August: Der vierte und letzte Bauabschnitt des Ludwigshafener Pressehauses ist fertig.
Die Hochdruck-Rotationsmaschine kann nun auch verschiedene Farben drucken.
September: Die „Pfälzer Abendzeitung" heißt nun „5-Uhr-Blatt". In boulevardhaftem Stil versucht das Blatt unter der Regie von Chefredakteur Wilhelm Dautermann ‚der neu erscheinenden „Bild-Zeitung" Konkurrenz zu machen.

1959
4. März: Verleger Josef Schaub erhält im Pressehaus in der Ludwigshafener Amtsstraße für seine „Verdienste um Volk und Staat" das Große Bundesverdienstkreuz aus den Händen des rheinland-pfälzischen Ministerpräsidenten Peter Altmeier.

1963
2. März: Der Regierende Bürgermeister von Berlin und spätere Bundeskanzler Willy Brandt ist zu Gast im Ludwigshafener Pressehaus.
Am 29. März folgt Bundestagspräsident Eugen Gerstenmaier.

1964
7. Januar: Josef Schaub feiert seinen 65. Geburtstag. Noch im selben Jahr übergibt der RHEINPFALZ-Gründer die Geschäftsleitung an seinen damals 26-jährigen Sohn Dieter Schaub. Der promovierte Jurist hatte bereits Erfahrungen in verschiedenen Verlagen gesammelt.

Wer nichts wagt, gewinnt auch nichts (1964 bis 1980)

1965
Die RHEINPFALZ erhält eine neue Struktur, die der heutigen schon stark ähnelt. Im ersten Teil (Buch) sind vor allem die Ressorts Politik, Wirtschaft, Kultur und Sport zu finden, im zweiten Buch das Lokale.

1967
Juni: Das „ASZ-Sportblatt" wird eingestellt. Der Titel lebt im Sportteil der Montagsausgabe der RHEINPFALZ weiter.
31. Dezember: Der „Pälzer Feierowend", die Geschichts- und Mundartbeilage der RHEINPFALZ, erscheint zum letzten Mal. Als Tribut an das geänderte Freizeitverhalten liegt nun eine Funk- und Fernsehbeilage bei.

Der „Pälzer Feierowend" hatte eine treue Leserschaft.

1968
Der RHEINPFALZ-Verlag erwirbt zur Hälfte den Verlag des „Pfälzer Tageblatts" in Landau. Eine weiterer RHEINPFALZ-Mann der ersten Stunde übergibt die Geschäfte in jüngere Hände: Volker Lenk wird als Finanzchef Nachfolger seines Vaters Arthur Lenk, der mit 65 Jahren aus dem Verlag ausscheidet.

1969
21. Juli: „Neil Armstrong sprang rückwärts auf den Mond": Anlässlich der ersten Landung von Menschen auf dem Mond gibt es ein RHEINPFALZ-Extrablatt.
30. September: Der Ludwigshafener „General-Anzeiger" erscheint zum letzten Mal.

1970
21. Februar: Die letzte Ausgabe der Boulevardzeitung „5-Uhr-Blatt" erscheint.
29. Juni: Die „Westpfälzische Rundschau", die in den saarpfälzischen Kreisen Homburg und St. Ingbert erscheinende RHEINPFALZ-Ausgabe, stellt ihr Erscheinen ein.

1971
Das erste RHEINPFALZ-eigene Fernsehstudio wird gegründet. Es wird im Ludwigshafener Pressehaus eingerichtet, das Programm wird in einem Fenster des RHEINPFALZ-Gebäudes und in einer nahe gelegenen Gaststätte gezeigt.
10. Februar: Kooperationsverhandlungen zwischen RHEINPFALZ und „Mannheimer Morgen" scheitern.
30. April: Die „Pfälzische Volkszeitung" wird nicht mehr publiziert. Der Titel lebt im Kopf der RHEINPFALZ-Lokalausgabe weiter.
26. Mai: Das „Pfälzer Tageblatt" in Landau

Bis 1970 erschienen Lokalausgaben der RHEINPFALZ auch in den saarpfälzischen Kreisen Homburg und St. Ingbert.

wird komplett erworben und danach eingestellt, auch hier bleibt der Titel im Kopf der RHEINPFALZ-Lokalausgabe erhalten.
31. Mai: Die „Frankenthaler Zeitung" wird eingestellt. Die Abonnenten werden von der RHEINPFALZ übernommen. Die RHEINPFALZ-Lokalausgabe heißt nun „Frankenthaler Zeitung".
Der RHEINPFALZ-Verlag erwirbt 30 Prozent der Stuttgarter Verlags GmbH. 1976 wird der Anteil auf 43,8 Prozent aufgestockt, heute sind es 48,2 Prozent.
Das Rechenzentrum Südwest in Stuttgart wird gegründet, das den beteiligten Verlagen die Informationstechnik zur Verfügung stellt.

1972
In der damaligen Bundeshauptstadt Bonn wird eine Redaktion eingerichtet, der anfangs ein Redakteur angehört. 1973 erhält sie einen zweiten Redakteur.

1973
April: Wegen eines Streiks der IG Druck und Papier erscheint die RHEINPFALZ mit Notausgaben.
Mai: In der Landauer Industriestraße werden drei pfälzische Druckereibetriebe unter einem Dach, der PVA, zusammengeführt: die Ludwigshafener Druck und Transkrit, die Neustadter Pfälzische Verlagsanstalt und die Landauer Pfalzdruck.
September: Eine Bronzetafel am Ludwigshafener Pressehaus erinnert nun an die Ludwigshafener Synagoge, die in der Nacht vom 9. auf den 10. November 1938 zerstört wurde. Sie hatte auf dem der Kaiser-Wilhelm-Straße zugewandten Teil des heutigen RHEINPFALZ-Geländes gestanden.

1974
Auf dem Anzeigenmarkt wächst die Konkurrenz der Anzeigen- und Lokalblätter. Die RHEINPFALZ gründet deswegen die SÜWE Vertriebs- und Dienstleistungs GmbH & Co. KG Mannheim.
25. September: Das Druck- und Verlagshaus Südpfalz in Landau wird auf dem ehemaligen Gelände des 1971 von der RHEINPFALZ übernommenen „Pfälzer Tagblatts" eröffnet. Es beherbergt nun die Lokalredaktion Landau und die Pfälzische Verlagsanstalt (PVA).

1976
24. März: Fritz Schlossareck wird Nachfolger des sich in den Ruhestand verabschiedenden Chefredakteurs Walter Hück.

1977
April: Als erste Tageszeitung in Rheinland-Pfalz setzt die RHEINPFALZ das damals hochmoderne Lichtsatz-Verfahren für die Herstellung ein.

1978
Januar: In Kaiserslautern wird letztmals mit Bleisatz gedruckt.
5. November: Altverleger Josef Schaub, geboren am 7. Januar 1899 in Deidesheim, stirbt knapp 80-jährig in Neustadt.

1980
Januar: Erstmals erscheint eine siebte Ausgabe der RHEINPFALZ. „Sonntag Aktuell" wird in Stuttgart hergestellt und ist eine Gemeinschaftsproduktion verschiedener südwestdeutscher Verlage. Die RHEINPFALZ steuert jeden Sonntag mehrere Regional- und Sportseiten bei.
4. März: Die RHEINPFALZ kauft den Magazin Presse Verlag, München, in dem unter anderem die Zeitschrift „Madame" erscheint.
1. April: Die Lokalausgabe „Mittelhaardter Rundschau" wird in zwei selbstständige Redaktionen aufgesplittet. Für Neustadt und Haßloch erscheint der Lokalteil weiter unter dem gewohnten Namen, in Bad Dürkheim nun als „Bad Dürkheimer Rundschau".
Juni: Das Verbreitungsgebiet wird in fünf Verlagsbezirke aufgeteilt, die jeweils von einem Bezirksverlagsleiter und einem Bezirksredakteur geleitet werden.
10. Juni: Letztmals läuft die Rotation im Pressehaus in der Ludwigshafener Amtsstraße und in Kaiserslautern. Ab dem Folgetag wird die Zeitung komplett im neuen Druckzentrum in Ludwigshafen-Oggersheim hergestellt.

Erfolg und Scheitern ganz nah beieinander (1980 bis 1993)

1981
April: Die Pfälzische Verlagsanstalt in Landau erwirbt eine zehnprozentige (später 20-prozentige) Beteiligung am Verlag Bibliographisches Institut Mannheim, der unter anderem den Duden herausgibt und seit 1984 auch das Brockhaus-Lexikon. 2009 werden die Anteile an den Cornelsen-Verlag verkauft.

1982
1. April: Die Erste Private Fernsehgesellschaft (EPF) wird gegründet. Sie soll im Rahmen des geplanten Kabelpilotprojekts regionales Fernsehen anbieten.

1984
1. Januar: „Medienpolitischer Urknall": Die RHEINPFALZ-Tochter EPF bietet im Kabelpilotprojekt regionales Fernsehen an.
31. August: Die Pfälzische Verlagsanstalt erwirbt den Benziger-Verlag Einsiedeln/Zürich.

1985
EPF-Geschäftsführer Lothar Jettenberger stirbt im Alter von nur 49 Jahren. Sein Nachfolger wird Hans Otto Balmes.

1986
Der RHEINPFALZ-Verlag erwirbt die Westermann-Gruppe, zu der auch der gleichnamige Schulbuchverlag sowie der Arena-Kinderbuchverlag gehören, und saniert sie.
4. April: Verlagsleiter Ernst Feuser geht in den Ruhestand.

1. Mai: Der private Regionalrundfunk beginnt mit seinen Sendungen aus Ludwigshafen im Rahmen des landesweiten RPR-Programms. Der Verlag ist mit 20 Prozent am Privatsender RPR beteiligt.

1987

1. Januar: Die Unternehmensgruppe erhält eine neue Struktur: Der RHEINPFALZ-Verlag wird zur Holding „Medien Union GmbH Ludwigshafen". Neu gegründet wird die „Rheinpfalz Verlag und Druckerei GmbH & Co. KG".
Seit Jahresbeginn ist der bisherige Organisations- und Personalchef Rainer Bilz neuer Verlagsleiter.
31. Dezember: Die Erste Private Fernsehgesellschaft (EPF) stellt ihre Produktion ein.

1988

Dezember: Die Medien Union beteiligt sich mit 45 Prozent bei Radio T.O.N. (Tauber, Odenwald, Neckar) in Bad Mergentheim.

1989

Die RHEINPFALZ beteiligt sich am Projekt „Zeitung in der Schule", das jungen Lesern ab der 5. Klasse das Medium Tageszeitung näherbringen soll.

1990

2. Oktober: Einen Tag vor der deutschen Wiedervereinigung übernimmt die Medien Union zu 100 Prozent die Tageszeitung „Freie Presse" in Chemnitz. Mit einer Auflage von 600.000 Exemplaren ist diese die größte Regionalzeitung in den neuen Bundesländern. Die RHEINPFALZ-Auflage liegt zu dieser Zeit bei rund 250.000.

1991

1. Juni: Die Medien Union übernimmt die Fix GmbH in Landau, die vor allem Formulare und Lottoscheine druckt.

1992

März: Ein neues Layout für die RHEINPFALZ: Auch der Zeitungskopf auf der Titelseite und der ersten Seite des Lokalteils ändert sich. Zudem hat eine Zeitungsseite jetzt sechs Spalten statt fünf.
Der Schweizer Benziger Verlag wird verkauft.
17. Dezember: Die Medien Union beteiligt sich mit 51 Prozent bei Star*Sat Radio (Daun), das über Satellit Hits fast ohne Moderation ausstrahlt.

1993

Januar: Die Zeitungsherstellung wird auf ein internes System vernetzter Personalcomputer umgestellt.
Kinderseiten-Maskottchen Nils Nager kommt zur Welt, gezeichnet von dem Pfälzer Cartoonisten Steffen Butz.
31. Dezember: Generationswechsel an der Spitze: Verleger Dieter Schaub (56) übergibt die Verlagsleitung seinem 31-jährigen Sohn Thomas Schaub. Der 34-jährige Michael Garthe folgt als Chefredakteur auf Fritz Schlossareck (64), der in Ruhestand geht.

Aufbruch ins digitale Zeitalter (1994 bis heute)

1994
September: Die Medien Union beteiligt sich mit 9,7 Prozent am Mannheimer Regionalrundfunksender Radio Regenbogen.
Oktober: Die Medien Union steigt bei weiteren Radiosendern ein, unter anderem bei Radio RNO (Rhein-Neckar, Odenwald) in Schwetzingen.

1995
21. März: Die Medien Union beteiligt sich mit elf Prozent an dem Radiosender Landeswelle Thüringen.
2. September: Die RHEINPFALZ erscheint in neuem Layout. Als erste deutsche Tageszeitung kann sie auf allen ihren Seiten Vierfarbdruck einsetzen.

1997
Januar: Wie gut kommen die Zeitungsinhalte bei den Lesern an? – Die Redaktion unternimmt mit „Opus" ihre erste professionelle Leserbefragung.
Februar: Die RHEINPFALZ wird digital. Mit RON startet der Verlag seinen ersten Internetauftritt. Nach einer Klage des Senders Sat1 wegen der vermeintlichen Verwechselbarkeit mit dem Sportmagazin „Ran" muss der Name geändert werden. Seit 1998 heißt die Seite „rheinpfalz.de".
17. April: Das Freizeitmagazin LEO geht an den Start. Es erscheint immer donnerstags und bietet Freizeittipps und eine Vorschau auf das Fernsehprogramm der darauffolgenden Woche..
17. September: Die erste Jugendseite erscheint, kurze Zeit später erhält sie den Namen „XXPress".

1999
Mit dem Projekt „Zeitung in der Grundschule" will die RHEINPFALZ nun auch den Jüngsten unter den Schülern Lust aufs Zeitunglesen machen.
1. Juni: Das digitale Textarchiv wird eingeführt.
1. Juli: Stephan Eckel wird Leiter der Abteilung Technik.
Oktober: Die RHEINPFALZ investiert in eine neue, moderne Versandanlage in der Druckerei in Oggersheim, die Arbeiten sind im Oktober 2001 abgeschlossen.
15. November 1999: Das RHEINPFALZ-Buch „Die Pfalz im 20. Jahrhundert" wird auf dem Hambacher Schloss vorgestellt, Festredner ist der Altbundeskanzler Helmut Kohl.

2000
April: Die Lesermarktforschung „Print Control" beginnt.
1. August: Bei der RHEINPFALZ wird eine zentrale Bildbearbeitung eingeführt (DPP – Digitale Pre Press).

2002
Die Medien Union kauft sich über ihre knapp 44-prozentige Beteiligung an der Südwestdeutschen Medienholding („Stuttgarter Zeitung" und „Stuttgarter Nachrichten" und andere) als sechster Gesellschafter mit 18,75 Prozent beim sanierungsbedürftigen Süddeutschen Verlag („Süddeutsche Zeitung") ein.

2001
Oktober: Die Wochenendbeilage der RHEINPFALZ wird komplett überarbeitet.

2002
Die Medien Union erwirbt die Schulbuchverlage Schroedel und Diesterweg, die mit dem Westermann-Verlag zu einer der größten Schulbuchgruppen in Deutschland zusammengeführt werden.
8. Juli: Ein digitales Zeitungsarchiv für Beiträge ab dem 1.1.2002 ist jetzt bei „rheinpfalz.de" verfügbar.

2003
1. Juli: Die RHEINPFALZ-Card wird eingeführt. Diese bietet unter anderem Einkaufsvorteile und Rabatte bei Anzeigen, berechtigt zur Teilnahme an exklusiven Veranstaltungen und am Ticket-Service.

2004
April: Andreas Bahner wird Nachfolger des Stellvertretenden Chefredakteurs Günter Krall, der in Ruhestand geht.
Das RHEINPFALZ-Buch „Der Mythos von Bern und seine Pfälzer Fußballweltmeister" kommt auf den Markt.

2005
Herbst: Mit „Das Kriegsende in der Pfalz" erscheint ein weiteres RHEINPFALZ-Buch zu einem geschichtlichen Thema. Leser berichten darin, wie sie das Ende des Zweiten Weltkrieges in der Pfalz erlebt haben.

2006
Die RHEINPFALZ übernimmt den Delta Medien Verlag, der das in der Rhein-Neckar-

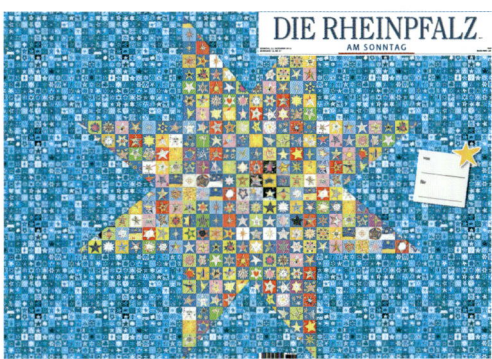

Weihnachten 2019 erschien die RHEINPFALZ am SONNTAG im Geschenkpapier-Outfit.

Region erscheinende Stadtmagazin „Meier" herausgibt.
Herbst: Das Projekt „ZeiLe" („Zeitung lesen macht Azubis fit") geht an den Start. Erstes Partner-Unternehmen ist die Wasgau AG.

2007
7. Januar: Die RHEINPFALZ am SONNTAG löst die hauptsächlich in Stuttgart produzierte „Sonntag aktuell" ab, die 27 Jahre lang den RHEINPFALZ-Abonnenten in der Pfalz zugestellt wurde. Nun besitzt die Pfalz eine eigene Sonntagszeitung. Deren Redaktion arbeitet von Landau aus, Leiterin ist Kerstin Witte-Petit.
1. Oktober: Die Internetseite der RHEINPFALZ wird neu gestaltet.
9. Oktober: Der „Pfälzer Räumungsmarkt" wird zum eigenen Druckprodukt.

2008
1. Januar: Clemens Schmidt löst Hans A. Brückner als Vertriebsleiter ab.
Ende Februar stockt die Südwestdeutsche Medienholding, an der die Medien Union beteiligt ist, ihren Anteil am Süddeutschen

Verlag (SV) von 18,75 auf 81,25 Prozent auf.
April: Die RHEINPFALZ-Tochter VTS Veranstaltung und Ticket-Service GmbH wird gegründet.
4. Oktober: Die RHEINPFALZ verändert erneut ihr Gesicht. Sie bekommt eine andere Grundschrift.

2011

Die Immobilen-Beilage erscheint mit neuem Gesicht und in Tabloid-Format (halb so groß wie das übliche RHEINPFALZ-Format).
1. Juli: Kusel ist als erste Lokalausgabe in Facebook präsent.

2012

31. August: Der Immobilienmarkt geht online unter „rheinpfalz.de/immo".
Der Zeitungsbiber hat nun seinen eigenen Club mit Zeitschrift: Der Nils-Nager-Club startet für Kinder bis 13 Jahre.
Dezember: Das Stadtmagazin „meier" wird eingestellt.

2014

1. April: Holger Martens wird Nachfolger von Geschäftsführer Rainer Bilz.
1. Oktober: Die Inhalte der RHEINPFALZ sind nun auch über eine App verfügbar.

2016

1. September: Der Pfalz-Ticker der RHEINPFALZ informiert aktuell über die wichtigsten Geschehnisse in der Pfalz, Deutschland und der Welt.

2017

1. Januar: Uwe Renners wird Stellvertretender Chefredakteur Digitales.

2018

24. Mai: In der Redaktion wird ein Steuerungsdesk eingerichtet, der die redaktionellen Inhalte für Print und Online koordiniert.
In der Vorabendausgabe können RHEINPFALZ-Leser in der App schon am Abend zuvor lesen, was am nächsten Tag in der Zeitung stehen wird. Die Website wird überarbeitet und die Menüführung vereinfacht.

2019

Digitale Newsletter informieren über Neuigkeiten zum Thema Bahn (seit 16. Januar) und 1. FC Kaiserslautern (seit 31. Januar).
Februar bis Mai: Mittels der Erhebung „Lesewert" will die RHEINPFALZ genauer wissen, welche Themen ihre Leser interessieren. Das Projekt wird im Frühjahr 2020 fortgesetzt.

2020

März – Juli: Während der Corona-Pandemie werden auch in der RHEINPFALZ die Arbeitsabläufe angepasst. Der größte Teil der Mitarbeiter arbeitet von zuhause aus. Auch die Inhalte verändern sich, da vor allem in Kultur und Sport vorübergehend kaum Veranstaltungen mehr stattfinden.
Ende März: Die neue Website der RHEINPFALZ geht an den Start.
29. September: Die RHEINPFALZ feiert ihr 75-jähriges Bestehen mit einer Sonderbeilage für die Leser. Das geplante Fest im Druckzentrum Oggersheim muss wegen Covid-19 ausfallen.

Autorinnen und Autoren

Georg Altherr, geboren 1964 und aufgewachsen in Breitenbach, studierte an der Universität Mainz Publizistik, Anglistik und Germanistik. Seit 1990 bei der RHEINPFALZ, seit 1998 Leiter der Lokalredaktion Zweibrücken.

Andreas Bahner, geboren 1960 in Elkhorn (USA), Wirtschaftswissenschaftler, seit 1988 bei der RHEINPFALZ, seit 2004 stellvertretender Chefredakteur.

Wolfgang Blatz, geboren 1959 in Stuttgart, Ausbildung zum Industriekaufmann, dann Studium Amerikanistik/Anglistik und Germanistik in Stuttgart und Toronto, bei der RHEINPFALZ seit Juli 1991, seit 1994 in der Politikredaktion.

Dr. Thomas Behnke, stellvertretender Redaktionsleiter in der Redaktion Donnersberg, geboren 1959 in Zweibrücken, aufgewachsen in der Nordpfalz. Studierte Germanistik, Pädagogik und Philosophie in Mainz, seit 1991 bei der RHEINPFALZ.

Herbert Dähling, Jahrgang 1929, kam 1971 vom „Pfälzer Tageblatt" zur RHEINPFALZ in die Lokalredaktion Landau, die er bis zu seiner Pensionierung 1994 leitete.

Jürgen Eustachi, geboren 1955 in Hockenheim, Studium der Volkswirtschaftslehre an der Universität Mannheim, seit Januar 1981 bei der RHEINPFALZ, nach 33 Jahren Leitung des Wirtschaftsressorts seit April 2020 in der passiven Phase der Altersteilzeit.

Winfried Folz, 1962 in Speyer geboren, studierte Geschichte, Deutsch und Volkskunde. Er ist seit 1993 Redakteur der RHEINPFALZ und seit 2007 einer ihrer Hauptstadtkorrespondenten in Berlin.

Michael Garthe, geboren 1958 in Speyer. Studium der Politikwissenschaft, Publizistik, Ethnologie und Amerikanistik an der Johannes-Gutenberg-Universität Mainz, sieben Jahre lang wissenschaftlicher Mitarbeiter am Institut für Politikwissenschaft der Universität Mainz, seit 1987 bei der RHEINPFALZ unter anderem als Korrespondent in Bonn, seit 1994 Chefredakteur.

Dr. Dagmar Gilcher, geboren 1960 in Kaiserslautern, Studium der Musikwissenschaft, Germanistik, Romanistik und anschließend Kunstgeschichte in Saarbrücken, Mainz und Paris; Dramaturgin und Regieassistentin am Pfalztheater Kaiserslautern, danach Volontariat bei der RHEINPFALZ, seit 1993 dort Redakteurin im Ressort Kultur und Gesellschaft, seit 2008 verantwortlich für die Pfalz- und Frankreich-Seiten der Wochenendbeilage.

Michael Gottschalk, geboren 1967, Studium der Germanistik und Geschichte in Mannheim, kam 1998 zur RHEINPFALZ, seit 1999 Lokalredakteur in Germersheim.

Horst Konzok, Jahrgang 1956, nach Volontariat 1977 Redakteursstellen in Pirmasens und Ludwigshafen, Chef der Lokalredaktion Kirchheimbolanden; von 1994 bis 2020 Leiter des Sportressorts, seit April 2020 in der passiven Phase der Altersteilzeit.

Wolfgang Kreilinger, geboren 1964 in Kaiserslautern, Studium der Volkswirtschaftslehre in Mainz und Mannheim, seit 1993 bei der RHEINPFALZ, Redakteur in den Lokalredaktionen Kaiserslautern, Zweibrücken, Pirmasens, Neustadt und Kusel.

Klaus D. Kullmann, geboren 1956 in Ludwigshafen, Studium der Fächer Germanistik, Geschichte, Buchdruck und Schriftwesen in Mainz, seit 1986 bei der RHEINPFALZ, Sportredakteur seit 1991.

Peter Leister, geboren 1959 in Mannheim, nach dem Abitur Studium Neuere deutsche Literaturgeschichte, Linguistik und Kommunikationswissenschaft, 1984 Volontariat bei der RHEINPFALZ, danach Lokalredakteur in verschiedenen Redaktionen, seit 2000 Chef vom Dienst.

Andreas Lang, geboren 1969 in Ludwigshafen, freier Mitarbeiter der RHEINPFALZ seit 1988, Volontariat 1997, anschließend Redakteur in verschiedenen Lokalredaktionen, freigestellter Betriebsratsvorsitzender seit März 2010.

Holger Martens, Diplom-Wirtschaftsingenieur, geboren 1963, stammt aus Hamburg; er hatte Führungsaufgaben bei der Axel Springer AG und war Geschäftsführer der „Magdeburger Volksstimme", bevor er 2014 als Geschäftsführer zur RHEINPFALZ kam.

Ulrike Minor, geboren 1963 in Ludwigshafen, Studium Anglistik/Amerikanistik und Politische Wissenschaften, Volontariat bei der RHEINPFALZ 1988/89, Redakteurin in der Lokalredaktion Ludwigshafen (Mannheim und Stadtredaktion) und während mehrjähriger Familienpause freie Journalistin. Seit 2013 in der Rhein-Pfalz-Kreis-Redaktion der Lokalredaktion Ludwigshafen.

Jürgen Müller, geboren 1958 in Ludwigshafen, Studium der Volkswirtschaftslehre in Mannheim, Volontariat und erste Redakteursstelle in der Lokalredaktion Germersheim von 1978 bis 1981, während des Studiums von 1981 bis 1987 freier Mitarbeiter, unter anderem bei „Sonntag Aktuell"; 1987 bis 2003 Chefreporter, seither stellvertretender Leiter des Ressorts Südwestdeutsche Zeitung.

Wolfgang Pfeiffer, geboren 1963 in Kaiserslautern, Studium der politischen Wissenschaften, Betriebswirtschaftslehre und Kommunikationswissenschaft, kam 1994 von der „Rhein-Neckar-Zeitung" zur RHEINPFALZ, nach Stationen in Zweibrücken und Pirmasens seit 2008 Redaktionsleiter in Kusel.

Julia Plantz, geboren 1985 in Bad Dürkheim, Studium der Germanistik und Geschichte in Mannheim, nach dem Volontariat ein Jahr im Büro Chef vom Dienst der RHEINPFALZ, seither Redakteurin in der Lokalredaktion Bad Dürkheim.

Hans-Joachim Redzimski, geboren 1958, kam 1980 vom „Wiesbadener Kurier" zur RHEINPFALZ, arbeitete in den Lokalredaktionen Kusel und Zweibrücken, im Chef-vom-Dienst-Büro in Ludwigshafen und als Volontärsausbilder, seit 1993 Leiter der Lokalredaktion Kaiserslautern.

Uwe Renners, am 20. April 1971 in Gescher im Münsterland geboren. Seit 2017 bei der RHEINPFALZ als stellvertretender Chefredakteur Digitales, davor Onlinechef beim „Nordbayerischen Kurier" und 16 Jahre Redakteur bei den „Westfälischen Nachrichten" in Münster; Dozent bei der Akademie der bayerischen Presse in München und der Akademie für Publizistik in Hamburg.

Hartmut Rodenwoldt, geboren 1958 in Swakopmund (Namibia); Bachelor of Arts, Political Philosophy an der University of Stellenbosch (Südafrika), 1990 bis 1993 Afrika-Korrespondent, danach Redaktion Politik, seit 2004 Korrespondent im Berliner Büro.

Martina Röbel, geboren 1957 in Neustadt an der Weinstraße, seit 1976 Mitglied der RHEINPFALZ-Redaktion; zunächst als Redakteurin in den Lokalredaktionen Speyer und Ludwigshafen, seit 1994 im Ressort Südwest.

Peter Rojan, 1956 in St. Ingbert geboren, Magisterstudium in Politikwissenschaft, Soziologie und öffentlichem Recht in Mainz, seit 1985 bei der RHEINPFALZ, derzeit Leiter der Lokalredaktion Pirmasens.

Michael Schmid, Jahrgang 1967, hat 1989 als freier Mitarbeiter seinen ersten Artikel für die „Ludwigshafener Rundschau" geschrieben. Seit 2003 ist er stellvertretender Leiter der Lokalredaktion Ludwigshafen.

Jörg Schmihing, 1974 in Mannheim geboren, aufgewachsen in Ludwigshafen, von 1994 an freier Mitarbeiter, 2001 Start ins Volontariat, seit 2015 Lokalchef in Frankenthal, davor Politikredaktion und Lokalchef in Neustadt/Weinstraße.

Ursula Schramm, Jahrgang 1945, arbeitete von 1965 bis 2006 für die RHEINPFALZ, davon 17 Jahre als Redakteurin – fünf in der Zentralredaktion und zwölf in der Lokalredaktion Grünstadt.

Patrick Seiler, 1977 in Neustadt geboren, Studium der Politikwissenschaft, Medienwissenschaft und BWL, seit 2002 bei der RHEINPFALZ, seit 2011 stellvertretender Leiter der Lokalredaktion Speyer

Peter Spengler, 1954 in Neustadt geboren, Studium der Publizistik in Mainz, seit 1977 bei der RHEINPFALZ, zuerst in Kusel, danach – von 1980 bis 1996 – in der neu gegründeten Lokalredaktion Bad Dürkheim; nach einem Abstecher in die Lokalredaktion Frankenthal Rückkehr nach Bad Dürkheim als Redaktionsleiter. Seit 2019 im Ruhestand.

Annette Weber, geboren 1963 in Ludwigshafen, Studium Französisch als Fremdsprache an der Universität Lille sowie Politische Wissenschaft und Geschichte in Mannheim, kam 1991 von der „Ludwigsburger Kreiszeitung" zur RHEINPFALZ in die Lokalredaktion Frankenthal, Ressortleiterin Kultur und Gesellschaft bis 2002, danach im Ressort Politik und Zeitgeschehen.

Kerstin Witte-Petit, geboren 1959 in Annweiler am Trifels, studierte Kommunikationswissenschaft, Politikwissenschaft und Öffentliches Recht in München, bei der RHEINPFALZ als Politik- und Wirtschaftsredakteurin, Leiterin der Landauer Lokalredaktion und des Ressorts Kultur und Gesellschaft tätig, seit Gründung der RHEINPFALZ am SONNTAG deren Leiterin.

Erinnerungen von Kollegen:

Hannes Barth, geboren 1935, studierte Geschichte, Völkerrecht und politische Wissenschaft und kam 1963 zur RHEINPFALZ. Seit 1964 Mitglied des Politikressorts wurde er 1986 dessen stellvertretender Leiter. Im Jahr 2000 ging Barth in Pension, er starb 2009.

Heinrich Breyer, Sportredakteur derRHEINPFALZ von 1952 bis 1991, 2018 gestorben.

Günther Dörr, Jahrgang 1926, von 1963 bis 1991 bei der RHEINPFALZ. Dörr begann seine Laufbahn in den Redaktionen St. Ingbert und war der letzte Umbruchredakteur der Zeitung. Er starb 2009.

Michael Grohmann, Jahrgang 1949, von 1972 bis 2012 bei der RHEINPFALZ, die meiste Zeit der fast 40 Jahre in der Lokalredaktion Speyer.

Ulla Hofmann, Jahrgang 1931, von 1950 bis 1964 in der Redaktion der RHEINPFALZ tätig, später Wirtschaftskorrespondentin der „Frankfurter Allgemeinen Zeitung" für die Pfalz und den Rhein-Neckar-Raum.

Paul Kaps, geboren 1925 in Harzgerode (Thüringen), US-Kriegsgefangener in Lagern in Bad Kreuznach und Bretzenheim, nach dem Krieg Volontariat bei der „Pfälzischen Volkszeitung" in Kaiserslautern, 1947 Wechsel zur RHEINPFALZ, Redakteur unter anderem in Pirmasens (Leitung), im Saargebiet und beim „Rhinepfalz Observer"; stellvertretender Chefredakteur bis zum Eintritt in den Ruhestand 1985; 1995 gestorben.

Hubertus Kranczoch, geboren 1946, kam 1969 zur RHEINPFALZ. Nach Stationen in den Redaktionen Speyer, Haßloch, Ludwigshafen und Neustadt von 1987 bis 2009 in Speyer, davon sieben Jahre als Lokalchef. Heute im Ruhestand.

Monika Lauer, von 1974 bis 2013 bei der RHEINPFALZ, viele Jahre zuständig für die Lokalredaktion Bad-Bergzabern, zuletzt im Politikressort tätig, gestorben 2017.

Rainer Peter, Banater Schwabe, 1982 aus Rumänien nach Deutschland gekommen, von 1984 bis 1987 beim Ersten Privaten Fernsehen (EPF), danach in Lokalredaktionen der RHEINPFALZ und bis zu seiner Pensionierung 2013 im Ressort Politik und Zeitgeschehen.

Hans-Jürgen Reinhard, Jahrgang 1954, bei der RHEINPFALZ seit 1985, zuerst im Ressort Zeitgeschehen und Fernsehen, von 1997 bis zu seiner Pensionierung 2019 Leiter des Ressorts Politik und Zeitgeschehen.

Egon W. Scherer, geboren 1930, begann seine Journalistenlaufbahn 1951 bei der

„Westfalenpost". Seit 1967 bei der RHEINPFALZ, einige Monate beim „General-Anzeiger", Mitglied der Politikredaktion von 1969 an, bis zu seiner Pensionierung 1995 Leiter des Redaktionsarchivs.

Christian Schweppenhäuser, Jahrgang 1933, von 1956 bis 1997 bei der RHEINPFALZ, 30 Jahre als Redaktionsleiter in Zweibrücken, 2011 gestorben.

Gerhard Specht, Jahrgang 1943, Redakteur in Kusel und Redaktionsleiter in Pirmasens, dann Redaktionsleiter bei Radio RPR in Ludwigshafen.

Klaus Stemler, geboren 1952, Studium der Anglistik, Amerikanistik und Sozialwissenschaften; kam 1978 zur RHEINPFALZ. Nach Redakteursstellen in Kusel und Ludwigshafen von 1985 bis 2017 Leiter der Lokalredaktion Grünstadt.

Barbara Teschendorf, 1952 in Berlin geboren, von 1983 bis zu Beginn ihres Ruhestands 2014 Sekretärin in der Chefredaktion.

Doris Trauth-Marx, geboren 1943, volontierte bei „Pfälzischer Volkszeitung" und „General-Anzeiger", nach Einstellung des „5-Uhr-Blatts" wechselte sie zur RHEINPFALZ, wo sie seit Anfang der 70er-Jahre in der Kulturredaktion arbeitete, zuletzt als Ressortleiterin und Kulturkorrespondentin. Seit 2006 in Pension.

Heidi Ulmer-Kröll, geboren 1930, kam über „General-Anzeiger" und „5-Uhr-Blatt" 1955 zur RHEINPFALZ, wo sie die Redaktion der Wochenendausgabe übernahm. Seit 1993 im Ruhestand.

Josef Heinrich Weiske, geboren 1935, Redakteur von 1965 bis 2000, zuletzt Leiter des Ressorts „Südwestdeutsche Zeitung", gestorben 2020.

Michael Wendel, Jahrgang 1951, seit 1980 in der RHEINPFALZ unter anderem in den Lokalredaktionen Ludwigshafen und Neustadt, zuletzt im Wirtschaftsressort. Seit 2013 im Ruhestand.

Dank der Herausgeber

Dieses Buch wäre nicht möglich gewesen, ohne die Kolleginnen und Kollegen, die uns im Hintergrund tatkräftig unterstützt haben, unter ihnen Hans-Jürgen Reinhard und Jan Peter Kern als Lektoren, Dr. Stephan Pieroth mit seinem Fachwissen über die rheinland-pfälzische Zeitungslandschaft nach 1945, Bettina Stephan, Bettina Buchholz und Ute Scherzer bei der Organisation sowie Volker-Markus Gehring bei der Archivsuche.

Aufbruch in die digitale Zukunft: Seit Mai 2018 bietet die RHEINPFALZ eine Vorabendausgabe ihres E-Papers an. So können Abonnenten schon am Vorabend die Zeitung von morgen lesen. Kurz bevor die erste Ausgabe online ging, drückte Verleger Thomas Schaub (Zweiter von rechts) zusammen mit an dem Projekt beteiligten Kolleginnen und Kollegen den Startknopf.

Literaturverzeichnis

Ulla Hofmann: „Spuren – Von meiner Familie und meinem Leben", Eigenverlag, Mannheim 2006.
Paul Kaps: „Die Presse ist an allem schuld"; 300 Seiten, Pfälzische Verlagsanstalt, Neustadt 1979.
Stefan Mörz: „Vom Westboten zur Rheinpfalz. Die Geschichte der Presse im Raum Ludwigshafen von den Anfängen bis zur Gegenwart", 223 Seiten, Veröffentlichungen des Stadtarchivs Ludwigshafen Band 19, Ludwigshafen 1994.
Stephan Pieroth: „Parteien und Presse in Rheinland-Pfalz 1945 – 1971. Ein Beitrag zur Mediengeschichte unter besonderer Berücksichtigung der Mainzer SPD-Zeitung ‚Die Freiheit'", 974 Seiten, Hase und Koehler Verlag, Mainz 1994.

(1) Stephan Pieroth: „Parteien und Presse in Rheinland-Pfalz 1945 – 1971. Ein Beitrag zur Mediengeschichte unter besonderer Berücksichtigung der Mainzer SPD-Zeitung ‚Die Freiheit'", S. 153/4
(2) Pieroth, S. 156/7
(3) Paul Kaps: „Die Presse ist an allem schuld", S. 134
(4) Stefan Mörz: „Vom Westboten zur Rheinpfalz. Die Geschichte der Presse im Raum Ludwigshafen von den Anfängen bis zur Gegenwart", S. 132
(5) Pieroth, S. 204
(6) Pieroth, S. 157
(7) Pieroth, S. 158/9
(8) Kaps, S. 134
(9) Pieroth, S. 160-163
(10) Kaps, S. 121
(11) Pieroth, S. 200
(12) Pieroth, S. 624/5
(13) Pieroth, S. 625/6
(14) Kaps, S. 247
(15) Kaps, S. 235
(16) Ulla Hofmann: „Spuren – Von meiner Familie und meinem Leben"
(17) Hofmann, ebd.
(18) Hofmann, ebd.
(19) Kaps, S. 122/3
(20) Hofmann, ebd.
(21) Kaps, S. 128
(22) Kaps, S. 210-212
(22) Hofmann, ebd.
(23) Kaps, 266-268
(24) Kaps, 268-271
(25) „Rheinpfalz-Report", Nr. 1 vom 1. Oktober 1980
(26) „Rheinpfalz-Report", ebd.

Bildnachweise:

afp: 182 (re.)
ap: 147, 179, 181, 183 (li.), 186 (re.)
Bach/privat: 15
Bachem: 18, 35 (2x), 38, 39, 40, 68, 200 (unten)
Benndorf: 119
Benß: 190 (oben), 238/239
Benz: 156
Berg/privat: 46
Boiselle: 101 (li.)
Bolte: 13, 116 (re.), 153 (oben)
Bortoluzzi: 69, 115, 124
Butz: 85 (7x)
Dokumentationszentrum Ramstein: 47, 176 (li.)
Dell: 197 (re.)
Deuter: 185
Deutsches Weininstitut: 140, 141 (li.)
ddp: 182 (li.)
dpa: 41, 103, 131, 149 (oben), 157 (li.), 169, 173, 174 (li.), 176 (re.), 180, 187, 217, 220, 221
Ecpad, Médiathèque de la Defense: 14
Elig: 128
Firmenfoto BASF: 167 (li.), 171
Firmenfoto Peter Kaiser: 165
Franck, Monika: 106, 129, 132, 134 (re.), 135, 190 (oben),
Franck, Hans: 39, 133 (re. oben), 134 (2x)

Füßler: 216 (oben)
Hartung: 80, 81, 82
Heinrich: 51, 52, 61, 62, 64 (re.), 65 (2x), 71, 72, 74, 159 (unten)
Hoffmann, Markus: 201 (2x)
Hofmann, Ulla: 36
Imago/Ulmer: 143
Iversen: 84 (oben), 100 (li), 196
Kern: 107
Kortokraks und Ließ/Stadtarchiv Lu.: 12, 22, 23 (li.), 29, 30, 33, 40 (2x), 44 (li.), 45 (2x), 56 (2x), 58
Kretzschmar: 133 (li. oben)
Kries: 123
Kullmann: 89
Kunz: 8, 78, 83 (2x), 88, 94, 96 (2x), 97 (2x, oben), 98 (2x), 99 (re.), 100 (re.), 141 (re. unten), 146 (re. oben), 146 (li.), 157 (re.), 158 (li. oben), 160, 161, 214, 222
Laborenz: 97 (unten)
Lenz: 90, 109, 115 (li.), 152 (re.), 158 (re.), 210, 211 (li.)
Linzmeier-Mehn/Mehn: 139, 141 (re. oben), 149 (unten), 158 (li. unten), 207 (li.), 208 (li.)
Mann/Freie Presse: 76
Meinberg/Stadtarchiv Lu.: 59
Mester: 95
Moray: 204 (unten), 205 (2x)
Moschel: 92, 110 (re.), 137, 218
Pfalzwein-Werbung: 137 (li)
Polizei Frankenthal: 193 (li)
Przybilla: 115 (re.)
Reuters: 183 (re)
RHEINPFALZ-Verlag: 31, 33 (Rand), 39, 57, 87, 104, 111, 112, 113, 121, 133, 137 (re.), 150 (2x), 151 (oben), 195, 204, 226, 227, 231
Sayer: 202
Schaub/privat: 64 (li.), 129 (li.)
Schmitt: 118, 198 (li)
Seebald: 110 (li.), 209 (li)
Stadtarchiv Ludwigshafen: 11, 12, 15, 16, 43, 63, 155 (2x), 159 (oben), 168 (2x), 170
Stadtarchiv Neustadt/Weinstraße: 23 (re.), 138
Stadtarchiv Zweibrücken: 42
Stadtverwaltung Kaiserslautern: 145
Steinmetz: 78 (Rand), 84 (unten), 99 (li.), 116 (li), 206, 211 (re.), 212
Stepan: 114 (3x), 191
Titz: 198 (re.)
Van Schie: 79, 81, 91
View: 144, 146 (re. unten), 152 (li; Girard de Soucanton), 174 (re; Joachim Ackermann), 175, 177 (unten), 177 (Oben, Sabine Blatt), 186 (li), 199 (2x)
Weber: 24, 25, 26, 27, 49 (3x), 50, 87 (Rand), 93, 167 (re.), 189, 192, 219
Westermann-Verlag: 21 (Rand)
Wilde-Kaufhold: 153 (unten)
Wipprecht: 21
Urheber/in oder Rechtsnachfolger/in unbekannt: 5/6, 19 (oben und unten), 20, 34, 37, 44 (re.), 48, 76, 117, 129 (re.), 193 (oben), 197 (li.), 200 (oben), 203, 207 (re.), 208 (re.), 209 (re.)

Die Nutzung dieser Fotografien erfolgt ausschließlich für dieses Jubiläumsbuch. Wir haben die Bildrechte nach bestem Wissen und Gewissen geprüft, aber bei diesen Fotografien waren sie nicht mehr zu ermitteln. Sollte ein/e Urheber/in oder Rechtsnachfolger/in berechtigte Ansprüche nachweisen können, möge er oder sie sich bitte an den Verlag wenden.

Titelseite: Stadtarchiv Landau/NL Freitag
Rückseite: Bachem, Franck, Iversen, Kunz, Weber, Urheber unbekannt
Grafik auf Seite 188: Helga Dostal, Freinsheim
Buchlayout: Chemnitzer Verlag

Personenregister (Auswahl)

A
Adenauer, Konrad 44, 45, 156
Altmeier, Peter 22, 23, 225
Andraschko, Gustav 192

B
Bach, Klaus 15, 238
Bachrodt, Ruth 137, 138
Bader, Martin 146
Baisch, Werner 29
Banf, Patrick 146
Basler, Mario 145
Beckenbauer, Franz 147
Becker, Arno 103, 175
Begum Aga Khan 6, 50, 51, 52, 53
Benzinger, Sylvia 140
Berners-Lee, Tim 103
Bilz, Rainer 75, 88, 93, 94, 229, 232
Blandfort, Peter 198
Bögler, Franz 33
Bohley, Günter 197, 198, 205
Bongartz, Hannes 145
Brenner, Gerd 159
Brill, Karl 211
Brückelmeier, Thomas 194
Bürckel, Josef 129
Bush, George jun. 161, 186, 187
Bush, George, sen. 185
Butz, Steffen 82, 83, 229, 238

C
Clinton, Bill 185, 186

D
Diehl, Ernst 145
Dobbeck, Oswald 14

E
Eckel, Horst 143, 144, 230
Eichel, Hans 179
Eichenlaub, Otto Dr. 12, 23
Englert, Michael 165

F
Feldkamp, Kalli 145
Fensterer, Wilhelm Dr. 35, 58
Finck, Albert Dr. 12, 16, 17
Finck, Johannes 12, 16
Flunkert, Camille 21, 24, 25, 26, 27, 223
Flunkert, Marc 25, 26, 27
Franck, Monika 133, 190, 239
Friedrich, Jürgen 145
Fuchs, Anke 82, 143, 181, 182
Funkel, Friedhelm 145

G
Garthe, Michael 5, 6, 7, 9, 22, 44, 64, 77, 79, 80, 87, 92, 94, 95, 96, 98, 99, 100, 105, 106, 155, 158, 181, 198, 201, 210, 216, 219, 229, 233
Gates, Bill 103
Gaulrapp, Wolfgang 69
Geißler, Heiner Dr. 156
Geißler, Karl-Friedrich 72
Gerritzen, Felix („Fiffi") 143
Goetz, Curt 149
Goetz, Daniel 123
Gorbatschow, Michail 141, 160, 161
Graff, Martin 128, 129
Grohmann, Michael 35, 58, 61, 147, 236
Gruber, Magnus 58, 60
Gutenberg, Johannes 13, 66, 69, 88, 117, 186, 231, 233

H
Haas-Heye, Otto Ludwig Prof. Dr. 50, 51
Heinemann, Gustav Dr. 209

Heise, Liesel *191*
Herzog, Roman Prof. Dr. *129, 209*
Hesse, Werner *71, 75, 223*
Hetzel, Karl *78*
Heuss, Theodor Dr. *17, 209*
Hoeneß, Uli *147*
Hoffmann, Frieda *19*
Hoffmann, Ines *139*
Hoffmann, Johannes *42, 46*
Hoffmann, Wilhelm *19*
Hofmann, Klaus *36, 168, 169, 204*
Hofmann, Ulla *8, 9, 36, 37, 38, 39, 40, 43, 50, 51, 52, 53, 159, 170, 171*
Hübner, Wolfgang Dr. *103, 105*
Hück, Walther *6, 34, 35, 40, 41, 43, 44, 45, 51, 52, 60, 80, 156, 197, 209, 224, 227*
Huhn, Janina *138, 139*

J
Jäggi, René C. *146*
Johann, Ernst Dr. *18, 20, 43, 44, 129, 223*

K
Kadlec, Miroslav *145*
Kaps, Paul *14, 19, 20, 24, 30, 31, 32, 33, 35, 38, 40, 41, 42, 46, 47, 48, 49, 110, 183, 202, 203, 209, 225, 236, 238*
Keiner, Frank *106, 107*
Kiefer, Tina *140*
Klaffke, Bernd *106, 107*
Klag-Ritz, Eva *133, 135, 194*
Klatt, Michael *146*
Klein, Johnny *161*
Klöckner, Julia *141*
Klöckner, Tatjana *83*
Kneifeld, Monika *210*
Knoll, Hermann Dr. *159*
Knoll, Norbert *191*
Koch, Klaus *132, 133*
Kohl, Hannelore *160, 161*
Kohl, Helmut Dr. *7, 45, 72, 73, 76, 78, 81, 87, 88, 133, 134, 147, 155, 156, 157, 158, 159, 160, 161, 175, 185, 196, 209, 230*
Köhler, Wolfgang Dr. *191*
Kohlmeyer, Werner *143, 144*
Kohl-Richter, Maike *158*
Konrad, Michael *100*
Krall, Günter *87, 175, 197, 231*
Kranz, Jochem *103, 104, 105*
Kroneberger, Edmund *14, 18, 20, 43, 44, 223*
Kuhn, Elisabeth *138*
Kuntz, Stefan *145, 146*
Kunz, Bernhard *161*
Kurz, Marco *146*

L
Labbadia, Bruno *145*
Labrousse, Yvette Blanche (s. Begum Aga Khan) *50*
Lafontaine, Oskar *157*
Lambert, Jürgen *78*
Lamers, Karl *180*
Landmann, Friedrich *191*
Laumen, Herbert *145*
Lenhart, Gerd *210*
Lenk, Arthur *12, 20, 49, 55, 223, 226*
Lenk, Volker Dr. *24, 55, 226*
Liebrich, Werner *143, 144*
Liesenberg, Kurt Dr. *29*
Ludwig, Werner Dr. *50, 64, 129, 151, 211*

M
Mangold, Hans *35*
Martens, Holger *7, 93, 94, 106, 107, 214, 232, 234*
Meininger, Daniel *137*
Merk, Markus *146, 147*
Merkel, Angela Dr. *133, 134, 135, 187, 209*
Moersch, Karl *36*
Motsch, Hermann *175*

Müller, Gerd 144
Müller, Herbert 14, 16, 18, 159
Müller, Maritta 65
Münch, Paul 199

N
Nagel, Michael 12, 20, 21, 39, 40, 45, 51, 223
Neuer, Walter 161, 224
Neven DuMont, Kurt 52
Nist, Hedi 192

O
Obama, Barack 185, 187, 211
Oeckl, Albert Dr. 171
Orth, Hedel 36
Ostermaier, Hans 202

P
Perron, Fritz 29
Peter, Rainer 73, 74
Pieroth, Stephan Dr. 13, 17, 18, 29, 35, 237, 238
Pirrung, Seppl 144

R
Rau, Johannes 183
Reagan, Ronald 158, 207
Renger, Annemarie 65
Resch, Franz Xaver 12, 20, 21, 39, 223
Rhode, Klaus 194
Richter, Jürgen Dr. 55, 76, 158, 193
Rohr, Heinz 29, 30, 31, 223
Rosberg, Keke 207
Rosberg, Nico 207
Rosenthal, Hans 79
Rössler, Raymund 109

S
Sander, Karl 197
Schäfer, Hans 144

Scharping, Rudolf 179
Schaub, Dieter Dr. 12, 16, 17, 21, 23, 24, 33, 34, 38, 55, 57, 58, 62, 64, 65, 71, 72, 73, 76, 77, 78, 79, 80, 81, 87, 97, 156, 157, 212, 225, 228, 229
Schaub, Josef 12, 13, 14, 16, 18, 20, 22, 23, 29, 30, 31, 32, 40, 41, 44, 45, 50, 51, 52, 55, 64, 66, 105, 123, 125, 155, 156, 200, 204, 223, 225
Schaub, Thomas Dr. 65, 78, 79, 87, 89, 91, 93, 94, 96, 97, 98, 103, 105, 107, 158, 229
Schehl, Birgit 140, 141
Schindler, Norbert 134, 135
Schlembach, Anton Dr. 81, 160
Schlossareck, Fritz 6, 60, 65, 77, 79, 80, 81, 96, 117, 156, 157, 177, 227, 229, 232
Schneider, Richard 143
Schnurrer, Kathrin 198
Scholz, Rupert 176
Schröder, Gerhard 186, 187, 209
Schröder, Rudolf Alexander 17
Schroeter, Volker 64, 147
Schwarz, Manfred 161
Schweder, Katja 140
Seeber, Ecki 161
Seib, Hugo V. 18
Selbach, Paul 14
Siebenpfeiffer, Philipp Jakob 151, 207
Specht, Gerhard 61, 74, 237
Springmann, Hans Einhart 68
Staab, Liesel 51
Steinmeier, Frank-Walter Dr. 207, 209
Stemler, Klaus 198, 237
Stollhof, Sebastian 191

T
Thiessen, Peter 61
Timm, Bernhard Dr. 170
Tomášek, František 62
Toppmöller, Klaus 145
Trump, Donald 98, 189

Tüffers, Heinz *59*
Turek, Toni *144*

U
Ulmer-Kröll, Heidi *82, 237*

V
Venzky, Gabriele *72, 93*
Vogel, Bernhard Dr. *61, 65, 73, 158, 210*
Vogel, Jürgen *164, 165*
Vogel, Udo *79*
Vollmer, Hans-Jürgen *173*

W
Wagner, Martin *145*
Waldkirch, Karl Dr. *29*
Walter, Fritz *143, 144, 145, 147*
Walter Ottmar *143, 144*
Weiß, Patrick *21, 79*
Weiß-Wipprecht, Ilka *21*
Wilhelm, Jörg *146*
Winterling, Susanne *140*
Wipprecht, Hans *12, 20, 21, 39, 223, 239*
Worch, Horst *191*

Ortsregister

A
Alsenz 192
Alsenz-Obermoschel 192
Altrip 159
Ansbach 150

B
Bad Bergzabern 128, 203, 223
Bad Dürkheim 6, 7, 36, 39, 81, 131, 132, 133, 138, 139, 152, 153, 189, 198, 228, 234, 235
Baden-Baden 13, 14, 16, 18, 24
Bad Kreuznach 20, 49, 202, 203, 236
Bad Münster 152
Berlin 37, 50, 59, 90, 99
Bern 144, 231
Bienwald 40
Bonn 36, 52, 99
Bottenbach 209

C
Chemnitz 65, 75, 76, 157, 229, 240

D
Darmstadt 49
Deidesheim 12, 22, 109, 141, 160, 161, 228

E
Ebernburg 152
Eisenberg 197
Enkenbach 147, 163

F
Flotzgrün 169
Frankenthal 13, 14, 29, 32, 55, 56, 74
Frankfurt 37, 47, 72, 115, 236
Freinsheim 189, 240

G
Gambsheim 25
Germersheim 14, 164, 195, 196, 203, 210, 233, 234
Gimmeldingen 12, 21
Grünstadt 32, 44, 197, 198

H
Hainfeld 140
Haßloch 24, 26, 69, 99, 141, 228, 236
Hauenstein 153
Herxheim 165
Hochstadt 140
Homburg 41, 43, 57, 151, 202, 211, 225, 226, 227
Hütschenhausen 15

I
Ingelheim 185, 186

K
Kaiserslautern 12, 13, 18, 19, 20, 29, 30, 32, 35, 38, 40, 42, 46, 47, 48, 49, 55, 56, 58, 62, 63, 66, 69, 88, 105
Kallstadt 189
Kaplaneihof 42
Karlsruhe 55, 145, 165
Kirchheim 140
Kirchheimbolanden 14, 32, 110, 115, 153, 191, 197, 233
Klingenmünster 153
Kusel 32, 165, 201, 202, 232, 234, 235, 237

L
Lambrecht 14, 31, 32, 33, 124, 223, 224
Landau 14, 32, 55, 56, 72, 79, 91, 125, 163, 202, 203, 210, 223, 224, 226, 227, 228, 229, 231, 233, 236
London 156, 157
Ludwigshafen 7, 11, 12, 13, 14, 15, 16, 18, 20, 21, 22, 29, 30, 31, 32, 33, 34, 35, 36, 37, 38, 40, 47, 50, 52, 56, 57, 58, 59, 60, 62, 63, 64, 65, 66, 67, 68, 69, 72, 73, 74, 75, 76, 79, 80, 87, 91, 105, 106, 116, 119, 155, 157, 159, 160, 161, 163, 165, 167, 168, 169, 170, 171, 173, 175, 192, 198, 204, 205, 206, 208, 209,

211, 223, 224, 228, 229, 233, 234, 235, 236, 237, 238, 239
Lustadt *165*

M

Mainz *13, 17, 24, 35, 45, 66, 69, 88, 99, 120, 155, 156, 175, 181, 185, 186, 187, 194, 223, 224, 233, 234, 235, 238*
Mannheim *12, 50, 51, 57, 72, 73, 74, 150, 206, 227, 228, 233, 234, 235, 238*
Metz *25, 26, 129*
Moskau *44, 62, 156, 157, 161*
München *30, 46, 147, 150, 224, 228, 235, 236*

N

Nancy *150*
Neubrandenburg *128*
Neustadt *7, 12, 13, 14, 16, 18, 20, 21, 22, 23, 29, 32, 33, 34, 37, 44, 45, 64, 72, 75, 97, 109, 128, 137, 138, 140, 155, 163, 203, 204, 206, 207, 208, 210, 223, 228, 234, 235, 236, 237, 238, 239*
New Jersey *48*
New York *89, 179, 180, 211*

P

Paris *26, 41, 91, 156, 157, 211, 224, 233*
Pirmasens *7, 19, 29, 37, 49, 61, 137, 138, 152, 163, 165, 208, 209, 233, 234, 235, 236, 237*

R

Ramstein *7, 47, 163, 173, 174, 175, 176, 177, 238*
Rockenhausen *32, 191, 192*
Rodalben *19*
Roschbach *140*
Rülzheim *165, 196*

S

Saarbrücken *41, 42, 233*
Schanghai *92, 164*
Schifferstadt *12, 19, 21, 115, 123, 124, 205*
Seveso *169*
Speyer *7, 14, 16, 19, 32, 35, 58, 61, 81, 90, 115, 123, 152,* 157, 160, 185, 210, 211, 223, 233, 235, 236
St. Germanshof *128*
St. Ingbert *41, 43, 57, 225, 226, 227, 235, 236*
Straßburg *88, 128, 129, 150*

T

Trulben *19*

W

Wachenheim *20, 189*
Waldfischbach *19*
Waldmohr *163*
Washington *89, 156, 157, 180, 181*
Weisenheim am Berg *35*
Weißenburg *128*
Wissembourg *128*
Worms *161*
Wörth *84, 163, 164, 165, 196*

Z

Zweibrücken *7, 13, 32, 42, 49, 56, 58, 78, 84, 92, 97, 99, 109, 110, 116, 125, 149, 150, 211, 212, 233, 234, 237, 239*

Impressum

Die Rheinpfalz 1945 bis 2020:
Geschichte der Zeitung für die Pfalz

Herausgegeben von Michael Garthe
und Annette Weber

1. Auflage, 2021
© Die RHEINPFALZ

Dieses Buch entstand in Zusammenarbeit
mit der Chemnitzer Verlag & Druck GmbH & Co. KG.

Layout, Titelgestaltung, Satz: colormat
Gesamtverarbeitung: Westermann Druck Zwickau GmbH
ISBN 978-3-944509-73-0